L'ALGÉRIE

PAR

MAURICE WAHL

Ancien élève de l'École normale supérieure, professeur agrégé d'histoire au lycée Lakanal.

DEUXIÈME ÉDITION, REVUE ET AUGMENTÉE

PARIS

ANCIENNE LIBRAIRIE GERMER BAILLIÈRE ET Cie

FÉLIX ALCAN, ÉDITEUR

108, BOULEVARD SAINT-GERMAIN, 108

1889

L'ALGÉRIE

Coulommiers. — Imp. P. Brodard et Gallois.

L'ALGÉRIE

PAR

MAURICE WAHL

Ancien élève de l'École normale supérieure, professeur agrégé d'histoire
au lycée Lakanal.

DEUXIÈME ÉDITION, REVUE ET AUGMENTÉE

PARIS
ANCIENNE LIBRAIRIE GERMER BAILLIÈRE ET Cie
FÉLIX ALCAN, ÉDITEUR
108, BOULEVARD SAINT-GERMAIN, 108

1889

L'ALGÉRIE

LIVRE PREMIER

LE SOL

CHAPITRE PREMIER

GÉNÉRALITÉS

En face du littoral européen, courbé harmonieusement en arc de cercle, se développe au sud de la Méditerranée le rivage presque rectiligne de l'Afrique. Le détroit de Gibraltar et la Méditerranée, le golfe de Gabès, le Sahara, l'Atlantique enveloppent et isolent une vaste région dont le massif de l'Atlas constitue l'ossature. C'est le Moghreb des Arabes, le pays barbaresque ou mieux la Berbérie des modernes. L'unité géographique en est évidente, malgré les événements qui l'ont brisée en trois morceaux : Tunisie, Algérie, Maroc. Jamais entre ces contrées inséparables on n'a pu tracer de limites certaines, et la politique, après les avoir divisées, subit la force des choses qui tend de plus en plus à les réunir. L'Algérie, située au milieu, fécondée par une civilisation supérieure, est le centre d'attraction vers lequel toute l'Afrique du nord-ouest se trouve naturellement entraînée.

L'Algérie peut être inscrite dans un rectangle long et étroit : la base nord, représentée par le littoral, serait d'environ 1100 kilomètres; la hauteur, obtenue en menant une ligne droite de Cherchell à El Goléa, est de 660; la diagonale, tracée de l'extrême sud-est jusqu'à l'oued Kiss sur la frontière du Maroc, présente une longueur de 1100 kilomètres. L'aire géométrique est considérable et l'Algérie mesure bien à peu près les 600 000 kilomètres carrés qu'on lui attribue généralement; mais si l'on ne tient compte que des territoires réellement occupés, cette immense étendue se réduit de près de moitié et n'est plus guère que de 350 000 kilomètres [1]. Le 36° parallèle au nord, le 30° au sud délimitent l'Algérie dans le sens de la latitude; elle déborde au delà du 6° degré de longitude est et au delà du 4° de longitude occidentale. Le méridien de Paris la coupe en deux moitiés à peine inégales et passe à une soixantaine de kilomètres d'Alger. A l'est, la Calle est sous le méridien d'Ajaccio; à l'ouest, Nemours est sous le méridien de Cherbourg, de la Rochelle et de Bayonne. L'Algérie est donc bien dans l'axe de la France; elle n'en est séparée que par une navigation de vingt-sept heures; par Marseille et Port-Vendres, Alger, Oran, Bougie, Philippeville, Bône, les relations entre la métropole et la colonie sont faciles et aujourd'hui quotidiennes; l'échange des services est incessant, et, dans les jours de péril, l'envoi des secours immédiat.

C'est un pays accidenté que l'Algérie. Il a fallu la conquérir pour la connaître. Aujourd'hui qu'elle a été dans tous les sens parcourue et étudiée, on dégage assez facilement les grands traits de sa physionomie topographique. C'est dans la partie orientale que ses formes se présentent avec la plus grande simplicité. Au nord le Tell, région montagneuse, hérissée de massifs et de chaînes, coupée de plaines et de vallées, borde le littoral sur une épaisseur de 250 kilomètres. Au sud s'étend le Sahara, développant

1. Nous arrivons à ce chiffre approximatif en prenant pour base celui de 31 833 400 hectares, estimation officielle de 1875, et en y ajoutant environ 30 000 kilomètres qu'ont dû donner en plus l'annexion du Mzab et la création des cercles de Ghardaïa et d'Aïn-Sefra.

à perte de vue ses larges espaces à peine ondulés. Mais bientôt les montagnes se divisent : à partir de l'Aurès, elles forment deux branches distinctes ; la plus septentrionale conserve le caractère tellien ; elle prolonge, toujours parallèlement à la mer, son relief accentué ; la branche méridionale se dirige vers le sud-ouest, elle est moins épaisse et moins élevée. En divergeant ainsi, les deux systèmes orographiques déterminent une terrasse dont ils constituent les gradins d'accès. Cette terrasse forme une troisième région qui se distingue fort bien des deux premières. Elle ne communique avec le Tell que par les pentes souvent abruptes des montagnes et quelques étroites vallées ; elle s'incline plus doucement vers le Sahara, et, dans le sud-est, elle s'y trouve reliée par des dépressions successives. Entre le Djebel bou-Khaïl et l'Aurès, le bourrelet saharien est interrompu, le désert passe par cette large brèche et s'avance jusqu'au Hodna.

Les craies, les argiles, les calcaires et les marnes dominent dans la composition du sol ; les marnes argileuses surtout sont remarquables, elles contiennent en abondance des débris végétaux et organiques ; sur certains points elles présentent des épaisseurs de 100 mètres. La plus grande partie des terrains se classent dans les séries secondaires et tertiaires ; en général, les grandes montagnes, les hautes terres, toute la solide charpente du pays, ont été construites pendant la période secondaire ; les formations tertiaires sont ensuite venues rejoindre les parties séparées, combler les intervalles en maçonnant les petites montagnes et les plaines. Quelques fragments paléozoïques parsèment encore la région septentrionale. Les atterrissements et les galets des plages, les alluvions dans les vallées du Tell et des hauts plateaux, les sables du Sahara ont été fournis pendant la période quaternaire.

CHAPITRE II

OROGRAPHIE[1]

L'orographie algérienne comporte deux grandes divisions : au nord, entre la mer et les hauts plateaux, les montagnes du Tell ; au sud, entre les hauts plateaux et le désert, les montagnes du Sahara.

Avec ses empâtements de massifs, ses brusques dépressions, ses vallées qui se creusent dans tous les sens, le Tell semble d'abord ne présenter que des formes assez confuses. Cependant les lignes générales ne manquent pas de régularité. Presque partout, les montagnes surgissent au bord même de la mer, cachant derrière leur dos des plaines ou de larges vallées au delà desquelles apparaissent encore des montagnes. Il y a donc lieu de distinguer une zone littorale et une zone intérieure. Les montagnes littorales sont quelquefois de simples *Sahels*, c'est-à-dire des lignes de hauteurs plus ou moins accentuées, mais de peu d'étendue, qu'enveloppe dans sa courbe une plaine demi-circulaire. Ailleurs, on a des massifs larges et épais, puissants dans toutes leurs dimensions, mais toujours circonscrits de la même manière. L'arc de cercle tracé autour du Sahel d'Alger par la plaine de la Mitidja se reproduit à l'est, où les vallées de l'Isser et de l'oued

1. Pour l'orographie voir la carte du dépôt de la guerre en quatre feuilles ; j'ai consulté avec fruit la belle carte orographique du commandant Titre, malheureusement inédite.

Sahel enceignent le Djurjura; nous le retrouvons également à l'ouest dessiné par le Chélif. Quant aux montagnes de l'intérieur, elles constituent une grande chaîne découpée en massifs distincts et en rameaux par des vallées ou des plaines intercalaires. C'est la bordure nord des hauts plateaux, d'élévation et de largeur variables, mais régulière dans sa direction. Ainsi l'orientation générale des montagnes du Tell est d'est en ouest parallèlement à la mer. Les lignes de dépression sont tracées dans le même sens, les grandes plaines et les grandes vallées formant comme des rides qui alternent avec les plissements successifs des montagnes. Il y a bien, à vrai dire, quelques dépressions perpendiculaires; mais ce sont des accidents géographiques, des coupures ou des cluses ouvertes par le travail des eaux, qui est venu, ici comme ailleurs, modifier après coup la figure du pays.

Vers l'est, le littoral est dominé par le massif de l'Edough, qui ne dépasse guère 1000 mètres, mais qui occupe 90 000 hectares. Formé de schistes cristallins, il contient d'importants gisements de fer, de zinc et d'argent; des forêts de chênes ombragent ses pentes et ses sommets. La belle plaine de Bône développe en arrière ses 100 000 hectares marécageux, mais fertiles, couverts de plantations, de cultures et de pâturages. Au delà, les montagnes reparaissent de tous côtés; elles forment, depuis la frontière tunisienne jusqu'aux abords de Constantine, une masse à peu près continue où se détachent en saillie le Djebel Ghorra, haut de 1200 mètres, les monts boisés des Beni-Salah, les monts de Souk-Arrhas et, près de Guelma, le Djebel-Mahouna, qui porte à 1370 mètres la « Selle de la jument », son principal sommet. Au sud-ouest de Constantine commence une région de plaines et de plateaux faiblement ondulés qui se prolonge jusqu'au delà de Sétif par l'opulente Medjana. Ces terres basses séparent assez bien les deux zones montagneuses qui les encadrent au nord et au sud. Au nord, c'est d'abord le massif de Philippeville, délimité par les vallées du Saf-Saf et du Bas-Rummel, et embranchant sur la solide arête du Djebel-Mouïa le Filfila et le Goufi, qu'il projette vers la mer. Entre l'embouchure du Rummel et Bougie, le littoral est presque toujours bordé de petites plaines; mais au-delà de cette bande étroite se dressent de grosses montagnes qui occupent une largeur moyenne de quinze lieues; les sommets élevés n'y manquent pas, le Tamesguida a 1635 mètres, le Guergour 1800; le Babor, haut de 1970, regarde, par-dessus la gorge étroite qui les sépare, son voisin le Tababor, qu'il dépasse seulement de 5 mètres. Au pied de l'Adrar Amellah (1995 mètres) s'ouvre à pic le *Chabet-el-Akra*, le ravin de l'autre monde, le plus grandiose peut-être de tous les sites de l'Algérie. Le relief est moins puissant dans les montagnes du sud : elles n'ont ni la même continuité ni la même épaisseur et ne séparent que très incomplètement les plaines de Sétif et la dépression du Hodna.

Au centre du Tell, la séparation entre la zone intérieure et la zone littorale est tracée avec une netteté remarquable. La première est constituée tantôt par de forts massifs, tantôt par de simples groupes de collines; la seconde, presque toujours formée de montagnes considérables, s'avance plus ou moins vers le nord et au sud pousse son épais relief jusqu'à la limite des hauts plateaux. La Kabylie du Djurjura est comme une grande île montagneuse qu'enveloppent l'oued Sahel, l'oued Isser et les affluents de ce dernier; le sol se compose de calcaire nummulitique et sur quelques points de gneiss et de granit; des pins et des chênes s'étagent sur les versants, des cèdres couronnent les cimes; celles-ci dépassent quelquefois 2000 mètres; le col de Tizi Ougoulmin en a 2122, le pic d'Akouker 2252; le tamgout de Lella Khedidja, qui porte le tombeau d'une sainte vénérée en terre kabyle, mesure 2308 mètres; dans tout le Tell, aucun autre sommet ne s'élève aussi haut. Le Djurjura se découvre d'Alger; en hiver, on peut voir ses crêtes couvertes de neige sur lesquelles se joue le soleil. Le Dira fait équilibre au Djurjura, dont il est séparé par la vallée du haut Sahel et par la fertile plaine des Aribs; il est bâti de schistes à la base, de grès quartzeux au sommet; il a des sources abondantes, de beaux pâturages et des forêts remplies de chênes; son pic principal, situé près d'Aumale, dépasse 1800 mètres; la montagne des « Rochers-Verts », Kef-el-Akhdar, en a 1400. Par l'Ouennougha et le Djebel-Kteuf, il se rattache aux montagnes des environs de Sétif; du côté de l'ouest il se relie à l'Atlas proprement dit, c'est-à-dire au système orographique qui se développe immédiatement au sud d'Alger. Dans cette région, la chaîne intérieure s'avance très près de la mer et n'en est séparée que par la Mitidja; son relief est vigoureux; elle élève droit au-dessus de la plaine, à 1640 et à 1608 mètres, les deux montagnes presque jumelles, le Beni-Salah et le Mouzaïa, entre lesquelles la Chiffa a creusé ses gorges pittoresques. La chaîne littorale correspondante n'est formée que par les gracieuses collines du Sahel, dont la partie culminante, au mont Bouzaréa, ne dépasse guère 400 mètres. A l'ouest de la Mitidja, l'oued Djer fait quelque temps la limite entre les deux zones montagneuses; la démarcation est ensuite plus largement dessinée par le Chélif, dont le cours s'accompagne à droite et à gauche d'une forte marge de plaine. Au nord s'étend un grand massif tout à fait continu depuis la Mitidja jusqu'à l'embouchure du Chélif, malgré la diversité de ses noms : Chenoua et Gouraya dans le nord, Zaccar et Djebel Braz au sud-est, Dahra dans l'ouest. Le Zaccar dresse au-dessus de 1500 mètres sa double cime où s'amassent les nuages et porte suspendues à son flanc les maisons blanches de Miliana. Le Dahra, beaucoup moins élevé, recouvre entre Mostaganem, Orléansville et Ténès un pays accidenté, bien arrosé et fertile. La rive gauche du Chélif est dominée par une des masses montagneuses les plus considérables de l'Algérie. De tous les points de l'horizon, on découvre la corne souvent neigeuse de l'Ouarensenis, « l'œil du monde, » qui domine du haut de ses 1991 mètres tout un panorama de sommets, de vallées et de plaines. L'Ouarensenis est épaulé d'un côté par les monts des Flittas, de l'autre par les monts de Téniet-el-Haad, que décore une magnifique forêt de cèdres.

Nous retrouvons, en approchant d'Oran, la même disposition orographique, déjà observée surtout aux environs d'Alger. Du cap Carbon au cap Figalo, le rivage se hérisse de hauteurs; mais ce n'est là qu'un ourlet de largeur et d'élévation médiocres, où les points culminants, Djebel Orouze et Murdjajo n'ont que 630 et 580 mètres. Ce rideau de collines masque une large plaine dont les marais de la Macta, les salines d'Arzeu et la sebkha d'Oran occupent les parties basses, une Mitidja plus vaste et tout aussi fertile là où elle est bien cultivée. Au sud se développe le réseau des montagnes intérieures, dont l'épaisseur va toujours en augmentant; dans les environs de Mascara, elles enceignent la belle plaine d'Eghris et s'élèvent à 1200 mètres dans le Djebel Nesmate; plus loin, autour d'une autre plaine riche en céréales, celle de Bel-Abbès, elles forment un amphithéâtre de croupes que dominent le Tafaroui (726 mètres), le Bou Anèche (922), le Tessala (1063), le Tenazera (1059). L'altitude est plus considérable vers la lisière des plateaux : elle atteint 1400 mètres près de Daya. A l'extrémité du Tell, la chaîne littorale, bien circonscrite par le cours de la Tafna et celui de l'oued Adjeroud, se compose des montagnes des Trara et des Beni-Mengouch, où émergent à 1100 mètres le col de Taza et à 1157 le Djebel Filhaucen. De grandes plaines, qui accompagnent le cours de la Tafna et qui ont leur prolongement au Maroc, s'étendent jusqu'à la chaîne intérieure. Celle-ci accidente sur une grande largeur toute la contrée pittoresque et florissante qui avoisine Tlemcen; elle présente dans tous les sens des sommets relativement élevés :

près de Tlemcen même, le Djebel Roumelia a 1209 mètres; vers Sebdou, le Djebel Ouergla mesure 1724 et le Tnouchfi 1842; sur la frontière du Maroc, le Ras-Asfour, voisin des mines de plomb argentifère de Gar-Rouban, porte à 1834 mètres sa tête en bec d'oiseau.

Le système des montagnes dites sahariennes, qui forment au sud le relief des hauts plateaux, est d'une grande simplicité. C'est une longue chaîne, orientée non plus d'est en ouest, mais du nord-est au sud-ouest, à peu près régulière dans son développement, sauf quelques solutions de continuité. Elle a son origine et son point d'attache dans l'Aurès. Ce nom n'est pas nouveau dans la géographie; mais l'Aurasius des Romains, l'Aurasion de Procope avaient une extension beaucoup moindre. Aujourd'hui, on appelle ainsi toute la vaste région montagneuse qui s'étend entre Batna, Biskra et Khenchela, en y comprenant les massifs du Djebel-Chechar et de l'Amar-Khaddou. La forme générale est remarquable : de longues lignes de crêtes filent presque parallèlement vers le sud-ouest, creusant entre elles d'étroites et profondes vallées. Le versant méridional, exposé au soleil, battu par le vent du sud-est, est brûlé et aride; mais sur les pentes opposées et dans les vallées abritées les pâturages abondent et les forêts verdoient. Au nord-est de la chaîne, le Chellia, ceint de chênes verts et de frênes, dresse à 2312 mètres sa cime herbeuse. Il dépasse de quelques mètres le Lella-Khedidja et se trouve être ainsi le sommet le plus élevé de l'Algérie. Les rangées régulières de l'Aurès semblent s'être continuées autrefois à l'ouest de Batna, jusqu'aux montagnes des Ouled-Soltan. Le Djebel-Touggour, haut de 2086 mètres, empanaché de cèdres, est un des témoins qu'a laissés debout la destruction des anciennes chaînes. Vers le sud-ouest, d'autres djebel également isolés apparaissent de loin en loin et jalonnent la plaine depuis l'Aurès jusqu'au Bou-Khaïl. Le Bou-Khaïl ou montagne noire domine sur une médiocre étendue la rive gauche de l'oued

Djedi ; ses plus hauts sommets vont à 1300 et 1500 mètres ; des vallées profondes qui se dirigent toutes vers le Djedi le séparent du Djebel-Amour. Si on les franchit, on se trouve en présence d'un massif considérable, dont la superficie est évaluée à 700 000 hectares. Comme l'Aurès, il est orienté du nord-est au sud-ouest, mais il n'offre pas la même disposition en files parallèles. Une masse à peu près compacte forme la ligne de faîte sur laquelle s'appuient des deux côtés de puissants contreforts ; ceux-ci sont séparés par des vallées descendant vers le nord pour constituer le Chélif ou vers le sud et le sud-est, comme l'oued Mezi, tête du Djedi. Le Djebel-Amour atteint et dépasse des altitudes de 1400 mètres ; il a en hiver ses ouragans de neige et ses froids rigoureux, mais peu durables. Le Ksel, qui le flanque à l'ouest, comme le Bou-Khaïl à l'est, est une sorte d'enceinte presque continue au centre de laquelle est située Géryville ; le sommet le plus élevé, le Touïla, a 1937 mètres. Plus loin, des lignes de hauteurs moins importantes, mais d'un relief encore assez marqué, se prolongent à travers le pays des Ouled Sidi-Cheickh jusque sur le territoire du Maroc.

Nulle part, les montagnes de l'Algérie n'atteignent aux proportions majestueuses des Alpes ou seulement des Pyrénées. En mettant le Chellia sur le Lella Khedidja, on n'égalerait pas le mont Blanc. Cette humilité des cimes est un malheur. Dans un pays à basse latitude, situé à la bouche même de l'immense foyer saharien, les glaciers, les vastes réservoirs qui font la fécondité de l'Europe rendraient d'inappréciables services. Mais, pour conserver des neiges permanentes, il faudrait que les montagnes de l'Algérie fussent exhaussées de 2000 mètres au moins. Il y a là une imperfection géographique, un vice d'architecture qu'il n'est pas possible de corriger. Au moins peut-on empêcher qu'il ne s'aggrave par l'action destructive du déboisement. Les accidents fortuits, l'incurie séculaire, la dent des animaux, la main de l'homme ont déjà fait un mal difficilement réparable. Les arbres, les gazons, puis les sources, puis la terre végétale, toutes les richesses du sol s'en vont l'une après l'autre; il ne reste plus que le roc chauve voué à la stérilité qu'il projette au loin avec son ombre. Qu'on leur restitue l'ancienne parure des forêts, et les montagnes redeviendront fertiles, elles appelleront les pluies trop rares, assainiront l'atmosphère, et, à défaut des grands fleuves qu'elles sont impuissantes à nourrir, elles verseront aux plaines l'eau régulière des sources. Bien plus encore que dans la métropole, le problème du reboisement présente en Algérie un caractère d'urgence, et l'on peut dire avec raison qu'il y a péril en la demeure.

CHAPITRE III

LE LITTORAL [1]

La côte de l'Algérie commence au cap Roux pour finir à la baie d'Adjeroud, formée par l'embouchure de l'oued Kiss. Jusqu'à Dellys, elle dessine avec quelques faibles ressauts une ligne à peu près horizontale, puis elle oblique un peu pour prendre franchement, à partir de Ténès, la direction du sud-ouest. Faiblement découpé, ce littoral ne présente ni fortes saillies ni échancrures profondes : ses îles sont des écueils, ses presqu'îles des caps, ses golfes de simples baies. En ligne droite, son développement est de 1100 kilomètres ; on n'arrive qu'à 1294 en tenant compte de toutes les sinuosités. L'aspect général est sévère : presque partout de hautes falaises, de couleur brune ou rougeâtre, dressent à pic leurs escarpements ; quelques brèches étroites, plages de galet ou de sable fin, interrompent par intervalle ce rempart monotone. Aux abords des villes, on distingue des villages et des maisons de campagne, en Kabylie des cultures ; partout ailleurs, le rivage est nu et inhabité.

« Mare sœvum, littus importuosum, » dit Salluste en parlant de la côte africaine. Ce jugement sévère n'est pas si immérité ; c'est surtout pour la navigation à voiles

1. Voir les cartes marines dressées sous la direction de l'amiral Mouchez, les *Instructions nautiques* du même auteur, les *Ports de l'Algérie* de Lieussou.

que ces parages sont incommodes et dangereux. Un fort courant, parti du détroit de Gibraltar, longe le littoral et porte violemment à l'est; dans les baies, il se heurte aux caps et s'infléchit de façon à produire un contre-courant vers l'ouest. En été, les vents d'est apportent des brumes épaisses qui masquent les écueils, cachent les points de repère et déroutent le marin. En hiver souffle le vent du nord, le grand démolisseur de navires, « le charpentier mayorquain ». La navigation à vapeur, les travaux des ports, l'établissement, le long de la côte, de 45 phares, dont 6 de première grandeur, ont en partie corrigé ces graves inconvénients naturels; les rivages algériens ont aujourd'hui meilleure réputation qu'au temps de César ou de Charles-Quint.

Le cap Roux, qui forme la limite littorale entre la Tunisie et l'Algérie, n'est pas très éloigné de la Calle [1], le premier point où la France ait posé le pied sur le sol barbaresque; on avait songé à délaisser l'ancien mouillage, difficile à abriter, pour construire un port un peu plus à l'ouest. Mais l'expérience a fait abandonner les travaux commencés de ce côté. Le projet maintenant préféré consiste à approfondir et à relier à la crique actuelle la petite baie de Saint-Martin, située à l'est. Après le cap Rosa, qui baigne dans une mer riche en corail, la côte se creuse légèrement pour former la baie de Bône; à l'est et au sud, elle est bordée de terres basses; à l'ouest, elle abrite derrière les marbres blancs du cap de Garde les trois anses du Fort-Génois, du Caroubier et du Cassarin. C'est dans l'anse du Cassarin qu'est située Bône. En 1885 le port de Bône, composé d'un avant-port et d'une darse, offrait une surface abritée de 80 hectares avec un développement de plus de 1700 mètres de jetée. Trop peu profond, menacé d'ensablement par les apports de la Sey-

1. Ce n'est pas tout à fait à la Calle, mais un peu plus à l'est, au Bastion de France, que fut fondé le premier établissement; voir au livre II.

bouse, il ne suffisait plus aux besoins d'un trafic toujours croissant. On s'est mis en devoir de l'agrandir et de l'améliorer : l'avant-port actuel va se changer en bassin d'opérations, un nouvel avant-port de 40 hectares est en construction. La dépense, évaluée à 10 millions, sera couverte en partie par des avances ou des subventions de la Chambre de commerce de Bône, qui est autorisée à élever les droits de tonnage perçus dans le port.

Une longue falaise hérissée de caps, prolongement des hautes terres de l'Edough, sépare le golfe de Bône du golfe de Philippeville. Celui-ci, largement ouvert et assez profond, décrit une grande courbe dont les extrémités sont marquées par des caps : le cap de Fer, profilant vers l'ouest sa pointe crochue, et le Bugiarone ou Trompeur, partout escarpé et inabordable. La pointe Esra, située au fond du golfe, le divise en deux baies d'importance inégale; celle de l'est contient le port de Philippeville, installé dans des conditions naturelles assez mauvaises, mais un des premiers de l'Algérie par l'importance de sa navigation. On a fait dans ces dernières années de grands efforts pour l'améliorer. On y a dépensé depuis 1879 de 4 à 5 millions. Depuis la construction du port de Philippeville, le mouillage naturel de Stora, d'ailleurs assez médiocre, est à peu près abandonné. Dans l'autre baie, le mouillage de Collo, situé sur une plage facilement abordable, bien défilé de tous les côtés, a pu, par la construction récente d'une jetée-abri, se transformer en port.

L'énorme saillie du Bugiarone protège de loin contre les vents d'est la petite rade de Djijelli, formée, dans un rentrant de la côte, par une presqu'île et quelques rochers sur lesquels on a assis une jetée. La baie de Bougie, un peu moins large que le golfe de Philippeville, mais plus régulière, s'ouvre entre les deux pointes du cap Cavallo et le gros massif du Gouraya, dont le cap Carbon est l'éperon. De même que la baie de Bône, elle abrite dans sa partie occidentale trois anses successives : Sidi-Yaya,

Abd-el-Kader et Darsenâa. La Darsenâa n'est autre que l'ancien port romain aujourd'hui presque comblé. C'est dans l'anse d'Abd-el-Kader qu'est établi le port actuel, protégé par une simple jetée. Bougie est une des meilleures positions maritimes de l'Algérie. Sa belle rade largement ouverte et parfaitement abritée peut contenir un port militaire et un port de commerce, l'un et l'autre vastes et sûrs. Pour le moment, Bougie est surtout visité par des caboteurs et son trafic est loin d'avoir l'importance de celui de Bône ou de Philippeville. Il augmentera certainement quand le chemin de fer reliera Bougie à Beni-Mansour, c'est-à-dire à la grande ligne d'Alger-Constantine. Il faudra alors se résoudre à exécuter le projet aujourd'hui à l'étude qui rendra le port plus commode et plus spacieux. Au delà de Bougie les caps Sigli, Corbelin, Tédlès accidentent le littoral jusqu'au mouillage de Dellys, protégé par la corne que le cap Bengut projette vers le nord-est. Une plage presque régulière, interrompue par quelques pointes rocheuses, comme celle du cap Djinet, court ensuite jusqu'à la baie d'Alger.

La baie d'Alger, beaucoup plus petite que toutes celles qui la précèdent à l'est, s'ouvre entre une presqu'île plate que terminent la pointe Matifou et le gros massif de la Bouzaréa avec les caps Caxine et Pescade. A l'est d'Alger s'arrondit en larges ondulations une plage basse et régulière que dominent les pentes gracieuses du Sahel; les vents venus du large s'y déploient en toute liberté; les vagues les plus fortes y mollissent en s'étalant; à l'ouest, au contraire, la mer vient briser sur des falaises abruptes et ravagées. Le port d'Alger, choisi par les pirates comme un repaire inaccessible aux gros vaisseaux, ne fut longtemps qu'une darse mal abritée, d'une contenance de 3 hectares. Aujourd'hui deux grandes jetées, ayant ensemble un développement d'environ 2000 mètres, enferment une surface de 86 hectares. Malgré la disposition défectueuse de la jetée nord, dont la convexité, au lieu d'être opposée au large, se trouve à l'intérieur, le port d'Alger présente une sécurité à peu près complète. D'importants travaux ont été récemment exécutés tant pour prolonger et fortifier les jetées que pour achever les quais. On projette encore d'autres améliorations, notamment la création d'un arrière-bassin au sud dans la baie tranquille de Mustapha, et la construction d'un petit port à Matifou pour abriter les navires au mouillage de quarantaine.

Après la baie d'Alger, les falaises, prolongement du Sahel, alternent avec quelques dunes d'où sort, s'allongeant à l'ouest, la petite presqu'île de Sidi-Ferruch. Elle regarde vers l'occident la masse du Chenoua, qui trempe dans la mer sa lourde base. Le port de Cherchell, creusé sur l'emplacement d'une ancienne darse romaine, n'a pas 2 hectares d'étendue; l'entrée et la sortie en sont également difficiles dès qu'il vente un peu frais. Les hautes falaises du cap Ténès ne protègent guère que des vents d'est le mauvais mouillage de Ténès, où l'on s'obstine pourtant à construire un port, parce qu'il n'y en a pas d'autre en cette partie du littoral et qu'il faut un débouché maritime à la région d'Orléansville. Un rivage bas et rocailleux, mais serré de près par de hautes terres, se développe ensuite vers le sud-ouest. La baie d'Arzeu commence au cap Ivi et se termine au cap Carbon; elle est spacieuse et régulière; des deux villes maritimes qu'elle contient, l'une, Mostaganem, s'ouvre en plein aux vents du nord et du nord-ouest, l'autre, Arzeu, tapie à l'ouest dans un rentrant de la côte, est le « meilleur port naturel de l'Algérie ». On s'occupe avec raison de compléter l'installation du port d'Arzeu, tête de ligne du chemin de fer de Méchéria. Mais Mostaganem devient également la tête d'un chemin de fer de pénétration et il faut y construire un bassin d'embarquement. Il est douteux qu'on parvienne, à moins de très grands sacrifices, à y établir un bon port.

Pour aller d'Arzeu à Oran, il faut doubler les falaises du cap Ferrat, toujours battu par les vents et les courants et que les caboteurs ont surnommé l'Excommunié. La baie d'Oran se creuse entre la pointe de l'Aiguille et le cap Falcon; moins grande que celle d'Arzeu, elle offre en outre le grave inconvénient d'être entièrement ouverte au nord-ouest. Le mouillage de Merz-el-Kébir, le *Portus divini* des Romains, est un abri sûr en toute saison et pour les navires de toute dimension. Il a été délaissé pour Oran, comme Stora pour Philippeville. Aujourd'hui que le port d'Oran est devenu le premier de l'Algérie par l'importance de son trafic, le mieux qu'on ait à faire est assurément de le compléter et de l'améliorer. Malgré les dépenses considérables qu'on y a faites (4 160 000 francs de 1875 à 1886), sa contenance de 30 hectares est insuffisante et il laisse beaucoup à désirer comme solidité. On évalue à plus de 1 million les grosses réparations nécessitées par les dégâts d'une seule année. Il est permis de regretter qu'on n'ait pas simplement utilisé les 55 hectares parfaitement abrités qu'offre Merz-el-Kébir, en reliant cette ville à Oran par un chemin de fer.

Les caps Lindlès, Figalo, Noé et Milonia indiquent à l'ouest les ressauts de la côte, toujours médiocrement découpée. Quelques îlots, les Habibas, Rachgoun, les Zaffarines, bordent le rivage à une petite distance; mais ce sont des rochers arides, sans eau et sans végétation. Cependant Rachgoun, situé à environ un mille de la côte avec des fonds de mer excellents, en face de l'embouchure de la Tafna et au débouché d'une des régions les plus fertiles de l'Algérie, pourrait servir à l'établissement d'un port qui fait défaut dans l'extrême ouest. Le port de Beni-Saf, récemment créé dans ces parages, est exclusivement industriel et répond surtout aux besoins particuliers de la compagnie minière qui l'a installé. Quant au port de Nemours, situé tout près de la frontière marocaine, on peut et on doit l'améliorer, mais il n'aura jamais une bien grande importance.

Les défectuosités que présente encore le littoral algérien sont surtout l'œuvre de la nature, mais les hommes, même depuis 1830, y ont bien été pour quelque chose. Lorsqu'il s'est agi de créer des ports, les marins, seuls compétents, n'ont pas été consultés. De là le mauvais choix des emplacements, les erreurs de construction difficilement réparables. Depuis quelques années seulement on a pris le sage parti de soumettre à l'examen de commissions nautiques les projets des ingénieurs. L'Algérie a eu sa part dans les grands travaux maritimes que comportait l'exécution du plan Freycinet. Peut-être peut-on regretter que, dans la colonie comme dans la métropole, on ait trop entrepris à la fois, et qu'au lieu de les concentrer sur quelques points essentiels, on ait disséminé à l'excès les ressources et les efforts. L'œuvre commencée est encore loin de son achèvement. Même quand on aura terminé les travaux en cours d'exécution, il restera beaucoup à faire. Sans parler des ports militaires à créer, l'un à Bougie, dans la baie de Sidi-Yaya, l'autre dans l'ouest, soit à Merz-el-Kébir, soit à Rachgoun, il faudra se préoccuper d'établir un port de commerce à Bougie, réaliser d'importantes et coûteuses améliorations à Arzeu, à Djijelli, multiplier le long de la côte les petits débarcadères comme celui de Takouch, près du cap de Fer et d'Azeffoun, entre Bougie et Dellys, dont l'existence favorise à la fois la colonisation du littoral et le développement du cabotage. Pour compléter l'outillage maritime de l'Algérie, d'énormes dépenses sont encore nécessaires [1]. Le gouvernement n'est ni en disposition ni en mesure de les mettre à la charge du budget métropolitain. Mais il est possible de les faire supporter en grande partie par les principaux intéressés. Déjà à Alger, à Bône, à Philippeville, à Oran, on a eu recours à des avances ou à des subventions des chambres de commerce; ailleurs, comme à Arzeu et à

1. M. Étienne, rapporteur du budget de l'Algérie pour 1887, les évalue à 82 millions.

Mostaganem, ce sont les municipalités qui interviennent. Les unes et les autres doivent se couvrir par la perception des droits de tonnage. Rien n'empêche d'étendre ce système à toutes les villes où l'importance de la navigation assure par ce moyen des revenus suffisants. Pourquoi aussi ne pas associer à cette collaboration de toutes les forces les compagnies de chemins de fer, qui pourraient également, sur les points où aboutissent leurs lignes, se charger des travaux des ports et se rémunérer par des droits de quai et de tonnage? Cette dernière idée, qui a été émise au conseil supérieur de l'Algérie, mérite une sérieuse considération. De la sorte, l'État se trouverait singulièrement soulagé. Réservant la meilleure part des ressources dont il dispose à des travaux d'utilité générale, comme la création des ports militaires et des petits débarcadères côtiers, il participerait cependant aux travaux des grands ports de commerce; mais il laisserait aux intéressés, chambres de commerce, municipalités, compagnies de chemins de fer, les entreprises d'une utilité purement locale.

MOUVEMENT DES PORTS DE L'ALGÉRIE EN 1882-83-84-85

Navigation de concurrence (Entrée et sorties réunies)

PORTS.	MOUVEMENT DES NAVIRES				TONNAGE DES MARCHANDISES.			
	1882	1883	1884	1885	1882	1883	1884	1885
Oran	1.277	3.170	2.065	2.635	690.970	327.388	327.652	451.833
Alger	1.274	2.193	1.815	1.881	293.610	280.648	303.851	335.322
Bône	1.876	1.526	1.055	1.255	407.193	351.760	424.835	197.610
Philippeville	1.610	875	783	1.081	174.788	129.536	176.339	277.261
Beni-Saf	345	319	257	349	241.600	280.738	260.119	314.566
Arzeu	334	184	162	238	53.367	42.481	59.715	80.847
La Calle	544	349	308	403	21.048	32.007	34.000	11.857
Bougie	931	92	99	184	9.031	14.351	9.942	32.458
Mostaganem	363	53	43	36	13.887	7.954	12.684	21.289
Collo	674	56	33	24	9.172	19.980	8.008	13.474
Nemours	342	142	81	122	1.898	6.977	4.556	7.042
Merz-el-Kébir	168	167	222	397	3.446	779	3.912	13.298
Ténès	210	112	56	52	5.597	4.299	4.345	4.640
Cherchell	233	51	31	9	5.697	9.755	13.747	105
Djijelli	1.091	15	18	18	4.175	595	872	2.666
Stora	20	127	90	128	215	825	778	1.234
Dellys	478	6	7	»	625	631	1.699	»

CHAPITRE IV

LES VENTS ET LES PLUIES

Placée au nord du 30° de latitude, l'Algérie se trouve en dehors de la zone des calmes. Elle reçoit les courants atmosphériques de l'ouest, qui lui viennent à travers le Maroc; les vents du nord-ouest et du nord l'abordent par son littoral; les vents du nord-est et de l'est, se développant le long de la Méditerranée, l'effleurent ou la parcourent; au sud, au sud-est et au sud-ouest, elle s'ouvre aux vents formés dans le Sahara.

Les vents d'ouest sont les bienfaiteurs de l'Europe, où ils renouvellent l'atmosphère et déterminent les pluies; ils ne rendent pas d'aussi grands services à l'Algérie: du 30° au 36°, ils ne sont pas encore bien établis, ils n'ont pas la force et la régularité qu'ils obtiendront plus au nord: leur intensité est presque toujours médiocre; au passage, les montagnes du Maroc leur enlèvent l'humidité et les effluves généreuses dont ils s'étaient chargés en traversant l'Océan. Ils arrivent hors d'haleine, poussant à peine quelques maigres nuages. Il ne faut attendre d'eux ni des pluies abondantes ni une ventilation énergique. Tout autrement se comportent les vents du nord-ouest et du nord. Moins fréquents et moins durables, leur souffle est court, mais puissant. C'est d'ordinaire à la suite d'une brusque saute qu'ils se déchaînent avec violence pour s'arrêter tout à coup. En hiver et au printemps, ils charrient des nuées épaisses qui crèvent en pluies torrentielles et poudrent de neige les montagnes. En été, ils sont rares ; lorsqu'ils surviennent, c'est pour rafraîchir la température et agiter fortement la mer. De vents d'est bien caractérisés, on n'en a pas souvent. Pendant les mois d'été, le courant qui s'établit avec le plus de persistance est celui du nord-est, d'une intensité quelquefois très marquée. La Méditerranée, sur laquelle il passe, le charge de vapeur d'eau, mais ne lui en donne pas assez pour verser des pluies ; l'humidité qu'il apporte se dépose en brumes qui enveloppent le sol pendant des journées entières. On a ainsi l'aspect sombre d'un ciel voilé, sans la compensation d'une ondée toujours désirée en cette saison.

Du sud-est et du sud-ouest aussi bien que du sud viennent les vents sahariens. Quand ils soufflent avec force, ils présentent les caractères du siroco : des courants de feu traversent l'atmosphère, aspirant l'humidité, desséchant l'air et le sol ; un vague malaise oppresse la poitrine des hommes et accable les animaux, les plantes souffrent aussi, les feuilles jaunissent et se tordent comme sous la brûlure de la gelée. Une poussière ténue se répand, s'élève de terre et donne au ciel des teintes rouges d'incendie. Le siroco peut s'établir en toute saison ; il est plus fréquent en hiver, plus pénible en été. Par bonheur, il n'est pas tenace, ce n'est qu'un fléau passager. Mais les mêmes points de l'horizon envoient d'une façon presque continue des vents plus légers, presque imperceptibles. Ils ébranlent à peine les couches tranquilles de l'air ; les paysages se dessinent nettement, baignant leurs lignes dans une lumière limpide. Ces faibles vents sont les ennemis subtils de l'organisme humain ; dans les grands espaces dénudés du sud, ils ont perdu toute électricité positive ; ils agissent négativement sur les corps vivants, provoquent des douleurs musculaires ou nerveuses et, à la longue, exercent une influence débilitante.

La brise de mer est l'antidote des vents sahariens. Elle

est produite par la rupture d'équilibre à laquelle donne lieu, pendant les belles journées, l'ardeur des rayons solaires. L'air chaud s'élève, et pour le remplacer des courants s'établissent; ils sont à peu près réguliers en été et en automne, intermittents dans les autres saisons; ils commencent à souffler vers dix heures du matin et ne tombent guère qu'avec le jour. Ces brises fraîches, imprégnées d'aromes salubres, allègent le poids de la saison chaude. Mais on ne les respire que sur le littoral; parallèles à la côte, les montagnes les arrêtent et leur ferment l'accès des vallées intérieures.

Le peu d'intensité des vents, la fréquence des calmes atmosphériques déterminent des rosées et des brumes abondantes. La chaleur du soleil évapore pendant le jour une partie de l'humidité terrestre que la fraîcheur de la nuit condense de nouveau et précipite sur le sol. Dans les années sèches, les rosées sont quelquefois le salut de la végétation. Les brumes ne sont pas particulières au littoral où les vents d'est les amènent en été. Dans toutes les saisons, elles se forment la nuit, se lèvent avec le soleil et planent pendant les premières heures du jour sur les plaines et les vallées creuses.

En Algérie comme dans tout le bassin de la Méditerranée, les pluies ont leur saison. Elles commencent en septembre et s'arrêtent en mai. Des orages ou des averses peuvent rafraîchir quelques heures de mai, de juin, de juillet et d'août, mais leurs larges gouttes sont bues si vite qu'il n'en faut pas tenir compte. Les huit autres mois sont assez inégalement partagés; la répartition des pluies n'est pas régulière et varie suivant les années. Quelquefois la saison pluvieuse est tardive et ne se prononce franchement que vers la fin de l'hiver, les labours attendent, on ne sème qu'avec défiance. Mais la culture a surtout à souffrir quand la sécheressse estivale empiète sur le printemps et qu'elle commence, comme en 1878, avec le mois d'avril. Les pluies sont amenées par les vents d'ouest, du nord et surtout du nord-ouest; si ces vents font défaut ou ne soufflent que faiblement, la hauteur d'eau diminue. Les vents du nord-est donnent quelques averses, mais rares et légères; après les périodes de siroco, les couches supérieures de l'air, saturées de l'humidité prise au sol, puis brusquement refroidies, laissent tomber des ondées. Mais les vraies pluies, abondantes et continues, celles dont dépend la fécondité de l'année, sont les pluies du nord-ouest.

Dans les régions tempérées, la pluie annuelle, distribuée à un grand nombre de jours, descend goutte à goutte, de manière à s'infiltrer lentement dans les profondeurs du sol. En Algérie, elle s'abat par averses violentes qui ravinent et dégradent les terrains; il n'est pas rare de recueillir 30 ou 40 millimètres en vingt-quatre heures. Sans transition, l'inondation succède à la sécheresse; le champ qu'on a vu la veille assoiffé, fendu de crevasses, est noyé le lendemain. Les pluies sont plus fréquentes en Europe, mais plus intenses en Algérie. Ces chutes d'eau torrentielles rappelleraient plutôt les tropiques; mais aux Antilles, aux Indes, dans le Soudan les pluies sont régulières et abondantes. En Algérie, elles ont leurs caprices, varient non pas seulement dans leur répartition, mais aussi dans leur quantité. Cette quantité même est assez maigre pour la chaude contrée qu'il s'agit d'arroser.

Une moyenne générale pour un pays aussi accidenté ne donnerait qu'une notion inexacte; pour être absolument vrai, il faudrait prendre des moyennes presque pour chaque localité; tout au plus peut-on déterminer des régions. L'abondance des eaux pluviales décroît ou augmente, suivant les latitudes, l'élévation du sol, l'exposition, les vents dominants. La zone la mieux partagée est la partie haute de la Kabylie, vers le Djurjura : à Fort-National, la moyenne est de 1200 millimètres. Le littoral de la même région, à Bougie, Djijelli, Dellys, recueille 1 mètre d'eau. Le reste de la Kabylie, Alger et ses environs, le nord-est de la province de Constantine reçoivent de 700 à 800 millimètres. Pour les autres parties du Tell, la tranche annuelle est moins haute dans les plaines, où elle ne dépasse guère 500 millimètres, que dans les montagnes et sur le littoral, où elle atteint à 600. On peut remarquer aussi une décroissance assez régulière de l'est à l'ouest; il pleut moins à Oran qu'à Cherchell, à Bel-Abbès qu'à Orléansville et à Tlemcen qu'à Médéa. Sur les hauts plateaux la moyenne s'abaisse à 400 millimètres; à Biskra et à Laghouat elle est à peine de 200. Plus au sud, en plein Sahara, la pluie devient un accident exceptionnel; elle tombe à plusieurs années d'intervalle et fait époque dans la vie des habitants.

Les vents du nord-ouest, qui amènent les plus fortes pluies, donnent aussi des neiges, mais seulement sur les hauts plateaux et dans les parties montagneuses du Tell. En aucun point les neiges ne se maintiennent toute l'année, il n'arrive pas souvent qu'elles persistent une saison entière. Presque toujours elles fondent sous un souffle de siroco; le retour d'un temps calme et la chaleur normale du jour suffisent à les détruire. D'Alger, on voit le Djurjura renouveler jusqu'à trois fois, en novembre, en janvier et en mars son manteau blanc, toujours mangé par le soleil.

Moyenne des pluies de 1860 à 1879 d'après M. A. Angot.

Haute Kabylie.	Fort-National.......	1243	millimètres.
Kabylie (littoral).	Bougie.............	1039	—
—	Djijelli.............	1024	—
—	Dellys...	996	—
Kabylie moyenne.	Tizi-Ouzou..........	841	—
—	Dra-el-Mizan........	824	—
Alger et environs.	Alger (Dey).........	736	—
—	Cap Caxine.........	545	—
—	Staouéli............	642	—
—	Coléa...............	656	—
Province de Constantine. (Nord-Est).	La Calle............	809	—
	Philippeville........	807	—
Tell (plaines).	Guelma.............	640	—
—	Orléansville	484	—
—	Sidi-bel-Abbès	476	—

Tell (littoral).	Cherchell..........	606	—
—	Oran..............	482	—
—	Nemours...........	446	—
Tell (montagnes).	Médéa.............	850	—
—	Tlemcen...........	662	—
Hauts-Plateaux.	Boghar............	377	—
—	Djelfa.............	340	—
—	Saïda..............	471	—
—	Aflou..............	332	—
Sahara.	Biskra.............	199	—
—	Laghouat	198	—

CHAPITRE V

LE TELL

Le Tell a 14 millions d'hectares; son nom vient-il du mot latin *tellus* et signifie-t-il la terre par excellence, le sol nourricier? N'est-ce pas seulement le mot arabe Tell[1], colline, monticule, employé à propos pour désigner une région aussi tourmentée? A voir la carte, ce Tell montueux semble riche en eaux courantes. De l'est à l'ouest, il est veiné d'un réseau complet de rivières : la Medjerda, qui va finir en Tunisie, la Mafrag, la Seybouse, le Safsaf bordé de peupliers, le Rummel aux chutes pittoresques, le Sahel, le Sebaou, l'Isser de l'est, l'Harrach, le jaune Mazafran, le Chélif où tombent le Nahr-Ouassel, l'oued Riou, la Mina et tant d'autres affluents, la Macta que forment en s'embranchant l'Habra et le Sig, l'oued Melah tout chargé de sel, la Tafna avec l'Isser de l'ouest, et l'oued Mouïla; toutes vont d'une marche plus ou moins directe, après des parcours d'une longueur variée, aboutir à la Méditerranée. Les unes se sont formées dans la chaîne littorale, les autres dans les montagnes de la bande intérieure. Seul, le Chélif a ses sources en dehors du Tell, au loin sur la lisière des hauts plateaux et du Sahara, dans le Djebel-Amour. Il coule du sud au nord, fait sa trouée pour entrer dans le Tell auprès de Boghar, s'incline au nord-est, puis, par un autre détour, file vers l'ouest à partir de Miliana. Son développement (700 kilomètres) est déjà celui d'un fleuve; les autres ont de 100 à 200, jamais plus de 250 kilomètres. Des pentes d'une extrême raideur dans les monta-

1. Mac-Carthy, *Géographie de l'Algérie.*

gnes, en plaine un lit démesurément large, sans profondeur, des berges incertaines, voilà ce qu'on trouve sur tous ces cours d'eau. Aucun n'est navigable, le Chélif pas plus que les autres; à peine si l'on peut utiliser pour le flottage, pendant quelques mois de l'année, la partie basse de l'oued Sahel. Nulle part en Algérie vous ne verrez cette régularité de nos beaux fleuves d'Europe, cette plénitude tranquille, cette majestueuse égalité d'allure. En été, cette tranchée énorme au milieu de la plaine, dans le fond de laquelle en se penchant on distingue un mince filet d'eau qui se traîne : c'est une rivière, c'est la Seybouse, ou l'Habra, ou le Chélif; dans quelques mois, des flots jaunâtres s'y presseront et déborderont par-dessus les rives[1]. Les eaux pluviales, battant à grandes averses un sol fortement incliné, le ravinent davantage, dénudent sa carcasse rocheuse; la terre végétale manque pour les absorber et les égoutter ensuite lentement; d'un élan elles se précipitent dans les plaines qu'elles inondent. Ce que les nuages ont versé est presque aussitôt restitué à la mer. Les crues sont soudaines, mais durent peu. Il n'est pas bien aisé de jeter des ponts d'un bord à l'autre; un orage dans la montagne, une grande poussée d'eau, et ils sont emportés. Quelquefois la rivière capricieuse démolit ses berges, se fraye un nouveau chemin et laisse là le pont suspendu sur ses arches vides. Les indigènes, qui ne se piquaient point de savoir exécuter des travaux d'art, passaient à gué; force nous est de les imiter la plupart du temps. Ces traversées sont faciles; les bêtes ont de l'eau jusqu'à mi-jambe; les hommes, sautant d'une pierre à l'autre, en sont quittes pour se mouiller un peu les pieds. S'il survient une crue, l'opération devient dangereuse; le plus sage est d'attendre que la rivière ait fini de couler. La naïveté du paysan de La Fontaine serait prudence en Algérie.

1. Débit du Chélif inférieur :

Eaux ordinaires....	10 mètres cubes.
Etiage...........	3
Grandes eaux......	1200

Incommode et parfois dangereuse pour les riverains, l'irrégularité des cours d'eau compromet la culture, la vie même du pays. Avec les fortes épaisseurs de terre végétale qui recouvrent les plaines, sous le chaud soleil qui brille toute l'année, la fécondité serait admirable, à condition que l'eau ne manquât point. Les pluies sont presque toujours insuffisantes; la sécheresse est donc l'ennemie qu'il faut combattre. Dans aucune partie du Tell, les cultures dites d'été, jardinage, prairies artificielles, tabacs, orangers, ne peuvent réussir sans arrosage; dans les plaines de l'ouest la principale culture d'hiver, celle des céréales, avorte sept années sur huit si les irrigations ne viennent pas remédier à l'indigence des pluies. L'hydraulique agricole se trouve donc ici en présence de deux problèmes, d'importance et de difficulté très inégales. Elle doit se préoccuper à la fois des irrigations et des travaux de défense. Ces derniers, dont l'utilité n'est certes pas médiocre, sont relativement aisés à exécuter; ils ne coûtent pas très cher et les riverains y concourent volontiers. Sur bien des points, il suffit, pour consolider les berges menacées, de plantations d'arbres et de quelques légers terrassements.

Les travaux d'irrigation réclament de plus grands efforts et de plus lourds sacrifices. L'établissement de simples barrages-déversoirs, de canaux d'irrigation et d'amenée constitue déjà une opération assez dispendieuse, mais dont on ne saurait se contenter le plus souvent, eu égard à la pauvreté du débit estival et même du débit ordinaire de la plupart des oueds. En général, dès qu'on veut subvenir à de larges irrigations, il faut se résoudre à capter les eaux et à les emmagasiner dans des barrages-réservoirs. La disposition coutumière des vallées telliennes, resserrées dans des gorges avant de déboucher en plaine, se prête assez bien à ces sortes d'ouvrages. On barricade par une forte muraille un de ces étranglements de vallée, on approfondit et on régularise le thalweg, on fortifie les berges par des revêtements. On obtient ainsi un bassin de retenue où l'eau s'accumule; des aqueducs la conduisent dans des canaux de distribution, où elle est débitée suivant les ressources et les besoins.

Jusqu'à présent les travaux d'irrigation les plus considérables ont été exécutés dans la Mitidja, dans la vallée inférieure du Chélif et, plus à l'ouest, dans les plaines du Sig et de l'Habra [1]. Dans la Mitidja occidentale, près de Marengo, le barrage-réservoir de Meurad, un des plus anciens de l'Algérie, retient 2 millions de mètres cubes et débite 200 litres à la seconde; dans la partie est, à 7 kilomètres en amont du village du Fondouk, on termine l'installation du barrage de Hamiz, qui aura coûté 3 millions et qui fournira, avec une capacité de 14 millions de mètres cubes, à l'irrigation de 30 000 hectares. Un troisième barrage est projeté au sud-ouest sur le Bou-Roumi. La vallée du Chélif est peut-être la région qui réclamait de la façon la plus impérieuse les travaux d'irrigation. On s'est occupé d'aménager les eaux du fleuve et celles de ses principaux affluents. Sur le Chélif même, un barrage-réservoir a été installé près d'Orléansville; des barrages ou des canaux de dérivation ont été pratiqués sur l'oued Sly, l'oued Fodda, la Mina, l'oued Riou; un barrage-réservoir fonctionne sur la Djidiouia, près du village de Saint-Aimé. On projette d'autres dérivations du Chélif aux deux extrémités de la plaine et des barrages-réservoirs sur l'oued Sly, l'oued Fodda et la Mina.

L'Habra est formé par la réunion des oueds Fergoug, Tezou, El-Hammam; c'est à la jonction des trois oueds qu'avait été construit par la compagnie franco-algérienne le vaste barrage de l'oued Fergoug, qui devait emmagasiner 30 millions de mètres cubes et irriguer 36 000 hectares. Malgré les proportions monumentales de son mur de

1. Voy. la brochure publiée par le gouvernement général de l'Algérie en 1883, et intitulée : *Hydraulique agricole, études sur l'aménagement et l'utilisation des eaux en Algérie.*

retenue, haut de 40 mètres, épais de 38 m. 90 à la base, il fut emporté en 1881. Les eaux s'abattirent sur la plaine et causèrent un épouvantable désastre. Il a fallu plusieurs années pour rétablir ce barrage, entièrement reconstruit aujourd'hui. Une catastrophe analogue, mais dont les effets ont été moins terribles parce que la masse d'eau retenue était plus faible, s'est produite en février 1885 sur le Sig. Les eaux de cette rivière étaient aménagées au moyen de deux barrages-réservoirs, l'un datant de 1858 et placé au débouché de la vallée dans la plaine, l'autre terminé seulement en 1882 et situé à 22 kilomètres en amont sur le territoire des Grands-Cheurfas. La reconstruction du barrage supérieur, dit des Grands-Cheurtas, est évaluée à 1 600 000 francs. En attendant qu'elle s'exécute, on a installé provisoirement, sur l'emplacement du barrage inférieur, une dérivation qui pourvoit dans une certaine mesure aux besoins les plus essentiels.

L'extrême ouest et le département de Constantine ne possèdent pas encore de grands ouvrages d'irrigation. Quoique moins indispensables que dans les régions du Chélif et de la Macta, ils y rendraient sur des emplacements bien choisis de très appréciables services. Parmi les projets à l'étude ou qui attendent l'exécution, figurent un barrage-réservoir sur la Tafna d'une capacité de 14 millions de mètres cubes; un barrage-réservoir sur le Saf-Saf de l'ouest près de Tlemcen, d'une contenance de 7 800 000 mètres cubes ; un barrage-réservoir de 22 millions de mètres cubes sur le Saf-Saf de l'est, en amont de Philippeville, un autre de 45 millions de mètres cubes sur le Rummel au-dessus de Constantine. On songe aussi à transformer en réservoir le lac Oubeira, dans les environs de la Calle.

L'utilité des barrages-réservoirs est par trop évidente, mais on ne peut nier qu'ils présentent des inconvénients sérieux. Un grand barrage ne peut être installé sans de longs et coûteux travaux; le prix de revient varie entre 3 et 5 millions. Vienne une inondation qui emporte le mur de retenue, tout ou à peu près est à recommencer sur nouveaux frais, sans parler des ravages et des accidents. Si les barrages résistent, ils sont menacés d'être comblés par l'envahissement des vases. Les eaux introduisent avec elles dans les bassins de retenue une quantité de matières solides qu'elles tiennent en suspension. Devenues immobiles, elles les précipitent, formant ainsi un dépôt vaseux qui durcit, s'accumule et dont chaque année augmente régulièrement le volume et la consistance. En Espagne l'apport annuel des vases ne représente guère que $\frac{1}{60}$ de la contenance du barrage; en Algérie, où les oueds sont très chargés, il est au minimum de $\frac{1}{35}$. C'est ainsi que dans le barrage du Sig, qui cubait 3 millions 1/2 de mètres, les limons s'emparaient chaque année de 100 000 mètres cubes. Quelquefois l'envasement est plus rapide encore; le barrage de la Djidiouia, construit pour emmagasiner 2 millions de mètres cubes d'eau, n'en peut plus recevoir que 500 000, le reste est occupé par les vases.

Plusieurs systèmes de dévasement ont été proposés. On semble s'arrêter à celui qu'avait imaginé un ingénieur algérien, M. Calmels, malheureusement enlevé par une mort prématurée [1]. Il consiste à utiliser la chute d'eau du barrage pour comprimer l'air par l'action de turbines. Le récipient qui emmagasine l'air comprimé communique par des tuyaux avec une lance mobile qui peut être amenée par des manœuvres assez simples sur les points où l'affouillement est reconnu nécessaire. Violemment agitées, les eaux se chargent de nouveau des vases qu'elles avaient déposées et les entraînent avec elles par des barbacanes de sortie ménagées dans le mur de retenue. On

1. Voy. Calmels, *le Dévasement des barrages en Algérie*. Jourdan éditeur, Alger. — Lecq, *la Question du dévasement*. Bulletin de la Société de climatologie d'Alger, 1883.

parvient ainsi à dégager le barrage, sans rien perdre, ni l'eau ni la vase, celle-ci n'étant pas moins précieuse que celle-là. Il résulte en effet d'une analyse de M. Lecq, professeur départemental d'agriculture à Alger, qu'une tonne de limon prise dans le Hamiz contient 800 grammes d'azote, 500 grammes d'acide phosphorique, 3 kilog. 500 de potasse, ayant ensemble rendu sur champ une valeur de 1 fr. 60. On voit que le procédé Calmels permet de compléter l'irrigation par le colmatage des terres et d'obtenir en Algérie, toutes proportions gardées, des résultats analogues à ceux que produisent en Égypte les fécondes inondations du Nil.

Le danger de rupture, difficile à éviter d'une manière absolue, peut être sensiblement atténué par des précautions qu'indiquent les expériences déjà faites et les avis les plus compétents. Tout d'abord les grands ouvrages ne devront pas être multipliés sans nécessité. Bien souvent des travaux légers, peu coûteux à établir et à remplacer, suffiront à assurer l'irrigation. Là où les vastes barrages sont reconnus indispensables, il faudra, en donnant toute la solidité possible au mur de retenue, se préoccuper de prévenir l'affouillement des terres dans lesquelles il s'enracine. Chacun des grands barrages devra être complété par des barrages de correction établis dans les vallées latérales et les ravins principaux ; ces ouvrages accessoires auraient pour fonction de retenir une partie des eaux dans les grandes crues, et de faciliter la mise en valeur des terres dans le haut des vallées. Des reboisements effectués dans des endroits bien choisis contribueront également à modérer l'afflux des eaux, à amortir les chocs redoutables sous lesquels les barrages de l'Habra et du Sig ont succombé.

On n'évalue pas à moins de 100 millions la dépense qui serait nécessaire pour un aménagement rationnel des eaux dans toute l'Algérie. Mise en regard de cette somme colossale, l'allocation de 750 000 francs inscrite au budget paraît presque dérisoire, et pourtant elle ne peut être augmentée dans de bien fortes proportions. Mais on ne voit pas pourquoi tous les frais de ces travaux seraient mis à la charge de l'État. Il appartient aux intéressés, constitués en syndicats, d'y subvenir au moins pour la majeure partie. Dans les régions de colonisation nouvelle, où la richesse est à créer, l'on ne peut raisonnablement compter sur des syndicats, mais on peut avoir recours à des sociétés financières. L'administration ferait faire par ses ingénieurs des études préalables, dresserait des notices détaillées, auxquelles la plus large publicité serait donnée et provoquerait ainsi des offres. Les compagnies concessionnaires exécuteraient les travaux et vendraient ensuite l'eau aux usagers, suivant des tarifs réglés de façon à leur procurer l'intérêt et l'amortissement de leur capital. L'État n'interviendrait que pour fournir une garantie d'intérêts, les avances qu'il pourrait faire de ce chef devant lui être remboursées dès que l'entreprise serait devenue productive. Dans ce système, on calcule qu'une dotation annuelle de 1 million permettrait d'entreprendre dès à présent pour plus de 20 millions de travaux. Ceux-ci une fois terminés et assurant la rémunération des capitaux, l'allocation budgétaire devenue disponible permettrait de gager d'autres opérations. Dans un délai assez court, sans demander à la métropole des sacrifices démesurés, l'agriculture algérienne se trouverait dotée de l'outillage hydraulique nécessaire à son développement [1].

L'aspect du sol, le climat, les productions ne sont pas les mêmes dans toute l'étendue du Tell; le littoral ne ressemble pas à l'intérieur, et dans l'intérieur, les parties basses aux parties montagneuses.

Le littoral jouit d'un climat tout maritime; les écarts de température ne sont pas considérables entre les jours et les nuits ni même entre les saisons. L'hiver est d'une

1. Voy. Conseil supérieur de l'Algérie, sessions de 1883, 1884, 1885. Conseil général d'Alger, session d'octobre 1883.

douceur délicieuse; par les temps les plus froids, le thermomètre marque de 10 à 5 degrés centigrades; l'abaissement de la température coïncide toujours avec de fortes pluies. A la première embellie, on remonte à 15 et au delà : le ciel reparaît lumineux, l'air s'agite doucement sous l'haleine fraîche des brises, la végétation étale le luxe de ses couleurs vivifiées. Pour l'étranger, pour celui qui a encore dans les yeux les ciels bas, les soleils sans lumière et la nature du nord endormie par le froid, c'est un véritable éblouissement. Alger surtout, avec sa ceinture de sites pittoresques, exerce, malgré l'imperfection du confort et des agréments mondains, une attraction toute-puissante, qui fait d'elle la rivale heureuse des stations provençales. La saison d'hivernage, la belle saison colorée par le soleil et fécondée par les pluies, s'ouvre en octobre, plus souvent en novembre, et se prolonge d'ordinaire jusqu'au mois d'avril. Avril et mai sont les mois de transition, un printemps algérien, qui n'a pas, comme celui d'Europe, le charme infini du renouveau. En juin commencent les sécheresses, la température s'élève, l'intensité de la chaleur augmente en juillet, elle atteint son maximum en août pour décroître avec septembre; elle se maintient même en octobre, quand les pluies d'automne se font par trop attendre. Pour le mois d'août, les moyennes observées varient entre 25 et 30; en général, elles sont plus basses sur la côte de l'ouest, où arrivent encore par Gibraltar les courants atmosphériques de l'Océan. Les températures extrêmes (Philippeville 49° en 1878) ne se soutiennent que pendant quelques jours, lorsqu'elles sont chauffées par le siroco, heureusement assez rare en été. Ce qui est plus fréquent et presque aussi pénible, c'est l'humidité occasionnée par la prédominance des vents d'est. Somme toute, même dans la saison la moins favorisée, la température n'est pas intolérable; et il reste neuf mois de l'année pendant lesquels ce climat du littoral est un des plus égaux, des plus doux et des plus agréables qu'il y ait au monde. Il fait les délices des Européens nomades, voyageurs, peintres, poètes; mais les hygiénistes le jugent avec sévérité. La clémence perfide de ses hivers énerve, affadit l'organisme humain et le livre sans défense aux brutalités de la saison chaude. On ne peut pas dire d'une manière absolue que la côte de l'Algérie soit malsaine; elle n'est pas le siège de maladies spéciales ou d'endémies permanentes; mais ceux qui l'habitent longtemps éprouvent à la fin une diminution de vigueur physique et d'énergie intellectuelle.

La région littorale forme une bande étroite; les rochers, les terrains accidentés qui la constituent presque partout sont arides, à peine revêtus par endroits d'une maigre végétation de broussailles. Les environs de quelques grandes villes tranchent sur ce fond un peu triste : près d'Alger, les dernières pentes du Sahel sont peuplées de propriétés de plaisance dont les arbres toujours verts semblent former une forêt continue; dans tout le massif, les plantations de vignes se multiplient et donnent l'aisance à des villages longtemps misérables. Bône et Philippeville, Arzeu et Mostaganem ont également leur bordure de végétation. Vers les plages, dans les alluvions apportées par les petits cours d'eau, la culture maraîchère s'est établie : les vergers soigneusement entretenus, les carrés de légumes sans cesse travaillés, fumés, arrosés, approvisionnent les villes et envoient leurs primeurs à la métropole. Avec la pêche, voilà les ressources naturelles du littoral; la production agricole n'y trouve ni un terrain favorable ni un espace suffisant; il convient mieux à la vie urbaine, au monde des affaires, du commerce et des plaisirs.

Les plaines recouvrent une bonne partie de la surface du Tell; les unes sont immédiatement voisines de la côte (plaine de Bône, Mitidja, Mléta), d'autres sont situées assez loin dans l'intérieur des terres : ainsi la Medjana, la plaine de Bel-Abbès, la plaine d'Eghris. Presque toutes se développent dans le sens de la latitude, parallèlement aux chaînes de montagnes, entre lesquelles elles forment des sortes de couloirs. La répartition des saisons est à peu près la même que sur le littoral, mais les caractères climatériques offrent des différences ; le rayonnement nocturne qui est intense détermine de brusques abaissements de température et des gelées, même au printemps. A Orléansville, à Bel-Abbès, à Batna, le thermomètre descend souvent à 0 et au-dessous pendant les mois d'hiver. Par contre, les chaleurs d'été sont très fortes ; la moyenne du mois d'août à Orléansville est de 30 degrés ; le maximum de 50 à l'ombre est atteint presque tous les ans. A la vérité, Orléansville, bâtie au beau milieu de la plaine du Chélif, se trouve dans des conditions exceptionnelles ; les autres stations présentent des moyennes et des maxima moins élevés. Il convient d'ajouter qu'à température égale la chaleur des plaines, sèche et franche, se supporte mieux que l'énervante humidité du littoral.

Les plaines du Tell ont un renom d'insalubrité qu'elles méritent. Disposées en cuvettes, elles reçoivent toutes les eaux qui descendent des montagnes ; ces eaux s'immobilisent dans les bas-fonds en lacs permanents ou en marécages. Les grands courants atmosphériques, arrêtés et déviés par les hauteurs, ne viennent pas battre et balayer l'air ; du sol fraîchement remué, des terrains détrempés, des eaux croupies, les miasmes sortent et se développent sous le soleil. Périodiquement, à partir des premières chaleurs jusqu'au nettoyage des grandes pluies, les fièvres sévissent. Leurs ravages sont aujourd'hui moins terribles que dans les premiers temps de la conquête, parce que depuis lors la face du pays s'est partout modifiée. Des travaux d'assainissement ont été exécutés de toutes parts ; on a desséché le lac Halloula et les marais qui empoisonnaient la Mitidja ; les marais de Bône, et ceux des environs d'Oran, et ceux de la Soummam, auprès de Bougie, et ceux de l'oued Boutan, au bas de Miliana, ont fait place à des cultures. Par des travaux qui ont encore besoin d'être complétés, on a conquis 13 000 hectares sur les eaux palustres du lac Fetzara. On projette également de mettre à sec la Sebkha d'Oran, dont l'innocuité n'est pas démontrée et dont l'inutilité est certaine. L'extension de la culture a eu aussi son influence : chaque laboureur, en enfonçant sa charrue, en plantant un arbre souvent au péril de sa vie, a combattu le bon combat; sous l'effort continu de ce conquérant pacifique, la nature ennemie cède et se civilise. D'immenses améliorations se sont déjà réalisées; d'autres peuvent être poursuivies. Malheureusement, la puissance du travail humain ne va pas jusqu'à changer les formes mêmes du sol; quoi qu'on puisse faire, la plupart des plaines du Tell, étranglées entre des montagnes, ne seront jamais bien ventilées et par conséquent ne jouiront jamais d'une salubrité parfaite.

La population s'y porte cependant, parce que ces terrains bas sont les parties les plus fertiles de l'Algérie. L'humus arraché aux montagnes s'y est amassé en couches profondes; l'eau est en abondance, courante ou immobile, souterraine ou à la surface. Prairies, arbres fruitiers, plantes industrielles, on peut tout tenter. Mais la principale production est celle des céréales. L'ancien grenier de l'empire romain est toujours resté un marché à blé; même aux plus mauvais jours de l'anarchie turque, la régence faisait en grains un important commerce d'exportation. Aujourd'hui, les travaux d'irrigation et d'assainissement, la sécurité des transactions, la facilité croissante des débouchés et principalement les progrès de la culture européenne activent partout la mise en valeur du sol. La Mitidja, couverte de fermes et de florissants villages, est comme une autre Beauce. Sétif, au temps des moissons, est perdu au milieu d'une mer d'épis mûrs. A l'ouest, la large vallée du Chélif ne donne encore qu'un rendement bien irrégulier; mais quand elle sera pourvue d'eau, comme ses voisines du Sig et de l'Habra, elle les écrasera de sa prospérité. D'orient en occident, du nord au sud, le vieux sol fertile se réveille; chaque plaine est un centre agricole en pleine production ou n'attend plus pour le devenir que l'appel de la colonisation.

Il faut gravir les montagnes pour trouver dans le Tell de véritables hivers : la neige tombe chaque année à plusieurs reprises, tapisse les pentes et séjourne parfois pendant des mois sur les sommets. Les basses températures sont presque continues de décembre jusqu'en avril. A Médéa, Aumale, Fort-National, Sétif, elles descendent souvent jusqu'à des froids rigoureux de 4 ou 5 degrés au-dessous de zéro. Les chaleurs sont moins tenaces que sur le littoral et dans les plaines, mais elles atteignent une redoutable intensité sous l'influence du siroco que reçoivent en plein les localités élevées. Les moyennes et les maxima du mois d'août, inférieurs à ceux des plaines, sont, à peu de chose près, les mêmes que l'on observe sur le littoral. Mais la moyenne générale de l'année est sensiblement plus faible. En 1883 elle était seulement de 15,3 pour Constantine, de 13,7 pour Fort-National, de 13,3 pour Sétif, tandis qu'elle s'élevait à 17,9 pour Alger. Ce climat n'est pas agréable, avec ses saisons tranchées et ses oppositions violentes; à des hivers relativement très froids, il fait succéder des étés presque aussi chauds que dans le reste de l'Algérie. Mais son âpreté est salutaire; il trempe et réconforte les tempéraments. La région montagneuse a cependant ses cantons insalubres : en Kabylie, par exemple, des vallées entières sont habitées par une population rachitique et maladive; profondément encaissées, mal aérées, engorgées de brouillards, elles reproduisent les mauvaises conditions des terres basses du Tell. Ce qui fait la salubrité d'une contrée, ce n'est pas son altitude absolue, mais sa position dominante par rapport aux pays qui l'avoisinent. Les sommets baignés dans l'air libre, les versants bien exposés face au vent, les plateaux dégagés sont toujours, quelle que soit leur hauteur, des sites favorables à l'habitat humain.

Le sol des montagnes est naturellement moins riche que celui de la plaine, vers laquelle le mouvement des eaux entraîne le meilleur des terres. Cependant il y a des parties fertiles; les céréales sont cultivées, et parfois, comme en Kabylie, une patience héroïque triomphe de la pauvreté et des difficultés du terrain; les bons pâturages ne manquent pas et nourrissent des chèvres, des moutons et des bœufs. Le fléau du déboisement n'a pas tout ravagé; beaucoup de pentes et de cimes sont encore peuplés de maquis touffus et même de véritables forêts. A côté des essences forestières, les arbres fruitiers abondent et surtout l'olivier, richesse du pays kabyle. Par un effet de l'altitude, la végétation retarde sur celle du bas pays; on retrouve là les plantes du midi et aussi du centre de l'Europe. Certains coins de terre rappellent les plus frais paysages de notre France, Médéa par exemple, avec ses vignobles, ses fleurs et ses vergers, ou mieux encore Tlemcen. De cette vieille capitale, si intéressante par ses monuments artistiques et les vestiges de son passé, la vue s'étend sur un panorama de vallons évasés, de croupes arrondies, de plateaux fertiles où les arbres, oliviers, noyers, figuiers, térébinthes, pressent leurs feuillages variés, où de tous côtés circulent et murmurent les eaux courantes.

CHAPITRE VI

LES HAUTS PLATEAUX

Les hauts plateaux couvrent une étendue de onze millions d'hectares. Nettement délimités dans les provinces d'Alger et d'Oran, ils se confondent, dans la province de Constantine, avec le Tell et le Sahara; leur plus grande largeur est donc à l'ouest : elle mesure au maximum de 50 à 60 lieues. Ce nom de hauts plateaux est expressif et exact; que l'on vienne du nord ou du sud, il faut gravir des montagnes pour accéder à cette vaste plate-forme d'où l'on découvrirait, si la vue humaine était assez puissante, les deux immenses plaines du Sahara et de la Méditerranée. L'altitude moyenne varie entre 700 et 1000 mètres; le terrain a ses ondulations, mais bien moins vigoureuses que dans le Tell; les points culminants sont des buttes qui dépassent à peine le niveau général; les dépressions sont plus larges que profondes; presque partout de grands espaces ouverts développent jusqu'au fond de l'horizon leurs formes aplanies. Ce sont des steppes comparables à ceux de la Russie, mais ressemblant encore mieux par tous leurs caractères physiques aux plaines qui s'ouvrent en Australie derrière les hauteurs du littoral.

Ce grand plateau médian a ses bords renflés en forme de bourrelet; les eaux qu'y déposent des pluies rares, mais torrentielles, ne trouvent d'écoulement ni au nord vers la Méditerranée, ni au sud vers le Sahara. Elles refluent par des vallées laissées souvent à sec dans ces dépressions intérieures qu'on appelle presque indifféremment les chotts ou les sebkhas. Cinq grands chotts se succèdent dans la largeur des hauts plateaux; les deux premiers, le Rarbi ou chott de l'ouest, le Chergui ou chott de l'est, se creusent sur les confins du Maroc; encaissés par de hautes rives, des chaussées sablonneuses assez instables les divisent et les traversent; le premier, dans la partie située en territoire algérien, présente une longueur de 44 kilomètres et une largeur qui varie entre 7 et 20; l'autre est plus vaste : il a d'ouest en est 140 kilomètres sur une largeur de 10 à 20. La province d'Alger a également ses chotts accouplés, les deux Zahrès qu'on distingue aussi l'un de l'autre par leur position géographique; ils sont situés un peu au nord de Djelfa, le Rarbi à une altitude de 857 mètres, le Chergui un peu en contre-bas, à 771. Leur étendue est notablement inférieure à celle du grand chott oranais; celui de l'ouest ne mesure que 45 kilomètres en longueur, avec une largeur de 5 à 11; celui de l'est, large en moyenne de 14, n'a que 36 kilomètres dans le sens de la latitude. La province de Constantine, qui possède plusieurs chotts dans sa partie saharienne, en a un seul sur ses hauts plateaux : c'est le Hodna ou chott Es-Saïda; de forme allongée, son développement d'ouest en est est de 75 kilomètres; du nord au sud, il a entre 7 et 18. Sur ses bords et sur les affluents souvent importants qui lui amènent leurs eaux : oued Chellal, oued Msila, oued Chaïr, oued Bou-Saada, des ruines attestent l'occupation et la culture romaines.

Le chott n'est pas plus un lac que l'oued n'est un fleuve. Le Hodna et le Chergui ressemblent encore moins à des nappes comme le Léman ou l'Ontario, que le Chélif au Rhône. L'eau du chott est peu profonde, vaseuse, saumâtre, jamais potable; en été, quand les oueds languissants se perdent en route, le soleil a bientôt fait de tout tarir. L'évaporation laisse alors à sec d'épaisses couches de sel dont les efflorescences blanchâtres présentent, quand la lumière s'y joue, l'éblouissant éclat d'une mer de glace. Une légende arabe explique à sa manière la formation des chotts ; bien avant l'ère du Prophète, les peuples idolâtres qui vivaient en ce pays voulurent avoir une mer. Ils se mirent à creuser, pendant que de longues caravanes s'en allaient puiser dans des outres l'eau de l'Océan. En ce temps-là, Dieu n'aimait pas qu'on se permît de retoucher son œuvre ; il se fâcha tout rouge, comme pour la tour de Babel. Il fit périr cette nation téméraire, détruisit ses villes et laissa subsister en témoignage de l'impuissance humaine les chotts, grossières ébauches d'un Océan manqué. Qu'il y ait eu aux âges préhistoriquss une mer des hauts plateaux, une sorte de grande cuvette complètement inondée, cela n'est pas impossible. Dans une époque plus rapprochée de nous, les chotts ont dû former tout un chapelet de lacs, disposés comme ceux de l'Amérique du Nord ; la région de l'Atlas avait alors un autre climat, d'épaisses forêts couvraient les montagnes, les pluies étaient plus abondantes et plus fréquentes, de vraies rivières coulaient dans les vallées. L'éléphant, l'ours, le bœuf zébu trouvaient à vivre dans ce pays boisé et humide.

Maintenant les hauts plateaux, secs et dénudés, ont un climat extrême, à caractère continental. Les écarts de température sont énormes entre les saisons, bien plus, entre les différentes heures du jour. Sur ces grandes plaines unies, sans abri et sans ombre, l'ardeur du soleil tombe de tout son poids ; mais à peine le jour a-t-il baissé que le sol rayonnant librement renvoie toute la chaleur reçue. A Géryville, on relève dans les vingt-quatre heures des minima de 0 et des maxima de 35. Les hivers sont rigoureux, beaucoup plus que dans le Tell ; la neige tombe à partir de décembre et séjourne quelquefois pendant janvier et février ; le thermomètre descend alors au-dessous de zéro jusqu'à 10 ou 11 ; mars et avril donnent encore des moyennes assez basses, puis l'été survient et suit comme partout sa marche ascendante. Le mois le plus chaud paraît être juillet plutôt qu'août; quand le siroco souffle, la température dépasse 40; mais la fraîcheur produite par le rayonnement nocturne ramène les moyennes entre 20 et 25. Incommode souvent et pénible, le climat des hauts plateaux n'est pas insalubre; les populations indigènes qui y vivent sont plus vigoureuses et plus saines que les habitants du Tell; dans les postes français les garnisons sont exemptes des endémies et des fièvres[1]; les corps expéditionnaires ne sont éprouvés que par les fatigues. Il n'y a point de malaria sur ces plateaux découverts où tous les vents peuvent se donner rendez-vous; le moindre courant se développe et se propage sans rencontrer d'obstacles; là, il n'y a point de stagnation dans l'atmosphère, l'air qu'on respire est vivant.

Les premières colonnes qui s'aventurèrent dans cette région lui donnèrent le nom de petit désert. Aujourd'hui encore, dans ce pays presque vide d'habitants, l'appellation se justifie. Cependant le sol est bien loin d'être stérile; après les pluies, il se revêt d'un tapis de végétation; des plantes vigoureuses, des labiées comme le thym, des salsolacées comme le guettaf, assez tenaces pour résister à la sécheresse, donnent en toute saison une pâture aux troupeaux. Une graminée précieuse attire vers ces contrées longtemps dédaignées l'effort de l'industrie européenne. Le halfa, *Stipa tenacissima*, recouvre les sept dixièmes de la surface des plateaux[2]; il abonde surtout dans la province d'Oran, où s'étend depuis Sebdou, Daya et Saïda jusqu'aux chotts l'immense mer de halfa. Sa tige sert à fabriquer des nattes, des cordages, voire des tissus; mais ce qui lui donne sa vraie valeur, c'est l'emploi qu'en fait comme matière première la papeterie. Le halfa, cueilli à la main, bottelé sur place, puis comprimé en balles, est expédié vers la côte où des acheteurs étrangers, principalement des Anglais,

1. V. Pauly, *Climatologie comparée.*
2. V. Mac-Carthy, *Carte des régions à halfa.*

et des Espagnols viennent en prendre livraison. En 1885, la superficie des terrains de halfa en culture dépassait 1 million d'hectares, situés pour la plus grande partie dans la province d'Oran. La récolte, à laquelle avaient été employés plus de 8000 ouvriers, donnait 2 639 000 quintaux, la valeur du quintal rendu au port d'embarquement variant de 7 à 15 francs; les quantités exportées s'élevaient à 1 950 000 quintaux. On compte que de 1867 à 1884 inclus l'Algérie a expédié au dehors 1 620 000 tonnes de halfa, représentant une valeur marchande de près de 127 millions. Ainsi les halfas donnent lieu à un mouvement commercial considérable, ils alimentent pour une bonne part le trafic de deux chemins de fer, Arzeu-Mécheria et Bel-Abbès-Ras-el-Ma, et celui de deux ports, Oran et Arzeu. Enfin ils ont attiré sur les Hauts-Plateaux le peuplement européen. Au reste, il est temps de mettre à profit les autres ressources de ce pays. Les rares terrains où les indigènes veulent risquer quelques semences donnent de magnifiques récoltes, lorsque les pluies sont abondantes. On ne peut pas, dans l'état présent, compter sur des pluies régulières; mais il est facile, en forant des puits, en pratiquant des barrages de retenue, de multiplier les points d'eau. Si ces travaux d'aménagement étaient menés bien et vite, on a calculé qu'il serait possible, dans la seule province d'Alger, de livrer à la culture 500 000 hectares, improductifs à l'heure qu'il est. En attribuant à la colonisation qui manque de terres la moitié de ce domaine conquis, on aurait de quoi installer dans un pays salubre, supérieur au Tell pour sa valeur climatérique, cinq à sept mille familles d'agriculteurs européens [2].

La restauration des eaux est liée à celle des forêts; l'une et l'autre auraient pour conséquence l'extension des pâturages. Il existe encore sur les hauts plateaux, vers le

1. *Statistique de l'Algérie.* — *Exposé de la situation de l'Algérie*, 1886.

2. V. Africa. *Bulletin de la société de géographie d'Alger.* Nos 1 et 2.

centre, quelques massifs que la vaine pâture et l'incurie dégradent ; ce sont les vestiges d'une ancienne richesse forestière, qui paraît avoir été considérable ; les écrivains classiques parlent de l'intérieur de l'Afrique du nord comme d'un pays très boisé ; les auteurs musulmans racontent qu'avant l'invasion arabe on pouvait aller de Tripoli au Maroc sous le couvert ininterrompu des grands arbres. Le sol n'est donc pas, comme le disait Salluste, « infecundus arbori », impropre à la végétation forestière. Sans doute le reboisement d'une aussi vaste étendue est une entreprise énorme, mais il s'agit d'une œuvre de longue haleine, où l'on peut procéder graduellement ; les résultats à atteindre sont dignes de l'effort d'une longue patience. Ce ne sont pas seulement les hauts plateaux qu'on transformerait, mais l'Algérie tout entière. Un rideau d'arbres continu serait pour elle le rempart le plus efficace contre les influences du désert ; le siroco, ce fléau atmosphérique, le tarisseur des sources, le brûleur des plantes, ne pourrait plus passer, à moins de se baigner dans la végétation sylvestre, où il s'imprégnerait d'humidité et de fraîcheur. Les pluies seraient régularisées ; des cours d'eau abondants s'alimenteraient dans les montagnes de bordure et descendraient pour les féconder sur le Tell et le Sahara.

Les pâturages sont la grande ressource des indigènes sur les hauts plateaux, mais l'imprévoyance musulmane les laisse se détériorer et s'appauvrir ; la rareté de l'eau ne permet le gros bétail qu'à titre exceptionnel ; les moutons seuls s'accommodent volontiers du régime frugal auquel on les soumet. Multiplier les points d'eau, c'est multiplier les pâturages et par suite accroître la richesse des habitants. L'élevage européen pourrait à son tour installer dans le pays ses procédés savants et ses puissants moyens d'action. Comme l'Australie, comme les plaines du Sud-Amérique, la région des plateaux est appelée à devenir un grand marché à viande, qui aurait le précieux avantage de la proximité. La France et les autres pays de l'Europe méridionale auraient avantage à s'approvisionner en Algérie. L'agriculture tellienne trouverait à sa portée les engrais qui lui ont manqué jusqu'à présent; un grand courant d'exportation s'établirait et déterminerait presque aussitôt un contre-courant d'importation. Bien entendu, il serait nécessaire d'étendre à toute l'Algérie les voies ferrées dites de pénétration, lesquelles n'ont pas seulement une valeur stratégique. Avec leurs halfas, leurs bœufs et leurs moutons sur pied, les lainages, les cuirs, les engrais, les céréales, les hauts plateaux alimenteraient un trafic rémunérateur. Le Tell est certainement la région la plus fertile de l'Algérie, mais ce n'est pas la seule utilisable; ici comme ailleurs, la solidarité économique existe entre les différentes parties du même pays; aucune ne peut s'isoler des autres; de même que leur sol, leurs intérêts se touchent, et leur prospérité n'est complète qu'à la condition d'être générale.

CHAPITRE VII

LE SAHARA [1]

Le Sahara français ne comprend qu'une petite partie de l'immense désert africain. Il occupe une large dépression que bordent au nord les Hauts-Plateaux et au sud le massif du Djebel Hogghar avec ses ramifications. C'est seulement vers la Tripolitaine et la Tunisie d'une part, vers le Maroc de l'autre, qu'existe une démarcation politique, sur bien des points vague et incertaine. Entre ces deux extrémités, la frontière se confond avec la limite des parcours de nos nomades, les Troud du Souf, les Chamba d'Ouargla et d'El-Goléa. Sauf dans l'ouest, où notre territoire dépasse à peine les Hauts-Plateaux, et au centre, où s'ouvre une large trouée de plaines, le Sahara algérien est couvert par une assez bonne frontière naturelle. C'est l'épaisse barrière des Areg ou dunes de sable, qui s'étendent dans le sens de la latitude, et de la Tripolitaine au Maroc, sur une longueur de plus de 1000 kilomètres, avec une largeur qui varie entre 250 et 300. Les dunes sont traversées par trois vallées desséchées : à l'ouest, l'oued Messaoura, prolongement méridional de l'oued Guir et de l'oued Zousfana, descend vers le sud ; au centre et inversement, l'oued Igharghar, venu du Hogghar, et

1. V. *le Sahara*, par Pomel. — *Les Touareg*, de Duveyrier. — Les *Voyages* de Barth. — Martins, *du Spitzberg au Sahara*. — *Die Sahara*, de Chavanne. — Rinn, *Nos Frontières sahariennes*. — Le Chatelier, *les Frontières méridionales de l'Algérie*.

l'oued Mya, originaire du plateau de Tademaït, s'en vont au nord se confondre sous le nom d'oued Rir et aboutissent ensemble au bassin du chott Melrir. Là aussi finit le Djedi, qui part du Djebel-Amour et longe le rebord des Hauts-Plateaux. Jusqu'à présent l'oued Messaoura a été complètement en dehors de notre action. Les oasis de l'oued Mya et de l'oued Rir, celles des Ziban le long du Djedi, les ksours oranais à la lisière des Hauts-Plateaux, les villes du Mzab et quelques postes comme Metlili et El-Goléa, sont les parties habitées du Sahara algérien, les points fixes autour desquels évoluent les nomades qui forment la grande majorité de sa population.

Le Sahara n'est pas pour rien la terre des mirages ; il n'est pas de contrée sur laquelle se soient accréditées plus d'erreurs, ni qui prête à plus d'illusions L'opinion a longtemps prévalu que c'était le fond d'une mer disparue récemment : l'abondance des sables, l'absence supposée de tout relief, la nature saline du sol et des végétaux semblaient autant de preuves décisives. Des récits incomplets ou apocryphes, des légendes mal interprétées servaient de documents ; l'imagination, brochant sur le tout, se représentait un pays stérile, sans eau, sans productions, sans espèces vivantes, un océan de sables, sillonné par de tremblantes caravanes, remuant comme des vagues son sol mobile, secoué jusqu'aux profondeurs par des tempêtes assez terribles pour engloutir des armées ; en somme, une contrée maudite, mystérieuse, inhabitée, impénétrable. Le temps a fait justice de ces exagérations. Il est démontré que le Sahara n'est pas le lit d'une mer nouvellement desséchée ; excepté sur le bord de l'Océan ou de la Méditerranée, son sol ne contient ni fossiles ni coquillages marins ; il a, comme les autres parties du continent, son modelage antique de plaines et de montagnes ; il a sa flore et sa faune indépendantes depuis longtemps constituées. Sa stérilité n'est pas absolue, il n'est pas désert dans toute l'acception du mot, c'est-à-dire entièrement vide d'êtres animés; des populations, où les hommes de race blanche sont en majorité, y sont installées et y subsistent depuis des siècles.

Il s'en faut de beaucoup que les sables occupent toute la surface du Sahara; les 8/9 environ appartiennent au *Hammada*. On appelle ainsi des plateaux à peine ondulés, presque sans inclinaison, sans autres accidents que des coupures à pic et de larges crevasses. Partout la roche nue ou la terre tellement durcie par la sécheresse, qu'elle a pris la consistance et l'aridité du roc; jamais d'eau à la surface ni même dans les couches profondes du sol : on perd sa peine à creuser des puits. Sauf quelques arbustes épineux et de rudes salsolacées poussant quand même de loin en loin, la végétation manque entièrement. L'*Areg*, ou région des dunes de sable, est moins déshérité; placée dans le voisinage des dépressions, la dune reçoit les eaux qui ont glissé sur la surface impénétrable du *Hammada*; elle les absorbe avidement, s'imprègne de leur humidité, les emmagasine en nappes stagnantes que les puits atteindront facilement; la végétation n'est pas luxuriante, mais elle est vigoureuse; les chameaux et, dans la belle saison, les moutons y trouvent leur compte; plusieurs plantes sont utilisées pour l'alimentation humaine. Malgré les fatigues inouïes que promet ce terrain accidenté, ce sable mou, brûlant sous le soleil, les caravanes s'y hasardent quelquefois, parce qu'elles peuvent y vivre. Les Areg sont souvent de véritables collines hautes de 150 mètres; ils forment des chaînes dont on connaît la direction, les sommets, les cols, et au milieu desquelles les guides expérimentés savent trouver leur route. Jamais les vents n'ont pu balayer et bouleverser ces lourdes masses; leur poussée continue réussit à peine à les faire mouvoir presque insensiblement. Quand l'atmosphère est agitée, une poussière ténue arrachée au sol comme l'écume à la mer s'élève, flotte et, portée par le siroco, se répand jusque dans le Tell. C'est à cela que se réduisent les sables mouvants.

La stérilité du Sahara ne tient pas à la composition de son sol; en d'autres pays, des formations géologiques semblables se prêtent parfaitement à la culture; la sécheresse du climat est l'unique, mais redoutable ennemi; le désert arrosé ne serait plus le désert. Partout où l'homme a pu trouver de l'eau en quantité suffisante, il s'est installé, il a créé ces îlots de verdure que l'on nomme des oasis. De loin, l'oasis apparaît comme une tache sombre, comme une forêt continue où se pressent les cimes des palmiers. Le palmier doit plonger ses pieds dans l'eau et sa tête dans le feu du ciel; pourvu que ses racines soient abreuvées, n'importe la qualité de l'eau, il se développe et fructifie sous un soleil dévorant. Il donne aux Sahariens la datte, qui fait le fond de leur nourriture et le principal article de leur commerce; le liquide sucré qui jaillit de sa tige fermente comme le jus de la vigne et en a la saveur; avec son tronc, l'on fait des poutres, avec ses feuilles des nattes, avec ses filaments des cordages. Des jardins, des cultures s'abritent à son ombre; sous la voûte ondoyante que forment à 15 mètres du sol ses têtes rapprochées, des arbres fruitiers, des légumes échappent à la brûlure du soleil. Dans les clairières, on sème un peu de blé et d'orge, on récolte si l'hiver amène quelques pluies.

Les oasis sont placées près des sources, au bord des torrents intermittents, ou disposées en archipels le long des ouadis, ces vallées desséchées qui rident le Sahara. L'eau circule rarement à la surface, mais elle forme, à des profondeurs variables, de puissantes nappes artésiennes où vivent des poissons, des mollusques et des crustacés[1].

1. Voy. *les Forages artésiens de la province de Constantine*, par M. Jus. Paris, Imprimerie nationale, 1878. — Du même auteur, *les Oasis de l'oued Rir de 1856 à 1879*. Constantine, Marle, 1879. — Du même, *Étude sur le régime des eaux du Sahara de la province de Constantine*. Bulletin archéologique de la province de Constantine. — Les notices et notes de M. G. Rolland. *Revue scientifique* du 6 décembre 1884 — Comptes rendus de l'Académie des sciences, 15 septembre 1885 — 24 janvier 1887. — Les Comptes rendus administratifs de la Société de Batna et du Sud-Algérien.

Le mieux connu de ces fleuves occultes, celui qui serpente sous l'oued Rir, a 100 kilomètres de long, sur une largeur de 4 à 14. Il y a longtemps que les Sahariens connaissent et qu'ils utilisent à leur façon les ressources aquifères de leur sous-sol. Ibn-Khaldoun signale l'existence de puits artésiens non seulement dans l'oued Rir, mais aussi à Ouargla et plus à l'ouest dans le Touat et le Gourara. Dans l'oued Rir, où nous n'avons pénétré qu'en 1854, nos soldats ont encore pu voir à l'œuvre la corporation des puisatiers indigènes, les *meallem* (savants) et les *retassin* (plongeurs). Sur un emplacement choisi avec soin et le plus souvent avec un instinct assez sûr, on creusait à la main en se servant d'une sorte de houe ; quand on avait atteint une profondeur suffisante, on s'occupait de revêtir les parois supérieures d'un coffrage en bois de palmier. Le meallem, attaché à une corde, descendait alors et perçait la couche rocheuse qui recouvre les sables aquifères. On le remontait aussitôt, mais pas toujours assez vite pour l'empêcher d'être noyé par l'irruption des eaux ou écrasé par la chute des déblais. La première poussée des eaux amène fréquemment, dans le puits nouvellement creusé, des sables qui l'encombrent. Alors on faisait appel aux plongeurs. Entièrement nu, les oreilles bouchées avec de la laine imprégnée de graisse, le retass se chauffait à un grand feu, faisait ses ablutions, récitait sa prière et, après avoir dit adieu à ses compagnons, au milieu d'un silence solennel, se laissait glisser le long d'une corde tendue jusqu'au fond du puits. Il y restait deux ou trois minutes, occupé à remplir de sable un couffin (panier) d'une dizaine de litres. Quand il revenait à la surface, ses compagnons l'embrassaient, comme au sortir d'un grand danger, et un autre descendait à son tour. Chaque retass faisait ainsi dans sa journée de travail de quatre ou cinq plongeons. Le métier était dur et périlleux ; il usait vite ceux qui ne succombaient pas à quelque accident. En 1854, lors de la conquête de l'oued Rir, il n'y avait plus dans le pays que quinze plongeurs, tous phtisiques; la plupart des puits étaient comblés; des oasis avaient dû être abandonnées; les autres, presque sans eau, languissaient; le désert gagnait.

Le général Desvaux, qui commandait la colonne expéditionnaire du Sud, eut alors l'heureuse idée de faire exécuter dans l'oued Rir des sondages et de substituer aux procédés primitifs des indigènes les moyens d'action de notre puissante industrie. Le matériel de sondage, débarqué à Philippeville en avril 1856, atteignit l'oued Rir le mois suivant, sous la conduite de l'ingénieur Jus, dont le nom est devenu depuis justement célèbre. Le 17 mai le premier coup de sonde était donné à l'oasis de Tamerna. Ce fut un instant solennel quand, après vingt-deux jours de travail, devant une foule indécise et médiocrement bienveillante, dont un insuccès aurait flatté les préjugés, la sonde fit jaillir une véritable rivière de 4000 litres à la minute. A ce spectacle les défiances routinières, la sourde hostilité contre l'étranger, tout fut emporté dans un débordement de joie et d'enthousiasme. « On arracha les branches de palmier qui entouraient l'équipage; chacun voulait voir avec ses propres yeux cette eau que les Français avaient su faire jaillir au bout de trois semaines, tandis que les indigènes avaient eu besoin d'autant d'années et de cinq fois plus de monde. Enfin on vit même les femmes de tout âge accourir, et celles qui ne pouvaient arriver à la source se faisaient donner de l'eau dans les petits bidons de nos soldats et la buvaient avec avidité. Tout le monde s'embrassa et les femmes firent entendre leurs cris de joie [1]. » L'inauguration de la nouvelle source, « la Fontaine de la paix », s'acheva au milieu des prières, des récitations du Coran, des danses, des diffas, des fantasias, de toutes les démonstrations tour à tour graves et bruyantes de l'allégresse indigène.

1. Rapport du lieutenant Rose, adjoint au chef du bureau arabe de Biskra.

A dater de 1856, des brigades volantes de travailleurs militaires, conduites sous la direction de M. Jus par de vaillants officiers, le sous-lieutenant Lehaut, qui mourut à la peine, les capitaines Zickel, Piquot, Vachier, furent à l'œuvre dans l'oued Rir, réparant les anciens puits, pratiquant de nouveaux forages, portant partout la vie et la fécondité. Un instant compromis par l'insurrection de 1871, les travaux ont été repris en 1873 avec plus d'ardeur et ne se sont pas interrompus depuis. L'initiative privée est venue y concourir, des compagnies françaises ont apporté leurs capitaux à cette entreprise hautement civilisatrice. L'oued Rir n'avait en 1856 que 282 puits, la plupart en mauvais état, donnant avec les *behour* (sources naturelles ou petits étangs) un débit total de 52 767 litres à la minute. En 1886 on y comptait 117 puits jaillissants tubés en fer et 500 puits indigènes simplement boisés. Le débit actuel est de 240 mètres cubes à la minute, cinq fois plus qu'en 1855. Des oasis menacées ont été sauvées de la ruine, d'autres améliorées, d'autres plantées et créées de toutes pièces. L'abondance a jailli du sol avec les eaux. En 1856 il y avait dans l'oued Rir 6772 habitants, possédant à eux tous un avoir de 1 650 000 francs; en 1879, la population montait déjà à 12 827 habitants : le capital représenté par les puits, les plantations et les constructions était évalué à 5 millions et demi. On estime qu'en trente ans la valeur des oasis a plus que quintuplé, la population plus que doublé.

Ce sont là de magnifiques résultats et dont on peut calculer l'immense portée politique. Plus encore que les victoires de nos armes, ces pacifiques exploits frappent les imaginations et donnent aux indigènes une haute idée de notre puissance. Ceux qui ne seraient pas susceptibles de gratitude pour les services rendus sont saisis d'un respect superstitieux devant la force déployée. L'oued Rir est aujourd'hui une des régions les mieux soumises de l'Algérie. L'œuvre de fécondation qui s'y est accomplie peut être étendue à d'autres parties du Shaara. Déjà des sondages ont été exécutés par l'autorité militaire avec un plein succès à Ouargla et sur la route qui relie cette oasis à Ghardaia. Il faut porter nos sondes sur les lignes d'ouadis, dans les cuvettes des dépressions, partout où la présence des nappes souterraines est dûment constatée. On rendra ainsi praticables les routes du sud; on améliorera la condition des nomades en fournissant à leurs troupeaux des points d'eau plus nombreux; on parviendra à multiplier et à étendre ces centres de vie et de production, semés comme des points imperceptibles sur l'immensité du désert [1].

Gardons-nous cependant des chimères; il ne faudrait pas que, après avoir trop dédaigné le Sahara, l'on en vînt, par une réaction excessive, à le considérer comme une terre promise; même les oasis tant vantées, que le langage métaphorique des Arabes représente comme des lieux de délices, ne sont que des paradis très relatifs. Qu'on puisse modifier ce pays, adoucir pour ses habitants les conditions de l'existence, cela n'est pas douteux; mais, quoi qu'on fasse, on ne le changera jamais complètement, parce que jamais on n'éteindra les ardeurs de son climat. L'été saharien est terrible; il commence de bonne heure, dès avril, pour ne finir qu'en octobre; sa durée n'enlève rien à son intensité; sur la lisière, à Biskra, les températures de 45° sont chose ordinaire; plus avant, dans l'oued Rir, on arrive régulièrement à 50. Sous un ciel presque toujours pur, dans de grands espaces découverts, la dé-

1. Nous n'examinons pas ici le projet de création d'une mer intérieure dans le bassin des Chotts, auquel le lieutenant-colonel Roudaire avait attaché son nom. La question, qui d'ailleurs concerne bien plutôt la Tunisie que l'Algérie, semble être entrée dans une phase toute nouvelle. M. le commandant Landas, qui dirige actuellement les travaux, s'occupe de forer des puits artésiens, d'améliorer le régime des eaux, de régénérer ou de fonder des oasis. L'entreprise se réduit aux proportions modestes d'une œuvre de colonisation saharienne, comparable à celle qui s'accomplit dans l'oued Rir. On ne peut que s'en féliciter, et les objections décisives que soulevait l'ancien projet n'ont plus lieu de se produire.

perdition nocturne de chaleur est énorme ; de là de formidables écarts dans les vingt-quatre heures, des gelées blanches avec 0 pendant la nuit, des températures torrides de 45° vers le milieu du jour. La sécheresse de l'air est extrême ; si quelque nuage, poussé par les courants, s'aventure au-dessus de ce vaste foyer, il est aussitôt résorbé; pas d'humidité, pas de rosées. Quant aux pluies, elles tombent en chutes diluviennes sur le Sahara algérien, mais seulement quelques jours par an ; plus au sud, dans le pays des Touareg, elles surviennent une fois tous les dix ans [1].

En général, le Sahara n'est pas malsain, l'air circule et s'y renouvelle librement. Toutefois il en est autrement des ouadis, des dépressions, des oasis, de toutes les parties relativement fertiles ; la stagnation des eaux y engendre les fièvres et les maladies habituelles. Tandis que les nomades sont vigoureux, solidement constitués, les sédentaires fixés dans les oasis et les ksours sont chétifs, malingres, rongés par les fièvres. Dans ces milieux délétères, hostiles à la race blanche, les Berbères et les Arabes n'ont pu se maintenir que par des croisements répétés avec les Soudaniens. Que dire après cela des projets de colonisation du Sahara par des immigrants européens ? Quelques industriels audacieux que la poursuite de la fortune excite et soutient, quelques fonctionnaires amenés à regret par le devoir professionnel, élément instable et souvent renouvelé, voilà ce qui représente dans nos postes de l'extrême sud le peuplement français. Avec des occupations peu pénibles, un confort relatif, une hygiène prudente, presque tous plient sous l'écrasement du climat; que serait-ce s'ils avaient à supporter le dur travail agricole avec ses privations et ses fatigues ? La vie rurale, telle que l'impose la nature du pays, n'est pas possible pour des hommes nés au nord de la Méditer-

1. Duveyrier.

ranée. Des individus ou des familles font impunément un séjour limité sur la lisière du Sahara ; mais parler d'introduire une population européenne dans l'intérieur du pays, vouloir l'y fixer, l'y acclimater, c'est une pure utopie.

LIVRE II

L'ALGÉRIE DANS LE PASSÉ

CHAPITRE PREMIER

LES PREMIERS HABITANTS

« Depuis le Moghreb jusqu'à Tripoli ou pour mieux dire jusqu'à Alexandrie, depuis la mer romaine jusqu'au pays des noirs, toute cette région a été habitée par la race berbère, et cela depuis une époque dont on ne connaît ni les événements antérieurs ni même le commencement. » Ainsi s'exprime l'historien musulman Ibn-Khaldoun. Cette race, les écrivains de l'antiquité classique ne paraissent pas en avoir soupçonné l'unité. Ils parlent des Libyens, des Numides, des Gétules, des Maures comme d'autant de nations différentes, sans lien de parenté entre elles. Les Grecs et les Latins se souciaient peu d'ethnologie : ils voyaient dans l'Afrique du nord des peuplades dont chacune avait son nom particulier, n'ayant ni les mêmes chefs ni les mêmes lois, toujours en guerre les unes contre les autres. Ils n'en cherchaient pas davantage et décrivaient ce qu'ils voyaient, sans rapprocher ni généraliser. A vrai dire, si nous n'avions pas d'autres moyens d'investigation, nous en serions au même point. Aussi bien, ce mot d'unité de race n'a-t-il qu'une valeur très relative. L'histoire des peuples dont nous connaissons le mieux les antiquités nous les montre se formant des éléments les plus divers. On peut dire qu'il n'existe pas de race absolument pure, et ce n'est pas dans l'Afrique du nord que cette loi générale rencontre une exception. Dans ce pays qui touche au Soudan par le sud, à l'Europe par le nord et par l'est à l'Orient, dans ce vaste carrefour où viennent se croiser trois mondes, il a dû se produire de tout temps une immense circulation humaine. Les émigrants de toute provenance y affluent aujourd'hui comme à l'époque turque, comme sous les Arabes, comme sous les Romains. Il est vraisemblable que les choses se sont passées ainsi de toute antiquité.

La question de l'origine des Berbères, obscure comme toutes les questions d'origine, a donné lieu à diverses théories, fondées sur l'observation des faits actuels, sur des textes anciens, sur des rapprochements que fournissent l'histoire, la géographie, la philologie. Le général Faidherbe explique la présence des nombreux types blonds que l'on trouve dans l'Afrique du nord par une invasion de Kymris. Ces mêmes guerriers à la longue chevelure, aux yeux bleus, au teint blanc qui firent la conquête de la Gaule, auraient couru par l'Espagne et Gibraltar jusque dans le pays berbère. Ils auraient élevé tous ces monuments mégalithiques, aussi fréquents sur le sol algérien que sur celui de la France. D'autres assignent aux Berbères une origine purement orientale ; ils seraient des Kouschites venus de l'extrême Asie. Il y a dans l'Inde dravidienne une population de Warwara ; une province de l'ancienne Perse s'appelait le Barbaristan ; sur les bords de la mer Rouge, on trouve des Barbara ; sur le cours moyen du Nil, des Barabra. Tous ces noms marquent les étapes de la longue migration qui aurait amené du fond de l'Inde des habitants à l'Afrique du nord. On cite à l'appui le fameux texte de Salluste, dans lequel il parle de Perses, de Mèdes, d'Arméniens échoués en Afrique après la dispersion de l'armée d'Hercule ; on rapproche le nom latin de la ville de Tanger, Tingis, du mot perse *tingi*, qui signifie passage, le mot Fraoucen, nom d'une tribu kabyle, de *Fourouz*, qui en arabe veut dire Persan; on propose comme étymologie du mot Numides *N'Mad*, les fils des Mèdes. Quant aux traditions berbères, elles se prononcent plutôt pour une origine cananéenne. Le fils d'Abou-Yézid, généalogiste indigène cité par Ibn-Khaldoun, déclare que les Zenata sont fils de Canaan, qu'ils ont été expulsés de la Palestine, leur pays, par l'invasion israélite. Procope affirme qu'il existait une inscription portant ces mots : « Nous sommes les descendants de ceux qui ont fui devant la face de Josué ». Quand on demandait aux paysans du temps de saint Augustin ce qu'ils étaient, ils répondaient : Cananéens. On trouve dans l'Aurès un Yaboüs qui rappelle le Jébus de Palestine; on peut rapprocher le nom de l'importante tribu des Zénètes et celui des Kénites de la Syrie. Les cités berbères du Mzab ressemblent d'une manière frappante aux vieilles villes de Canaan, telles que les décrivent la Bible et les voyageurs modernes.

Autant d'opinions, autant d'hypothèses. Si l'on s'en tient aux faits eux-mêmes, on constate dans la population berbère la coexistence du type blond et du type brun. Dans des fouilles exécutées sur divers points, notamment auprès de Khenchela, on a découvert des crânes qui n'appartiennent ni à des Aryens, ni à des Sémites, mais qui sont conformés comme ceux des Mongols ou des races négroïdes. Il y aurait donc eu dans l'Afrique du nord, avant l'arrivée des peuples actuels, cette race primitive, ce substratum ethnique, que l'on retrouve presque partout, quelque chose d'analogue à l'homme des cavernes en Europe. Ces anciens habitants auraient été détruits ou absorbés par de nouvelles races brunes et blondes, mieux douées ou plus puissamment outillées. La présence des types blonds doit dater de cette irruption, elle n'est pas du tout un fait récent. Dès le XVIIIe siècle avant J.-C., l'on voit apparaître en Egypte les Maschouach et les

Loubim, des guerriers blonds venus du littoral africain, comme pillards ou comme mercenaires.

Ces hommes étaient-ils originaires du nord, du sud ou de l'est? Il est probable que le peuplement se fit à la fois par les trois côtés. Mais, comme la Berbérie n'est séparée de l'Orient ni par une mer ni par un Sahara, comme elle est en quelque sorte inclinée vers l'Egypte et l'Asie, auxquelles elle se relie par la double ligne du littoral et des oasis, c'est avec l'est surtout qu'elle a communiqué. Sans vouloir préciser une histoire que l'absence de documents rend forcément incertaine, il est permis de dire que l'Afrique septentrionale a reçu, dès la plus haute antiquité, des populations orientales. Ainsi s'expliquerait la parenté incontestable de la vieille langue berbère avec les dialectes sémitiques. Quoi qu'il en soit, la race nord-africaine était constituée dix siècles au moins avant l'ère chrétienne et assez solidement pour persister à travers toutes les péripéties de l'histoire; sous les couches superficielles dont la recouvrirent les invasions, elle devait toujours former le fond durable et tenace de la population indigène.

Avant Carthage, avant les premières colonies phéniciennes, où en étaient les peuples berbères, à quel état social, à quel degré de civilisation étaient-ils parvenus? Nous ne pouvons le savoir que d'une manière très approximative et par des voies indirectes. L'influence phénicienne s'est longtemps limitée au littoral et n'a pas dû modifier sensiblement les mœurs des indigènes; même la conquête romaine a eu peu d'influence sur les tribus du sud. Avec des peuples aussi rebelles à tout changement, il est permis de croire que ce qui était vrai au temps d'Hérodote ou de Pline devait l'être également quelques siècles auparavant. D'ailleurs certains écrivains classiques, Salluste par exemple, ont puisé à des sources aujourd'hui perdues.

« Au commencement, dit Salluste[1], l'Afrique fut habitée

1. Guerre de Jugurtha.

par les Gétules et les Libyens, peuples grossiers et incultes; ils se nourrissaient, comme les bêtes, de la chair des animaux et de l'herbe des champs; ni mœurs, ni lois, ni chefs, ils allaient devant eux sans foyers ni maisons, s'arrêtant là où les surprenait la nuit. » C'est le point où en sont en ce siècle les indigènes de l'Australie; aucun groupement social ne s'est encore opéré, il n'y a pas de chefs, il n'y a pas de lois, il n'y a pas de mœurs, c'est-à-dire pas de famille. L'homme ne sait pas s'abriter, il va au hasard, sans but, et couche sur la terre nue. A peine chasseur, il se nourrit de ce qu'il rencontre, plantes ou bêtes. Salluste semble attribuer à des émigrants venus de l'est ou du nord, à ceux qu'il appelle les soldats de l'armée d'Hercule, une action civilisatrice. Les Berbères ne tardent pas en effet à s'élever au-dessus de l'état sauvage; la plupart des peuplades citées par Hérodote : Maxyes, Zaouèkes, Byzantes, sont encore nomades; mais déjà la formation en tribus est un commencement d'organisation politique. Ils vont toujours devant eux, mais non plus sans maisons; leurs maisons, qu'ils traînent sur des chariots, ce sont les célèbres mappalia, « logements portatifs, faits de roseaux tressés avec des branches de lentisques [1]. » Ils ne se contentent plus des hasards de la chasse ou des produits spontanés du sol : ils sont devenus pasteurs; ils ont des bœufs, dont ils se servent comme bêtes de trait et dont ils mangent la chair; ils ont domestiqué le cheval; cavaliers admirables, ils montent à cru sans brides ni mors; une légère baguette leur suffit pour diriger leur docile monture. L'agriculture ne les a pas encore fixés à la terre; ils ne savent pas filer et tisser des vêtements, ils se bariolent de tatouages ou jettent sur leurs épaules des peaux quelquefois teintes. Ils ignorent l'usage des métaux; leurs armes sont des lances à pointe de corne, des massues, des haches de pierre [2].

1. Hérodote.
2. *Ibid.*, au dénombrement de l'armée de Xerxès.

CHAPITRE II

LES PHÉNICIENS. — CARTHAGE

La légende de Melkarth, l'Hercule tyrien, raconte que le dieu partit avec une flotte et une armée pour la conquête de l'Ibérie. Chypre, la Crète, la Sicile, l'Italie et la Gaule furent les étapes de sa route. Au retour, il soumit et civilisa l'Afrique. Sous la forme d'un mythe facilement intelligible, c'est l'histoire même de l'expansion phénicienne. Partis du bord oriental de la Méditerranée, appelés vers l'Espagne, ce Pérou des anciens, par l'attraction des métaux précieux, les marins de Tyr et de Sidon naviguèrent prudemment le long des côtes. Il leur fallait des points de relâche sur tout le parcours ; la sûreté de leurs communications en dépendait : ils espacèrent sur les rivages du nord et du sud ces emporia, dont beaucoup devinrent des villes importantes. C'est ainsi que leur colonisation enserra tout le bassin de la Méditerranée. Dans l'Afrique du nord, leur établissement fut favorisé par la présence de populations congénères que des migrations antérieures y avaient amenées. Parmi les Cananéens qui firent sous le nom de Hycsos la conquête de l'Egypte, un certain nombre sans doute avaient dépassé la vallée du Nil et prolongé leur mouvement dans l'ouest. D'autre part, le témoignage de Procope, si affirmatif et si précis, indique l'arrivée de plusieurs peuples de Palestine, fuyant devant l'invasion israélite. Cet exode, s'il a eu lieu, ne s'est pas effectué à travers l'Egypte; ce n'est que par mer et avec le concours de la marine phénicienne que les Gergéséens, les Jébuséens et les autres ont pu passer de leur pays d'origine dans le lointain Moghreb. On peut expliquer de la même manière la présence des Perses, Mèdes et Arméniens de Salluste : on les aurait embauchés comme mercenaires en Asie et débarqués pour tenir garnison sur les côtes d'Espagne ou d'Afrique.

Le fait certain, c'est que les Phéniciens introduisirent ou trouvèrent dans l'Afrique du nord une population d'origine orientale, qui leur était apparentée, qui avait un langage, des croyances, des mœurs semblables ou analogues aux leurs ; le croisement de ces Asiatiques avec les indigènes produisit la race métisse des Liby-Phéniciens ; le terrain était bien préparé pour recevoir des colonies : Kambé, Utique, Leptis, Oea, Sabrata, Thapsus s'élevèrent l'une après l'autre. La plupart de ces fondations étaient l'œuvre des Sidoniens ; plus tard, l'hégémonie fut transférée à Tyr. De Tyr partit en 878 l'émigration qui vint agrandir la vieille Kambé et en faire la ville nouvelle de Karth-Hadeth ou Carthage. Cette fois, ce n'était pas un groupe de commerçants allant s'installer dans un comptoir. Les grands, les prêtres, toute l'aristocratie de la capitale phénicienne avaient suivi Elissar. Vaincus dans leur lutte contre Pygmalion, le tyran populaire, ils lui abandonnaient la place et s'en allaient, emportant leurs richesses, leurs rites, leurs dieux, ce qui pour les anciens était la patrie même. De là pour la jeune Carthage cette déférence et bientôt cette soumission des autres villes ses aînées ; de là aussi cet esprit théocratique, exclusif, qui domina toujours dans ses conseils. On a trop voulu voir dans Carthage une république de marchands : marchands ils l'étaient certes, comme tous les autres Phéniciens, mais ils furent encore plus des aristocrates ; chez eux, la fortune comptait moins que la naissance, ou plutôt l'une et l'autre allaient ensemble · les deux forces sociales, loin de se combattre, s'associaient dans les mêmes mains; les grandes familles appuyaient sur d'énormes richesses leur illustration séculaire.

D'abord réduite à un territoire étroit, Carthage se développa rapidement. Bon gré mal gré, elle s'incorpora les autres villes phéniciennes; les plus petites furent absorbées; les grandes, Utique par exemple, furent des alliées, mais des alliées dépendantes, comme les cités *fœderatæ* l'étaient pour Rome. Les peuples indigènes subirent sa domination ou acceptèrent sa suzeraineté. Au dehors, elle conquit la Corse, la Sardaigne, s'installa en Sicile, où elle retrouvait d'anciennes colonies phéniciennes. Le seul obstacle à cette expansion, c'était en Afrique et dans les îles la présence des peuples hellènes, vieux ennemis du nom punique. Une lutte acharnée s'engagea; elle n'était pas terminée lorsque les guerres avec Rome commencèrent.

Les Carthaginois ne démentaient pas le génie de leur race ; ils profitaient de la décadence des métropoles phéniciennes pour devenir les rois de la mer et les maîtres du négoce ; ils triomphaient de la rude concurrence des Grecs et des Etrusques ; audacieusement ils sortaient de la Méditerranée ; leurs navires, franchissant les Colonnes d'Hercule, allaient trafiquer sur le littoral africain de l'Atlantique, gagnaient les terres inconnues de l'Europe du nord. Ils avaient des relations dans l'intérieur de l'Afrique : les peuples nomades auxquels ils touchaient par le sud leur servaient d'intermédiaires avec le vaste pays des noirs. Mais le commerce, quels qu'en fussent les profits, n'absorbait pas entièrement leur activité. Dès le VIe siècle avant Jésus-Christ, ils possédèrent du cap Bon au lac Triton un territoire de 75 lieues de long sur 60 de profondeur : c'est la Tunisie actuelle, avec une partie de la province de Constantine, pays richement doué et dont ils tiraient parti avec une habileté admirable. Aucun peuple, pas même les Romains, qui prirent plus tard leurs leçons, ne s'entendit aussi bien à faire rendre au sol tout ce qu'il pouvait donner. Ils avaient des troupeaux, des plantations d'oliviers, des vignobles ; tous les ans, de magnifiques moissons couvraient les plaines ; comme la vieille terre de Canaan, l'Afrique regorgeait d'abondance. En grands seigneurs qu'ils étaient, ils ne cultivaient pas eux-mêmes ; tout un peuple de serfs indigènes, qu'ils conduisaient de loin, peinait pour eux dans leurs latifundia ; c'était le sort que la conquête avait fait aux habitants de la zone occupée. Au delà, les tribus numides, plus belliqueuses et plus fières, n'étaient soumises qu'à une sorte de protectorat ; on ne leur demandait que des soldats.

La constitution de Carthage, modifiée au cours des siècles, resta toujours profondément aristocratique. Elle ressemblait par plus d'un côté à celles des républiques marchandes dans l'Italie du moyen âge. Il y avait trois pouvoirs : le grand conseil, le sénat et les suffètes. Le grand conseil n'était pas, comme on pourrait le croire, une assemblée populaire ; seules les vieilles familles puniques y avaient entrée. Le sénat, sorte de concentration de l'aristocratie, était le vrai maître ; les suffètes, comme les éphores à Sparte, n'étaient que les instruments dociles d'une oligarchie toute-puissante. La population de race phénicienne s'exposait peu aux chances de la guerre ; elle se renforçait par l'afflux constant des émigrants venus de la mère-patrie. Aussi la cité était-elle soigneusement fermée aux étrangers. L'orgueil national, commun à tous les peuples de l'antiquité, est ici plus exclusif que partout ailleurs. Aucun égard pour les services rendus ; on traite durement les sujets, même les Libyphéniciens, ces frères bâtards ; on ménage un peu plus les Numides, mais par prudence, et on ne les en méprise pas moins. Que si par hasard on a grand besoin d'un d'entre eux, on lui donne en mariage une fille carthaginoise, mais on ne l'élève pas pour cela à la dignité de citoyen[1].

1. Par exemple, le chef numide Narr'Havas, qui épousa la fille de Hamilcar.

Cependant, pour protéger au loin les grands intérêts engagés, pour tenir en respect l'Africain opprimé et les convoitises du Numide, il fallait une armée. Carthage paya, et elle eut des mercenaires : hoplites grecs armés de toutes pièces, Gaulois aux longues épées, frondeurs des Baléares ; comme ils coûtaient cher, ils formaient des corps spéciaux, une élite peu nombreuse. Des levées opérées parmi les paysans africains fournissaient une infanterie; les Numides envoyaient leur incomparable cavalerie, toujours prête à se ruer au combat et au pillage. La politique du sénat carthaginois contenait les uns par les autres. Les Numides, en vrais Berbères, étaient toujours divisés; au besoin, on poussait contre eux des masses d'infanterie. Si les laboureurs du nord s'insurgeaient, on lançait sur eux en razzia les goums numides. En temps de paix, les mercenaires étaient parfois un embarras; quand ils devenaient trop gênants, on les embarquait avec tous les mécontents dans quelque entreprise hasardeuse : ce fut une armée de ce genre que Hamilcar conduisit à la conquête de l'Espagne.

Lorsque s'ouvrirent les guerres puniques, l'empire carthaginois ne reposait que sur la force; il était haï de tous les peuples ses sujets. Rome, à vrai dire, ne traitait pas les siens avec plus de douceur; mais sa domination, moins anciennement établie, ne semblait pas encore insupportable. Si Hannibal était venu en Italie un peu plus tard, au temps de la guerre sociale, il aurait peut-être été plus heureux. Avec des ressources moindres, les Romains s'étaient donné une meilleure organisation militaire. Entourés de peuples belliqueux, ils s'étaient préparés pour la défensive; leurs colonies militaires formaient autour de Rome comme les mailles d'un réseau d'acier. Carthage, qui méprisait les barbares ses voisins, n'avait pris aucune précaution de ce genre. Régulus, puis Scipion, comme autrefois Agathocle, la réduisirent d'abord aux extrémités dès qu'ils eurent débarqué en Afrique. La prévoyance punique paraît avoir été en défaut. Ils ne comprennent pas au début la gravité de la lutte où ils se sont engagés; ils soutiennent peu leur glorieux Hannibal et le chassent au premier signe de l'étranger. C'est seulement la troisième guerre qui leur ouvre les yeux; alors enfin ils s'aperçurent qu'il y allait pour eux non plus de la Sicile ou de l'Espagne ou de l'Afrique, mais de l'existence même. Ils combattirent avec un acharnement désespéré; mais il était trop tard, Carthage fut prise et détruite. Le vainqueur, Scipion Emilien, Romain déjà pénétré d'hellénisme, soldat philosophe, ne put retenir ses larmes devant ce désastre immense. C'était plus qu'une ville qui s'écroulait, c'était tout un monde, une des vieilles civilisations antiques. Pendant les sept siècles de son existence, Carthage avait mis partout sa forte empreinte. Ceux mêmes qu'elle avait si durement opprimés restèrent fidèles à son souvenir. Dans toute l'étendue de son ancien territoire, les indigènes traversèrent la domination romaine en parlant la langue punique. Leur religion ne varia point. Baal, Tanit, Eschmoun continuèrent d'être adorés, et les dieux de la Phénicie ne disparurent que devant le triomphe du christianisme.

CHAPITRE III

LA DOMINATION ROMAINE

Les Romains n'occupèrent d'abord que le territoire laissé vacant par la chute de Carthage, la bordure du littoral depuis Tabarque jusqu'à la hauteur des îles Kerkenna; ils laissèrent subsister dans l'ouest le royaume de Mauritanie; ils permirent que la Numidie, récemment accrue par les envahissements de Massinissa, enveloppât de trois côtés leur étroite province. Certes il n'eût tenu qu'à eux de se faire la part plus belle, mais la victoire ne les enivrait pas, et leur politique ne se départissait pas de sa prudence traditionnelle. Strabon explique fort bien que le sénat ne voulut point en cette circonstance assumer un fardeau qui lui semblait trop lourd. Au lieu de se donner dans un pays étendu, difficile, mal connu, les soucis d'un gouvernement direct et d'une occupation militaire, on préféra conserver les royautés africaines. Chacun de ces petits princes se débrouillait avec ses sujets, faisait lui-même la police de ses États; mais ils étaient surveillés, tenus en main; la docilité était la condition de leur existence. Ils n'étaient pas plus indépendants que les souverains indigènes que l'Angleterre tolère encore dans les Indes.

Massinissa était mort avant la prise de Carthage; son successeur Micipsa était attaché à Rome par les liens de la reconnaissance et de l'intérêt; d'ailleurs les ambitions de sa famille avaient été trop largement satisfaites pour qu'il lui restât quelque chose à désirer. Pendant tout son règne, de 149 à 118, il fut un allié fidèle au sens où l'entendait le sénat. Il laissa les commerçants et les banquiers italiens pénétrer chez lui, s'installer dans ses principales villes, dans sa capitale. Ses contingents de cavalerie servaient dans l'armée romaine et combattirent devant Numance. Après lui, les difficultés commencèrent; les deux fils qu'il avait laissés, Hiempsal et Adherbal, ne purent s'entendre avec leur cousin Jugurtha. Celui-ci reproduisait parmi ces figures effacées le type énergique du grand aïeul Massinissa. Brillant cavalier, chasseur intrépide, beau, brave, généreux, il s'était fait chez les Numides une popularité précoce. Au siège de Numance, il avait appris la guerre sous Scipion Emilien, qui l'estimait un de ses meilleurs officiers. C'était alors, pendant son séjour au camp romain, parmi cette jeune noblesse élégante et dépravée qui formait les états-majors, que son ambition avait mûri; il savait maintenant de quels hommes était faite cette aristocratie qui commandait au monde; avec de l'audace et de l'or, il croyait pouvoir tout tenter; peu s'en fallut qu'il n'eût calculé juste.

Il n'attend pas longtemps. Micipsa est mort en 118; en 117, Hiempsal est assassiné, Adherbal vaincu fuit en Italie. Jugurtha n'a pas encore la pensée d'une lutte ouverte contre Rome, il fait plaider sa cause devant le sénat, il accepte l'arbitrage de la république, seulement il a pris soin de préparer le terrain; les personnages les plus influents sont gagnés, gagnés aussi les commissaires envoyés en Numidie pour effectuer un nouveau partage. Il est absous du meurtre d'Hiempsal, et c'est à lui qu'on adjuge le meilleur lot; encouragé, il recommence la guerre. Adherbal, incapable de résister, se réfugie dans Cirta et appelle les Romains à son secours; pendant que les ambassades se croisent, Cirta capitule, Adherbal est égorgé, et avec lui les Italiens, soldats ou marchands, qui ont pri son parti. L'indignation publique força le sénat à déclarer la guerre, mais le consul Calpurnius se laisse acheter et traite à des conditions dérisoires. Le traité n'est pas ratifié; Jugurtha se rend alors à Rome et, faute de bonnes raisons, plaide sa cause avec des présents et des largesses. Mais la violence du Numide compromit un succès presque assuré; on parlait de lui opposer un Massiva, son cousin; il le fit poignarder. L'outrage était sanglant, et c'était trop compter sur la puissance de l'or; la corruption romaine entendait sauver au moins les apparences. Il disait vrai quand il appelait Rome une ville à vendre, mais il n'était pas prudent de le crier si haut. Le sénat lui ordonna de quitter l'Italie.

L'ancien officier de Scipion connaissait l'armée dans laquelle il avait servi et la puissance de son organisation; mais il connaissait aussi les ressources qu'offrait pour une guerre défensive la nature de son pays. Il en profita avec une remarquable intelligence; il garnit ses places et battit la campagne à la tête de sa cavalerie; évitant les batailles rangées, il multiplia les escarmouches, les surprises, les petits engagements où il risquait peu. Vaincu, il éparpillait ses troupes et disparaissait dans le sud ou au fond de la Mauritanie. Cette tactique lui réussit au début : il attira dans un piège une armée mal commandée et la défit. Mais il n'eut plus la partie si facile quand on eut envoyé contre lui des hommes tels que Métellus et Marius. Métellus repousse avec mépris ses propositions de paix, le bat sur le Muthul, lui prend ses villes l'une après l'autre. Marius châtie cruellement ses retours offensifs, le poursuit dans le sud et défait avec lui son allié Bocchus, roi de Mauritanie. Une trahison termine enfin cette lutte opiniâtre. Sylla, diplomate habile, séduit Bocchus, qui livre son gendre. Jugurtha va mourir dans les cachots du Tullianum.

On avait tenu à en finir avec lui, parce que l'honneur des armes romaines était engagé, mais on sembla dédaigner ses dépouilles; Bocchus, en récompense du service rendu, reçut la Numidie occidentale; le reste fut laissé à la famille de Massinissa; un certain Gauda, frère de Jugurtha, sans talent et sans prestige, y régna obscurément. C'était toujours le même système de modération intéressée; de ces menus rois on pouvait tout attendre, on n'avait rien à craindre. Jugurtha détruit, aucun ne songera plus à secouer le joug; à la génération suivante, ils sont si bien incorporés au monde romain qu'ils partagent ses passions, se mêlent à ses guerres civiles; chacun, suivant ses affections ou ses haines, se fait le client d'un chef de parti. Comme ils se jalousent et se détestent, la pensée ne leur viendra jamais de s'entendre, de travailler tous ensemble à une délivrance commune. Il suffit que l'un d'eux serve une cause pour que son voisin se jette dans le camp opposé. En Numidie, Hiempsal II, partisan de Sylla, est renversé par les lieutenants de Marius, rétabli par Pompée; son fils Juba est pompéien ardent; par contre, les rois de Mauritanie, Bocchus et Bogud, se déclarent pour César. Après Pharsale, le champ de bataille est en Afrique; César y vient en personne et défait ses ennemis à Thapsus. Juba désespère comme Caton et se tue comme lui. La Numidie cette fois est complètement démembrée, la province romaine s'agrandit et aussi la Mauritanie : entre les deux, l'Ampsagas[1] sert de frontière. Cette immense Mauritanie, grande comme le Maroc et les deux tiers de l'Algérie, avait besoin d'être surveillée. Quand elle fut devenue vacante par l'extinction de ses rois, Auguste la donna à Juba II en échange de la Numidie qu'il lui avait un instant rendue. Il savait placer ses faveurs. Juba II, élevé à Rome, y avait reçu une haute culture intellectuelle; philologue, naturaliste, géographe, historien, il a composé des ouvrages dont les écrivains anciens parlent avec admiration. Cæsarea, sa

1. On désignait sous ce nom l'oued el Kebir depuis l'embouchure jusqu'à Constantine et en amont de Constantine son affluent le Bou Merzoug.

capitale, se couvrit de monuments, la Mauritanie se transforma. Comme son aïeul Massinissa et son père Juba Ier, il fut un civilisateur, un éducateur de peuples ; il dégrossit ses sujets, les façonna à un gouvernement régulier. Lorsqu'il rencontrait des résistances, on lui prêtait quelques cohortes ; la forte main de Rome le soutenait, parce que c'était pour Rome qu'il travaillait. Quand il mourut après un règne de près de cinquante ans, les lois, les mœurs, la langue latines avaient fait la conquête de la Mauritanie ; tout était prêt pour une annexion ; elle se fût opérée d'une façon pacifique sans la brutalité de Caligula, qui fit étrangler le dernier roi Ptolémée et provoqua ainsi un soulèvement, d'ailleurs facilement réprimé. Dès lors, il n'y a plus en Afrique d'Etat indépendant, tout est romain de la Grande-Syrte aux Colonnes d'Hercule ; mais cette prise de possession a mis deux siècles à se faire.

Après la troisième guerre punique, la province romaine avait été organisée dans le nord-est ; après Thapsus, elle embrassa la Numidie ; en l'an 40, elle absorba toute la Mauritanie. On distingua alors l'Afrique propre, la Numidie, la Mauritanie césarienne et la Mauritanie tingitane ; l'Afrique propre se subdivisait en diocèses. Carthage, relevée de ses ruines, était le chef-lieu de toutes ces possessions, la résidence du proconsul. Ce magistrat était un sénateur de rang consulaire, désigné pour une année ; à l'origine, il réunissait dans ses mains l'autorité civile et le commandement militaire. Caligula s'inquiéta de l'importance d'un personnage qui disposait à la fois de l'approvisionnement de Rome et de toute une armée [1]. Pour le diminuer, il plaça près de lui le *legatus proprætore;* c'était un officier qui relevait directement de l'empereur ; il était le chef de la III° légion et des troupes auxiliaires, et en même temps il administrait la Numidie. Tandis que les légats dans les diocèses de l'Afrique propre tenaient leurs

1. Voy. Boissière, *l'Administration romaine en Afrique.*

pouvoirs du proconsul et recevaient ses ordres, le *legatus proprætore*, nommé par l'empereur, échappait à la dépendance du gouverneur de Carthage. Celui-ci n'avait aucune autorité sur les deux Mauritanies, régies par des procurateurs et complètement distinctes de la province d'Afrique.

La réforme de Dioclétien partagea l'empire en grandes préfectures et en diocèses. L'Afrique forma un diocèse de la préfecture d'Italie. Elle comprenait alors six provinces : Tripolitaine, Byzacène, Zeugitane, Numidie, Mauritanie sitifienne et Mauritanie césarienne ; à l'est, la Cyrénaïque se rattachait au diocèse d'Orient ; de même, à l'ouest, la Mauritanie tingitane faisait partie du diocèse d'Espagne. Le proconsul subsistait ; mais au-dessus de lui le vicaire d'Afrique possédait la haute direction et correspondait avec les gouverneurs consulaires de Numidie et de Byzacène, avec les *præsides* de Tripolitaine et des Mauritanies. L'administration civile était complètement séparée du commandement ; les troupes, réparties sur les frontières, avaient pour chefs seize *præpositi limitum*. Un peu plus tard, la direction militaire fut centralisée entre les mains d'un comte d'Afrique.

Pendant presque toute la durée de l'empire, une seule légion garda l'Afrique, la IIIe Augusta, cantonnée à Lambèse. Il semble que c'était bien peu pour un pays qui comprenait l'étendue de l'Algérie, de la Tunisie et du Maroc. Mais la légion n'était pas la seule force dont on disposât. On la tenait en arrière rassemblée pour frapper les grands coups. Les troupes auxiliaires, levées sur place pour la majeure partie et formées par conséquent d'indigènes, étaient en première ligne. A l'intérieur, les milices des cités faisaient la police du pays et constituaient une réserve. Enfin, en cas de besoin urgent, on appelait du dehors quelque autre légion qui venait pour un temps prêter main-forte.

Les siècles de la domination romaine ne furent point stériles pour l'Afrique ; la colonisation avait suivi de près les progrès de la conquête. César donna l'exemple en relevant Carthage. Après lui, on voit les empereurs, surtout Auguste, Claude, Nerva, Trajan, Hadrien, accorder le droit de cité romaine ou de cité latine aux anciennes villes, en fonder de nouvelles, ouvrir des routes, bâtir des édifices, ordonner de grands travaux d'utilité générale. Les citoyens pauvres qui voulaient émigrer recevaient des concessions, se fixaient dans le pays et se mêlaient aux débris de la population phénicienne promptement romanisés. Dans les centres éloignés, là où il fallait défendre le sol en même temps que le cultiver, on installait de préférence des soldats vétérans; ils étaient tenus à l'entretien des ouvrages de défense et à un service de place; mais l'Etat leur donnait des esclaves, des bœufs de labour et les exemptait de l'impôt[1].

Carthage, rebâtie et repeuplée par ses vainqueurs, avait repris la physionomie d'une capitale; elle disputait à Alexandrie le second rang dans le monde romain. Autour d'elle, dans l'Afrique propre et la Numidie, se groupaient les villes importantes, sur le littoral la grande Leptis (Lebda), Œa (Tripoli), la petite Leptis (Lamta), Hadrumète (Sousse), Utique (Bou Chater) Hippo Diarrhytus (Bizerte), Hippo Regius (Bône), Rusicada (Philippeville); dans l'intérieur, Sufetula (Sbeïtla), Sicca Veneria (le Kef), Thagaste (Souk Arrhas), Calama (Guelma), Madaure (Mdauruch), Theveste (Tébessa), Mascula (Khenchela), Thamugas (Thamgad), Diana (Aïn-Zana), Lambèse, la ville militaire dont les ruines couvrent 600 hectares, et la vieille Cirta sur sa plate-forme de rochers. Elles étaient plus rares dans les Mauritanies, où la colonisation romaine, procédant non comme la nôtre du nord au sud, mais de l'est à l'ouest, ne pénétra jamais profondément. Cependant on y trouvait encore, le long de la côte, Saldæ (Bougie), Icosium (Alger), Tipaza, Cæsarea (Cherchell), Portus Magnus (Arzeu), Portus Divini (Merz-el-Kébir), Tingi (Tanger);

1. On ignore si cette colonisation militaire a été pratiquée pendant le haut Empire. Il n'en est question que dans le Code théodosien.

dans le Tell, Sitifis (Sétif), fondation de l'empereur Nerva, Auzia (Aumale ou Aïn-Bessem), Pomarium (Tlemcen). Un réseau complet de routes couvrait le pays : le système en était simple et bien conçu; une grande voie longeant le littoral partait de Carthage et s'en allait d'un côté vers Tingis et l'Atlantique, de l'autre vers la Cyrénaïque; des routes intérieures se développaient parallèlement et se reliaient à elle par des voies transversales; partout existaient des chemins, dont nous retrouvons encore les solides dallages; sur ce cadre étaient semés, dans les intervalles des grandes villes, les villages, les maisons de campagne, les camps, les postes militaires.

Les Romains avaient mis à profit les leçons de leurs prédécesseurs ; tous leurs agronomes reconnaissaient pour leur maître le Carthaginois Magon [1]. Dans les fermes et les exploitations rurales, on élevait, avec des troupeaux de moutons et de chèvres, des chevaux de selle, des bœufs de labour, des bœufs aux cornes larges et fortes, au cou musculeux, au fanon tombant, bien différents de la maigre race d'aujourd'hui. Des irrigations habiles combattaient la sécheresse; l'olivier, le dattier, le figuier, tous les arbres indigènes donnaient leurs fruits; la vigne était cultivée avec soin pour le raisin, pour la fabrication des vins ordinaires, des vins cuits, des vins de raisin sec. Dans les espaces découverts, dans le sol profond des plaines, on ne semait que du blé. La Numidie et l'Afrique propre étaient alors dans le monde romain ce que sont actuellement pour l'Europe les grands marchés à céréales de la Russie, de la Hongrie, de l'Amérique. Elles nourrissaient leurs habitants et versaient à l'Italie le trop-plein de leurs greniers et de leurs silos. C'est pour cela que la politique des empereurs attachait une telle importance à la possession de ces provinces. Là étaient les ressources de l'annone, le pain quotidien de la grande ville; qui tenait l'Afrique pouvait affamer Rome.

1. V. Columelle.

Les témoignages des contemporains et plus encore le spectacle grandiose des ruines donnent l'idée d'une remarquable prospérité. Partout des aqueducs, d'immenses citernes, des temples, des théâtres, des amphithéâtres, des portes de ville monumentales, des pavés de maison en mosaïque, les travaux utiles et les constructions luxueuses, tout ce qui indique l'aisance et les loisirs heureux. Les inscriptions viennent à l'appui en nous racontant l'existence des habitants. C'était une société paisible et satisfaite, tranquille sur les destinées du monde, vivant sans bruit de la vie municipale; sûrs du lendemain, tous ces bourgeois géraient avec calme leurs affaires et réservaient les plus longues heures pour le plaisir et les recherches du confort. Les plaisirs ne consistaient pas seulement dans les jeux du cirque, il y en avait de relevés; la culture intellectuelle était fort répandue. Carthage, au rapport de Salvien, possédait « des établissements pour toutes les fonctions publiques, des écoles pour les arts libéraux, des académies pour les philosophes, enfin des gymnases de toute espèce pour l'éducation »; les autres villes suivaient l'exemple de Carthage. Cette population composite, formée par le mélange des émigrants latins, des débris puniques, des indigènes assimilés, gardait au milieu de l'uniformité romaine son caractère distinct et comme une originalité de terroir. Dans la politique, dans la littérature païenne ou religieuse, les Africains, Septime Sévère, Fronton, Apulée, Tertullien, Augustin, forment une race à part.

Qu'une pareille civilisation ait disparu sans rien laisser que des souvenirs et des ruines, l'esprit en est confondu. Mais, si l'on regarde de plus près, on s'aperçoit que tout cet éclat de prospérité n'était qu'à la surface. Les citadins brillants, les riches propriétaires ne formaient dans la population qu'une faible minorité. Comme tout le reste du monde romain, l'Afrique avait ses esclaves, les plus favorisés employés au service personnel des maîtres, les plus nombreux dispersés dans les champs, où ils travaillaient sous le bâton des commandeurs. A peine au-dessus des esclaves, presque confondue avec eux, était la classe des colons serfs de la glèbe. Anciens cultivateurs ruinés, d'abord métayers libres, leur engagement était devenu viager, puis héréditaire ; là où ils étaient nés, il leur fallait passer leur dure existence jusqu'à la mort ; on les vendait avec la terre, ils faisaient partie du cheptel. Dans les anciennes provinces carthaginoises, cette plèbe agricole était depuis longtemps composée d'indigènes ; ailleurs elle se recruta dans tous les éléments. Les Mauritanies, où la colonisation romaine ne dépassait pas beaucoup le littoral, les districts montagneux, difficiles et peu sûrs, ne subirent pas un aussi complet asservissement ; mais les tribus avaient des chefs, protégés et clients du gouvernement, exploiteurs sans pitié ; loin des grandes routes, dans le repli d'une vallée ou la gorge d'une montagne, se cachaient comme honteux les tristes hameaux, domiciles du paysan berbère. Des huttes sordides, quelques loques pour vêtement, à peine du pain. L'opulence de l'Afrique était faite de ces misères. De quel œil la multitude des affamés et des ignorants devait-elle regarder les villes somptueuses, et les portiques, et les thermes, et toute cette vie élégante et raffinée? De longues rancunes, d'inexpiables haines couvaient dans ces masses silencieuses et méprisées.

Les occasions de révolte ne manquaient pas, ni les exemples. Derrière la ligne des postes échelonnés s'agitaient les Gétules, aussi remuants que nos Sahariens, prompts à l'attaque et à la fuite, souvent vaincus, jamais soumis. L'intérieur et surtout le sud des Mauritanies ne furent à aucun moment pacifiés d'une manière complète. Pendant toute la durée de la domination romaine, des soulèvements périodiques attestèrent la turbulence ou le mécontentement des peuples indigènes. Dès le règne de Tibère, le déserteur Tacfarinas entraîne les Musulans et appelle a son aide les lointains Garamantes; il ose proposer à l'empereur un partage de l'Afrique. Difficile à atteindre, habile à se refaire, il fallut sept années pour le détruire. Puis c'est le tour des Mauritanies après le meurtre de leur roi Ptolémée; Suétonius Paulinus, en poursuivant les révoltés, conduit ses colonnes jusque dans l'oued Guir[1]. Sous les Antonins, des irruptions des barbares limitrophes coïncident avec des prises d'armes fréquentes à l'intérieur des possessions romaines. L'anarchie militaire des trente tyrans ébranle l'Afrique comme tout le reste de l'empire; l'énergique Probus y vient en personne et tue de sa main près du Kef un certain Aradion, chef des insurgés. Au temps de Dioclétien entrent en scène les habitants du Mons Ferratus, la confédération des Quinquegentiens. Le danger dut être grave. Maximien Hercule, un des Césars associés à l'empire, accourut avec des renforts, força ces Kabyles dans leur Djurjura, et pour prevenir de nouvelles révoltes, en déporta un grand nombre. Mais alors commencèrent les luttes religieuses. Le christianisme, apporté de bonne heure en Afrique, y avait trouvé des prosélytes enthousiastes ; une religion qui annonçait la bonne nouvelle, la justice divine renversant l'injustice sociale, l'égalité parmi les hommes, la religion des pécheurs et des publicains devait séduire tous ces déshérités. L'Eglise d'Afrique se constitua dans un esprit d'hostilité contre l'empire ; Tertullien est plein d'anathèmes jetés sur Rome et le vieux monde. Mais voilà que le christianisme devient la religion des oppresseurs, le culte officiel de l'Etat, aucun bouleversement ne se produit, les esclaves restent en bas et les maîtres en haut. Ce dut être, après de si grandes espérances, une immense déception. Aussi, dès le règne de Constantin, les chrétiens d'Afrique se divisent; la majorité des évêques, ayant en tête Donat des Cases noires, repousse les *traditeurs*,

1. V. Vivien de Saint-Martin, *Le nord de l'Afrique dans l'antiquité.*

accusés d'avoir faibli pendant les mauvais jours. Ces intransigeants de l'Eglise, condamnés par les conciles, poursuivis par le pouvoir, trouvent un appui dans la plèbe. Bientôt la violence des passions se manifeste par la violence des actes, les excès populaires répondent aux persécutions; les donatistes exaltés, les circoncellions, se répandent dans les campagnes; propriétaires ruinés par le fisc, colons révoltés, esclaves en rupture de chaîne, tous les réfractaires viennent grossir leur bande; ils s'annoncent comme devant établir la pureté de la foi, l'ère de l'égalité, le règne de Dieu. En attendant, ils tuent, ils pillent, ils détruisent; « quand ils rencontrent un maître monté sur un chariot et entouré d'esclaves, ils font monter les esclaves dans le char et forcent le maître à courir à pied [1]. » C'est une Jacquerie, mais une Jacquerie religieuse, comme celle des paysans anabaptistes, allumée à la fois par la misère et par le fanatisme. A la faveur de ces troubles, les insurrections renaissent. Firmus, un de ces grands chefs que l'empire conservait dans les districts montagneux, organise un mouvement général. Il joint à ses contingents les donatistes; il entraîne toutes les tribus de la Kabylie actuelle. Le comte Théodose, envoyé contre lui, n'en eut raison qu'après trois années de campagnes difficiles; encore fallut-il diviser les indigènes. Gildon, qui avait aidé à détruire son frère Firmus, obtint le commandement de toutes les forces en Afrique. Il prétendit alors se rendre indépendant, et sa tentative fut très près de réussir. Il succomba parce qu'on se servit contre lui de son frère Mascizel, comme on s'était servi de lui contre Firmus. On pouvait prévoir le moment où l'empire défaillant laisserait échapper l'Afrique.

1. V. Saint-Marc Girardin, *L'Afrique sous saint Augustin* (*Revue des Deux-Mondes*).

CHAPITRE IV

LES VANDALES. — LA RESTAURATION BYZANTINE

Un gouverneur mécontent en rébellion contre l'autorité centrale appela les barbares du nord. Les Vandales ne demandaient pas mieux que de quitter l'Espagne où ils étaient pressés entre les Wisigoths et les Suèves; la réputation de cette Afrique fertile les attirait; ils répondirent avec empressement aux ouvertures du comte Boniface. Celui-ci leur offrait les Mauritanies jusqu'à l'Ampsagas, à condition de lui garantir le reste. Ils franchirent le détroit et occupèrent sans résistance le pays qui leur était livré; mais cette invasion avait bouleversé l'Afrique, de tous côtés les nomades accouraient au pillage, les donatistes se joignaient aux barbares, tous ceux que la société romaine écrasait de son poids se levaient pour la détruire. Il y a de la rage de sectaire dans les dévastations qui furent commises. L'ambitieux chef des Vandales Genséric ne s'arrêta pas à la limite qu'il avait d'abord acceptée. Boniface, effrayé de tant de catastrophes, avait fait sa paix avec Placidie; il essaya de négocier avec les Vandales, qui ne voulurent pas entendre parler de s'en retourner. Il se décida à combattre, fut défait et rejeté dans Hippone. La conquête subit alors un temps d'arrêt. Les Vandales signèrent avec l'empire un traité qui leur reconnaissait moyennant un tribut la possession des territoires qu'ils avaient occupés. En 439, ils reprirent les hostilités, se jetèrent à l'improviste sur Carthage qu'ils enlevèrent. Ils débordèrent jusqu'à la Tripolitaine, qui fut envahie à son tour en 456. Ils étaient conduits par un homme peu ordinaire, le plus remarquable peut-être de tous ces conquérants barbares. Il étendit ses entreprises au dehors, se créa une marine, prit les Baléares, la Corse, la Sardaigne, la Sicile. En 655, profitant de l'anarchie où se débattait l'Italie, il était venu débarquer à l'embouchure du Tibre et pendant quatorze jours et quatorze nuits avait procédé méthodiquement au pillage de Rome : l'or, l'argent, les statues des dieux et des héros, les étoffes, les meubles précieux, même le dôme en bronze doré qui recouvrait le Capitole, tout fut entassé sur ses vaisseaux. Cela ne l'empêcha pas plus tard de se mêler activement aux intrigues qui disposaient de l'Occident et d'intervenir dans le choix des empereurs. Attaqué par les Grecs, il les battit et força Zénon à lui demander la paix.

La conquête de l'Afrique ressemble à toutes celles que les barbares firent alors sur l'empire. A leur départ d'Espagne, les Vandales et les Alains, qui s'étaient joints à eux, ne formaient pas un effectif de 50 000 combattants ; ils menaient à leur suite leurs femmes, leurs enfants, leurs vieillards. C'était moins une nation qu'une armée. Genséric dut pourvoir à l'existence de ses guerriers : aux uns il distribua des terres, les autres furent installés chez les anciens habitants avec jouissance partiaire ; c'est ainsi que procédaient en Gaule les Wisigoths et les Burgundes. Il est possible qu'il y ait eu des spoliations et des violences, mais on ne voit pas que les possesseurs du sol aient été expropriés en masse. Il faut se défier des écrivains du temps, de leurs exagérations de langage, des termes excessifs qu'ils prodiguent à tout propos et que vient contredire ensuite leur propre témoignage. En Afrique aussi bien que dans le reste de l'empire, le ruineux impôt foncier avait eu pour conséquence l'abandon d'une partie des terres ; les biens séquestrés par le fisc donnèrent à Genséric de quoi faire des largesses et se constituer à lui-même un magnifique domaine. Il est certain que la loi vandale reconnaissait deux classes de propriétaires : les propriétaires romains ou civils, payant une contribution en argent, et les propriétaires barbares, astreints seulement au service militaire. Ces derniers étaient toujours organisés comme pour la guerre. Leur nombre, accru par l'excédant des naissances et plus encore par de nouveaux afflux d'aventuriers, montait à 80 000. Le commandement était partagé, sous la direction suprême du roi, entre des comtes, des *hundafath* ou chefs de mille, des chefs de cent et de dix ; en temps de paix, les mêmes hommes exerçaient les pouvoirs civils et judiciaires, mais ils n'avaient d'autorité que sur les Vandales. A côté d'eux, l'ancienne administration subsistait avec ses cadres et sa hiérarchie ; les lois impériales continuaient d'être en vigueur ; c'étaient des fonctionnaires romains qui levaient l'impôt dans les mêmes formes qu'autrefois ; dans les villes, les municipalités conservaient leur large autonomie, le *defensor civitatis* siégeait toujours dans son tribunal, les appels étaient portés devant un magistrat suprême résidant à Carthage, le *præpositus judiciis romanis in regno Africæ Vandalorum*. Les Vandales n'eurent jamais la pensée de détruire la civilisation et d'imposer leurs institutions et leurs mœurs ; ils se considéraient comme une grande garnison, à qui le pays devait la subsistance. L'élément militaire ayant le pas sur l'élément civil, c'était leur chef, le roi des soldats, qui gouvernait. Ainsi la condition de la bourgeoisie romaine ne changea pas beaucoup. Quant aux indigènes, ceux des Mauritanies étaient depuis longtemps presque indépendants, Genséric les ménagea ; il les employait comme auxiliaires dans ses courses maritimes, cette vie d'aventures leur plaisait ; c'était déjà la grande piraterie barbaresque. Les paysans de l'Afrique et de la Numidie demeurèrent ce qu'ils étaient auparavant, esclaves ou serfs de la glèbe ; ils travaillèrent à la fois pour les anciens et pour les nouveaux maîtres.

Comme chez les Francs, comme chez les Ostrogoths, la décadence commença à la mort du fondateur. Le peu d'aptitude des barbares à accepter une organisation régulière, la turbulence des guerriers, les divisions des chefs, ces causes partout les mêmes produisirent partout les mêmes effets. Dans cette Afrique débilitante, les Vandales, charmés par le climat, étourdis par les splendeurs d'une civilisation raffinée, perdirent en peu de temps leur énergie militaire. Ils s'habillaient avec recherche, abusaient de la bonne chère, couraient les thermes, les cirques, les théâtres. Les bons rapports que la politique prévoyante de Genséric avaient établis avec les indigènes ne furent pas entretenus. Des révoltes éclatèrent, non seulement en Mauritanie, mais dans la Numidie, en Byzacène, en Tripolitaine. Avec les gens de l'Aurès retranchés dans leurs montagnes, avec les nomades qui lançaient des traits à l'abri de leurs chameaux, les Vandales, lourds cavaliers, sans autres armes que l'épée et la lance, n'avaient pas la partie belle. Les places ayant été démantelées par Genséric, nul obstacle n'arrêtait les incursions. Enfin les passions religieuses, toujours ardentes en Afrique, avaient gagné les nouveaux venus ; les donatistes faisaient cause commune avec les ariens et les poussaient à des persécutions contre les catholiques ; ceux-ci, de leur côté, ne ménageaient pas les provocations. Genséric et ses successeurs immédiats se prononcèrent contre le clergé orthodoxe et lui fermèrent ses églises. Plus tard, Hildéric, élevé à la cour de Constantinople, ami personnel de Justinien, se prêta imprudemment à une réaction ; il devint impopulaire, et son parent Gélimer le renversa. Justinien prétendait alors revendiquer toutes les anciennes possessions de l'empire ; il jugea l'occasion favorable pour intervenir en Afrique. Un grand armement fut préparé. Bélisaire, qui le commandait, descendit avec 15 000 hommes à Caput-Veda, sur les confins de la Tripolitaine et de la Byzacène. Les Romains étaient tout disposés à lui faire accueil ; pour les indigènes, ils étaient toujours les ennemis des maîtres du pays. Un premier combat ouvrit aux Grecs les portes de Carthage ; battu encore dans une affaire décisive, cerné dans l'Edough, où il s'était réfugié, Gélimer capitula ; l'empire vandale n'avait duré qu'un siècle.

Justinien songea aussitôt à organiser l'Afrique ; elle forma une préfecture du prétoire, comprenant comme divisions la Tingitane, la Numidie, la Proconsulaire, la Byzacène, la Tripolitaine et enfin la Sardaigne, également reconquise. Un préfet, chef de l'administration civile, résidait à Carthage ; il avait sous ses ordres les gouverneurs, *præsides* ou consulaires, et un personnel de 396 secrétaires et employés, dont l'empereur lui-même avait réglé le nombre et fixé les émoluments. Le commandement des troupes était à part. Il était dans chaque province confié à un duc ; il était recommandé aux généraux de tenir leurs effectifs au complet et de reconstituer par une sorte de colonisation militaire la garde des frontières. En même temps, on travaillait à rétablir les défenses, à réparer les places, à dresser de nouvelles forteresses. Les matériaux ne manquaient pas ; on ramassait pêle-mêle les décombres de maisons, les pierres tombales, les frises des temples, les statues, et on les empilait dans d'énormes murailles. On peut voir de ces étranges bâtisses à Madaure, à Tébessa, à Thamgad. La restauration byzantine est là tout entière, reconstruction informe ébauchée avec les débris du passé. Les vastes espérances de l'empereur ne se réalisèrent point ; jamais on ne put occuper la Tingitane et l'intérieur de la Césarienne ; partout ailleurs, la domination grecque à peine établie était déjà vacillante ; le fisc, réorganisé avec toute la rapacité du Bas-Empire, exaspérait la population romaine ; les persécutions religieuses chassaient les ariens. Procope estime que pendant le règne de Justinien l'Afrique a perdu 5 millions d'habitants. Les insurrections indigènes recommencèrent ; la population ne faisait rien pour un gouvernement qu'elle détestait ; l'armée, formée de mercenaires, ne savait pas obéir. Les soldats, mutinés, renvoyèrent un gouverneur, Salomon ; il fallut Bélisaire, puis Germanus pour les faire rentrer dans le devoir. Salomon, réintégré, conduisit une colonne dans l'Aurès, pénétra jusqu'au Zab et revint par Sétif, mais il fut tué dans une bataille. Le soulèvement que raconte le poème de Corippus [1], composé en l'honneur du général Troglita, paraît avoir été formidable ; de l'Aurès jusqu'à la Tripolitaine, toutes les tribus étaient debout ; les Sahariens des oasis de l'extrême sud arrivaient à la rescousse. Jean Troglita sortit vainqueur d'une lutte acharnée ; mais de tels succès étaient éphémères. Du vivant même de Justinien, tout annonçait la ruine prochaine de cet établissement factice, qu'un hasard heureux lui avait permis de former dans l'Afrique du nord.

1. *La Johannide.*

CHAPITRE V

LE MOYEN AGE MUSULMAN

Justinien meurt en 565; moins d'un siècle après, dès 644, l'islamisme maître de l'Egypte poussait ses avant-gardes vers le Moghreb. Les Arabes ne se risquèrent d'abord qu'avec précaution dans ce « lointain perfide »; des razzias heureuses les mirent en goût, et ils revinrent bientôt en plus grand nombre. Le patrice Grégoire était alors gouverneur de l'Afrique; il s'entendait assez bien avec les indigènes, dont l'appui lui avait permis de se rendre indépendant. Aidé de leurs contingents, il essaya d'arrêter les pillards; il fut tué dans une sanglante bataille. Les villes, effrayées du sort de Tripoli et de Sufetula mises à sac, se cotisèrent pour acheter la retraite des vainqueurs. C'était le moyen de les attirer, une contrée aussi riche devant leur paraître une proie désirable. Les Khalifes ommiades songèrent sérieusement à en faire la conquête et y jetèrent 10 000 cavaliers. Sidi Okba fonda la place d'armes de Kairouan et s'enfonça dans le Sahara pour soumettre Ghadamès et les oasis du Fezzan. Dans une seconde expédition, il gagne les Ziban, les parcourt, puis, se lançant à l'aventure, traverse l'épée à la main tout le Moghreb. Les Grecs, enfermés dans leurs places de Lambèse, de Tiaret et de Tanger, laissèrent passer cet ouragan. Arrivé sur les bords de la « mer environnante », Okba pousse son cheval dans les flots, et, pris d'un sauvage enthousiasme : « Seigneur, crie-t-il, si cette mer ne m'arrêtait, j'irais dans les contrées éloignées en combattant pour ta religion et en tuant tous ceux qui ne croient pas à ton existence ou qui adorent d'autres dieux que toi ! » Le héros musulman ne brillait point par la tolérance et la modération. Son compatriote El-Mohadjer, qui l'avait un instant supplanté, était traîné à sa suite, chargé de chaînes ; il traitait cruellement les vaincus, faisait mutiler les chefs, « afin qu'on s'en souvienne, » abreuvait d'affronts immérités ceux qui s'étaient ralliés. Les haines qu'il avait amassées éclatèrent enfin, et à son retour les Berbères insurgés lui barrèrent le passage. Il avait renvoyé à Kairouan presque tous ses soldats, il ne lui restait que 300 hommes. C'était assez pour mourir [1]. Il dit sa prière, descendit de cheval et brisa le fourreau de son épée ; ses compagnons l'imitèrent et se firent tuer bravement autour de lui. L'auteur de la révolte était un grand personnage indigène, Koceila, chef reconnu de toutes les tribus de l'ouest ; mais une armée arabe s'avança pour venger Okba. Koceila périt les armes à la main. La résistance se concentra alors dans les montagnes de l'Aurès, autour d'une Débora africaine, Dihya la prophétesse (*Kahina*). Le général musulman Hassan enleva facilement Carthage aux Grecs ; mais, quand il voulut s'attaquer à l'Aurès, il fut battu et rejeté dans le désert de Barca. Au bout de cinq années, il reprit l'offensive ; cette fois, la Kahina succomba. Ses fils, dont elle avait elle-même préparé la soumission, passèrent au service des vainqueurs. Mouça-ben-Nocéir, comme autrefois Genséric, occupa au dehors l'ardeur belliqueuse des Berbères et, en faisant la conquête de l'Espagne, pacifia pour un temps l'Afrique.

Avant l'irruption islamique, les tribus de l'extrême ouest pratiquaient des cultes mal connus ; Kahina et ses

1. Okba a laissé son nom à une oasis située près de Biskra, où l'on montre son tombeau.

Djeraoua professaient le judaïsme [1]; mais la plupart des Berbères étaient chrétiens. Ils passèrent, avec une rapidité qui surprend, à la religion des envahisseurs; il est vrai qu'ils l'abandonnaient plus facilement encore; « ils apostasièrent jusqu'à douze fois, » dit le fils d'Abou Yezid [2]. En général, ces paysans africains ne devaient pas être de très grands clercs; le montanisme, le donatisme, l'arianisme et tant d'autres doctrines hétérodoxes leur avaient été présentés tour à tour comme la vérité suprême. L'islam leur arriva de l'Orient et leur parut une forme nouvelle de l'ancienne religion. Il annonçait un Dieu unique, l'égalité de tous les fidèles; tout musulman, quelle que fût son origine, pouvait être homme libre, propriétaire, dispensé de la capitation. Plus de privilèges de race, plus de gouverneurs étrangers, plus de fisc impérial; c'était une émancipation. De plus, il y avait gloire et profit à suivre les drapeaux des conquérants devenus des alliés, à marcher derrière eux au pillage de l'Europe. La conversion définitive date de Mouça-ben-Nocéir. Les Berbères devinrent musulmans comme ils étaient devenus chrétiens et à peu près pour les mêmes raisons.

Ils le furent à leur manière, portés aux exagérations, adeptes fanatiques des doctrines extrêmes; comme au temps de l'empire romain, la lutte contre l'orthodoxie servit de prétexte à la rébellion contre l'autorité centrale. Les Ommiades avaient substitué à la simplicité primitive des *Khalifes parfaits* un despotisme brillant et coûteux: ils avaient de grands besoins; leurs favoris, qu'ils envoyaient comme gouverneurs, pressurèrent la riche Afrique; l'un d'eux, Yézid, prétendit faire payer aux Berbères musulmans le *kharadj*, l'impôt de capitation, exigible seulement des infidèles. Vers 720, le mécontentement était devenu général; ce fut alors qu'arrivèrent dans le Moghreb les missionnaires ouabites. Soixante ans auparavant,

1. Ibn-Khaldoun, *Histoire des Berbères*, trad. de Slane.
2. Cité par Ibn-Khaldoun, *ibid.*

Abdallah-ben-Ouab s'était déclaré contre Ali, parce que celui-ci avait admis un arbitrage entre son compétiteur Moaouia et lui. Excommunié avec les siens, Ben Ouab en appela aux armes ; il fut écrasé ; mais les Kharidjites, les « séparés », survécurent à leur défaite et se réorganisèrent dans « la voie de secret »[1]. A les croire, tous les autres musulmans s'étaient écartés de la vraie foi, eux seuls l'avaient gardée intacte dans sa pureté. Ils professaient que le Coran, parole de Dieu, ne doit être ni corrigé ni commenté ; la révélation est une et immuable comme toutes les volontés divines ; les peines et les récompenses sont éternelles, l'homme est prédestiné aux unes ou aux autres par la grâce du Tout-Puissant. Tout ce qui n'est pas Allah n'est rien ; tous les musulmans sont égaux, égalité dans le néant ; tous doivent être humbles, simples de costume et de mœurs ; la probité, la continence, la sobriété, prescrites par le Coran, sont rigoureusement observées. Telle était la doctrine des Ouabites ibâdites ; les exaltés du parti, les Sofrites, pleins de haine contre les « unitaires » impurs, comme ils appelaient les autres musulmans, déclaraient qu'il était permis non-seulement de les combattre, mais aussi de piller leurs biens, de les achever et de les dépouiller sur le champ de bataille. Les Berbères retrouvaient à quelques siècles de distance la dure morale de Tertullien, les idées et presque le langage des donatistes, le zèle furieux des circoncellions. Ces doctrines convenaient à la fois à leur tempérament religieux et à leur situation politique. Ils les adoptèrent en masse. Dès 740, les insurrections commencent et gagnent depuis l'ouest jusqu'à la Tripolitaine ; des imams indigènes sont proclamés ; ils luttent avec succès parfois, toujours avec acharnement contre les troupes des Khalifes ; le sang coule à flots. Ibn-Khaldoun estime qu'il se livra 374 ba-

1. Voy. les appendices à la traduction d'Ibn-Khaldoun de de Slane. — Voy. aussi l'introduction que M. Masqueray a mise en tête de sa traduction de la chronique d'Abou-Zakaria.

tailles. La révolution qui déchira l'empire à l'avènement des Abbassides, les mutineries fréquentes des soldats et des chefs arabes, tout concourut à favoriser les progrès des Kharidjites. Leurs deux principales sectes réussirent à former des États indépendants; les Sofrites eurent pour capitale Sidjelmessa, dans le Figuig actuel; les Ibâdites eurent leur centre à Tiaret.

Fatigué du Moghreb, le Khalife Haroun-el-Raschid le donna comme une sorte de fief à Ibrahim-ibn-Aghleb. La famille des Aghlébites, de 800 à 908, se perpétua dans ce commandement. Les émirs reconnaissaient la suzeraineté de Bagdad, mais ils jouissaient en fait d'une indépendance absolue. Au témoignage d'Ibn-Khaldoun, ils réalisèrent une pacification relative. Leur armée, réorganisée, touchait une solde régulière; elle était assez forte pour réprimer les révoltes et faire au dehors la conquête de la Sicile. Cependant ils ne réussirent pas à reprendre les provinces de l'ouest, où les Edrissites, descendants d'Ali, venaient de fonder le royaume de Fez, ni à détruire les principautés de Tiaret et de Sidjelmessa, où s'était cantonné le kharidjisme. Mais déjà une secte nouvelle faisait son apparition. Elle était sûre de trouver des adeptes en Afrique, pourvu qu'elle fût ennemie de l'orthodoxie et des Khalifes. Les Chiites, ou partisans de la famille d'Ali, s'étaient maintenus et propagés dans tout l'Orient. Leur croyance était une sorte de mysticisme politique : le pouvoir légitime s'incarnait dans une série d'imams; le dernier de ces imams ayant brusquement disparu, on annonça qu'il reviendrait un jour pour établir l'ordre divin et faire triompher la vraie foi[1]. Mais cet « attendu », *montader*, n'arrivant pas, on imagina un précurseur, le *Mahdi*, ou envoyé qui devait faire la même besogne. A la fin du IXe siècle, les Ketama, puissante tribu berbère qui s'étendait de l'Aurès au littoral, travaillés depuis longtemps par les missionnaires

1. Voy. de Slane, Appendice à la traduction d'Ibn-Khaldoun.

chiites, se soulevèrent contre l'autorité des Khalifes. Abou Abdallah, qui leur avait prêché la révolte, les conduisit au combat, chassa de sa capitale le dernier des Aghlébites et fit reconnaître comme le Mahdi le Fathimite Obéid Allah. Le royaume de Sidjelmessa fut détruit, les Ibâdites s'enfuirent de Tiaret, livré aux flammes; les Edrissites firent leur soumission. Une prophétie attribuée à Mahomet annonçait qu'au IIIe siècle de l'hégire le soleil se lèverait à l'occident; le Mahdi prétendit la réaliser. Les soldats berbères allèrent occuper Alexandrie. Un de ses successeurs, El Moezz, reprit les mêmes projets. En 969, ses troupes victorieuses étaient maîtresses de l'Égypte, et la prière était dite en son nom dans la mosquée du Caire. L'invasion refluait de l'ouest à l'est.

Les Khalifes chiites transportèrent en Egypte leur résidence. Déjà en Afrique les soulèvements et les guerres civiles recommençaient. Les Fathimites avaient donné la suprématie aux Ketama, auteurs de leur élévation, et aux Senhadja, leurs alliés. Ce fut assez pour mécontenter une autre tribu berbère, celle des Zenata. Ils secondèrent dans sa révolte le Sofrite Abou-Yézid, « l'homme à l'âne »; dans l'ouest, un de leurs chefs, Ziri ben Atia, s'empara de Fez et de Sidjelmessa et y fonda un royaume. El Moezz avait délégué ses pouvoirs pour le gouvernement du Moghreb à une famille senhadja; ce commandement se fractionna en deux par la scission du prince senhadja Hammad. Il y eut ainsi dans l'Afrique du nord trois Etats, l'un dans le Maroc actuel, le second au centre avec Bougie pour capitale, le troisième à l'est, tous entre les mains de dynasties berbères; mais les Senhadja continuaient à reconnaître la suzeraineté des Khalifes chiites, tandis que les Zenata acceptaient celle des Ommiades de Cordoue.

Au XIe et au XIIe siècle se forment de grandes puissances purement berbères. Les tribus Louata, habitantes du Sahara occidental, sont prises d'une recrudescence de ferveur religieuse; elles se jettent à la fois sur le Soudan et sur le Moghreb. Ces farouches apôtres prétendaient convertir par la force les noirs idolâtres et les musulmans peu fidèles; eux-mêmes se donnaient comme les zélateurs de la foi, ils étaient les marabouts (El Morabethin, Almoravides). Quand ils paraissaient, montés sur leurs grands méharis, la lance au poing, la face voilée du *litham* sombre, tout fuyait devant eux. Abou-Bekr, le chef de cette croisade musulmane, conduisit la guerre au sud et commença la propagande armée qui devait donner à l'islam l'intérieur de l'Afrique. Pendant ce temps, son cousin Youcef-ben-Tachefin envahissait le Moghreb, détruisait la dynastie zénatienne de Fez et poussait ses conquêtes jusqu'au milieu de notre Algérie. Le khalifat de Cordoue venait de s'écrouler; les musulmans d'Espagne, affaiblis par leurs divisions plus que par leurs défaites, appelèrent à l'aide le puissant Saharien. Youcef passa le détroit à plusieurs reprises, battit les rois chrétiens et fut maître de la péninsule jusqu'à Tolède. Il mourut centenaire, redouté comme un vainqueur et vénéré comme un saint. Mais son vaste empire ne devait guère lui survivre. Dans le pays des Masmouda, au fond du Maroc, une sorte de marabout sordide et cagneux osa s'attaquer à la puissance almoravide. Il était renommé par son savoir et son austérité; il se présenta aux montagnards de l'Atlas comme le *Mahdi* attendu. Ses partisans, « les Almohaddin, » furent bientôt assez nombreux pour constituer une armée. Lui mort, Abd-el-Moumen, qui avait été son élève chéri et son premier lieutenant, lui succéda. C'était un Zenata dont le père fabriquait pour vivre des soufflets de forge. Cet humble ouvrier devint un des plus puissants souverains du monde. Le Moghreb occidental, puis le royaume de Bougie, enfin Kairouan et Tunis tombèrent entre ses mains. Il fait grande figure dans l'histoire musulmane; il fonda les universités où l'Europe devait venir épeler les sciences; il eut une armée, une flotte, une administration régulière. De Tanger à Barka, tout le pays fut cadastré, un impôt foncier, payable en nature, remplaça les impôts de consommation ; les caravanes pouvaient partout circuler sans crainte ; un soldat passant dans la campagne n'aurait pas osé arracher un épi de blé. Il y avait longtemps que l'Afrique n'avait connu cette discipline et cette sécurité.

Abd-el-Moumen mourut au moment où il préparait une formidable expédition destinée à l'Espagne. La péninsule absorbait l'attention et les forces des Almohades comme des Almoravides. Pourtant un grave danger menaçait le Moghreb. En 1045, les Senhadja de Kairouan, revenus à l'orthodoxie, avaient massacré les Chiites et s'étaient détachés de l'obédience fathimite. El-Mostancer, qui régnait alors en Egypte, voulut punir cette défection insultante. Il y avait dans le Saïd deux tribus arabes, les Hillal et les Soléim, déportées pour leurs méfaits et dont on ne savait que faire. Il les jeta sur l'Occident. « Je vous fais cadeau, leur dit-il, du royaume d'El Moëzz-Ibn-Baddis le Senhadjite, esclave qui s'est soustrait à l'autorité de son maître. Ainsi, dorénavant vous ne serez plus dans le besoin. » Ils ne se le firent pas dire deux fois ; comme des loups affamés, ils se ruèrent sur la proie qu'on leur offrait. Derrière eux, tous les nomades besogneux accouraient ; d'abord on leur donnait une prime, ensuite on leur fit payer un droit pour franchir le Nil, tant l'affluence était grande. Jusque-là, l'Afrique n'avait été envahie que par de petites armées qui se fondaient dans la masse des indigènes. Cette fois, c'était une migration d'un million d'hommes, bédouins sauvages, marchant sans idée et sans but, détruisant pour détruire. Ils renversaient les villes, coupaient les arbres, brûlaient les récoltes, faisaient partout place nette pour leurs troupeaux. Les jardins, les vergers, les champs bien cultivés se changeaient en terres de parcours ; ils apportaient le désert avec eux. L'émir de Kairouan voulut résister, il fut balayé. Après les Senhadja, les Zenata furent battus à leur tour. Seuls les Almohades auraient pu mettre une digue à cette inondation ; Abd-el-Moumen châtia rudement ces pillards arabes, mais il ne croyait pas leur présence si redoutable et n'avait de pensées que pour la conquête de l'Espagne. Les envahisseurs purent donc se maintenir dans l'*Ifrikia*, l'ancienne province d'Afrique, et, continuant leurs progrès, prolongèrent insensiblement leur mouvement vers l'ouest. Ils intervenaient dans toutes les querelles, vendaient au plus offrant leurs services mercenaires. Par leur action directe, et plus encore par l'effet dissolvant de leur exemple, ils précipitèrent la décadence des Etats berbères.

Comme si le maintien de l'unité était chose impossible dans l'Afrique du nord, l'empire des Almohades se divisait : les Beni-Merin Zenata, longtemps nomades, profitaient de son affaiblissement pour lui enlever Fez ; d'autres Zenata, les Beni-Zian, s'établissaient à Tlemcen; les Hafsides, installés à Tunis comme gouverneurs de province, se rendaient indépendants. En 1269, le dernier des Almohades périt dans une bataille, et le sultan mérinide entra dans Maroc. Trois royaumes se partagèrent de nouveau le Moghreb. Le plus important était celui de l'est : il s'étendait de Barka jusqu'au delà de Sétif et de Bougie; les deux autres acceptèrent longtemps sa suprématie. Après la chute de Bagdad, le sultan hafside, salué du titre d'Émir-el-Moumenim, reconnu comme tel par les chérifs de la Mecque, par tout le Moghreb, par l'Espagne musulmane, se trouva le chef religieux de tout l'islam orthodoxe. Tunis, devenue métropole et ville sainte, fréquentée par les voyageurs, les pèlerins et les savants, ouvrit des écoles et des bibliothèques, construisit des aqueducs, des mosquées et des palais. Tlemcen aussi avait alors ses jours de splendeur. « Les enfants de Yahgmoracen Ibn-Zian, l'ayant prise pour siège de leur empire, y élevèrent de beaux palais et des caravansérails pour les voyageurs; ils y plantèrent des jardins et des parcs, où des ruisseaux habilement dirigés entretenaient la fraîcheur. Devenue ainsi la ville la plus importante du Moghreb, Tlemcen attira des visiteurs même des pays les plus éloignés; on y cultiva avec succès les sciences et les arts, on y vit naître des savants et des hommes illustres (Ibn-Khaldoun). » Elle compta un moment jusqu'à 125 000 habitants[1]. Mais les royaumes berbères semblaient condamnés à s'user les uns par des autres. Fez et Tlemcen surtout se faisaient une guerre acharnée; en 1299, le Mérinide Abou-Yacoub parut devant Tlemcen, l'entoura d'une circonvallation et fit de son camp la ville neuve de Mansoura. Il s'obstina à ce siège, que sa mort seule put interrompre au bout de huit ans. Ces luttes ruineuses et fréquemment renouvelées, les divisions des familles souveraines, l'influence néfaste exercée par les Arabes empêchèrent la société musulmane du Moghreb de se développer régulièrement. Elle ne resta pas même stationnaire et vit décroître en même temps sa civilisation et sa puissance. A la fin du xve siècle, l'empire mérinide s'était fractionné en trois petits Etats, le royaume de Tunis se démembrait à chaque instant, le royaume de Tlemcen n'avait plus ni prestige ni force. De toutes parts, les nomades soulevés dévastaient l'intérieur; les villes du littoral se rendaient indépendantes. L'anarchie était générale et semblait appeler la conquête étrangère. Les Portugais tenaient Ceuta et Tanger; les Espagnols prenaient Oran, Bougie, Tripoli, bâtissaient le Peñon d'Alger; tous les petits Etats indigènes reconnaissaient la suzeraineté du roi de Castille, payaient tribut et recevaient des garnisons dans leurs places.

1. Voy. l'*Histoire des Beni-Zian,* traduite par l'abbé Bargès, et le *Mémoire sur les tombeaux des émirs Beni-Zian,* de M. Brosselard.

CHAPITRE VI

L'ALGÉRIE SOUS LES TURCS

Le cardinal Ximenès avait voulu poursuivre en Afrique la croisade espagnole ; il rêvait de fonder sur la côte sud de la Méditerranée un grand établissement militaire. Ses projets semblaient près de se réaliser, quand parurent les deux frères Barberousse. Ces aventuriers, pleins d'audace et de génie, changèrent les destinées de l'Afrique septentrionale.

Ils s'étaient déjà signalés dans cette guerre de pirates que se faisaient alors l'islam et les nations chrétiennes, lorsqu'Aroudj, en vrai condottiere, vint offrir ses services au roi de Tunis (1514) ; il se faisait fort de reprendre Bougie aux Espagnols ; il échoua deux fois et y laissa un bras. Malade et découragé, il s'était retiré à Djijelli, lorsque les habitants d'Alger sollicitèrent son concours ; ils voulaient détruire la forteresse espagnole bâtie au milieu de leur port, l'odieux Peñon, qui était « comme une épine plantée dans leur cœur[1] » ; Ferdinand venait de mourir, le moment semblait favorable. Aroudj ne prit pas le Peñon, mais avec ses Turcs il se rendit maître d'Alger. L'expédition conduite contre lui par don Diego de Vera manqua ; les Arabes et les Berbères, auxquels plaisait l'énergie de Barberousse, l'avaient vigoureusement soutenu. Il s'empara facilement de Ténès ; un parti nombreux l'appela à Tlemcen. Il commença par rétablir le vieux roi Abou Zian, puis,

1. Berbrugger, *le Peñon d'Alger*.

pour rester seul maître, il l'égorgea avec ses sept fils et un millier d'habitants. Les Espagnols, inquiets de ses progrès et menacés dans Oran, résolurent de se débarrasser d'un voisinage aussi redoutable. Le marquis de Comarès marcha sur Tlemcen; Aroudj se jeta dans le Méchouar, où il fut étroitement bloqué; réduit aux extrémités, il tenta de s'échapper pendant la nuit; il fut poursuivi, rejoint sur les bords du rio Salado et périt après une résistance désespérée. Il n'avait que quarante-quatre ans. Khéreddine, resté à Alger, recueillit la succession de son frère; il était doué de la même intrépidité, mais il y joignait d'éminentes qualités politiques. Il débuta par un coup de maître en faisant hommage de ses Etats au sultan de Constantinople. Sélim Ier lui conféra le titre de pacha, lui expédia 2000 hommes et proclama que tous ceux qui voudraient aller faire la guerre en Afrique auraient la paye et les privilèges des janissaires. Dès lors, Khéreddine n'était plus un simple chef de pirates, isolé et facile à accabler. Il avait derrière lui toute la puissance des Turcs, dont il était dans l'ouest la sentinelle avancée. Les Espagnols apprirent à leurs dépens que si Aroudj était mort il était remplacé. Hugo de Moncade fut battu devant Alger, comme l'avait été Diego de Vera. Le Peñon, après une héroïque résistance de sa garnison, fut pris et rasé ; les matériaux provenant de la démolition furent employés à construire la jetée qui aujourd'hui encore rattache l'îlot à la terre et ferme le port au nord-ouest. Alger eut ainsi une petite darse qui devait servir de port à ses corsaires jusqu'en 1830. Les succès de Khereddine lui valurent un honneur inespéré. Soliman l'appela à Constantinople et lui donna, avec le titre de capitan-pacha, le commandement de sa marine. Il quitta dès lors Alger, mais il n'oublia pas le pays où il avait fondé sa fortune. En 1534, il vint détrôner le roi de Tunis Moula-Hassan et prit possession de la ville au nom du sultan. L'année suivante, il eut à s'y défendre contre Charles-Quint en personne; il résista avec son énergie habituelle, mais il ne put empêcher la prise de la ville. Il répara cet échec par les coups d'audace dont il était coutumier. Malgré son âge avancé, on le vit longtemps encore commander les flottes ottomanes sur les côtes de France et d'Italie. Il mourut en 1547, chargé d'ans et d'honneurs.

Il avait été le véritable fondateur de la régence d'Alger; Hassan-Agha, qui commandait depuis son départ, avait réussi en 1541 à repousser une formidable attaque. Secondé par une tempête opportune, il avait obligé Charles-Quint à se rembarquer précitamment; Alger avait gagné la réputation d'imprenable. En même temps, la domination turque s'étendait dans tous les sens; à l'est, Khéreddine avait déjà fait occuper Djijelli, Collo, Constantine; les Espagnols se trouvèrent bientôt resserrés dans leurs garnisons du littoral. En 1552, le pacha Salah-Reïs leur enleva Bougie; en 1555, les chevaliers de Saint-Jean furent chassés de Tripoli; Tunis, prise et reprise, resta définitivement à partir de 1574 à un bey relevant du sultan. Dans l'ouest, les Turcs s'emparaient de Mostaganem et de Tlemcen et poussaient même jusqu'à Fez. Hassan-ben-Khéreddine ne put, il est vrai, emporter Oran et Merz-el-Kebir; mais les Espagnols, réduits à ces deux places, où ils étaient comme bloqués, perdirent l'espoir et les moyens de réaliser le plan de Ximénès. Vers la même époque, la dynastie des chérifs qui s'était installée à Fez chassait les Portugais des côtes du Maroc.

L'organisation du gouvernement d'Alger avait été ébauchée par Aroudj, elle se compléta plus tard en se modifiant; mais c'était et ce fut toujours une république militaire. La suzeraineté du sultan fut d'abord effective, mais il était difficile de maintenir de si loin une obéissance qu'on ne pouvait imposer. Dès 1556, la milice égorgeait un pacha; en 1561, elle embarquait de force pour la Turquie Hassan-ben-Khéreddine. Le pacha, quand on voulait bien l'accepter, ne pouvait rien sans l'assentiment de l'agha chef des troupes et de l'assemblée du divan, où tous les soldats avaient accès; au commencement du XVIIe siècle, son autorité était devenue toute nominale. L'agha, élu d'abord pour deux mois, investi plus tard d'un pouvoir viager, était le premier personnage de l'Etat; il prit le nom de *dey*, oncle, patron, appellation familière qui se transforma ainsi en un titre officiel. La Porte se lassa bientôt d'envoyer à Alger des représentants qui étaient comptés pour rien. Le dey fut en même temps pacha; c'était lui qui nommait les trois beys de Constantine, de l'Ouest et de Titteri. Il gouvernait avec son divan, sorte de conseil privé qui s'était substitué à la bruyante assemblée des premiers temps; il y avait quatre ministres : le *khaznadji* pour les finances, l'*agha* pour la guerre, l'*oukil-el-hardj* pour la marine, et le *khodja*, chef du personnel administratif. Mais le véritable souverain était toujours la milice; c'était elle qui choisissait le dey dans des élections tumultueuses; les révoltes, les séditions, les meurtres rendaient fréquente la vacance du pouvoir. La plupart des deys mouraient de mort violente; la situation des beys n'était guère plus solide : toujours menacés d'une disgrâce qui les envoyait au supplice, ils tremblaient devant le dey, qui tremblait lui-même devant ses soldats [1].

La milice se recrutait surtout dans les ports du Levant, mais elle ouvrait ses rangs aux aventuriers de toute provenance, pourvu qu'ils se fissent musulmans. Après trois ans, le jeune soldat était promu vétéran; il obtenait alors l'un après l'autre les divers grades inférieurs qui se donnaient à l'ancienneté. Il y avait une solde fixe, plus élevée pour le vétéran, accrue dans les grandes occasions par des gratifications; en service, les hommes touchaient des vivres; ils n'étaient pas constamment en activité : chacun d'eux faisait successivement une année de *nouba*

1. Voy. Walsin Esterhazy, *De la domination turque dans l'ancienne Régence d'Alger*. Voy. également l'*Histoire de Barbarie et de ses corsaires*, du père Dan; l'*Histoire du royaume d'Alger*, de Laugier de Tassy; l'*Histoire et topographie d'Alger*, de Haëdo, et dans la *Revue historique*, tomes XXV, XXVI et XXVII, les études algériennes de M. de Grammont.

ou de garnison, une année de *mehalla* ou de colonne et une année de *krezour* ou de repos. Les noubas occupaient les villes importantes et les points stratégiques ; toutes ensemble donnaient un total de 1500 à 2000 hommes. Elles étaient régulièrement visitées et au besoin secourues par les colonnes mobiles. Ces petits corps d'armée étaient organisés pour les marches rapides, ils étaient partout à la fois ; leur armement et leur discipline leur assuraient une supériorité écrasante sur les populations indigènes. D'ailleurs ils avaient rarement l'occasion de combattre. Le gouvernement turc s'était créé des auxiliaires qui faisaient pour lui la police du pays et suffisaient presque toujours à réprimer les révoltes partielles. Les Zemoul et les Deira dans l'est, les Douairs et les Zmélas dans l'ouest, rendirent aux beys les plus signalés services. Leurs tribus étaient makhzen, c'est-à-dire indemnes d'une partie de l'impôt. Les autres, les raïas, payaient double ; mais le plus souvent il fallait lever les contributions les armes à la main. Jamais les Turcs ne purent obtenir la soumission de la Kabylie ; ils ne pénétrèrent qu'une fois dans l'extrême sud, avec Salah Reïs. Ils n'étaient obéis que là où ils se présentaient en force. Ce fut moins un gouvernement qu'une occupation militaire.

Les revenus réguliers consistaient dans les produits du domaine, les droits de douane et d'octroi, les confiscations, les amendes, les déshérences et surtout dans les tributs payés par les beys et les caïds. Mais ces revenus n'étaient rien moins qu'assurés. De plus, l'administration manquait à la fois d'ordre et de probité. Le système oriental des cadeaux, des gratifications intéressées détournait au profit des fonctionnaires de tout grade le meilleur des recettes. L'incurie et le gaspillage plus encore que le vol appauvrissaient le trésor. Ainsi manipulé, le produit des impôts ne pouvait suffire, la piraterie fournissait le surplus.

Les fondateurs de la régence n'étaient pas, à proprement parler, des pirates. Ils faisaient la guerre sainte sur mer et respectaient les puissances en paix avec la Turquie. Mais bientôt le zèle religieux s'affaiblit; les armateurs et les capitaines, renégats pour la plupart, s'inquiétaient peu de l'islamisme et n'avaient que des pensées de lucre. Dans un pays où il n'existait ni industrie ni commerce, les particuliers ne pouvaient espérer de bénéfices qu'en participant aux armements ou en spéculant sur la vente des captures. Quand il n'y avait pas de prises, l'argent manquait pour la paye de la milice et les soldats se révoltaient; la sûreté de l'Etat dépendait donc des résultats de la course : aussi la piraterie devint-elle une institution. Quand les marins levantins compagnons de Barberousse eurent disparu, les équipages se recrutèrent au hasard dans la population mêlée qui remplissait la ville; des chiourmes d'esclaves ramaient sur les galères; chaque navire embarquait en outre un détachement de soldats commandé par un agha. Pendant le XVIe siècle, les Algériens n'eurent guère que des vaisseaux légers, galères ou galiotes; plus tard, le Flamand Simon Dansa leur apprit l'usage des vaisseaux ronds ou de haut bord avec lesquels on pouvait tenir la mer dans l'Océan. Ils osèrent alors franchir le détroit de Gibraltar; les navires portugais, anglais, hollandais, qui allaient en Guinée ou aux Indes, ne naviguèrent plus en sûreté; Madère fut pillée de fond en comble, les côtes de l'Angleterre furent insultées. En 1627, le reïs Mourad alla jusqu'en Islande d'où il ramena 800 prisonniers. Dans une période de huit ans, le nombre des bâtiments capturés s'élevait à 936, dont 193 français; pendant les saisons favorables, la valeur des prises se chiffrait par des millions. Les expéditions étaient de véritables entreprises commerciales, auxquelles s'intéressaient les riches particuliers, souvent le dey lui-même. Tout était réglé avec la plus grande précision. Au retour, un secrétaire des prises, assisté de chaouchs, de changeurs, de mesureurs, de crieurs, faisait débarquer et vendre les marchandises et les esclaves ; ensuite il procédait à la répartition ; un droit fixe était prélevé par l'Etat ; le reste, les frais déduits, était partagé par moitié entre l'armateur et l'équipage. Personne à bord ne touchait de solde, on naviguait à la part.

Au temps de Haëdo [1] il n'y avait pas moins de 25000 esclaves ; on les vendait à la criée sur un marché spécial. Le prix variait beaucoup suivant qu'il s'agissait d'esclaves de travail ou d'esclaves de rançon. Les premiers, matelots, pêcheurs, paysans, étaient mis à la rame ou aux travaux de la campagne ; beaucoup se convertissaient et s'enrôlaient dans les équipages. Les captifs qui semblaient appartenir à la classe aisée étaient l'objet d'un commerce très important : on les achetait, on les revendait, on négociait leur rachat avec leurs familles ou avec eux-mêmes. D'ordinaire, ils étaient bien traités ; on les considérait comme marchandise précieuse, qu'il fallait se garder d'endommager. Comme partout, la condition des esclaves variait selon l'humeur des maîtres ; souvent on leur permettait d'aller par la ville en toute liberté, mais en leur laissant le soin de pourvoir à leur subsistance. Heureusement la vie n'était pas chère, la population se montrait assez charitable ; les deux ordres de la Trinité et de la Merci, installés à Alger dès le XVIIe siècle, faisaient d'abondantes aumônes. Excepté dans les jours d'effervescence, on ne voit pas qu'il y ait eu de persécutions exercées contre les captifs. Ces gens faisaient la course et la traite des blancs avec tranquillité, sans haine ni colère. C'était leur négoce et leur industrie.

Il reste aujourd'hui peu de chose de l'Alger des deys ; cependant les ruelles étroites de la haute ville peuvent encore en donner une idée. C'étaient les mêmes maisons basses, muettes, penchées les unes vers les autres, laissant à peine filtrer un rayon de lumière. Dans cet espace

1. Haëdo, *Topographie et histoire générale d'Alger.*

étroit grouillait toute une multitude : 100 000 habitants au temps de Haëdo, 200 000 d'après un résident français du XVIIe siècle, Turcs, Coulourlis, Arabes, Maures, Juifs, Kabyles, Biskris, renégats et captifs venus des quatre coins de l'Europe, assemblage confus des races les plus diverses et les types les plus opposés. L'arabe, le provençal, l'italien, l'espagnol, le français, toutes les langues et tous les idiomes se heurtaient dans cette Babel. Quand un navire entrait dans la darse, arborant fièrement le pavillon vert semé d'étoiles, tout se ruait vers la marine ; c'était le moment d'acheter, de vendre, de spéculer. Parfois, si l'on avait capturé quelque barque espagnole chargée de vin, les pauvres diables d'esclaves se grisaient à bon marché ; ils avaient aussi leur part de liesse[1]. A de certains jours, toute la ville devenait morne : les rues étaient désertes, les maisons closes ; la milice venait d'égorger le dey, les Coulourlis se révoltaient, une escadre européenne lançait à toute volée ses boulets et ses bombes ; mais, l'orage passé, on reprenait avec insouciance la vie accoutumée. Telle fut Alger pendant trois siècles, métropole de la piraterie, rendez-vous de tous les forbans, patrie cosmopolite des aventuriers sans scrupule, terreur des nations civilisées, qu'elle bravait avec l'audace d'une longue impunité.

Cette impunité est l'étonnement de l'histoire. Les Etats européens s'estimaient heureux de faire leur paix avec le dey et d'obtenir, même par des sacrifices d'argent et de dignité, une sécurité relative pour leur marine ; encore suffisait-il, pour amener une rupture, d'un changement de dey, d'un caprice des reïs ou des plus futiles prétextes. On dévorait tous les outrages. Quelquefois cependant, l'indignation était plus forte que la crainte. L'Espagne, qui avait beaucoup à souffrir de la piraterie, voulut au XVIIIe siècle essayer d'une répression énergique. Oran,

1. V. la relation de d'Aranda.

qui avait été abandonné en 1708, fut repris. Un grand armement fut dirigé contre Alger; mais le général O'Reilly ne fut pas plus heureux qu'autrefois Charles-Quint. En 1786, l'Espagne se résigna à acheter une paix qu'elle ne pouvait conquérir; six ans après eut lieu l'évacuation définitive d'Oran. Les puissances du nord faisaient des démonstrations presque toujours sans effet. Ce n'est qu'au XIXe siècle qu'on voit l'Angleterre tenter un effort sérieux ; encore ne s'y décide-t-elle qu'à grand'peine. Le 27 août 1816, lord Exmouth vint s'embosser dans la rade et engagea un furieux duel d'artillerie avec les 300 bouches à feu qui défendaient la place. Il lui en coûta 800 hommes et d'assez graves avaries; mais, sous les 34 000 projectiles qu'il avait lancés, la flotte des Algériens et leurs batteries avaient été écrasées, l'arsenal et plusieurs quartiers étaient en feu. Cette rude leçon fut perdue; dès 1824, une nouvelle escadre était envoyée devant Alger; mais le bombardement était devenu plus difficile et il fallut se retirer sans avoir obtenu satisfaction.

La France était de toutes les nations chrétiennes celle qui entretenait avec la régence les rapports les plus suivis. Dès le XVIe siècle, des négociants de Marseille avaient fondé sur la côte barbaresque des pêcheries de corail, au Bastion de France, à la Calle, au cap Rose, plus tard à Collo [1]. L'existence de ces établissements était assez précaire; en cent cinquante ans, ils furent détruits cinq fois, mais on les reconstruisit toujours. C'est que l'entreprise était fructueuse. A la pêche du corail se joignait le commerce des grains, des laines, des cuirs, des cires. Vers 1630, la Compagnie avait une flottille de 3 tartanes et de 21 bateaux corailleurs; elle entretenait 27 employés, 100 ouvriers, 200 matelots et 100 soldats. Le gouverneur était alors le gentilhomme corse Sanson Napollon, qui venait de négocier avec une habileté supérieure un traité entre la

1. Voy. Féraud, *Histoire de la Calle.*

France et le dey. Au XVIIIe siècle, grâce à la paix maintenue avec les Algériens, les concessions ne furent ni pillées ni détruites; ce fut le temps de leur plus grande prospérité; vers 1775, le chiffre des affaires s'élevait à 4 millions 1/2; il y eut des années où les comptoirs d'Afrique expédièrent en France 200 000 hectolitres de blé. Après une longue interruption pendant les guerres de la République et de l'Empire, la Calle avait été restituée à la France en 1817, et les anciennes stations étaient de nouveau occupées, lorsque survinrent avec le dey Hussein les difficultés qui devaient amener l'expédition de 1830.

La question des établissements tient une grande place dans les négociations qui eurent lieu entre la France et le gouvernement d'Alger; mais elle n'était pas la seule ni la plus importante; on voulait surtout faire respecter par les corsaires la marine marchande et le littoral. En 1628, Sanson Napollon obtint pour la première fois un traité régulier [1]. A charge de réciprocité, les Algériens s'engagèrent à ne pas attaquer les côtes et les navires de la France. Mais la paix ne fut pas longtemps maintenue; de part et d'autre, on se livra à des agressions et à des représailles. Les ministres de Louis XIV estimèrent « qu'il était indigne de la grandeur du roi de traiter avec de la canaille et des corsaires ». On songea à former un établissement militaire sur la côte d'Afrique, mais l'incapacité du duc de Beaufort fit manquer l'expédition de Djijelli, qui coûta 1500 hommes et 100 canons. En 1682, Duquesne vint expérimenter contre Alger l'invention nouvelle des galiotes à bombes. L'exécution, interrompue par le mauvais temps, fut reprise l'année suivante. L'effet fut terrible. La population épouvantée força le dey à demander la paix. Mais, pendant les pourparlers, le reïs Mezzo-Morto soulève la milice et massacre le dey. Il fait savoir à Duquesne que, si le bombardement recommence, les Français présents à

1. Voir les remarquables articles de M. de Grammont dans la *Revue africaine*.

Alger seront mis à la bouche des canons. Le Père Le-Vacher, consul de France, et vingt-deux autres personnes périrent de cet effroyable supplice ; la sauvage énergie du nouveau dey ne se démentit pas un instant. Duquesne épuisa ses projectiles sans rien obtenir. Les ruines qu'il avait faites n'étaient pas encore réparées, lorsqu'en 1688, à la suite de nouvelles hostilités, l'amiral d'Estrées parut devant Alger. Du 1er au 13 juillet, on fit pleuvoir sur la ville 10 000 bombes ; de 10 000 maisons, 800 restèrent debout. Comme en 1683, les Algériens, exaspérés, ripostèrent en mettant à mort 43 Français, parmi lesquels le consul. Écraser une ville sous les bombes en frappant au hasard les forts et les faibles, les combattants et les non combattants, était alors un procédé inusité dont les Algériens s'indignaient avec quelque raison et qui légitimait presque leurs odieuses représailles. Il faut toutefois reconnaître que Duquesne et d'Estrées laissèrent aux gens de l'Odjak une salutaire impression de terreur. « Les Français, disaient les janissaires, peuvent faire cuire la soupe dans leur pays et venir la manger à Alger. » La haute idée qu'ils se faisaient de la France et de ses forces contribua beaucoup au maintien des relations pacifiques pendant la durée du XVIIIe siècle. Lors de la Révolution, ce fut la régence qui approvisionna de grains nos départements du Midi. Il fallut l'ordre formel de la Porte pour décider le dey à un simulacre de rupture. Mais la politique algérienne était changeante ; grâce à l'affaiblissement de notre marine, l'influence anglaise prit bientôt le dessus. En 1802, Bonaparte parla de jeter une armée sur la côte d'Afrique ; en 1808, il envoya en mission de reconnaissance le commandant Boutin ; une expédition contre Alger aurait été moins périlleuse et plus féconde en résultats utiles que la déplorable guerre d'Espagne ; mais Napoléon avait d'autres desseins ; les plans et les mémoires dressés par Boutin restèrent dans les cartons du dépôt de la guerre jusqu'en 1830.

LIVRE III

LA CONQUÊTE FRANÇAISE

CHAPITRE PREMIER

L'EXPÉDITION D'ALGER [1]

Le dernier dey algérien, Hussein, arriva au pouvoir en 1818. Son prédécesseur Ali Khodja avait châtié l'insolence de la milice et transporté sa résidence dans la haute Casba, d'où son artillerie dominait la ville. Hussein profita de ces avantages. Plein d'ignorance et de préjugés, il ne manquait pas de savoir-faire; il connaissait ses turbulents sujets et la façon de les conduire. Aucun dey ne fut si bien obéi. Sa politique étrangère fut moins heureuse, parce qu'il se faisait illusion sur sa force et croyait pouvoir braver impunément les puissances de l'Europe. Cette erreur causa sa perte.

Les relations avec la France, interrompues pendant l'Empire, s'étaient renouées en 1816; mais l'entente ne fut jamais bien cordiale, surtout après l'avènement de Hussein. Il voulait que la redevance annuelle payée pour les concessions fût de 300 000 francs, suivant la convention conclue en 1817 par le dey Omar. La France prétendait s'en tenir au chiffre de 90 000 francs, auquel était

1. Voir les *Relations de la prise d'Alger* de Pélissier, de d'Ault-Dumesnil, *La guerre d'Afrique* de Carette, *La conquête d'Alger* de Rousset, *La conquête d'Alger* de Nettement, etc.

revenu Ali-Khodja, qui avait régné entre Omar et Hussein. Le dey n'admettait pas que les établissements français fussent fortifiés ; l'exécution de quelques travaux de défense l'avait vivement indisposé. Mais l'affaire Bakri plus que tout le reste lui tenait au cœur. Bakri et Busnah, deux Juifs algériens, avaient fait au Directoire d'importantes fournitures de blé qui n'avaient pas été payées intégralement ; l'Empire donna quelques acomptes ; en 1819, la créance fut réglée à sept millions ; mais la convention alors conclue réserva expressément les droits des Français dont Busnah et Bakri étaient les débiteurs ; des oppositions se produisirent, et une partie de la somme fut retenue en attendant la décision des tribunaux. Hussein, qui avait de gros intérêts dans l'affaire et qui n'entendait rien aux formes compliquées de la justice française, s'indignait de ces lenteurs. Il se croyait victime d'une intrigue ourdie contre lui par le consul Deval. Il s'adressa directement au gouvernement du roi, réclama les deux millions et demi qui restaient dus, ajoutant que les ayants droit n'auraient qu'à se présenter ensuite devant son tribunal pour obtenir justice. Il ne reçut pas de réponse, et ce silence lui parut un outrage. Dans son audience solennelle du 27 avril 1827, le consul s'étant présenté devant lui, il l'interpella avec vivacité. L'autre, qui s'exprimait bien en langue turque, répliqua sur le même ton. Le dey, furieux, le frappa de son éventail et le chassa de sa présence. Un consul plus prudent et plus digne n'aurait pas provoqué une pareille scène ; mais Deval représentait la France : il fallait une réparation.

Une division navale parut devant Alger ; le capitaine Colet, qui la commandait, demanda que l'oukil-el-hardj vînt à son bord présenter les excuses du dey, que le pavillon français fût arboré et salué de cent coups de canon. Hussein refusa absolument cette satisfaction toute de forme ; il prétendait que c'était lui et non le roi de France qui avait à se plaindre. Il était décidé à rendre hostilité pour hostilité ; le 15 juin, l'état de guerre fut déclaré ; aussitôt les comptoirs français de l'est, qu'on avait pris la précaution d'évacuer, furent pillés et détruits. Une croisière fut alors établie. Mais le blocus fut bientôt démontré inefficace : il imposait à notre marine un service pénible et dangereux, il coûtait jusqu'à vingt millions en trois ans, et le dey ne paraissait pas plus disposé à céder qu'au premier jour. On essaya encore de la conciliation ; après quelques pourparlers inutiles, le contre-amiral La Bretonnière, montant le vaisseau *la Provence*[1], vint faire une tentative suprême. « J'ai de la poudre et des canons, » lui répondit Hussein. La Bretonnière put s'en apercevoir ; son vaisseau, appareillant sous pavillon parlementaire, fut canonné par les forts ; il reçut leur feu sans riposter et, à force de sang-froid, put se tirer de ce guet-apens.

Dès 1827, Clermont-Tonnerre, alors ministre de la guerre, avait été d'avis d'agir avec vigueur. S'aidant du mémoire de Boutin, de renseignements fournis par les agents du consulat et les officiers de marine, il proposait de débarquer une armée à Sidi-Ferruch ; on prenait ainsi à revers les défenses d'Alger. Ce projet, d'abord écarté, fut repris après l'affaire de *la Provence*. L'Angleterre fit entendre des représentations presque impérieuses, auxquelles il fut répondu comme il convenait. En France même, les partis opposants désapprouvaient une expédition ; ils y voyaient, non sans quelque raison, un artifice politique pour détourner les esprits des affaires intérieures, mais ils oubliaient trop que l'honneur national était engagé. Ce qui donnait quelque force aux objections, c'était l'opinion des officiers généraux de la marine, unanimes à déclarer le succès impossible ; mais le ministre d'Haussez s'en rapporta plutôt aux capitaines de frégate qui avaient servi sur la croisière. Un amiral, Duperré, se décida enfin à

1. Voy. *Revue africaine*, la relation de l'interprète Bianchi.

accepter le commandement de la flotte; le ministre de la guerre Bourmont se réserva celui de l'armée, avec la haute direction de l'entreprise.

La décision une fois prise, les préparatifs furent menés avec vigueur; en trois mois ils étaient achevés. La flotte, comprenant 103 bâtiments, parmi lesquels 11 vaisseaux de ligne et 24 frégates, fut divisée en escadre de bataille, escadre de débarquement, escadre de réserve. Le convoi destiné au transport du matériel, des chevaux et des vivres était formé de 347 navires de commerce nolisés par l'État; 225 petits bâtiments constituaient la flottille de débarquement. L'armée montait à 37 000 hommes; le génie et l'artillerie y figuraient dans une assez forte proportion; la cavalerie n'y était représentée que par trois escadrons. Mais la principale force était dans l'infanterie, trois belles divisions dont les hommes avaient été choisis parmi les plus solides et les plus dispos. Bourmont avait pris pour chef d'état-major le général Desprez; Berthezène, Loverdo, Des Cars commandaient les divisions d'infanterie, Valazé le génie, Lahitte l'artillerie. Les troupes montraient de l'ardeur et de la confiance; mais il s'en fallait que l'entente fût parfaite entre les chefs, surtout entre Bourmont et Duperré. L'embarquement commença le 11 mai; le 25 seulement on sortit de Toulon. Ce n'était pas chose facile que le maniement de cette immense flotte; l'amiral avait conscience de sa responsabilité et ne voulait rien donner au hasard. On était déjà en vue des côtes d'Afrique lorsque, jugeant le vent contraire et la mer dangereuse, il rétrograda jusqu'à Palma; il attendit huit jours avant de reprendre sa route. Enfin, à la grande joie des officiers et des soldats entassés sur les vaisseaux depuis près d'un mois et impatients de combattre, on découvrit les maisons blanches d'Alger. La flotte défila lentement devant la ville et s'en alla à l'ouest mouiller dans la baie de Sidi-Ferruch : c'était l'emplacement indiqué par Boutin; on tournait ainsi le formidable front de défense qu'Alger présentait du côté de la mer. « La raison de la nouveauté, disait le mémoire, est aussi à mettre en ligne de compte; plusieurs tentatives ont été faites et ont échoué dans la rade, il faut donc s'adresser ailleurs. Les Turcs sont routiniers et superstitieux; ils ne manqueraient pas de dire : On voit bien que ce sont des Français, ils ne s'y prennent pas comme les autres [1]. » Ce calcul se vérifia; les Algériens attendaient l'attaque du côté de l'est, et l'agha Ibrahim avait déjà établi son camp à la Maison-Carrée, vers l'embouchure de l'Harrach. La flotte mouilla à Sidi-Ferruch sans avoir à tirer un coup de canon. Le 14 juin, à la pointe du jour, on organisa le débarquement; à peine à terre, les troupes se formaient en bataille et marchaient en avant. Trois batteries que l'ennemi avait construites un peu en arrière de la presqu'île furent éteintes et enlevées; on vit à peine quelques bandes de cavaliers et de fantassins qui venaient tirailler à distance; ce n'étaient pas tout à fait « les hordes nombreuses de cavalerie irrégulière couvrant leur front par des milliers de chameaux [2] », que le général en chef avait annoncées à ses soldats. Bourmont partageait les erreurs alors communes et, comme tout le monde, s'exagérait les difficultés de l'entreprise. Le soldat, plus insouciant, ne ressentait pas ces appréhensions; mais les chefs, hantés par des souvenirs sinistres, croyaient qu'on avait tout à craindre des éléments et des hommes. Le 16, le temps devenant mauvais, beaucoup prévirent un désastre. « Si la tempête avait duré deux heures de plus, c'en était fait de la flotte, » écrivait Duperré. Et le général Desprez prononçait le nom de Charles-Quint.

Avec de telles dispositions d'esprit, on était porté à la prudence. Il fut décidé que l'on fortifierait la presqu'île

1. *Mémoire de Boutin.* Ce travail, les cartes et plans qui le complétaient, admirables de netteté et de précision, avaient été faits de souvenir, Boutin ayant dû jeter tous ses papiers à la mer pour qu'ils ne tombassent pas aux mains des Anglais.

2. Ordre du jour en rade de Palma.

pour en faire un camp retranché, un asile en cas de revers. Cependant l'ennemi avait porté ses forces à Staouëli; l'agha Ibrahim, gendre de Hussein, menait avec lui la milice turque, des Coulourlis et des Maures d'Alger, les contingents des beys et quelques milliers de Kabyles. Parmi les témoins oculaires, les uns évaluent cette armée à 60 000 hommes, d'autres à 20 000 seulement. La confusion des manœuvres, les mouvements rapides et désordonnés de la cavalerie arabe devaient donner l'illusion d'une immense multitude. A part les Turcs, toutes ces troupes sans cohésion faisaient assez mauvaise figure en bataille rangée. Le premier choc fut pourtant terrible; le 19 au matin, toutes les lignes françaises sont assaillies; mais l'attaque porte surtout sur les ailes, plus faibles et moins bien postées que le centre; la gauche fut un instant compromise : les Turcs se battaient avec une incroyable ardeur; les cavaliers enlevaient leurs chevaux et sautaient par-dessus les retranchements. Mais l'armée française avait l'avantage de la tactique et de la discipline. Après une lutte acharnée, les Algériens se replièrent sur le camp; le général en chef se décide à poursuivre ses avantages : il ordonne un mouvement tournant pour jeter l'ennemi à la mer; mais la droite marche trop lentement, la gauche avec trop de précipitation. Cependant l'artillerie, brillamment dirigée, couvrait de ses feux les positions de l'agha. Les contingents kabyles, qui avaient à se plaindre des généraux turcs [1], lâchèrent pied les premiers; le reste suivit. A midi, les hauteurs étaient conquises et le camp de Staouëli occupé.

Le dey et les habitants d'Alger ne doutaient pas du succès; à l'arrivée des fuyards, ce fut une consternation. « Les gens, raconte le médecin allemand Pfeiffer, qui était dans la ville comme captif, couraient par les rues comme des fous. Quelques-uns demandaient où étaient

1. *La prise d'Alger racontée par un captif.* Cet ouvrage a été publié en allemand, la traduction a paru dans la *Revue africaine*.

les infidèles et si l'on allait tuer tous les musulmans. » Les Kabyles et beaucoup d'Arabes s'en retournaient chez eux; les Turcs avaient fait des pertes sensibles et n'avaient plus de confiance; l'armée était comme dissoute. Si à ce moment les Français avaient marché droit à Alger, la ville était prise. On eût ainsi gagné du temps et ménagé un sang précieux. Mais Bourmont n'était pas informé de ce qui se passait; la partie du convoi qui portait les chevaux de la grosse artillerie n'était pas encore arrivée, on n'était pas en mesure d'exécuter une attaque en règle. On se borna donc à occuper les positions conquises. Cette inaction rendit aux Algériens toute leur assurance. Ils se hâtèrent de mettre en état le fort l'Empereur, qui défendait la ville au sud-ouest; des émissaires furent envoyés de tous côtés pour rallier les Arabes, les ulémas prêchèrent la guerre sainte. Le 24, les lignes de Staouëli furent attaquées; l'armée française repoussa facilement les agresseurs et en les poursuivant s'établit sur le plateau du Sidi-Khalef. Mais alors un nouveau chef remplaça Ibrahim; c'était le bey de Titteri, Mustapha-bou-Mezrag, qui ne manquait ni d'activité ni d'intelligence militaire. Les positions françaises étaient dominées par le mont Bouzaréa; il installa des batteries sur les pentes; il profita de la nature du pays, montueux, boisé, coupé de ravins pour faire une guerre d'escarmouches où ses troupes reprenaient leurs avantages. Les journées des 25, 26, 27 et 28 furent pénibles et meurtrières; un bataillon du 4e léger, surpris au moment où il nettoyait ses armes, perdit 120 hommes.

Mais le convoi attendu était enfin arrivé; on avait achevé le débarquement du matériel, une route praticable avait été ouverte par le génie depuis Sidi-Ferruch. Le 29 avant le jour, le mouvement offensif commença sur toute la ligne. Déjà un plein succès avait été obtenu, lorsqu'une méprise de l'état-major faillit tout compromettre. Les vapeurs matinales flottaient en brouillard au-dessus de la Mitidja; le général Desprez, parvenu sur les crêtes, crut voir la mer; il en conclut que l'armée avait dépassé Alger et que la carte de Boutin, sur laquelle on s'était guidé jusqu'alors, était fautive. Sur son rapport, Bourmont ordonne un changement de direction vers la gauche; ce mouvement, exécuté à travers des terrains difficiles, produit une confusion générale; les troupes, empêtrées dans les ravins, vont et viennent en cherchant leur route; les régiments et les divisions se mêlent; beaucoup de soldats, accablés par la chaleur, abandonnent leurs armes. En cet instant critique, une attaque vigoureuse aurait pu amener un désastre. Par bonheur, l'ennemi était incapable d'une opération d'ensemble; il se borna à des tirailleries inoffensives. L'armée eut le temps de se rallier, et le jour même on se mit à l'œuvre pour installer les batteries qui devaient servir au siège du fort l'Empereur; la flotte canonnait la place et, sans causer de graves dégâts, ajoutait par cette démonstration opportune au trouble et à l'effroi de la population. Le 4 juillet, à quatre heures du matin, la tranchée fut ouverte contre le fort l'Empereur; les batteries françaises subitement démasquées l'écrasèrent de leurs feux. La garnison se défendit avec la plus grande vigueur, mais la lutte des deux artilleries était par trop inégale; au bout de quelques heures, les Turcs avaient leurs embrasures démolies, leurs pièces démontées, leurs canonniers hors de combat; des fuyards s'échappaient vers la Casba, et déjà l'ordre était donné de battre en brèche, quand une formidable explosion se fit entendre. Le khaznadji avait fait mettre le feu aux poudres; il espérait ensevelir une partie de l'armée française sous les décombres; quelques hommes seulement furent atteints. Aussitôt les ruines sont occupées; l'artillerie s'y installe et se prépare à foudroyer la Casba.

Le fort l'Empereur une fois pris, Alger ne pouvait plus tenir; Hussein pourtant ne voulait pas encore céder; il montrait dans l'adversité autant de fierté qu'aux jours de sa puissance. Les commandants des forts reçurent l'ordre de tenir jusqu'au bout et d'imiter ensuite le khaznadji ; il déclarait qu'avant de se soumettre il ferait sauter la Casba et la ville. Mais la population, affolée de peur, ne voulait plus qu'on parlât de résistence, des symptômes de défection se produisaient dans les rangs de la milice, un émissaire alla proposer au général de lui apporter la tête du dey comme gage de réconciliation. Hussein, qui voyait clair, jugea qu'il était temps de négocier ; il offrit de fournir toutes les satisfactions refusées depuis 1827 et de payer les frais de la guerre. Bourmont déclina ses propositions et exigea la remise immédiate de la ville avec ses forts. Lorsque le vieil interprète Brascewitz, chargé de signifier l'ultimatum, en donna lecture devant les officiers turcs, des cris de rage éclatèrent, les sabres sortaient des fourreaux[1]. Mais Hussein avait pris son parti; le lendemain, il signait la capitulation, dont le texte définitif était ainsi conçu :

« Le fort de la Casba, tous les autres forts qui dépendent d'Alger et le port de cette ville seront remis aux troupes françaises ce matin, à dix heures.

« Le général en chef s'engage envers Son Altesse le dey d'Alger à lui laisser la liberté et la possession de ses richesses personnelles.

« Le dey sera libre de se retirer dans le lieu qu'il fixera, et, tant qu'il restera à Alger, il y sera, lui et sa famille, sous la protection du général en chef. Une garde garantira la sûreté de sa personne et celle de sa famille.

« Le général en chef assure à tous les soldats de la milice les mêmes avantages et la même protection.

« L'exercice de la religion mahométane restera libre. La liberté des habitants de toutes les classes, leur religion,

1. Brascewitz mourut, peu après, de l'émotion terrible qu'il avait éprouvée.

leurs propriétés, leur commerce et leur industrie ne recevront aucune atteinte; leurs femmes seront respectées. Le général en chef en prend l'engagement sur l'honneur, etc., etc.

« Au camp devant Alger, le 5 juillet 1830. »

La générosité envers l'ennemi vaincu est un sentiment bien français. Bourmont ne saurait être blâmé d'avoir traité avec courtoisie le vieux dey, si digne dans son malheur. Mais la capitulation faisait plus que le nécessaire; les Algériens se seraient estimés heureux qu'on leur garantît la vie sauve; il ne fallait pas s'embarrasser d'engagements téméraires; les deux derniers articles ne furent pas observés à la lettre, et il était difficile qu'ils le fussent. Mieux aurait valu de promettre moins et de tenir davantage. Mais on ne prévoyait pas les difficultés de l'avenir, et ce fut un beau jour que celui où l'armée française, défilant par la Porte-Neuve, entra victorieuse dans cette ville, qui avait bravé Charles-Quint et Louis XIV.

CHAPITRE II

LES DÉBUTS DE LA CONQUÊTE [1]

La prise d'Alger semblait terminer l'expédition ; mais elle n'était que le commencement de la conquête. Par la présence de ses troupes sur le sol africain, la France allait se trouver entraînée à étendre de plus en plus le champ de son action. Malheureusement, il n'y eut pas dès le début un plan bien arrêté ; on se laissa mener par les événements au lieu de les conduire. Si dès 1830 on s'était décidé à fonder en Algérie un établissement durable, il y aurait eu économie de temps, d'argent et d'hommes. Mais savait-on ce qu'on voulait faire? Il n'est pas bien sûr que le gouvernement de la Restauration lui-même ait compris la portée du succès qu'il venait d'obtenir ; en tout cas, la révolution de 1830 ne lui laissa pas le loisir d'en poursuivre les conséquences. La royauté de Juillet, au milieu des embarras politiques et des dangers qui la menaçaient, parut d'abord peu soucieuse de conserver l'Algérie ; elle ne se décida pourtant pas à l'abandonner ; plus tard, elle crut y voir un dérivatif pour les instincts belliqueux de la nation, une école pour ses généraux, un terrain commode pour faire gagner leurs éperons aux jeunes princes d'Orléans. D'autre part, on craignait, si l'on s'étendait trop, de mécontenter l'Angleterre ; on se laissait toucher par les objections parcimonieuses d'une partie du Parlement ; on flottait entre les

1. Voy. pour ce chapitre et les suivants, les *Annales algériennes* de Pélissier de Raynaud ; Dieuzaide, *Histoire de l'Algérie*, et surtout le *Tableau des Établissements français dans l'Afrique du Nord*.

idées de conquête définitive, d'occupation restreinte ou de complète évacuation. Suivant l'opinion dominante, les effectifs étaient augmentés ou réduits; à chaque instant, l'armée changeait de chef et la colonie d'administrateur.

Au lendemain même de la prise d'Alger, les tâtonnements commencèrent. La chute de l'odjak avait consterné les indigènes, ils étaient prêts à accepter l'autorité du vainqueur. Les Turcs, mercenaires sans patrie, ne demandaient qu'à s'enrôler au service de la France. Le bey de Titteri venait se faire donner l'investiture; le bey d'Oran sollicitait une occupation de sa ville; seul, à Constantine, Ahmed gardait une attitude menaçante. Mais Bourmont connaissait mal l'Algérie; il marchait au hasard dans ce pays, dont il ignorait les traditions, les mœurs et les idées. Il se laissa persuader que les soldats turcs restés à Alger conspiraient; il les fit embarquer pour l'Orient et se priva ainsi d'auxiliaires qui eussent été précieux. Il négligea les avances que lui faisait le puissant chef kabyle Ben-Zamoun; malgré ses avis, il poussa jusqu'à Blida une reconnaissance qui fut ramenée à coups de fusil; aussitôt tous les Arabes des environs furent en armes; le bey de Titteri, qu'on avait froissé, devint le plus gênant de nos ennemis, parce qu'il était le plus proche. Sur ces entrefaites arriva la nouvelle des événements de Paris. Bourmont, qui espérait encore pouvoir relever le trône de Charles X, concentra ses forces et ramena à lui les détachements qu'il avait envoyés à Bône et à Oran. L'armée entière se trouva resserrée dans Alger; les maladies avaient diminué son effectif, mais le moral surtout était atteint. Le jour même de l'entrée dans Alger, des officiers avaient donné les plus fâcheux exemples. Le vol du trésor de la Casba est une légende; mais il s'était commis des désordres partiels que le général en chef n'avait su ni empêcher ni punir. La discipline, très molle pendant toute campagne, s'était relâchée davantage après la victoire. De toutes les façons, la situation était compromise.

Le général Clauzel, qui succéda à Bourmont, avait de brillantes qualités militaires; vétéran illustre des guerres de l'Empire, il apportait en Algérie l'ardeur d'un jeune homme. Il voulait organiser, négocier, conquérir; mais son activité s'égarait quelquefois; il écoutait trop facilement des conseils intéressés ou imprudents; enfin, comme politique et comme administrateur, il était de l'école impériale. Il n'était pas homme à se laisser enfermer entre les murs d'Alger; son plan fut vite dressé. Il voulait agir lui-même au centre, déposséder Mustapha-bou-Mezrag et le remplacer par une créature de la France; il voulait également installer dans les beylicks de l'est et de l'ouest des princes vassaux. Le 17 novembre, il sortit d'Alger avec un corps de 8000 hommes, pénétra de vive force dans Blida, puis aborda les montagnes. Le passage du Ténia, où Bou-Mezrag avait concentré ses forces, fut enlevé après un brillant combat; les gens de Médéa chassèrent eux-mêmes leur bey. Mais, pendant ce temps, les Kabyles de Ben-Zamoun se répandaient dans la plaine, détruisaient un convoi et pressaient vivement le colonel Rullière, resté à Blida. Leur attaque fut repoussée; les malheureux Blidéens payèrent pour eux, et un affreux massacre ensanglanta la ville.

Cette exécution et d'autres du même genre irritèrent les indigènes. La garnison laissée dans Médéa, harcelée sans relâche, difficilement ravitaillée, dut être ramenée. Cependant le bey nommé par la France put se maintenir quelque temps. Au mois de décembre, le général Damrémont alla occuper Oran, que nous livrait le vieux bey Hassan; un arrêté prononça la destitution du bey de Constantine, Ahmed. Un frère du bey de Tunis fut investi du gouvernement des deux provinces; il s'engageait à payer pour chacune une contribution annuelle de 1 million et à favoriser partout les intérêts français; quelques soldats tuni siens vinrent tenir garnison à Oran. Ce traité fut désapprouvé, et le ministère rappela Clauzel.

On lui reprochait d'avoir dépassé ses pouvoirs; le véritable grief était dans les inquiétudes que donnait à un gouvernement timide cet esprit entreprenant. Comme pour bien caractériser la politique qu'on voulait suivre, l'armée d'Afrique fut déclarée dissoute; il n'y eut plus dans la régence qu'une division d'occupation. Berthezène en eut le commandement; c'était un bon officier, mais en sous-ordre; d'ailleurs les instructions qu'on lui donnait et les faibles moyens dont il disposait lui interdisaient toute initiative vigoureuse. Ben-Omar, notre bey de Titteri, demandait des secours; une colonne pénétra jusqu'à Médéa, mais pour évacuer presque aussitôt la ville; le bey et beaucoup d'habitants suivirent la retraite. Elle ne se fit pas toujours en bon ordre; au passage du Ténia, il y eut un moment critique; dans la plaine, on profita de la nuit pour franchir la Chiffa. Cette expédition peu brillante rendit toute leur audace aux Arabes et aux Kabyles; on combattit presque aux portes d'Alger. Les événements ne prenaient pas une meilleure tournure aux extrémités qu'au centre; une tentative mal combinée sur Bône coûtait la vie à deux excellents officiers, Houder et Bigot; à Oran, le général Boyer ne faisait aucun progrès et rendait la domination française odieuse à force de cruautés[1].

A la fin de 1831, Casimir Périer arrivait aux affaires. L'armée d'Afrique fut renouvelée et augmentée. Berthezène rentra en France; mais il fut remplacé par le duc de Rovigo. On ne pouvait faire un plus mauvais choix; l'ancien chef de la police impériale, l'homme de Vincennes et de Bayonne, était peu préparé à une mission qui demandait sans doute de l'énergie, mais où il fallait surtout de l'intelligence, du tact et une modération calculée. Savary se conduisit avec cette brutalité aveugle qui sous l'Empire simplifiait tout : la politique, la diplomatie et l'administration. Malgré la pauvreté évidente des habitants d'Alger, il exigea d'eux une contribution

1. C'était un ancien officier de l'Empire, qui avait été au service de Méhémet-Ali; il était rentré dans l'armée française après 1830; on le surnommait Pierre-le-Cruel.

énorme ; pour construire des routes, il bouleversa sans ménagement leurs propriétés et leurs cimetières. Il s'inquiétait peu de frapper juste, mais de frapper fort. Les émissaires douteux d'un chef saharien ayant été dévalisés, une colonne tomba sur la tribu soumise des Ouffia, tout à fait innocents de ce méfait ; hommes, femmes, enfants, tout fut exterminé. Le cheikh, échappé seul à cette tuerie, parut devant un conseil de guerre ; il n'eut pas de peine à se justifier, mais son acquittement eût été la condamnation de Rovigo ; il fut exécuté ; l'armée assista avec une stupeur indignée à cet assassinat juridique. Une autre fois, c'étaient deux caïds venus à Alger avec un sauf-conduit que l'on mettait à mort. Savary prétendait terrifier les Arabes, il les exaspéra ; les plus indécis se prononcèrent contre nous, la guerre sainte fut proclamée, on se battit sur toute la ligne. Dans la Mitidja, les Arabes subirent un échec à Boufarik, et une colonne alla saccager Blida. A l'est, les capitaines Yusuf et d'Armandy renouvelaient avec plus de succès la tentative du commandant Houder et s'emparaient de Bône. Mais à Oran le général Boyer se livrait à de tels excès que Rovigo lui-même s'en émut et le fit rappeler.

La commission d'enquête envoyée en Algérie en 1834 apprécia avec sévérité tout ce qui s'y était fait et surtout les actes de Savary. Celui-ci, gravement malade, avait dû s'absenter ; le général Voirol exerça l'intérim d'avril 1833 jusqu'en septembre 1834. Son administration fut habile et féconde ; il entrait en rapports avec les indigènes, les utilisait comme auxiliaires ; la tribu remuante des Hadjoutes, intimidée par une forte démonstration, accepta un caïd de sa main. Le général Trézel alla enlever la ville de Bougie et y laissa une garnison ; Monck-d'Uzer, envoyé à Bône, s'y maintenait victorieusement. L'influence française faisait de rapides progrès ; le cheikh de Tuggurt, ennemi déclaré d'Ahmed-bey, sollicitait une alliance ; autour d'Alger, les relations devenaient plus faciles, la sécurité renaissait. La bonne foi et l'équité du général Voirol inspiraient la confiance. Quand il s'embarqua pour quitter l'Afrique, les habitants européens firent frapper une médaille d'or en son honneur, les caïds de la plaine vinrent lui offrir des présents d'adieu.

L'ordonnance du 22 juillet 1834, s'inspirant des conclusions de la commission d'enquête, institua un gouverneur général des possessions françaises d'Afrique. L'organisation qui fut alors adoptée prêtait à bien des objections ; mais elle semblait indiquer, dans l'esprit de ceux qui dirigeaient l'Etat, des desseins plus arrêtés et des résolutions plus fermes. On se décidait enfin à conserver l'Algérie. Le premier gouverneur fut Drouet d'Erlon ; il avait soixante-dix ans ; c'était encore une vieille gloire de l'Empire qu'on exhumait mal à propos. De caractère flottant, l'esprit affaibli par l'âge, il se laissa tirailler par toutes les influences et duper par toutes les intrigues. Dans la Mitidja, une rupture avec les Hadjoutes prit les proportions d'un grand événement. C'était une petite tribu pouvant mettre à cheval quelques centaines d'hommes, mais ils trouvèrent moyen de faire beaucoup de mal : ils couraient la plaine, se glissaient entre les postes, pillaient les fermes, enlevaient ou tuaient les isolés. Des colonnes étaient envoyées contre eux ; des bulletins annonçaient leur destruction ; mais ils reparaissaient toujours, audacieux et insaisissables. L'impuissance où l'on était de réduire ces faibles ennemis fut du plus déplorable effet. L'incertitude était partout et le désordre. A Bougie, un fonctionnaire civil entrait en pourparlers avec les indigènes sans l'aveu du commandant de la place, Duvivier. Celui-ci, trouvant mauvais qu'on négociât avec un ennemi qui faisait de son départ la condition de la paix, parla de se retirer ; on le prit au mot. Cette injustice et ce manque de dignité ne furent d'aucun profit ; les hostilités recommencèrent presque aussitôt. Mais c'était surtout dans l'ouest que des fautes graves étaient commises.

CHAPITRE III

LES ÉVÉNEMENTS DE L'OUEST. — COMMENCEMENTS D'ABD-EL-KADER

La chute de la domination turque avait laissé la province d'Oran dans une complète anarchie. Le pays n'était ni à la France, dont les troupes ne sortaient guère de l'enceinte d'Oran, ni à l'empereur du Maroc, qui, après avoir envoyé son khalifa, l'avait rappelé presque aussitôt. Un de ces chérifs qui excitaient autrefois contre les beys des insurrections périodiques exploita la situation au profit de sa famille. Les tribus sentaient vaguement le besoin d'un chef pour rétablir l'ordre et organiser la guerre sainte. Le vieux Maheddin répandit adroitement des prophéties et des prédictions qui désignaient comme le futur sultan son fils Abd-el-Kader. Quand il jugea le terrain assez préparé, il le présenta dans la plaine d'Eghris aux hommes des Hachem, des Gharaba et des Beni-Amer; ils l'accueillirent par des acclamations et l'escortèrent jusque dans Mascara. A dater de ce jour, une puissance indigène redoutable était fondée.

Le fils de Maheddin [1] n'était pas un ambitieux vulgaire; son éducation avait été soignée; il avait vu l'Égypte et l'Orient; mais ses connaissances et ses idées ne dépassaient pas les frontières de l'islamisme. Dans la zaouïa

1. Voy. Bellemare, *Histoire d'Abd-el-Kader*.

paternelle, il avait appris le Coran, étudié à fond la jurisprudence musulmane; son esprit s'était aiguisé aux subtilités de la casuistique. Nul mieux que lui ne citait à propos les textes sacrés en les interprétant toujours à son avantage; il savait aussi traduire à sa façon le texte d'un traité. De taille moyenne et bien prise, pâle, les traits fins, l'œil ardent, il avait toute la dignité élégante d'un aristocrate arabe avec la mine austère d'un saint. Brillant cavalier, il s'exposait bravement au péril, mais sa vaillance était plus raisonnée qu'instinctive; son tempérament était d'un thaleb, non d'un guerrier; son geste favori était celui de la prière quand de ses doigts effilés il maniait les grains d'un chapelet. La parole était un de ses moyens d'action; il montait en chaire et prêchait : alors sa cause devenait celle de Dieu même et du Prophète. Il ne faudrait pas voir en lui un imposteur habile. Sa foi était sincère; mais il y avait dans ce croyant un politique et un ambitieux. Il ne se servit si bien des passions religieuses que parce qu'il les ressentait. En général, les Français, après l'avoir estimé trop peu, l'ont ensuite élevé trop haut. On eut tort de le dédaigner comme un simple barbare; mais on se trompait également quand on lui prêtait les idées d'un homme d'État européen. Pour rusé diplomate, il le fut, comme beaucoup de ses compatriotes; il avait assez de pénétration pour voir très vite le faible d'un chacun; il devinait les vices et les faiblesses de ses ennemis et agissait en conséquence. Il montra de réelles qualités d'organisateur, énergique, actif, avec du coup d'œil pour choisir les hommes; mais son gouvernement ne fut guère qu'une copie un peu corrigée de celui des Turcs; il n'inventa rien de nouveau. Avec toute son intelligence, il ne sut pas comprendre les supériorités de la civilisation; il se renferma dans ce mépris haineux et invincible que ceux de sa religion presque tous éprouvent pour ce qui n'est pas musulman. Il n'avait pas dans le caractère la sauvagerie bestiale de tant d'autres chefs de révolte; mais le sang ne lui faisait pas peur, pourvu qu'il ne fût pas inutile. Sa franchise et sa perfidie, sa clémence et sa cruauté, tout était calculé, tout lui semblait justifié par la sainteté du but. Pour trouver à un tel homme ses égaux et ses pareils, il faut remonter aux siècles théocratiques ; le moyen âge a produit, surtout parmi les politiques d'Église, de ces cerveaux vigoureux et étroits qu'emplissait une seule idée, hommes passionnés et froids, souples et violents, faisant servir leur habileté au triomphe de leurs croyances et leurs croyances à leurs ambitions. Tel était Abd-el-Kader, expression vivante de cette société musulmane si attardée dans son passé, si différente de la nôtre et que nous commençons à peine à connaître après un si long contact.

Malgré tous ses talents, il eut des commencements difficiles ; la plupart des chefs qu'il avait convoqués pour la guerre sainte refusèrent de reconnaître son autorité ; de tous côtés, il vit se dresser des ennemis : dans le Bas-Chélif, le marabout Si-El-Aribi ; au sud, les Ouled-Sidi-Cheikh ; à l'ouest, El-Ghomari, cheikh des Angad ; au nord enfin, à la tête des Douairs, des Turcs et des Coulourlis, le brave Mustapha-ben-Ismaël. Si les généraux français qui commandèrent alors à Oran avaient su mettre à profit ces rivalités, ils auraient eu bon marché d'Abd-el-Kader. Mais le général Boyer ne sortait point d'Oran. Desmichels, son successeur, après quelques démonstrations assez décousues, entra en rapports avec le jeune chef et fit la paix. Abd-el-Kader recevait un consul à Mascara et envoyait les siens à Alger, Oran et Arzeu ; de part et d'autre, on se restituait les prisonniers et les déserteurs ; tout Français qui voulait voyager dans l'intérieur devait avoir une autorisation revêtue du cachet de l'émir ; quant aux musulmans, ils étaient libres d'aller et de venir et il était spécifié « que le général commandant à Alger n'aurait pas de pouvoir sur ceux qui viendraient auprès de lui avec le consentement de leurs chefs ». Les Arabes pouvaient acheter et vendre de la poudre, du soufre, des armes, « tout ce qui concerne la guerre. » Enfin le commerce maritime de l'ouest devait se faire par Arzeu, « sous le gouvernement du prince des croyants. » Ce traité nous ramenait au temps des capitulations avec les deys. Nous reconnaissions en Algérie « un prince des croyants », auquel toutes les populations devaient obéissance. Quant aux infidèles, ils occupaient quelques points de la côte où le souverain légitime voulait bien les tolérer jusqu'au moment où il jugerait à propos de les jeter à la mer. Tel était pour les indigènes le sens de ce traité. Cependant Abd-el-Kader, faiblement soutenu par l'inconstance de ses partisans, menacé à la fois par tous ses ennemis, se trouvait dans le plus cruel embarras. Tandis que Si-El-Aribi et El-Ghomari s'armaient, le chef des Douairs et des Smélas, Mustapha-ben-Ismaël, s'était mis en pleine révolte ; c'était un redoutable soldat que ce vieux cavalier à barbe blanche[1] ; il défit les contingents des Beni-Amer, commandés par Abd-el-Kader en personne. Heureusement pour celui-ci, son allié Desmichels était là. Il lui conseilla d'organiser un bataillon de fantassins réguliers, lui donna de la poudre et des fusils ; sortant lui-même d'Oran avec une partie de la garnison, il prit position près de Misserghin, de manière à en imposer aux Douairs et aux Smélas. Cette intervention sauva l'émir. Mustapha-ben-Ismaël se soumit ; mais, peu confiant dans la clémence du vainqueur, il alla s'enfermer dans le Méchouar de Tlemcen. Dès lors, Abd-el-Kader marche de succès en succès : le cheikh des Angad El-Ghomari, tombé entre ses mains, est traduit devant un tribunal d'ulémas qui le condamne à mort. Si-el-Aribi, après plusieurs défaites, se rend prisonnier et meurt en captivité. Ainsi, par la grâce du général Desmichels, le chef contesté de quelques tribus devenait un prince puissant ; à l'exception d'Oran, d'Arzeu et de Mostaganem, où nous étions, et du Méchouar de Tlemcen, occupé par Mustapha, toute la province de l'ouest reconnaissait l'autorité d'Abd-el-Kader.

1. V. Castellane, *Souvenirs de la vie militaire en Afrique.*

Si grand que fût alors l'aveuglement, de telles fautes ne pouvaient passer inaperçues; on cria à l'impéritie, le mot de trahison fut même prononcé. Drouet d'Erlon, bien inspiré cette fois, rappela Desmichels et envoya à Oran le général Trézel. Mais cette fermeté ne se soutint pas. Malgré des défenses réitérées, Abd-el-Kader alla occuper Miliana et Médéa et le fit impunément. Cependant Trézel, à peine arrivé, travaillait à réparer les erreurs commises avant lui; par la convention dite du Figuier, les Douairs et les Smélas se placèrent sous la protection de la France et reprirent leur ancienne position de tribus Makhzen. Aussitôt Abd-el-Kader, invoquant le traité Desmichels, les réclama comme des rebelles et des transfuges. Sa religion, disait-il, lui défendait d'admettre qu'un musulman fût sous le pouvoir d'un chrétien; en même temps, il se portait sur le Sig. Trézel savait combien peu il pouvait compter sur le gouverneur, qui se laissait alors circonvenir par les émissaires de l'émir. Il lui adressa une lettre où il exposait clairement la situation, montrant qu'une retraite était incompatible avec l'intérêt et l'honneur. Si sa conduite n'était pas approuvée, il offrait sa démission. Il avait établi son camp au Tlélat; le 22 juin 1835, un convoi qu'il faisait venir d'Oran fut attaqué; le 26, il se décida à marcher à l'ennemi. Il menait avec lui 2500 hommes et 6 canons; c'était peu, mais il ne croyait pas qu'Abd-el-Kader osât lui faire tête; cette confiance était exagérée. L'avant-garde, en pénétrant dans le bois de Muley-Ismaël, fut brusquement assaillie; après un instant de désordre, on reprit l'avantage, mais cet engagement avait coûté 50 tués et de nombreux blessés. Arrivé sur le Sig, Trézel s'y arrêta toute une journée, puis il résolut de se porter sur Arzeu pour y refaire ses troupes et y déposer ses blessés. Mais, au lieu de suivre simplement la route, il voulut passer par les gorges de l'Habra et de la Macta; le cheimn était étroit, bordé de ravins et de marais; Abd-el-Kader avait mis en embuscade ses meilleures troupes.

De droite et de gauche, la colonne est attaquée, les détachements envoyés vers les hauteurs sont culbutés, le convoi reste à découvert; les conducteurs, pris de panique, coupent les traits des chevaux et s'enfuient; les blessés, criblés de balles ou sabrés, poussent des cris affreux; la terreur et la confusion sont partout. Seuls les artilleurs et quelques cavaliers font bonne contenance et en imposent à l'ennemi. Enfin on atteint la sortie du défilé; à la vue de la mer et d'Arzeu qu'on découvre dans le lointain, les soldats reprennent courage, les Arabes cessent leur poursuite. Mais on avait perdu près de 500 hommes tués ou blessés; l'impression était telle que sans Lamoricière, qui ramena quelques centaines de Douairs, on n'aurait pas osé retourner à Oran par la route de terre. Trézel fut remplacé; mais on se décida aussi à rappeler Drouet d'Erlon, dont l'insuffisance était évidente. Le maréchal Clauzel fut pour la seconde fois envoyé en Afrique.

Il arrivait avec la mission de venger l'échec de la Macta et de relever le prestige compromis de nos armes. Dès le mois de novembre, des troupes furent réunies à Oran; avec les Douairs et les Smélas, elles formaient un corps de 11 000 hommes. Le maréchal, accompagné du duc d'Orléans, vint prendre le commandement; on devait marcher sur Mascara, enlever à l'émir sa capitale et y installer un bey relevant de la France. Abd-el-Kader tint la campagne avec un corps volant; il comptait disputer les passages difficiles et peut-être renouveler l'heureuse attaque de la Macta. Mais Clauzel ne lui en fournit pas l'occasion, le déconcerta par l'imprévu et la rapidité de ses manœuvres. A son approche, la garnison arabe pilla Mascara et s'enfuit. L'armée française entra dans la ville sans résistance. Rien n'empêchait que le plan adopté à Oran ne fût exécuté jusqu'au bout. A la grande surprise de tous, Mascara fut évacué au bout de deux jours; il paraît que le duc d'Orléans était malade et qu'il fallait toute une armée pour escorter jusqu'à Oran ce fils de

France. En partant, on mit le feu à la ville. Quelques jours après, Abd-el-Kader reparaissait et ralliait ses partisans. Pour bien montrer que sa puissance n'avait pas subi d'atteinte, il alla assiéger dans le Méchouar de Tlemcen les 750 Turcs ou Coulourlis de Mustapha-Ismaël; les Angad s'avancèrent au secours, ils furent battus, et leur chef, le jeune El-Ghomari, fut tué. Le neveu de Mustapha, El-Mazari, insista vivement auprès du maréchal et le décida à entreprendre une expédition sur Tlemcen. Abd-el-Kader n'attendit pas la colonne; les défenseurs du Méchouar furent débloqués, et on leur laissa un bataillon, commandé par le capitaine Cavaignac. Mais il fallait des fonds pour l'entretien de cette troupe et pour solder les frais de cette campagne supplémentaire. On imagina alors de frapper une contribution dans laquelle tous les habitants, amis ou ennemis, devaient être compris. Les Coulourlis réclamèrent vainement, alléguant leur pauvreté; on leur fit donner les bijoux de leurs femmes et la bastonnade eut raison des récalcitrants. Cette affaire eut plus tard un grand retentissement et fit naître des interprétations blessantes pour l'honneur du maréchal. Il se justifia, et sa réputation de probité sortit intacte du débat; mais il ne put prouver qu'il n'avait pas commis une lourde faute, en maltraitant des alliés et en donnant une apparence d'avidité à la conquête française[1].

Une garnison avait été établie à Tlemcen; il fallait assurer son ravitaillement. La vallée de la Tafna formait une route naturelle, beaucoup plus courte que celle de Tlemcen à Oran. Clauzel voulut la rendre praticable et ouvrir de ce côté des communications; mais il trouva devant lui Abd-el-Kader; après quelques combats assez disputés, il retourna directement à Oran, sans renoncer toutefois à son projet. En partant pour Alger, il laissa au général d'Arlanges l'ordre d'installer un camp à l'embou-

1. Voy. les *Explications du maréchal Clauzel*. Paris, Ambroise Dupont, 1837.

chure de la Tafna et de s'appuyer sur cette base pour secourir le Méchouar. D'Arlanges avec 3000 hommes parvint jusqu'à la Tafna; mais, à peine arrivé il se vit entouré par les populations kabyles qu'Abd-el-Kader lançait sur lui. Il voulut se dégager; la sortie qu'il tenta lui coûta 300 hommes; le blocus se resserra, et la famine commençait à se faire sentir, quand le général Bugeaud envoyé de France débarqua avec trois régiments. Les assiégeants, déjà las de cette longue lutte, se dispersèrent presque aussitôt. Bugeaud put sans combattre ramener une partie des troupes à Oran, se rendre d'Oran à Tlemcen et revenir de Tlemcen au camp de la Tafna. Il y organisa un grand convoi de vivres, dont les défenseurs du Méchouar avaient le plus pressant besoin. Lui-même commanda l'escorte. Il déroba une marche à Abd-el-Kader, qui l'attendait dans les montagnes, passa l'Isser et remonta le torrent de la Sikkak. Cependant les troupes de l'émir accouraient, formées en deux corps, comme à la Macta, pour attaquer à droite et à gauche. Bugeaud accélère son mouvement, fait filer son convoi sur Tlemcen et, sortant des gorges, débouche sur un plateau assez large compris entre la Sikkak, l'Isser et la Tafna; les Arabes le suivaient; satisfait de les avoir attirés sur un terrain à sa convenance, il s'arrête et les canonne. Abd-el-Kader, s'apercevant du danger, essaye de replier ses troupes. Bugeaud lance alors sa cavalerie; ramenée une première fois, elle est soutenue par l'infanterie, se renforce des goums indigènes et charge de nouveau avec un irrésistible élan. Les Arabes sont sabrés, culbutés du haut des rochers dans les ravins de l'Isser; 250 sont tués, 1200 blessés; 130 réguliers, enveloppés de toutes parts, mettent bas les armes[1].

C'était la première fois qu'Abd-el-Kader subissait une défaite sérieuse; le départ du général Bugeaud et surtout l'expédition de Constantine, qui attirait d'un autre côté les

1. Voy. dans d'Ideville, *le Maréchal Bugeaud d'après sa correspondance*, t. II, page 39, le rapport de Bugeaud.

forces françaises, lui permirent de la réparer. Bientôt nos garnisons se trouvèrent de nouveau resserrées dans les places. Le général Brossard, qui venait d'arriver à Oran, se prêta alors à un étrange compromis : des vivres, fournis d'une manière plus ou moins directe par l'émir, furent introduits à Oran et dans le Méchouar; mais Abd-el-Kader reçut en échange de l'acier, du fer, du plomb, dont il manquait, et ses 130 réguliers pris à la Sikkak. L'administration française n'en paya pas moins le prix des vivres à son fournisseur nominal Ben-Duran, qui avait machiné toute cette intrigue et qui affirma plus tard en avoir partagé les bénéfices avec le général Brossard. Ce n'était là que le prélude d'autres négociations beaucoup plus importantes. Le général Bugeaud, sur sa demande, fut de nouveau envoyé dans la province de l'ouest; ses instructions, d'ailleurs peu précises, le laissaient presque indépendant du gouverneur; il était libre de traiter ou de combattre; il semblait que pour un tel soldat le choix ne dût pas être douteux.

Mais Bugeaud n'avait pas encore sur l'Algérie les opinions qu'il professa plus tard, lorsque, nommé gouverneur général, il trouva toutes sortes de raisons de préconiser la conquête. Il était alors partisan déterminé de l'occupation restreinte. Il savait d'ailleurs que faire la paix était un moyen de faire sa cour. Il mit à la conclure un empressement dont un adversaire aussi sagace que l'émir ne pouvait manquer de faire son profit. Par le traité de la Tafna, qui fut signé le 30 mai 1837, Abd-el-Kader déclarait « savoir que le sultan est grand ». C'est ce qu'on appelait, dans la traduction française, une reconnaissance de souveraineté. Les instructions du gouvernement prescrivaient d'exiger des otages et un tribut annuel; d'otages, il n'en fut pas question; un peu de blé et d'orge, quelques milliers de bœufs une fois donnés tinrent lieu de tribut. La France abandonnait Rachgoun et le camp de la Tafna, Tlemcen et le Méchouar. Elle se réservait Oran, Arzeu,

Mostaganem, Mazagran et leur banlieue; autour d'Alger, le Sahel et la Mitidja, « bornée à l'est jusqu'à l'oued Keddara et au delà ». Tout le reste était laissé à l'émir, dont on reconnaissait formellement l'autorité sur la province d'Oran, sur celle de Titteri et sur celle d'Alger. La manière très vague dont était indiquée dans cette dernière province la limite de nos possessions prêtait à l'équivoque; ce fut plus tard l'occasion de la rupture; mais ce n'était là qu'un inconvénient de détail. Le plus grave, c'est que la France consacrait une fois de plus les prétentions du sultan de l'Algérie; la paix de la Tafna n'était que la reproduction considérablement aggravée du traité Desmichels. Nos généraux se montraient médiocres diplomates.

CHAPITRE IV

CONSTANTINE[1]

Le gouvernement ratifia le traité de la Tafna; la seule excuse d'une telle faute, c'est qu'on avait besoin de la paix dans l'ouest pour venger l'échec subi devant Constantine par le maréchal Clauzel.

Clauzel avait voulu agir sur tous les points à la fois. Il n'avait rien terminé dans la province d'Oran; autour d'Alger, les incorrigibles Hadjoutes n'avaient pas été détruits; de deux beys nommés à Cherchell et à Médéa, le premier n'avait pu s'installer, le second n'avait pu se maintenir. A Constantine, le bey Ahmed, bien que sa destitution fût prononcée depuis 1830, continuait de régner. C'était un homme d'intelligence et d'énergie; Hussein-dey, qui, malgré sa qualité de Coulourli, lui avait confié une province, le tenait en haute estime. Il avait su se débarrasser des Turcs, qui ne l'aimaient pas, et les avait remplacés par des fantassins kabyles et des cavaliers sahariens tout à sa dévotion. Les indigènes sentaient en lui un maître. Malgré les haines que sa cruauté avait amassées, il était docilement obéi[2]. Ce n'était pas là un adversaire méprisable, et, si on voulait l'attaquer, il fallait s'attendre à une rude résistance. Il n'était pas urgent de le combattre; la garnison de Bône, bien commandée par Monck d'Uzer, se suffisait parfaitement. L'ennemi redoutable était dans l'ouest; il était sage d'en finir d'abord avec lui; on aurait

1. Voy. Watbled, *Cirta-Constantine, expédition et prise de Constantine*, d'après les documents laissés par Berbrugger, Mollières et Latour du Pin.
2. Voy. Vayssette, *Histoire de Constantine*.

ensuite le temps de songer à Constantine. D'ailleurs, puis qu'on persistait dans l'idée d'organiser des Etats indigènes sous la suzeraineté de la France, pourquoi ne pas traiter avec Ahmed? Mais, si l'on eût traité avec Ahmed, il n'aurait pas été possible de nommer Yusuf bey de Constantine.

Yusuf était entré au service de la France dès les premiers temps de la conquête. Sa connaissance de la langue et des mœurs arabes, son intelligence militaire, sa brillante bravoure l'avaient mis à même de rendre d'excellents services; il en avait été récompensé par un avancement rapide; il était devenu en quelques années capitaine, puis chef d'escadron. Mais son ambition aspirait plus haut; il avait su plaire à Clauzel et au duc d'Orléans; ce qui eût paru très ordinaire de la part d'un officier français semblait admirable venant de ce cavalier monté à la turque, paré du costume indigène, entouré d'un caracolement de spahis. Yusuf est le premier qui ait compris et exploité notre naïf amour de la fantasia. Sur le conseil du duc d'Orléans, on le nomma donc bey de Constantine; il se faisait fort de soulever les indigènes et de provoquer la chute d'Ahmed; on l'envoya à Bône, d'où le général Monck d'Uzer avait été rappelé. Il fit occuper la Calle, installa en avant de Bône le camp de Dréan, entra en relation avec quelques ennemis du bey. Mais il entendait le gouvernement de la même manière que ce dernier : ses razzias, ses exactions et ses violences indisposèrent les tribus; des défections se produisirent. Loin de se déconcerter, il proposa une expédition contre Constantine. Clauzel, qui s'était avancé en le désignant comme bey, ne voulut pas reculer. Il demanda au gouvernement 10 000 hommes de renfort; comme on les lui refusait et qu'on acceptait l'offre de sa démission, il se ravisa et déclara qu'il agirait avec les ressources dont il disposait. Le ministère désapprouvait l'entreprise; il l'autorisa cependant; mais, en la laissant faire avec des moyens insuffisants, il rendit un échec presque inévitable. Clauzel, de son côté, faisait preuve de légèreté en essayant une opération difficile avec des forces que lui-même avait jugées trop peu considérables. Il est vrai que Yusuf ne lui avait pas ménagé les promesses ; à l'en croire, sa politique avait aplani les voies, aucun obstacle n'arrêterait l'armée, Constantine devait ouvrir ses portes au premier coup de canon. Il prenait pour des réalités ses propres illusions ; l'événement allait lui infliger un cruel démenti.

En tirant des troupes d'Alger et d'Oran, en y joignant celles qu'on avait déjà dans l'est, on rassembla à Bône environ 8000 hommes ; les bêtes de somme étant en petit nombre, on n'emporta que peu de munitions. L'artillerie avait en tout 1460 coups à tirer ; elle se composait de 14 canons de montagne ou de campagne ; pas une pièce de siège. Les pluies d'automne, toujours torrentielles en Algérie, commencèrent cette année-là avec le mois d'octobre. Le mauvais temps et les fièvres éprouvèrent l'armée avant qu'elle se mît en route ; 2000 hommes entrèrent aux hôpitaux. Cependant le maréchal Clauzel et le duc de Nemours, qui devait prendre part à l'expédition, étaient arrivés à Bône ; l'avant-garde avait été dirigée sur Guelma ; le 13 novembre, le quartier général et le gros des troupes commencèrent leur mouvement. On fit route par Guelma, Medjès-Amar, Ras-el-Akba et l'oued Zenati ; le 22 seulement, on arriva devant Constantine. Pendant ces huit jours, il n'y eut pas un seul engagement sérieux ; mais des combats sanglants n'auraient pas fait le mal que causèrent les intempéries. La pluie n'avait pas cessé de tomber à flots, défonçant le sol, gonflant les torrents, exténuant les bêtes et les gens. Après des journées écrasantes, où il avait fallu s'atteler aux voitures du convoi, marcher dans l'eau glacée des rivières, le bois manquait pour allumer des feux de bivouac. Dans la nuit du 20 au 21, la neige se mit de la partie ; des soldats, fous de souffrance, se poignardaient avec leur baïonnette ; plusieurs moururent de froid. Les malades étaient nombreux, les autres n'étaient guère plus valides. Sans avoir vu l'ennemi, l'armée était harassée. Le maréchal s'affectait peu de ce qu'il considérait simplement comme un contre-temps désagréable. Avant de quitter Bône, il il avait rédigé une proclamation que Yusuf s'était chargé de faire parvenir aux habitants de Constantine et sur l'effet de laquelle il n'avait aucun doute. Il était si sûr de son fait qu'il alla tranquillement avec son état-major se présenter devant la porte d'El-Kantara. Il fut reçu à coups de canon; Ahmed avait quitté la ville; mais son khalifa Ben-Aïssa, soldat énergique, y était resté; tout était prêt pour la résistance.

La position de Constantine est formidable : elle se dresse au sommet d'un rocher âpre, escarpé, presque isolé; sur trois faces, des ravins lui forment un fossé naturel; le Rummel, s'élançant par cascades, roule et gronde au fond. La communication de plain-pied n'existe que d'un côté, vers le plateau du Koudiat-Aty. En 1836, il y avait là trois portes percées dans un gros mur, garni de casemates et défendu par une batterie. Le pont d'El-Kantara, jeté sur le Rummel, aboutissait à une quatrième porte; il était enfilé par le feu de la place. Avec les faibles moyens dont on disposait, des munitions et des vivres en petit nombre, des troupes surmenées, il ne fallait pas songer à un siège en règle. On prépara une attaque de vive force. Le mauvais état des routes n'avait pas permis de conduire les canons jusqu'au Koudiat-Aty; on les installa sur le plateau de Mansoura, et l'on ouvrit le feu contre la porte d'El-Kantara. Le soir du 22, elle paraissait suffisamment ébranlée; mais les sous-officiers du génie envoyés en reconnaissance reconnurent qu'en arrière il existait une autre porte entièrement intacte. L'assaut fut remis au lendemain. Mais l'ennemi était en éveil; la lune, dans son plein, dénonçait tous les mouvements. Cependant le colonel du génie Lemercier conduit ses soldats chargés de sacs à poudre et d'échelles; une vive fusillade les accueille; par un ordre mal compris, les troupes de soutien sont lancées trop tôt, une horrible confusion se produit, les sacs à poudre s'égarent, les hommes qui portent les échelles sont tués. Le général Trézel accourt ; il reçoit une balle dans le cou. Ni l'escalade ni la mine ne peuvent plus être essayées ; le colonel Lemercier, voyant presque tout son monde hors de combat, remonte tristement du ravin. La diversion tentée vers le Koudiat-Aty avait coûté inutilement la vie à beaucoup de soldats et à de braves officiers. Clauzel ramena à lui les troupes détachées de ce côté et ordonna la retraite.

A peine le mouvement s'est-il dessiné que les Arabes sortent en foule, les cavaliers d'Ahmed-bey se rapprochent ; les malades et les blessés, laissés en arrière, sont massacrés. Au premier moment, une poursuite trop vive pouvait devenir dangereuse ; mais les chefs de bataillon Changarnier et Rigaud, placés à l'arrière-garde, rabattirent l'audace de l'ennemi par un feu bien dirigé et par une charge à la baïonnette. Pendant toute la retraite, Clauzel, en vigoureux soldat qu'il était, fut sans cesse à cheval, veillant à tout, se portant sur les points menacés, relevant les courages par sa tranquille vaillance. Tous les généraux ne surent pas conserver ce sang-froid ; le soir du 25, le général de Rigny, prenant pour des Arabes de grands chardons à tête blanche, annonça que son arrière-garde était enfoncée. « Il n'y a qu'un parti à prendre, disait-il, c'est d'abandonner le matériel et de nous retirer comme nous pourrons[1]. » Le même général continua de donner l'exemple le plus démoralisant ; après la campagne, il devait être le premier à accuser le maréchal. Heureusement, la panique dont il était saisi ne se communiqua pas aux troupes. On put revenir à peu près en bon ordre par le chemin qui avait été suivi à l'aller. Le 1er décembre, l'armée rentra à Bône, 450 hommes manquaient, on ramenait 300 blessés, on perdit encore du monde des suites de la campagne ; l'expédition avait coûté près d'un millier d'hommes, soit le huitième de l'effectif engagé.

1. V. Rapport du maréchal Clauzel au ministre de la guerre dans les *Explications,* page 87.

Il était plus difficile de ramener l'armée que de prendre Constantine, disait le général Pelet. Effectivement, Clauzel avait fait preuve d'une remarquable fermeté ; mais on pouvait lui reprocher de la crédulité et de l'imprudence ; enfin il avait contre lui de n'avoir pas réussi. Le commandement lui fut retiré. Le général de Damrémont, qui le remplaça comme gouverneur, avait pour instruction de négocier d'abord ; il ne devait combattre que si la paix était réellement impossible. Il se rendit à Bône et se mit en rapport avec Ahmed, qui semblait de son côté disposé à un accommodement. On demanda au bey de céder une partie de sa province, de se reconnaître le vassal de la France, de payer les frais de la guerre et un tribut annuel. Il s'étonna qu'on lui fît des conditions moins avantageuses qu'à Abd-el-Kader ; comptant sur un secours de la Turquie qui devait lui arriver par Tunis, espérant d'ailleurs se tirer d'un second siège aussi bien que du premier, il traîna les choses en longueur et conclut par des propositions inacceptables. Mais Damrémont s'était préparé à la lutte. Duvivier, installé à Guelma depuis l'année précédente, s'y maintenait avec succès et ouvrait la route ; des troupes furent rassemblées à Bône, un camp fut formé à Medjez-Amar. Dès que le gouverneur n'eut plus à craindre d'être désavoué comme l'avait été Clauzel, il ordonna la marche sur Constantine. Cette fois, l'armée était forte de 12 000 hommes ; elle menait avec elle, outre 16 pièces de campagne, un parc de siège composé de 17 bouches à feu ayant chacune 200 coups à tirer. Le convoi, traîné par un nombre suffisant de bêtes de somme, portait pour dix-huit jours de vivres. Damrémont commandait en personne ; il avait pour chef d'état-major Perrégaux ; le général Valée, honorablement connu par ses campagnes et ses travaux techniques, dirigeait l'artillerie ; le général Rohault de Fleury était à la tête du génie. Le point de départ était le camp de Medjez-Amar, que l'on quitta le 1er octobre. Le 6 au matin, l'avant-garde débouchait sur le plateau de Mansoura. De même que l'année précédente, l'ennemi n'avait pas essayé de tenir la campagne et avait concentré dans la ville tous ses moyens de défense ; cette fois, le temps fut moins défavorable : on n'eut de pluie que le premier et le dernier jour ; aux passages difficiles, l'énergique général Valée sautait à bas de son cheval, saisissait le fouet d'un conducteur et animait tout le monde du geste et de la voix. On arriva sous les murs de Constantine avec des forces et des espérances que rien n'avait encore entamées.

Ahmed courait le pays avec ses cavaliers ; c'était encore Ben-Aïssa qui conduisait la résistance. Il avait son infanterie régulière composée de Turcs et de Kabyles, une milice urbaine bien armée, des volontaires accourus du dehors, en tout 6000 hommes ; avec cela, des munitions et des vivres pour deux mois. Une enceinte continue entourait la place ; la Casba et la porte d'El-Kantara avaient été réparées ; du côté du Koudiat-Aty s'élevait une épaisse muraille de granit défendue par des batteries casematées. Quand les Français parurent, des drapeaux s'élevèrent sur les portes El Djerid et El Oued ; les muezzins, debout dans les minarets, lancèrent leur appel ; les femmes, entassées sur les terrasses, poussèrent des clameurs stridentes. Au loin, les villages, incendiés par leurs habitants, mettaient des reflets rouges sur le ciel nuageux. « C'est la résidence du diable, » s'écria un officier.

Le Koudiat-Aty était tout indiqué comme point d'attaque ; on décida que la batterie de brèche y serait établie, mais on résolut d'armer le Mansoura pour prendre à revers les défenses de la place. Les assiégés tentèrent à plusieurs reprises de troubler les travaux ; mais leurs sorties et les diversions qu'opérait la cavalerie d'Ahmed furent également repoussées. Le 10, les batteries du Mansoura ouvraient leur feu ; le 11, les batteries de brèche étaient prêtes sur le Koudiat-Aty. Le général en chef envoya alors une sommation qui fut portée par un soldat du bataillon turc. Ben-Aïssa répondit fièrement qu'il ne manquait ni de poudre ni de vivres, qu'il en donnerait aux Français s'ils en avaient besoin, mais qu'il se défendrait jusqu'à la mort. Le moment suprême approchait, quand, dans la journée du 12, Damrémont fut atteint par un boulet pendant qu'il examinait l'état de la brèche. Perrégaux, qui accourait, fut renversé sur son corps avec une blessure mortelle. Mais le feu des batteries ne fut pas même interrompu; Valée prit le commandement et ordonna l'assaut pour le lendemain.

Trois colonnes d'attaque avaient été formées sous la conduite du lieutenant-colonel Lamoricière, du colonel Combe et du colonel Corbin; le duc de Nemours devait diriger l'ensemble des mouvements. A sept heures du matin, huit coups de canon et les fanfares de la légion étrangère donnent le signal. Lamoricière, suivi de ses zouaves, escalade la brèche et se précipite dans la ville; des rues barricadées, des fenêtres étroites, des maisons crénelées s'échappe une fusillade terrible; un mur s'écroule, écrasant dans sa chute le commandant Sérigny et tout un peloton du 2e léger. Cependant on continue d'avancer; à mesure que la première colonne fait des progrès, des détachements viennent la soutenir; on évite ainsi le désordre de l'encombrement; tout à coup, une violente détonation éclate, un magasin à poudre vient de sauter, les cartouchières des soldats prennent feu, la mort jaillit de tous côtés. Lamoricière, brûlé, aveuglé, est conduit à l'ambulance. Combe prend sa place, fait battre la charge et lance en avant les troupes, un instant ébranlées. Blessé mortellement en deux endroits, il redescend de la brèche et va rendre compte au duc de Nemours du succès déjà certain. A l'intérieur, le combat se poursuit avec acharnement de ruelle en ruelle, de maison en maison; on enfonce les portes à coups de hache, on applique des échelles, on pénètre par les terrasses; enfin la caserne des janissaires, principal centre de la résistance, est emportée. Au moment où le général Rullière, qui vient d'entrer dans la ville, prépare un mouvement d'ensemble, un homme se présente à lui agitant une lettre. C'étaient les notables qui faisaient leur soumission; plusieurs chefs étaient tués, les deux cadis étaient blessés, Ben-Aïssa avait pris la fuite. Un grand nombre d'habitants, en essayant de s'enfuir par les parties non accessibles de l'enceinte, s'étaient brisés dans une horrible chute au fond des ravins. Ahmed, qui suivait du haut d'une colline les phases diverses de la bataille, tourna bride et partit au galop dans la direction du sud. Il ne disparut pas encore de la scène; mais, en perdant sa ville, il avait perdu sa puissance; il ne fut plus dès lors qu'un chef de partisans.

CHAPITRE V

PUISSANCE D'ABD-EL-KADER. — BUGEAUD GOUVERNEUR

Abd-el-Kader avait signé avec joie le traité de la Tafna. Il aurait été satisfait à moins. Il sentait qu'il avait besoin de la paix pour préparer une action décisive ; son fanatisme savait attendre ; avec toute l'activité dont il était capable, il mit à profit le répit qu'on lui accordait et travailla tout ensemble à étendre son autorité, à détruire ses ennemis et à organiser ses forces. La province de l'ouest s'accoutumait à lui obéir ; mais l'ancien beylick de Titteri était moins fait à la soumission ; les tribus qui ne voulaient pas payer l'impôt, que ce fût à la France ou à l'émir, formèrent une confédération. Il marcha contre elles, les battit et, par un coup de politique habile, leur donna comme agha le chef qu'elles-mêmes s'étaient choisi. Interprétant ensuite à sa manière le traité de la Tafna, il osa intervenir dans les affaires de la province de Constantine ; son lieutenant El Barkhani alla chasser de Biskra Ahmed-Bey. C'était encore une influence rivale qu'il détruisait à son profit. Mais, tandis qu'il s'étendait de l'ouest à l'est, le sud semblait lui échapper ; le marabout Tedjini, chef d'une confrérie importante qui englobait tout le Sahara, refusait nettement son concours pour la guerre sainte. Après quelques négociations inutiles, l'émir se décida à employer la force. Tedjini n'avait que 700 hommes, mais son ksar d'Aïn-Mahdi, défendu par une muraille et par des jardins de palmiers, avait déjà soutenu un siège contre un bey d'Oran; ses gens étaient dévoués, bons tireurs, habiles à profiter des avantages que leur donnait le terrain. Abd-el-Kader essaya de tous les moyens; mais les assiégés supportèrent sans grand dommage le feu de son artillerie, repoussèrent ses colonnes d'assaut, éventèrent les mines qu'il avait pratiquées et lui firent essuyer de fortes pertes. Les Larbâa, affiliés à la confrérie de Tedjini, coupaient ses convois et menaçaient de l'affamer; ses troupes commençaient à se décourager; il n'était pas sans inquiétudes du côté du Tell, des difficultés s'étant déjà engagées sur l'interprétation du traité de la Tafna. Une rupture avec la France l'aurait mis aux abois. Nos fautes pourvurent à son salut : Ben-Arrach, qu'il avait envoyé à Paris, lui apporta des présents offerts par le roi Louis-Philippe; d'Alger, on lui expédia 400 obus. Il reprit toute son assurance, s'acharna devant Aïn-Madhi. Tedjini, jugeant que cinq mois de siège étaient pour les siens une assez longue épreuve, consentit à traiter. Il partit avec ses fidèles. Abd-el-Kader fit ensuite son entrée dans Aïn-Madhi, fier de réussir là où avait échoué la puissance des Turcs. Aucun chef indigène ne songea plus à lui résister.

Il compléta alors l'organisation politique, seulement ébauchée après le traité Desmichels. Le pays qui reconnaissait son autorité était partagé en huit gouvernements administrés par des khalifas. Chacun des khalifas avait sous ses ordres les aghas et les caïds, chefs de tribu ou de groupes de tribus. Tous avaient pour tâche principale la perception de l'impôt; au printemps, ils levaient le zekkat, à l'automne l'achour; ils ne faisaient leurs tournées que bien accompagnés, de façon à arracher par la force ce qu'on ne donnerait pas de bon gré; des razzias punissaient les récalcitrants. Avec les revenus qu'il se procurait ainsi, Abd-el-Kader montait son armée. Il avait 10 000 réguliers dont 8 000 fantassins, 2 000 cavaliers et 240 artilleurs avec une vingtaine de pièces; des poudreries fonctionnaient à Mascara, à Miliana, à Médéa, à Tagdempt; une manufacture d'armes était installée à Miliana, une fonderie de canons à Tlemcen. Sebdou, Saïda, Tagdempt, Boghar, Biskra formaient de l'ouest à l'est une ligne de places qu'il avait construites ou réparées; c'étaient autant de forteresses pour mâter les tribus, de magasins où s'amassaient les approvisionnements, de retraites en cas de guerre malheureuse.

A l'égard de la France, sa politique était un mélange habile d'audace et de ruse. Il soutenait hardiment que le traité de la Tafna ne nous permettait pas de nous étendre à l'est de la Mitidja; l'ambiguïté des termes prêtait à la contestation; cependant nous ne pouvions nous interdire les communications par terre entre Constantine et Alger. Valée, devenu maréchal et gouverneur, demanda un remaniement du traité. Abd-el-Kader évita toute réponse catégorique; il était parfaitement informé de tout ce qui se passait à Paris, où dominait alors le système de l'occupation restreinte; on caressait l'idée impossible de conserver une zone étroite voisine du littoral, d'y installer la colonisation et de gagner peu à peu, par le commerce et les relations pacifiques, la masse des populations indigènes. L'émir adressa à Louis-Philippe une lettre savamment composée; il y protestait de son amour pour la paix; flattant les chimères françaises, il se posait en prince éclairé et en propagateur de civilisation. Cela ne l'empêchait pas d'écarter ses Arabes de notre contact; il punissait durement ceux qui entraient en rapport avec les infidèles. Ses lieutenants commettaient à chaque instant des violations de territoire. La paix qu'il voulait maintenir était une paix armée, dans laquelle grandissaient tous les jours à nos dépens son prestige et sa puissance.

Le maréchal Valée commençait à voir clair dans ce jeu perfide; il comprit qu'il fallait sortir d'une situation aussi fausse. Mais le moyen qu'il employa n'était qu'un assez pauvre expédient. Au mois d'octobre 1839, accompagné du duc d'Orléans, il se rendit par mer dans la ville nouvellement créée de Philippeville et de là à Constantine. On forma une colonne qui, s'avançant par Mila et Sétif, franchit le défilé des Portes-de-Fer, passa par les Beni-Mansour et les Issers et vint au Fondouk rejoindre les troupes d'Alger. Le passage des Portes-de-Fer, célébré alors comme une marche triomphale, ne fut qu'une promenade militaire très rapide, presque furtive et que rendit facile l'étonnement de l'ennemi. On croyait avoir ainsi tranché toutes les difficultés et qu'Abd-el-Kader s'inclinerait devant le fait accompli. Le gouverneur fut bientôt détrompé; il était arrivé à Alger le 2 novembre; le 3, il reçut une lettre où l'émir lui reprochait d'avoir rompu la paix et lui annonçait la reprise prochaine des hostilités. Valée répondit par l'envoi d'un émissaire; comptant sur le succès des négociations qu'il engageait, il ne prit aucune des précautions que la prudence commandait. Le 20 novembre, une nouvelle lettre dénonça formellement le traité de la Tafna; le même jour, 3000 cavaliers débouchant à la fois de l'ouest, de l'est et du sud se ruèrent sur la Mitidja. Les établissements agricoles, déjà florissants, furent saccagés et brûlés, les colons massacrés, les petits détachements et les convois enlevés; les troupes qui gardaient le camp d'Oued-el-Alleg, compromises par une sortie imprudente, perdirent plus de 100 hommes. L'épouvante succéda à la confiance. Alger se crut menacée, le maréchal lui-même fit démeubler sa campagne de Mustapha. C'était manquer de sang-froid après avoir manqué de prévoyance. On avait 20 000 hommes autour d'Alger; on pouvait tout au moins nettoyer la Mitidja et châtier les pillards. Le gouverneur se borna à ordonner quelques mouvements de concentration, pendant lesquels se livra le combat de Boufarik. Au printemps seulement, après avoir reçu des renforts, il se décida à prendre l'offensive. Il occupa Cherchell, puis marcha sur Médéa. Abd-el-Kader avait fortifié le passage du Ténia, rassemblé sur ce point ses meilleures troupes; mais les colonnes françaises, lancées par Duvivier, Changarnier et Lamoricière, escaladèrent les crêtes, franchirent les retranchements et culbutèrent les réguliers à l'arme blanche. Une garnison fut installée à Médéa; au mois de juin, on s'empara presque sans combat de Miliana. Mais les troupes laissées à Miliana, à Médéa et à Cherchell se trouvèrent bientôt étroitement bloquées; elles périssaient de misère et d'ennui. Il fallait les secourir, les approvisionner, les renouveler; chaque ravitaillement nécessitait une campagne. Les hostilités avaient également recommencé dans les provinces de Constantine et d'Oran; le frère de l'émir, El-Hadj Mustapha, fut battu près de Sétif; dans l'ouest, le combat de Mazagran eut un retentissement glorieux; 123 hommes du premier bataillon d'Afrique, établis dans un fortin, repoussèrent les 2000 soldats du khalifa Ben-Tami.

Le 22 février 1841, le général Bugeaud, nommé en remplacement du maréchal Valée, vint prendre possession de son commandement. Le nouveau gouverneur n'était pas un inconnu en Algérie; il s'y était assez tristement signalé par le traité de la Tafna, et depuis lors il n'avait pas manqué une occasion de se prononcer contre l'occupation. Le rôle qu'il avait joué en gardant à Blaye la duchesse de Berry, l'épisode sanglant de la rue Transnonain ne lui avaient pas valu en France plus qu'en Algérie les sympathies de l'opinion. Ambitieux, sans grands scrupules, il passait alors pour l'homme à tout faire de la monarchie de Juillet. Plus tard, il n'y eut plus pour lui que des éloges, et la gloire du conquérant de l'Algérie couvrit tout. Bugeaud fut un de ces hommes qui ont conscience de leur supériorité, qui veulent avoir les moyens de la déployer et à qui rien ne coûte pour s'ouvrir la carrière. Des services de toute nature lui gagnèrent les bonnes grâces de Louis-Philippe; on lui donna pour sa récompense une haute situation; mais, quand il y fut parvenu, il s'en montra tout à fait digne. Depuis 1815, la France n'a pas eu un militaire de cette trempe. Il possédait les qualités extérieures du commandement : allure imposante, vigueur physique, santé invincible à la fatigue et à la vieillesse. Brave et réfléchi, résolu et prudent, il savait combiner et agir. Doué d'une remarquable aptitude aux choses de la guerre, plein de confiance en lui-même, il n'était pas de ceux auxquels en impose l'autorité de la routine; son bon sens aidé de son expérience personnelle lui paraissait supérieur à toutes les traditions. Il fit à son usage une tactique et une stratégie nouvelles, et ses leçons, qu'il appuyait d'éclatants exemples, n'ont pas encore perdu de leur actualité [1]. Il tenait assez à ses idées pour les imposer, mais il aimait mieux les faire partager; officiers et soldats, tout le monde était instruit d'avance de ce qu'on allait faire et n'en montrait que plus d'intelligence et d'ardeur. Les troupes savaient où il les menait; sûr de lui-même, il leur communiquait son assurance. Vigilant et actif, il s'occupait des moindres détails, parce qu'il savait qu'à la guerre il n'en est point d'insignifiants. Bien qu'il fût de nature peu tendre, il veillait avec le plus grand soin au bien-être du soldat: il y voyait avec raison l'élément essentiel du succès. Malgré ses imperfections morales et une âpreté d'humeur dont ses lieutenants eurent souvent à souffrir, il se fit une réelle popularité militaire. Le « père Bugeaud » fut pour l'armée d'Afrique ce qu'avait été pour la grande armée le « petit caporal ».

Au commencement de 1841, l'effectif des troupes d'Afrique était de 63 000 hommes; il fut porté et maintenu à 100 000; on ne ménageait pas à Bugeaud les moyens d'action, mais il avait le mérite de savoir s'en servir. A peine arrivé, il alla inspecter les possessions de l'est, revint au centre pour conduire des convois à Médéa et à

1. Les instructions et les manuels militaires du maréchal Bugeaud sont encore utilisés dans l'armée.

Miliana et livra en passant quelques petits combats, dont le succès fut d'un bon effet sur le moral des troupes. Mais il n'entendait pas se borner à des opérations de ravitaillement. Il résolut de marcher contre les places qu'Abd-el-Kader avait occupées ou construites à la lisière des hauts plateaux. Pendant qu'une colonne organisée à Blida se dirigeait droit au sud, le gouverneur se porta dans l'ouest, où devaient se frapper les plus grands coups. La colonne de Blida trouva évacuées et incendiées les villes de Boghar et de Thaza ; ce qui en restait fut détruit par la pioche et la mine. Bugeaud, parti de Mostaganem, arriva en huit jours devant Tagdempt, qu'il traita de la même manière. Il se rabattit ensuite sur Mascara, où il entra sans résistance; mais il ne renouvela pas la faute de Clauzel : une forte garnison fut laissée dans cette ville, qui devait devenir la base de nos opérations dans toute la région. Abd-el-Kader se refusait toujours à une bataille; mais il ne put éviter quelques engagements, où il eut toujours le dessous. Les tribus qui lui restaient fidèles voyaient brûler leurs récoltes, enlever leurs troupeaux et commençaient à trouver que la guerre coûtait cher.

Occuper dans l'intérieur même du pays des positions solides, autour desquelles rayonneraient de fortes colonnes, c'était l'idée dans laquelle Bugeaud se confirmait de plus en plus. En janvier 1842, il alla lui-même s'emparer de Tlemcen et poussa une pointe sur Sebdou, qu'il ruina. Le général Bedeau resta à Tlemcen tandis que Lamoricière, avec les troupes disponibles de la division d'Oran, s'établissait à Mascara. La présence au milieu d'eux des troupes françaises donnait à réfléchir aux indigènes; dès l'année précédente, la grande confédération de l'Yacoubia, située bien loin dans le sud, s'était soumise. Au nord, les Gharaba, les Beni-Chougran, les Bordjia, pris entre les garnisons d'Oran, de Mascara et de Mostaganem, jugèrent à propos de suivre cet exemple. On songeait alors à agir plus fortement sur les populations, en suscitant un rival à

Abd-el-Kader; mais le prétendu sultan Mohammed-ben-Abdallah ne joua qu'un personnage assez insignifiant; ses menées furent beaucoup moins efficaces que les opérations des généraux[1]. Bedeau, tout en s'affermissant à Tlemcen, infligea plusieurs échecs à l'émir, détacha de sa cause les Kabyles de Nedroma et lui coupa la route du Maroc, où il allait chercher un refuge et des renforts; d'Arbouville soumettait les tribus du Bas-Chélif et bataillait au sud du fleuve contre les Flittas; Lamoricière dégageait les environs de Mascara et poursuivait la tribu d'Abd-el-Kader, les Hachem. Des razzias, des troupeaux enlevés, le pillage des silos ruinaient les partisans de l'émir et nous donnaient des alliés qu'attirait l'appât du butin. De nombreux indigènes figuraient comme auxiliaires dans la colonne avec laquelle le gouverneur, partant au mois de mai de Mostaganem, remonta lentement la vallée du Chélif. A l'oued Rouina, il fit sa jonction avec les troupes qu'amenait d'Alger le général Changarnier. Ce mouvement rappelait l'expédition des Bibans, mais avec un caractère plus sérieux; il se rattachait à un ensemble d'opérations dont il était la conséquence et le complément.

Pendant que la domination française s'étendait ainsi à l'ouest et à l'est, où le général Négrier occupait Msila en 1841 et Tébessa en 1842, on ne négligeait pas de l'affermir au centre. Au commencement de 1842, la sécurité était encore loin de régner dans la Mitidja. Le 15 avril, un détachement de 22 hommes escortant la correspondance de Boufarik à Blida fut soudainement enveloppé par 300 cavaliers arabes. Sommé de se rendre, le sergent Blandan, chef de la petite troupe, répond d'un coup de fusil; un combat désespéré s'engage; cinq hommes restaient debout quand les secours arrivèrent. Il ne fallait pas que de semblables agressions pussent se renouveler aussi près d'Alger. Bugeaud s'empressa d'y mettre ordre; il com-

1. Cet auxiliaire médiocre fut plus tard un ennemi gênant. Voy. au chapitre VII.

bina avec Changarnier un double mouvement dans lequel se trouvèrent enveloppées toutes les tribus limitrophes de la plaine. Les Mouzaïa, les Soumata, les Beni-Sala, même les indomptables Hadjoutes sollicitèrent l'aman. Dès lors, les environs d'Alger furent tranquilles. Dans un rayon plus étendu, les marches et les razzias de Changarnier dans la plaine du Chélif, les négociations engagées par le colonel Comman au sud de Médéa, une démonstration conduite aux abords de la Grande Kabylie par le gouverneur, donnèrent lieu à de nombreuses soumissions.

Abd-el-Kader se sentait hors d'état de tenir franchement la campagne; il évitait soigneusement les rencontres décisives. Il abritait bien loin dans le sud sa smala, où étaient sa famille, ses troupeaux et une multitude d'émigrants de toutes les tribus. Lui-même, avec une poignée de cavaliers, courait le pays, passait entre nos colonnes; paraissant tout à coup dans les régions nouvellement pacifiées, il ramenait les indécis, réveillait les dévouements, punissait les défections. Les indigènes les moins belliqueux tremblaient de le voir tomber sur leurs douars; moitié par peur, moitié par entraînement, tous revenaient à lui au premier appel. A plusieurs reprises, Bedeau et Lamoricière le serrèrent d'assez près, mais il échappait toujours. Même dans le Tell, il avait des asiles dans tous les massifs montagneux; l'Ouarensenis surtout était comme sa forteresse centrale. Trois colonnes parties de Miliana y marchèrent; après quelques combats, une des tribus les plus remuantes, celle des Beni-Ourar, fit sa soumission. Abd-el-Kader était déjà loin. Dès les premiers jours de 1843, il se montrait dans la plaine du Chélif; en même temps, son lieutenant El-Barkani soulevait les montagnards des environs de Cherchell. Il fallut couvrir la Mitidja. Mais on n'était plus au temps du maréchal Valée : les Beni-Ménacer furent vigoureusement refoulés. Bugeaud, comprenant la nécessité de garder solidement le Chélif entre Miliana et Mostaganem, choisit le point stratégique d'El-Esnam pour y établir un camp permanent, qui devint bientôt Orléansville. Ténès fut également occupée et reliée à Orléansville par une route; on coupait ainsi en deux tronçons l'énorme quadrilatère montagneux qui s'étend au nord du Chélif depuis Cherchell et Miliana. L'expérience des précédentes campagnes prouvait l'insuffisance de la ligne de postes formée par Médéa, Miliana, Mascara et Tlemcen ; on s'enfonça plus avant dans l'intérieur, des garnisons furent installées sur la lisière des hauts plateaux, à Boghar, à Téniet-el-Had, à Tiaret et à Sidi-bel-Abbès. On était loin de l'occupation restreinte, jadis si chère au général Bugeaud.

L'armée d'Afrique, bien dirigée, se formait à ce genre de guerre tout spécial, qu'indiquaient la nature du pays et les mœurs de ses habitants. Au lieu des lourdes colonnes d'autrefois, toujours empêtrées dans des marches pénibles, toujours attaquées et harcelées, on avait des troupes alertes, capables d'offensive, menant aussi lestement que les Arabes eux-mêmes les razzias et les coups de main. Au mois d'avril, tandis que Lamoricière détournait vers lui l'attention de l'émir, le duc d'Aumale partit de Boghar pour tâcher de surprendre la smala. Il la chercha d'abord vers Goudjla, puis à Taguin, où elle était réellement. Laissant en arrière son convoi et presque toute son infanterie, il marcha rapidement avec la cavalerie, les zouaves et l'artillerie de montagne. Il n'avait sous la main que ses cavaliers, 600 sabres environ, quand, dans la journée du 16, il se trouva en présence de la smala. C'était comme une grande ville de tentes, où campaient avec leurs femmes, leurs enfants, leurs troupeaux, des fractions de tribus et des tribus entières ; il y avait là 60 000 personnes, dont 5000 en état de combattre. On ne leur laissa pas le temps de se reconnaître; Morris avec les chasseurs, Yusuf avec les spahis chargent ensemble. En voyant les burnous rouges, les femmes croient reconnaître l'escorte du maître; elles poussent des cris joyeux, qui se changent bientôt en cris de terreur ; toute cette foule est prise de panique ; quelques-uns veulent résister, mais la confusion paralyse leurs efforts. Cependant la cavalerie française, isolant une partie de la smala, laisse écouler tout le reste, qu'elle ne peut entourer ; elle a perdu une vingtaine de tués ou de blessés, mais elle a tué 300 hommes, fait 3000 prisonniers et enlevé un immense butin.

Cette surprise, vivement conduite, eut les conséquences d'une grande victoire. En même temps, des expéditions dirigées par le gouverneur, le général Bourjolly, le colonel Pélissier, tenaient en respect les tribus de l'Ouarensenis. D'autres colonnes pénétraient dans le sud et donnaient la chasse à l'émir ; à deux reprises, celui-ci faillit être enlevé par le général Géry. Son meilleur lieutenant, Ben-Allal, serré de près, se retourna, livra un furieux combat et se fit tuer après avoir vu écraser ses troupes. Abd-el-Kader était aux abois ; les populations épuisées ne voulaient plus combattre ; les bataillons réguliers, formés avec tant de peine, étaient à peu près détruits ; la smala, après le grand coup de filet de Taguin, faisait chaque jour en détail de nouvelles pertes. Il se décida à quitter momentanément l'Algérie. Le Maroc pouvait lui fournir les moyens de recommencer la lutte ; à tout événement, il était sûr d'y trouver un refuge pour réparer ses forces. Il opéra une razzia sur les Hamyan, alors en guerre avec l'empereur Abd-er-Rahman, et envoya à Ouchda les prisonniers et le butin. Après cet acte de courtoisie arabe, il franchit la frontière et installa de l'autre côté du chott Rarbi ce qui restait de la smala.

CHAPITRE VI

BUGEAUD ET ABD-EL-KADER. — CONQUÊTE DE L'ALGÉRIE

Bugeaud, qui venait d'être fait maréchal de France, déclara l'Algérie domptée et la guerre finie; ces assurances étaient prématurées; Abd-el-Kader n'avait pas dit son dernier mot. Retiré au Maroc au milieu des tribus fanatiques de la frontière, il travailla à armer contre la France l'empereur Abd-er-Rahman. Celui-ci était médiocrement disposé à courir les chances d'une pareille lutte; on lui força la main; les Khouans de Mouley-Taïeb [1] et des Aïssaoua allèrent partout prêcher la guerre sainte; l'agitation gagna de proche en proche jusqu'aux rivages de l'Atlantique. Dès le mois de mars 1844, l'émir, jugeant le terrain suffisamment préparé, manœuvra de façon à provoquer de la part des Français quelque démarche agressive. Il courut razzer les Sedama, qui l'avaient abandonné l'année précédente, et rentra aussitôt sur le territoire du Maroc. Les généraux français, sans donner tout à fait dans le piège et sans franchir la frontière, se mirent en devoir d'empêcher le renouvellement de cette incursion. Lamoricière fut chargé d'établir un camp permanent entre Nemours et Tlemcen, à la zaouïa de Lella-Maghrnia. Or les Marocains revendiquaient comme limite la ligne de la Tafna; la zaouïa de Lella-Maghrnia, située en deçà, était

1. Voy., sur les Khouans et leur influence, les ouvrages de M. Brosselard, du général de Neveu, et le livre plus récent de M. Rinn, *Marabouts et Khouans*, publié à Alger chez Jourdan.

une des plus vénérées du pays : on cria à l'usurpation et au sacrilège. L'empereur Abd-er-Rahman, assourdi de ces clameurs, ne put se dispenser d'envoyer quelques troupes à Ouchda. Taïeb-el-Guennaoui, qui les commandait, était chargé de négocier plutôt que de combattre, mais il ne put contenir les passions de ses soldats. Le 30 mai, les cavaliers noirs de la garde, sous prétexte d'opérer une reconnaissance, vinrent attaquer nos troupes de Lella-Maghrnia; vigoureusement accueillis, ils tournèrent bride et ne s'arrêtèrent qu'à Ouchda.

Bugeaud, se croyant libre de ses mouvements, avait employé les premiers mois de l'année à tâter la Kabylie. Dès qu'il apprit ce qui se passait, il se hâta de conclure un accommodement avec les tribus des environs de Dellys. Le 12 juin, il était à Lella-Maghrnia; bien qu'il eût sous la main des forces suffisantes, il engagea d'abord des pourparlers; il invita El-Guennaoui à une conférence, où il se fit représenter par le général Bedeau. Bien en prit au parlementaire français d'être venu en nombreuse compagnie. La conférence, à peine commencée, fut interrompue par une attaque de la cavalerie marocaine. Au bruit de la fusillade, Bugeaud accourt avec des renforts, recueille l'escorte de Bedeau et reprend l'offensive; les Marocains payèrent leur perfidie de la perte de 300 hommes. Il n'y avait pas à négocier plus longtemps; pour ces fanatiques, la modération était faiblesse. Après un échange de lettres avec El-Guennaoui, il lui adressa son ultimatum : maintien de l'ancienne frontière entre l'Algérie et le Maroc, internement d'Abd-el-Kader dans l'ouest de l'empire. En même temps, les troupes se mettaient en mouvement, et le 17 juin elles faisaient leur entrée à Ouchda. Le consul de France à Tanger, M. de Nion, n'avait pas été plus heureux que le gouverneur dans ses tentatives d'accommodement. Les agents anglais encourageaient Abd-er-Rahman à la résistance. L'arrivée sur la côte du Maroc d'une escadre commandée par le prince de Joinville, l'attitude résolue que le ministère français, devant les réclamations de la presse et des chambres, se décidait enfin à adopter, leur donnèrent à réfléchir. Ils engagèrent l'empereur à faire la paix, mais lui laissèrent croire qu'il pouvait en dicter les conditions. A l'ultimatum signifié par le prince de Joinville il fut répondu que l'on punirait d'une façon exemplaire les chefs marocains coupables d'agression sur notre territoire, mais qu'on exigeait expressément la destitution du maréchal Bugeaud, pour avoir franchi la frontière et occupé Ouchda. Ces propositions étaient dérisoires. Bugeaud et Joinville furent autorisés à agir par les armes.

Le maréchal avait en face de lui non plus seulement El-Guennaoui, mais le fils même de l'empereur, Mouley-Mohammed. Le prince avait amené de nombreux renforts, et son armée, qui grossissait tous les jours, formait déjà une masse de trente à quarante mille hommes. Abd-el-Kader, qui voulait tenter une diversion en Algérie, s'était heurté partout à des colonnes et avait dû rentrer au Maroc. Mais il était à craindre qu'il ne renouvelât cette manœuvre avec un meilleur succès. L'ennemi avait assez de cavalerie pour faire des détachements sur les flancs de la petite armée française, pour soulever le pays autour d'elle et lui couper les vivres. Bugeaud se décida à prendre l'offensive ; il appela à lui la cavalerie du colonel Eynard et le général Bedeau, avec lequel il fit sa jonction sur l'oued Derfou. 18 bataillons d'infanterie, 19 escadrons de cavalerie, constituant ensemble un effectif d'à peu près 11 000 hommes avec 16 bouches à feu, c'était assez pour combattre et pour vaincre.

A l'ouest d'Ouchda, l'oued Isly [1], venant du sud, décrit une légère courbe pour recevoir son affluent l'oued Chaïr ; il continue ensuite sa marche vers le nord, mais en changeant son nom pour celui d'oued Bou-Naïm ; dans la boucle formée par l'Isly et le Chaïr s'élèvent quelques collines ;

1. Voy. la carte de la frontière du Maroc du commandant Titre.

c'est là que Mouley-Mohammed avait installé son camp. Pour l'aborder en venant du nord-est, il fallait franchir d'abord l'oued-Bou-Naïm, puis l'Isly. L'armée française commença son mouvement dans l'après-midi du 13 août, le suspendit à la tombée de la nuit et se remit en marche à deux heures du matin [1]. Elle était disposée en un grand losange avançant par un de ses angles; les 18 bataillons d'infanterie formaient autant de petits carrés avec une compagnie sur chaque face et une compagnie de soutien au milieu; la cavalerie se tenait à l'intérieur du grand losange. Lamoricière commandait en second; le général Bedeau, les colonels Cavaignac, Pélissier, Gachot dirigeaient l'infanterie; la cavalerie avait pour chefs les colonels Tartas, Morris, Yusuf. L'ordre de bataille adopté permettait de soutenir aussi bien dans les mouvements que dans les haltes l'attaque des cavaliers marocains; quant à leurs fantassins, il n'y avait pas à s'en préoccuper. Au point du jour, on passa l'oued Bou-Naïm; à huit heures en arrivant à l'Isly on aperçut les camps marocains; sur la colline la plus élevée, on distinguait le parasol et les étendards de Mouley-Mohammed. Des masses de cavalerie se dirigeaient vers les gués pour en disputer le passage. Après quelques minutes de halte, les clairons sonnèrent, et l'armée s'avança au pas accéléré, l'Isly fut franchi sans beaucoup de peine, l'artillerie de campagne ouvrit aussitôt le feu sur la butte où était le prince marocain. Mais alors l'immense cavalerie de l'ennemi, s'ébranlant au galop, essaye de nous déborder; les flancs et la queue de la colonne sont assaillis; l'infanterie reçoit la charge avec une solidité inébranlable, pas un homme ne faiblit; les tirailleurs, à cinquante pas en avant, attendent de pied ferme; les carrés font des salves, l'artillerie vomit sa mitraille. L'ennemi s'arrête et tourbillonne. Le grand losange toujours formé reprend sa marche; il s'ouvre pour laisser passer la cavalerie. Yusuf

1. Voy., pour le récit de la bataille, le rapport de Bugeaud. Voy. aussi la relation de M. Léon Roches publiée par d'Ideville (*le Maréchal Bugeaud d'après sa correspondance*, t. II).

à gauche avec les spahis balaye ce qu'il trouve devant lui et s'élance vers les camps marocains ; 3 escadrons de chasseurs viennent le soutenir et l'aident à sabrer sur leurs pièces les canonniers que leur infanterie a abandonnés. Sur la droite, le colonel Morris, dans un mouvement audacieux pour briser une nouvelle charge de l'ennemi, se trouve engagé avec 550 chasseurs au milieu de 6000 cavaliers ; il ne recule pas, lance ses escadrons l'un après l'autre et, soutenu par 3 bataillons, reprend enfin l'avantage. Un dernier effort de Mouley.-Mohammed, qui a rallié quelques milliers d'hommes sur la rive gauche de l'Isly, est facilement repoussé. A midi, la bataille était gagnée ; elle avait été peu meurtrière même pour l'ennemi, à qui elle ne coûtait que 800 hommes ; mais l'armée marocaine avait perdu ses canons, ses drapeaux, ses munitions et surtout sa jactance. On ne pouvait songer à la remettre en ligne.

Dès le 6 août, l'escadre du prince de Joinville avait bombardé Tanger [1]. Les batteries des remparts et des forts avaient été rapidement démantelées ; le quartier européen fut respecté, mais une partie de la ville indigène et tous les ouvrages de défense furent ruinés. Les 11, la flotte arriva devant Mogador : le mauvais temps l'obligea quelques jours à manœuvrer au large, mais le 15 elle put s'embosser et ouvrir le feu ; la résistance fut plus énergique qu'à Tanger ; mais des compagnies de débarquement s'emparèrent de l'île qui est située au sud-ouest du port ; un autre détachement descendit dans la ville même, noya les poudres, encloua les canons et acheva de détruire les fortifications, déjà fort endommagées par le bombardement.

Cette double exécution et la bataille d'Isly enlevaient au Maroc toutes ses velléités de résistance. Il demanda la paix ; le gouvernement avait hautement déclaré qu'il ne voulait point faire de nouvelles conquêtes, mais il fit preuve

1. Voy. Fillias, *Récits militaires.*

d'une indulgence par trop bénévole. Le traité de Tanger, conclu le 10 septembre 1844, n'imposa au Maroc aucune indemnité pécuniaire. Abd-er-Rahman s'engageait à interner Abd-el-Kader dans une ville de l'ouest, « au cas où il tomberait dans les mains de ses troupes. » L'événement montra ce que valait cette promesse. L'émir, mandé à Fez, ne bougea pas et resta sur les confins de l'Algérie, attendant une occasion d'opérer sa rentrée. La délimitation des frontières devait être conforme à celle qui existait au temps des Turcs. Mais le général de La Rüe, chargé de négocier la convention spéciale qui intervint ensuite, se laissa jouer par les plénipotentiaires marocains. Il abandonna la limite traditionnelle de la Molouïa pour un tracé bizarre qui coupe en deux des tribus et n'oppose aucune barrière, aux incursions des maraudeurs et aux razzias des dissidents. Vers le sud, il laissa au Maroc Yiche et Figuig, c'est-à-dire la route du Touat et du Sahara par l'oued Guir. Les fautes qui furent alors commises sont de celles dont les conséquences se font sentir longtemps ; après un intervalle de plus de quarante ans, nous en portons encore le poids.

L'agitation religieuse n'était pas apaisée en Algérie; les Khouans de tous les ordres et surtout les Derkaoua travaillaient à l'entretenir. L'attaque tentée en plein jour sur le camp de Sidi-bel-Abbès montra combien les passions ennemies avaient encore de puissance. Abd-el-Kader, qui étudiait de loin ces symptômes, crut le moment propice pour reparaître; mais les troupes établies à Sebdou, à Daïa, à Saïda et à Frenda lui interdirent l'entrée du Tell; des colonnes s'avancèrent dans le sud; il dut rétrograder et aller attendre au Maroc une occasion plus favorable qui ne tarda pas à se présenter.

Le Dahra, ce pays montagneux qui borde le nord du Chélif entre Mostaganem, Orléansville et Ténès, est habité par une population d'origine berbère, remuante et belliqueuse. Ce fut là qu'éclata en avril 1845 le soulèvement de

Bou-Maza[1]. Ce n'était point, comme Abd-el-Kader, le descendant d'une grande famille, l'héritier d'une haute influence traditionnelle; c'était un aventurier obscur, une sorte de mendiant dévot, d'origine inconnue, d'intelligence médiocre, d'instruction nulle, mais tout plein d'une ardeur sauvage, se présentant et se regardant comme l'envoyé de Dieu; il fut le premier de ces chérifs qui ont surgi périodiquement dans tous les coins de l'Algérie, fanatiques furibonds ou imposteurs grossiers, dont la foule crédule acclame les divagations et les jongleries, pendant que les habiles font d'eux les instruments de leurs intrigues. Bou-Maza gagna d'abord la confiance des gens du Dahra par ses pratiques pieuses, il vécut comme une manière d'ermite, puis un beau jour il commença ses prédications; le bruit courut qu'il faisait des miracles, et, les Khouans aidant, on vit bientôt en lui le vengeur messianique, le « maître de l'heure » qui devait balayer l'infidèle et faire triompher l'islam; de tous côtés on lui envoyait des offrandes et des soldats; il courait les tribus, promettant à ceux qui voudraient le suivre la victoire et le pillage. Il avait déjà 500 hommes quand le colonel Saint-Arnaud le battit à Aïn Meran; ses émissaires publièrent partout qu'il avait été vainqueur. L'insurrection s'étendit vers le nord jusqu'aux portes de Ténès; mais la répression fut énergique et prompte. Pendant que Ladmirault manœuvrait autour de Cherchell, Saint-Arnaud dégageait Ténès et poursuivait le chérif, qui venait d'échouer devant Orléansville. Le gouverneur lui-même alla faire campagne dans le Chélif et dans l'Ouarensenis. Bientôt il crut pouvoir rentrer à Alger, laissant à ses lieutenants le soin d'en finir avec les débris de la révolte. Le colonel Pélissier opérait dans le Dahra contre les Ouled-Ria; ceux-ci se réfugièrent dans des grottes d'où il était difficile de les déloger; comme ils refusaient de se rendre, on fit allumer

1. Voy. Richard, *La révolte du Dahra;* P. de Castellane, *Souvenirs de la vie militaire en Afrique;* Saint-Arnaud, *Correspondance.*

de grands feux à l'entrée; la fumée les asphyxia; ils avaient avec eux leurs femmes et leurs enfants. L'opinion publique en France s'indigna de cette cruauté; nous n'étions pas venus en Afrique pour rivaliser de barbarie avec les Arabes.

Bou-Maza avait disparu sans laisser de traces; on le disait mort; il démentit bientôt ces bruits en massacrant près de Mazouna l'agha El-Hadj Ahmed, un des plus dévoués serviteurs de la France. A l'instant, la révolte éteinte se rallume partout; chassé du Dahra, Bou-Maza se réfugie dans l'Ouarensenis et y tient la campagne. Abd-el-Kader, qui a reconstitué sa smala et qui compte maintenant 6000 tentes, franchit la Tafna. Le lieutenant-colonel Montaignac, qui commandait à Djema-Ghazouat, eut l'imprudence de sortir avec 430 hommes; le 23 septembre, il se trouva en présence de l'émir; la petite colonne, affaiblie encore par un fractionnement malencontreux, est écrasée; le capitaine Géreaux, retranché avec une compagnie dans le marabout de Sidi-Brahim, dédaigne les sommations, repousse les attaques et tient jusqu'au 26; il essaye alors de se faire jour jusqu'à Djema Ghazouat et périt avec presque tout son monde. 12 hommes seulement purent entrer dans la place. 92 prisonniers étaient aux mains de l'ennemi, le reste était mort. Quelques jours après, un détachement de 200 hommes mettait bas les armes devant le khalifa Bou-Hamedi. Cette double catastrophe, amplifiée par les récits des indigènes, mit en émoi toute la province de l'ouest; l'insurrection sembla un moment devenir générale. Bugeaud, alors en France, se hâta de revenir; le 15 obtobre, il était à Alger. Il agit avec la décision et la vigueur que réclamaient les circonstances. 15 colonnes furent sur pied à la fois. Dans l'est, Bedeau et d'Arbouville réprimaient les troubles du Dira; au centre, Saint-Arnaud et Comman tenaient le pays entre Ténès et Orléansville; le maréchal lui-même opérait dans la vallée du Chélif et, par sa seule présence, retenait ou ramenait les tribus; à l'ouest, tandis que Cavaignac, pivotant autour de Tlemcen, manœuvrait de Djema-Ghazouat à Sebdou, de forts détachements allaient dégager les postes un instant bloqués de Bel-Abbès, de Daïa et de Saïda.

Après avoir ainsi couvert le Tell, Bugeaud songea à poursuivre Abd-el-Kader, qui s'était jeté dans le sud. Alors commença une véritable chasse à courre. Bedeau à gauche s'avançait par Boghar, Lamoricière à droite par Tiaret; le gouverneur marchait au centre, poussant devant lui une colonne légère de 1500 hommes. L'émir, manœuvrant avec une incroyable rapidité, feint de s'enfoncer dans le Sahara, puis apparaît dans la vallée du Chélif. Mais les tribus qu'il appelle à lui ne bougent pas, les colonnes se rapprochent pour l'envelopper. Il se dérobe avant que le cercle se soit fermé, court au sud, fait un crochet vers l'est et va rejoindre en Kabylie son khalifa Ben-Salem. Mais ce mouvement était prévu, des précautions avaient été prises pour protéger la Mitidja; le général Gentil, qui gardait le col des Beni-Aïcha, fut en mesure d'infliger un échec assez grave à Ben-Salem en présence d'Abd-el-Kader, qui faillit être pris. Quelques jours après, Bedeau et d'Arbouville puis le maréchal arrivaient sur l'Isser. La Kabylie était l'espoir suprême d'Abd-el-Kader; elle n'avait pas encore été entamée; dans ses rudes montagnes, elle pouvait nourrir une longue résistance. Mais les Kabyles ne voulaient pas reconnaître l'autorité de l'émir; en gens avisés qu'ils étaient, ils refusèrent de se compromettre dans une querelle qui n'était pas la leur et pour une cause qui leur semblait perdue. Mal accueilli par eux, Abd-el-Kader se mit en retraite vers le sud-ouest. Il trouva quelque temps un refuge chez les Ouled-Naïl, puis chez les Harrar. Ces tribus ayant fait leur soumission, il gagna les Ksours des Ouled-Sidi-Cheikh; mais on ne le laissa pas s'y reposer longtemps; le colonel Renault, s'avançant par le Ksel et Chellala, pénétra jusqu'à El-Abiod. Abandonné successivement par tous ses alliés, voyant diminuer son intrépide escorte, l'émir fugitif se décida à rentrer au Maroc par Figuig. Pendant qu'il était dans le sud de l'Algérie, les gens de sa déira restés sur la frontière égorgeaient les prisonniers français; les officiers et quelques soldats attachés à leur personne furent seuls épargnés; plus tard, on les remit en liberté moyennant rançon. Abd-el-Kader s'est, dans la suite, défendu d'avoir ordonné ce massacre; mais les faits ne semblent pas déposer en sa faveur; il n'était pas cruel par tempérament, mais il était capable de le devenir par politique ou par exaspération [1].

Bou-Maza, devenu le lieutenant d'Abd-el-Kader, avait partagé sa fortune et l'avait suivi au Maroc. Au commencement de 1847, il reparut en Algérie chez les Ouled-Naïl, puis dans les Ziban. Les généraux Marey et Herbillon se mirent aussitôt en campagne et ramenèrent le pays dans l'obéissance. Bou-Maza se dirigea alors vers le Dahra, où il espérait renouveler l'insurrection de 1845; mais, lorsqu'il y arriva, les menées de ses agents étaient découvertes, le plus actif avait été tué. Pris alors de découragement, il se rendit au colonel Saint-Arnaud. Pendant ce temps, Abd-el-Kader, resté au Maroc, se brouillait avec Abd-er-Rahman; celui-ci, qui commençait à voir en lui un compétiteur dangereux, se décida enfin à exécuter sérieusement les promesses du traité de Tanger. Il le somma de se remettre entre ses mains ou de s'en aller dans le désert; une armée appuya ces injonctions; les montagnards du Rif, à qui l'on faisait espérer le pillage de la déira, accouraient à la curée. Abd-el-Kader tenta de surprendre le camp marocain. Repoussé avec perte, il fit passer sa déira sur le territoire français et couvrit vaillamment la retraite. La déira devait faire sa soumission; lui-même, avec la poignée de fidèles qui lui restaient, comptait s'ouvrir un chemin vers le désert. Mais Lamoricière suivait tous ses

1. Voy. Schmitz, *Les prisonniers d'Abd-el-Kader*.

mouvements ; quand il se présenta au col de Kerbous, il le trouva gardé par des spahis qui le reçurent à coups de fusil; la nuit était obscure, la pluie tombait à torrents; l'officier qui commandait le poste avait peine à reconnaître, dans ce groupe de cavaliers fugitifs, le puissant émir et ses compagnons d'armes. Cette dernière déception acheva d'abattre l'énergie d'Abd-el-Kader; après tant de luttes, il désespéra enfin de lui-même et de sa cause. Il offrit de se rendre, pourvu qu'on lui permît de se retirer avec sa famille à Alexandrie ou à Saint-Jean-d'Acre. Lamoricière accepta ces conditions et, comme gage de sa parole, envoya son sabre et le cachet du bureau arabe de Tlemcen. Le 23 décembre 1847, le chef musulman se remettait aux mains du colonel Montauban; le lendemain, il fut présenté au duc d'Aumale, qui venait de remplacer Bugeaud comme gouverneur; deux jours après, on l'embarqua pour Toulon. La promesse qui lui avait été faite ne fut tenue que quelques années plus tard. Cependant on ne peut pas dire que la France ait manqué envers lui de générosité ; la curiosité et la sympathie qu'il inspira allèrent même jusqu'à l'engouement. Mais dès lors il disparut de la scène. Il avait été pendant quinze ans le plus redoutable et le plus persévérant de nos adversaires; il avait su se créer des ressources et discipliner à son profit un peuple indisciplinable ; vaincu, il avait longtemps déjoué toutes les poursuites ; fugitif et émigré, il nous avait causé autant d'embarras qu'aux jours de sa plus grande puissance. Il avait sur ses compatriotes une supériorité que tous comprenaient instinctivement et qui les dominait ; la dignité un peu théâtrale de son maintien et de son langage en imposait même à ses ennemis. On peut dire, et c'est à son éloge, que du jour de sa capture date vraiment la conquête de l'Algérie par les Français. Après cela, il y eut encore des soumissions à obtenir et des révoltes à comprimer, mais la résistance sérieuse était finie et la période des grandes guerres d'Afrique définitivement fermée.

CHAPITRE VII

CONQUÊTE DU SAHARA ET DE LA KABYLIE
LES INSURRECTIONS

En 1848, l'Algérie pouvait être considérée comme domptée ; seules la lointaine région du Sahara et dans le Tell la montagneuse Kabylie échappaient encore à la conquête. Ces contrées devinrent naturellement les derniers centres de la résistance, les foyers où s'allumaient les insurrections. En réprimant les révoltes, la France se trouva amenée à les poursuivre jusque dans leurs refuges ; c'est ainsi que s'opéra graduellement l'occupation du Sahara et que la Kabylie fut d'abord entamée, puis pénétrée dans tous les sens, et enfin définitivement soumise.

Dans le sud, les divisions des indigènes nous avaient longtemps fourni d'utiles points d'appui pour combattre l'influence d'Ahmed-bey et celle d'Abd-el-Kader. En 1844, pendant que le général Marey installait à Laghouat, comme khalifa relevant de la France, Ahmed-ben-Salem, le duc d'Aumale s'était avancé jusqu'à Biskra. La soumission des Ziban avait entraîné celle de l'Aurès. Mais l'administration française mal renseignée commit ou laissa commettre des fautes graves. La *lezma*, l'impôt des palmiers, avait été jusqu'alors répartie en tenant compte de la fertilité des oasis et du rendement habituel ; on en fit une redevance uniforme, la même pour tous les arbres, quelle que fût leur valeur productive. A sept lieues au nord-ouest de Biskra se trouve Zaatcha; le personnage important de l'endroit, un certain Bou-Zian, ancien cheikh d'Abd-el-Kader, profita du mécontentement de ses compatriotes et les excita contre la France. L'agitation fut bientôt générale dans toute la contrée; un officier du bureau arabe, le lieutenant Seroka, essaya d'y couper court en enlevant le principal meneur; mais le coup de main manqua, les gens de Zaatcha ayant pris la défense de Bou-Zian; le colonel Carbuccia voulut les châtier : il fut repoussé avec des pertes sensibles. Cela se passait au mois de juillet 1849; à l'automne, le général Herbillon s'avança avec 4000 hommes [1]. Comme toutes les oasis, Zaatcha formait un enchevêtrement de jardins, de clôtures, de fossés d'irrigation, obstacles naturels faciles à défendre; la ville même était entourée d'une enceinte; les habitants, bien armés et très animés, opposèrent une résistance vigoureuse; deux assauts tentés le 20 octobre n'eurent pas de succès. Il fallait un siège en règle; des renforts amenés d'Aumale et de Sétif permirent un investissement complet; mais les assiégés, exaspérés par la destruction de leurs palmiers, défendaient le terrain pied à pied et exécutaient des sorties furieuses; les oasis voisines faisaient de leur mieux pour les secourir; les nomades gênaient nos communications et menaçaient nos derrières. Enfin, le 28 novembre, les brèches furent reconnues praticables; trois colonnes d'assaut sont lancées; le colonel Canrobert avec 4 officiers et 16 hommes d'élite enlève la première, tous les officiers et 12 des soldats qui l'entourent sont blessés, lui seul n'est pas atteint. Une fois dans la ville, on se bat avec rage; les rues et les maisons sont successivement emportées. Bou-Zian avec 150 personnes s'était réfugié dans une mosquée; un feu terrible empêche l'escalade, un canon est mis en batterie, mais les artilleurs sont tués, la mine fait enfin sauter un

1. Voy. Baude, *Zaatcha*, *Revue des Deux-Mondes*.

mur, tout est massacré. Aucun habitant de Zaatcha ne fut épargné, la ville et l'oasis furent entièrement détruites. Ce Saragosse saharien nous avait tué ou blessé 1500 hommes, sans compter les ravages exercés par le choléra. Il fallut encore combattre pour réduire l'Aurès, qui s'était soulevé; la petite ville de Narra, dans la vallée de l'oued Abdi, fut prise d'assaut et incendiée.

Mohammed-ben-Abdallah, le prétendu chérif que nous avions voulu autrefois opposer à Abd-el-Kader, revenait alors de la Mecque. La Turquie, toujours prête à concevoir de chimériques espérances, croyait le moment venu de ressaisir l'Algérie ; Mohammed-ben-Abdallah fut le principal instrument de ses sourdes intrigues. Il débarqua à Tripoli, entra dans le Sahara par Ghadamès et organisa à Ouargla un centre d'agitation ; son çof, d'abord vaincu, reprit le dessus et s'empara de Laghouat; il se hâta d'accourir, mais ses succès s'arrêtèrent là. Le général Pélissier, parti d'Oran, fit sa jonction avec la colonne Yusuf; tous deux ensemble rejetèrent les insurgés dans la ville. Les batteries furent aussitôt dressées et le 4 décembre 1852 l'attaque commença; le feu avait été ouvert à sept heures, à dix heures les brèches étaient praticables : les troupes s'élancent aussitôt et après un violent combat demeurent maîtresses de la place. Comme à Zaatcha, le carnage fut horrible [1]; les soldats, exaspérés par l'acharnement de la résistance, ne faisaient pas de quartier. Mais cette fois, les difficultés étant moindres et les moyens d'action plus puissants, la victoire nous coûta moins cher. Mohammed-ben-Abdallah s'était échappé avec quelques cavaliers; il fut poursuivi; Si-Hamza, le chef des Ouled Sidi-Cheikh, qui s'était mis décidément au service de la France, alla le chercher dans l'extrême sud, le défit et s'empara d'Ouargla. Les Mozabites, qui avaient pris parti pour le chérif, se hâtèrent de faire leur soumission; à la fin de 1854, nos troupes en-

1. Voy. Fromentin, *Un été dans le Sahara.*

traient dans Tuggurt; l'oued Rir et l'oued Souf, sur les confins de la Tripolitaine, reconnaissaient la domination française; les exécutions de Zaatcha et de Laghouat avaient répandu partout la terreur; le sud fut pacifié pour dix ans.

L'occupation de Bougie (1833), de Djijelli (1839), de Collo (1843) nous avait mis de bonne heure en contact avec la Kabylie. Abd-el-Kader, au temps de sa puissance, y entretenait un khalifa, mal obéi à la vérité, mais dont l'influence pouvait toujours devenir dangereuse. Dès 1844, Bugeaud organisa une colonne, s'empara de Dellys et battit la grande tribu des Flissas. Interrompue par la campagne du Maroc, l'expédition fut reprise quelques années plus tard; elle était désapprouvée par les Chambres, à peine autorisée par le ministère; mais Bugeaud tenait à son idée. Il s'était préparé de longue main à combattre ces montagnards ,et il ne jugeait pas que leur indépendance fût compatible avec la sécurité de la colonie. Il prit tout sous sa responsabilité. Il partit d'Aumale, tandis que son lieutenant Bedeau partait de Sétif; la résistance la plus vive fut opposée par les Beni-Abbès; mais quand ils eurent vu escalader leur village fortifié d'Arzou, brûler leurs maisons, couper leurs arbres fruitiers, ils demandèrent l'aman et cinquante-quatre tribus suivirent leur exemple. En 1849, l'agitation qui se traduisait dans le Zab par la révolte de Zaatcha se manifesta également en Kabylie, la confédération des Zouaoua, poussée par le cheikh Si-Djoudi et par le marabout Si-Amkran, se prononça contre nous, entraînant avec elle les Guechtoula et les Beni-Mellikeuch. La tribu soumise des Beni-Messaoud fut attaquée; on la secourut; les généraux Blangini, de Salles, Saint-Arnaud dirigèrent des colonnes contre les rebelles; en même temps, le sous-lieutenant Beauprêtre, du bureau arabe d'Aumale, détruisait par un coup de vigueur un faux Bou-Maza, Bou-Sif, qui troublait le versant sud du Djurjura. Mais un autre chérif ne tarda pas à paraître: c'était Bou-Baghla, l'homme à la mule; quelques mensonges audacieux, des sortilèges grossiers séduisirent les Kabyles; il eut bientôt plusieurs milliers d'hommes autour de lui; en mai 1851, il osa se porter sur Bougie; la petite garnison le mit en déroute, mais il eut bientôt refait ses forces. Il aurait fallu agir contre lui avec vigueur, on n'envoya de ce côté qu'une colonne accessoire qui put le battre, non le détruire. Pendant ce temps, le corps principal opérait dans le massif de la Petite Kabylie, entre Philippeville, Djijelli et Mila; on avait voulu ménager à Saint-Arnaud, déjà choisi par Louis-Napoléon pour être son complice, une occasion de se distinguer. Avec une division entière, il fit une campagne de quatre-vingts jours, eut des engagements fréquents et meurtriers et reçut quelques demandes d'aman; on l'appela ensuite à Paris comme ministre de la guerre, et ce fut là le seul résultat appréciable de l'expédition. Dès le mois d'octobre de la même année, Bou-Baghla reparaissait dans le Sébaou. Pélissier, qui commandait alors la division d'Alger, Bosquet en 1852, le gouverneur général Randon en 1853 durent marcher successivement contre lui; il trouvait toujours un asile chez les Zouaoua. Enfin, en 1854, il fut tué dans un combat contre un des Mokrani.

Au temps du maréchal Bugeaud, on aurait pu éviter d'entrer en lutte avec les Kabyles; en 1851, il aurait été possible de les dompter si l'expédition Saint-Arnaud avait été dirigée sur le Djurjura. On n'avait fait ni l'un ni l'autre. De la part de ces montagnards turbulents qu'on n'avait pas laissés dans leur neutralité et qu'on n'avait pas su soumettre, il fallait s'attendre à de fréquentes reprises d'hostilité. En 1857, les Beni-Iraten, auxquels nous avions déjà eu affaire trois années auparavant, se soulevèrent de nouveau. Randon, qui était alors gouverneur, résolut d'en finir. 35 000 hommes de troupes régulières furent rassemblés; pendant que des corps d'observation établis à Dra-el-Mizan, chez les Beni-Mansour, chez les Beni-Abbès et au col de Chellata, cernaient la Grande Kabylie, trois divisions avec de la cavalerie et de l'artillerie l'abordèrent de front. Les Beni-Iraten, attaqués les premiers, se défendirent avec vigueur; mais, écrasés sous le nombre, ils cédèrent après une lutte de deux jours; parmi les tribus voisines, plusieurs se hâtèrent de demander l'aman; mais les Beni-Menguillet, retranchés dans leur village d'Icheriden, soutinrent le 24 juin un sanglant combat contre la division Mac-Mahon. Leur défaite entraîna celle des Beni-Yenni; l'affaire du 11 juillet et la capture de la prophétesse des Illilten Lella-Fathma furent les derniers épisodes de la campagne. Elle avait duré soixante jours. Toutes les tribus livrèrent des otages et payèrent la contribution de guerre. Le fort Napoléon, construit sur le plateau de Souk-el-Arba, chez les Beni-Iraten, dominait le pays jusqu'au Djurjura; des routes militaires s'ouvraient au milieu des montagnes. La Kabylie était domptée, mais elle conservait ses institutions municipales, ses Djemaas, ses Amins et ses Kanoun [1].

Le traité de Tanger nous avait donné comme voisines, sans les soumettre à notre autorité, les tribus remuantes des Beni-Snassen et des Angad; c'étaient d'incorrigibles pillards, toujours en révolte même contre le Maroc et qui ne connaissaient ni traités ni frontières. En 1859, les Angad et d'autres Marocains se permirent des incursions sur le territoire français; des isolés furent assassinés, des détachements et des postes assaillis. Ces agressions insolentes devaient être réprimées. C'était le temps du ministère de l'Algérie; le général de Martimprey était alors commandant des forces de terre et de mer; il agit avec vigueur. Un camp fut formé à l'Oued Kiss, et, malgré les ravages que le choléra faisait dans leurs rangs, les divisions Walsin et Yusuf enlevèrent le plateau d'Aïn Taforalt et le village de Tagma, où s'étaient retranchés les Beni-Snassen. En plaine, la cavalerie du général Durrieu châtiait les Angad et leurs complices les Maya. La fron-

1. Voy. Carrey, *Récits de Kabylie;* Letourneux et Hannoteau, *La Kabylie.*

tière avait besoin d'être nettoyée au sud aussi bien qu'au nord; une petite colonne, composée de quelques soldats français et de contingents indigènes, sortit de Géryville et exécuta sur les Beni-Guil une brillante razzia.

La région du sud-ouest, depuis Géryville jusqu'à Ouargla, avait été érigée en un grand commandement au profit des Si-Hamza; c'était donner une importance excessive à cette famille déjà trop puissante par l'ascendant religieux qu'elle exerçait non seulement sur les Ouled Sidi-Cheikh, mais sur toutes les populations de notre Sahara; on se ménageait pour l'avenir de redoutables complications. Tout alla bien tant que vécut le khalifa Si-Hamza; son fils aîné, Si-bou-Beker, servit aussi la France avec ardeur et dévouement, mais il mourut quelques mois après son père. Si-Sliman, qui le remplaça, était jeune, d'un orgueil facilement irritable, disposé à subir les entraînements du fanatisme et de l'ambition. Quelques froissements éprouvés dans ses rapports avec les officiers français l'avaient mécontenté; son oncle Si-Lala le poussait à la défection. Dès le mois de février, son attitude ne laissa plus de doute [1]. Au premier bruit, le lieutenant-colonel Beauprêtre, commandant supérieur de Tiaret, se porte vers le Djebel-Amour; mais les goums des Harrar le trahissent et ouvrent son camp à l'ennemi; le colonel et son infanterie, une centaine d'hommes, sont massacrés. Leur résistance désespérée a coûté la vie à Si Sliman; mais Mohammed Ben Hamza, son frère, lui succède; à la nouvelle de l'anéantissement d'une colonne française, les tribus du Djebel-Amour se soulèvent, l'agitation s'étend jusque dans le Tell. L'insurrection avait bien choisi son moment, elle nous prenait au dépourvu; la meilleure partie de l'armée d'Algérie était au Mexique ou en Cochinchine; le gouverneur général Pélissier, alourdi par l'âge, n'avait plus son énergie d'autrefois. Les premières opérations, exécutées avec des forces insuffisantes,

1. Voy. Trumelet, *Histoire de l'insurrection de 1864*.

ne donnèrent pas de résultats décisifs. Le général Deligny, qui avait marché vers les Ksours, n'obtenait que des succès contestables et se voyait obligé de rétrograder jusqu'à Géryville. En même temps, le marabout Si-Lazreg, en relations avec les Ouled-Sidi-Cheikh, soulevait la belliqueuse tribu des Flittas; le caravansérail de la Raouïa, sur la route de Mostaganem, fut attaqué et brûlé avec ses défenseurs; les villages d'Ammi-Moussa et de Zemmora eurent à subir le pillage et l'incendie; les coureurs du marabout se montraient jusqu'aux environs de Relizane. Le maréchal Pélissier mourut sous le coup de ces mauvaises nouvelles. Martimprey, nommé gouverneur par intérim, montra de l'activité. Quatre colonnes opérèrent à la fois contre les Flittas ; la mort de Si-Lazreg, tué par un boulet, les avait déconcertés ; après quelques combats, ils déposèrent les armes.

Mais on n'en avait pas fini avec le sud. Dans la province d'Alger, les généraux Yusuf et Liébert avaient contenu les populations hésitantes, enlevé aux rebelles une partie de leurs troupeaux et recueilli de nombreuses soumissions. On était moins heureux dans la province d'Oran, où le général Jolivet éprouvrait un échec à El-Beïda et où Si-Lala, remontant la vallée de la Mékerra, portait le ravage et la terreur aux portes de Sidi-bel-Abbès. Ce fut seulement après la mort de Si-Mohammed, qui périt le 4 février 1865 dans un engagement contre le général Deligny, que l'insurrection entra dans la période de décroissance. Les Ouled Sidi Cheikh continuèrent cependant la lutte ; pendant les années 1866 et 1867, ce fut entre eux et nous un échange de razzias, de surprises et de coups de main où nous n'avions pas toujours l'avantage. En 1869, un parti de 3000 chevaux et de 800 fantassins s'avança jusqu'à Taguin ; on les rejeta dans le désert, mais au mois de janvier 1870 ils tombèrent sur les Hamyan. Ils trouvaient un refuge au Maroc, où trois puissantes tribus, les Beni-Guil, les Ouled-Djérir et les Doui-Ménia, attachés à eux par la clientèle religieuse, formaient sous leurs auspices une redoutable confédération. Le général Wimpffen, triomphant non sans peine des hésitations du gouvernement, obtint d'aller poursuivre ces pillards de l'autre côté de la frontière. Il organisa rapidement une petite colonne de 3000 hommes, dont il prit la direction avec les généraux Chanzy et de Colomb pour lieutenants[1]. Le 29 mars 1870, on partait d'Aïn-ben-Khelil, au sud des chotts; le 1er avril, on entrait sur le territoire marocain; le 13, après une marche assez pénible, les troupes venaient camper sur le plateau d'El-Bahariet en face de l'Oued Guir. C'est là que l'ennemi avait concentré ses forces. 8000 hommes environ occupaient sur la rive droite de l'oued une position assez bien choisie, formée par une ligne de dunes, couverte en avant par des fossés d'irrigation. Leur confiance était entière. « Va dire au général, répondaient-ils à un marabout chargé de leur offrir la paix, que nous avons compté le nombre de ses soldats et qu'il ait la sagesse de fuir au plus vite. » Ce n'était pas pour cela que Wimpffen était venu de si loin. Le 15, au point du jour, la rivière est passée à gué; les zouaves attaquent de front, pendant que Chanzy et Colomb se portent sur les ailes. On se battit toute la journée, la résistance fut surtout vive au centre; mais, tournés à droite et à gauche, les Doui-Ménia lâchèrent pied. Leurs chefs se soumirent aussitôt sans conditions. La colonne se rabattit alors vers le nord pour châtier aussi les Beni-Guil; ceux-ci ne l'attendirent pas en rase campagne et se retranchèrent dans leur oasis d'Aïn-Chaïr. Le 25, l'oasis est enlevée et ses défenseurs rejetés dans le Ksar; le 26, ils demandaient l'aman et s'engageaient « à vivre en amitié avec nos Sahariens et à ne plus prêter leur appui aux Ouled-Sidi-Cheikh. » Ces promesses et celles qui furent faites ensuite par les Doui-Ménia furent longtemps respectées.

1. Voy. Fillias, *Récits militaires*.

La guerre de 1870 ne nous laissa pas les moyens de poursuivre dans le sud-ouest cette politique vigoureuse, et elle détermina par contre-coup une des crises les plus redoutables qu'ait eues à traverser la colonie. Il ne faut pas chercher ailleurs la cause de l'insurrection de 1871. Les indigènes s'étaient courbés sous notre domination, parce que la force les y avait contraints ; ils avaient gardé de leurs défaites passées une sorte de terreur admirative ; à leurs yeux, il n'y avait pas de puissance qui pût être comparée à celle des Français, à leurs armées innombrables, à leurs fusils rapides, à leurs gros canons, à leurs vaisseaux cuirassés. Tout ce prestige s'évanouit quand arriva la nouvelle de nos désastres ; nous n'étions donc pas invincibles ; l'heure de la catastrophe avait sonné pour le grand empire des Roumis, elle appelait les fidèles à la revanche et à la délivrance. Tandis que ces idées s'agitaient confusément dans les esprits, notre organisation semblait se dissoudre. La guerre était survenue au moment où l'on préparait des réformes que le gouvernement de Tours, avec plus de bonne volonté que d'à-propos, avait voulu effectuer sans tarder. Le désarroi administratif était complet ; les bureaux arabes, attaqués avec violence, maintenus cependant dans leurs difficiles fonctions, n'avaient plus ni sang-froid ni autorité ; les grands chefs, qui sentaient leur position menacée, étaient mécontents ou indécis. Avec cela plus de troupes, des généraux et des officiers démoralisés par la défaite, une population civile que la douleur patriotique agitait en mouvements désordonnés. Telle était la situation ; ce dont il faut s'étonner, ce n'est pas que l'insurrection ait éclaté, c'est qu'elle ait tardé si longtemps à le faire.

Les premiers symptômes se montrèrent seulement en janvier 1871. Une smala de spahis cantonnée sur la frontière tunisienne refusa de s'embarquer pour la France et entraîna la tribu des Hannenchas dans une démonstration contre Souk-Arrhas. Un mois après, le poste d'El-Milia entre Constantine et Collo était attaqué. Pour faire de ces troubles partiels un soulèvement général, il ne fallait plus qu'un chef. Mokrani se présenta.

Depuis 1852, il était bach-agha de la Medjana; l'influence traditionnelle de sa famille s'étendait bien au delà des limites de son commandement. Il avait rendu des services et en avait été récompensé par des distinctions de toute nature. Mais ce grand seigneur indigène, amoureux du luxe et des larges dépenses, était fort mal dans ses affaires ; les spéculations où il s'était lancé n'avaient pas réussi, ses biens étaient grevés d'hypothèques. Il jugea l'occasion favorable pour liquider sa situation. Si la révolte réussissait, elle faisait de lui une manière de souverain ; en cas d'échec, il savait comment la France avait traité Abd-el-Kader. Il s'aboucha avec le cheikh des Khouans de Sidi-Abderrahman, le vieux El-Haddad, que ses fils entraînèrent ; l'influence politique et l'influence religieuse travaillèrent ensemble la Kabylie. Quand tout fut prêt, Mokrani envoya à l'autorité française sa démission de bach-agha et une déclaration de guerre ; il donnait comme prétexte à sa défection l'avènement du régime civil. Le 16 mars, avec 8000 hommes, il parut devant Bordj-bou-Arreridj. Il saccagea sans peine le village ; mais le bordj où s'étaient réfugiés les habitants tint bon. Déjà toute la Kabylie était debout. Fort-National, Dellys, Tizi-Ouzou, Dra-el-Mizan, Beni-Mansour, Bougie, Djijelli, Mila, les villes, les villages, les forts furent investis. Les insurgés se ruaient sur les places à coups de fusil ; repoussés, ils organisaient des sièges réguliers, menaient des approches, pratiquaient des mines, montraient un ensemble et un acharnement qu'on ne leur avait encore jamais vus. Les exploitations isolées, les fermes étaient brûlées. Palestro, emporté après une vive résistance, était détruit et les habitants massacrés avec des raffinements de cruauté. L'insurrection essaya de déborder hors des montagnes où elle était chez elle : Sétif, Batna, Aumale furent menacés; une pointe audacieuse fut tentée vers Alger. La colonne Fourchault, formée à la hâte de quelques soldats de ligne, de mobilisés et de francs-tireurs, devança à peine les Kabyles au village de l'Alma. S'ils avaient passé, toute la florissante Mitidja eût été mise à feu et à sang. Le combat du 22 avril leur barra la route. Le colonel Fourchault, avec une poignée d'hommes, poussa audacieusement jusqu'à Palestro, où il ne trouva plus que des ruines et des cadavres.

Avec ce qu'on avait de troupes en Algérie, avec des mobiles, des mobilisés, des miliciens, des francs-tireurs, on organisa deux colonnes actives, l'une dans la province de Constantine sous le général Saussier, l'autre dans la province d'Alger sous le colonel Cérez. Ce dernier, en manœuvrant pour couvrir Aumale, rencontra à l'oued Soufflat les contingents de Mokrani; le bach-agha gravissait une colline pour reconnaître à quelles forces il avait affaire lorsqu'une balle lui traversa le cou. Sa mort décapita l'insurrection. Cérez combina ses mouvements avec ceux du général Lallemand, qui venait de quitter Alger; tous deux ensemble débloquèrent les places et désarmèrent les tribus. Etouffée au centre, l'insurrection éclata alors dans l'ouest, tandis qu'elle redoublait d'intensité dans l'est. Les Beni-Ménacer se portent sur Vesoul Bénian, menacent le chemin de fer d'Alger à Oran et bloquent Cherchell; leur exemple pouvait entraîner le Dahra et les Flittas; on se hâta de les réduire. Dans la province de Constantine, six colonnes, sous le commandement supérieur du général Saussier, opérèrent à la fois contre Bou-Mezrag, qui avait succédé à son frère Mokrani. Après une campagne de cinq mois, les insurgés furent écrasés au combat de Bou-Thaleb; le général de Lacroix poursuivait leurs derniers adhérents jusque dans l'extrême sud. La Kabylie fut durement châtiée; elle eut à payer des indemnités de guerre, elle se vit enlever son autonomie municipale; une partie des terres mises sous le séquestre furent affectées à la colonisation, qui pénétra seulement alors dans ses fertiles vallées.

La révolte d'El Amri en 1876, celle de l'Aurès en 1879 ne furent que des mouvements isolés, dirigés beaucoup moins contre l'autorité française que contre les chefs indigènes dont elle tolérait les abus. L'une et l'autre d'ailleurs furent facilement réprimées. L'insurrection qui éclata en 1881 [1] dans le Sud oranais eut plus de gravité; elle n'était que la suite de celle de 1864, qui ne s'était jamais complètement éteinte. Pendant la grande crise de 1871 nous avions joui de ce côté d'une tranquillité relative, grâce à l'impression laissée par la campagne de l'oued Guir et aussi au concours d'un des chefs Ouled-Sidi-Cheikh, Si Sliman, qui, après avoir fait sa paix avec nous en 1868, était devenu agha de Géryville, puis des Hamyan. A la fin de 1871, son commandement lui fut enlevé, et il cessa d'être notre auxiliaire pour redevenir bientôt notre ennemi; des négociations entamées avec ses rivaux les Ouled-Hamza n'aboutirent pas. A partir de ce moment, le pays des Ksours et la plus grande partie des Hauts-Plateaux de l'ouest, qui n'étaient point occupés par des garnisons et que visitaient seulement par intervalles des colonnes mobiles, furent comme abandonnés aux incursions des Marocains ou des dissidents et aux intrigues des agitateurs. Les malheureux Ksouriens étaient obligés de payer l'impôt et à la France et à nos ennemis; les nomades soumis, dès qu'ils se hasardaient au sud des chotts, subissaient des razzias auxquelles il ne leur était pas permis de répondre par des représailles. Dès 1875 un marabout du nom de Bou-Amama, établi au ksar de Moghar-Tahtani, commença à exciter les populations, en exploitant leur mécontentement quelquefois légitime et notre apparente faiblesse. Bien que ses manœuvres fussent signalées et connues, on ne parvint pas à s'assurer de sa personne. Les mesures énergiques qu'il aurait fallu prendre et que

1. Voy. Sabatier, *la Question du Sud-Ouest*. — Rinn, *Nos frontières sahariennes*. — Le Châtelier, *les Frontières méridionales de l'Algérie*.

réclamaient tous ceux qui étaient au fait de la situation, furent différées d'année en année. Chanzy d'abord, puis son successeur M. Albert Grévy, laissèrent le mal s'aggraver et l'agitation grandir. Au mois d'avril 1881, l'assassinat du lieutenant Weinbrenner fut le signal de l'insurrection, qui gagna bientôt presque tous les nomades du sud-ouest. Dans le même temps les agressions des Kroumirs et les mauvais procédés du gouvernement beylical déterminaient l'expédition de Tunisie, et l'on apprenait le massacre de la mission Flatters, détruite en février par les Touareg Hogghar. Un instant on put croire à une vaste conspiration, organisée dans toute l'Afrique du Nord, et redouter un soulèvement d'ensemble préparé contre nous par la propagande panislamique. Et de fait il y avait plus qu'un rapport de coïncidence entre ces mouvements presque simultanés de l'est, de l'ouest et du sud; les excitations religieuses, sans en être la cause unique, avaient grandement contribué à les produire.

L'insurrection du sud-ouest, tout annoncée qu'elle était, nous prit au dépourvu; une partie des troupes de la province d'Oran avaient été expédiées en Tunisie. Favorisée par la connivence ou la mollesse de nos auxiliaires indigènes, par la faiblesse de nos colonnes, insuffisantes en nombre et médiocrement conduites, elle se développa d'abord avec succès. Le 14 mai, le colonel Innocenti, attaqué à Chellala, subit des pertes sensibles et se laisse enlever son convoi. Bou-Amama court audacieusement jusqu'à l'extrémité nord des Plateaux, brûle les chantiers de Kralfalla, près de Saïda, et massacre les halfatiers espagnols. Au retour, tout chargé de butin, il franchit le chott Chergui presque en vue de la colonne Malaret, qui garde le poste du Kreider. De nouvelles défections se produisent. Si-Sliman arrive du fond du Maroc pour se mettre de la partie. Mais déjà des renforts ont été expédiés, des décisions énergiques ont été prises. Le général Saussier, appelé au commandement du XIXe corps, et le général Delebecque, mis à la tête de la division d'Oran, mènent les opérations avec vigueur. Le chemin de fer d'Arzeu à Saïda est prolongé à travers les Plateaux, d'abord jusqu'au Kreider, puis jusqu'à Mécheria, sur une longueur de 215 kilomètres; les Ksours sont parcourus ou occupés par nos troupes. A la fin de 1881, l'ennemi est rejeté au Maroc. Six colonnes chargées de le tenir en respect manœuvrent autour des points d'El-Aricha, de Ras-el-Mâ, d'Aïn-Ben-Khelil, de Géryville, d'Aïn-Sefra et de Mécheria. Elles ne se bornent pas à la défensive et rendent coup pour coup, razzia pour razzia. L'échec de la mission topographique, surprise près du chott Tigri, est le seul incident malheureux de la campagne. Nos troupes bien entraînées sont aussi mobiles que les nomades; elles ont maintenant les chefs alertes qui conviennent à cette guerre, comme Négrier, qui obtient tout de ses hommes et dont l'entrain, la vigueur et l'heureuse audace rappellent les temps glorieux de l'ancienne armée d'Afrique. Vers la fin de 1882, l'annexion du Mzab fait disparaître, avec un foyer d'agitation permanent, l'entrepôt où les rebelles pouvaient s'approvisionner d'armes et de munitions. Le général Thomassin reprend les négociations avec la famille de Si-Hamza et parvient à ramener sur notre territoire les Ouled-Sidi-Cheikh et la majeure partie des dissidents. En 1883, la pacification peut être considérée comme achevée.

Il serait dangereux de la tenir pour définitive. Si nous étions tentés d'oublier qu'il existe une question saharienne, des incidents douloureux comme le meurtre du lieutenant Palat viendraient nous le rappeler. Dans tout le Sahara qui borde nos frontières, à Ghadamès, dans le Hogghar, à Insalah, nous avons des ennemis acharnés, et notre prestige, fortement amoindri par le massacre de la mission Flatters, ne s'est point relevé depuis. Beaucoup trouvent excessive la prudence qui jusqu'à présent nous a empêchés de rien tenter pour en châtier les auteurs. Par contre il faut reconnaître que d'excellentes dispositions ont été prises dans ces dernières années pour consolider et garantir notre frontière. Aïn-Sefra dans les Ksours, Ghardaïa dans le Mzab, Ouargla un peu plus à l'est, sont fortement occupés. Le chemin de fer de Mécheria est prolongé sur Aïn-Sefra; des routes suffisantes, jalonnées de points d'eau, font communiquer avec Laghouat Ghardaïa et Ouargla. En portant graduellement nos postes plus au sud, de manière à atteindre la ligne des Areg et à garder les trouées qui la traversent, en prolongeant par des lignes stratégiques nos chemins de fer de pénétration, nous parviendrons non seulement à couvrir la colonisation dans le Tell et les Hauts-Plateaux, mais aussi à protéger, à rallier, à discipliner nos nomades et à regagner dans le Sahara l'influence que nous avions en 1864. L'emploi de ces moyens pacifiques n'exclut pas, tant s'en faut, le recours à la force, surtout contre les Touareg. Mais au sud-ouest et à l'ouest, partout où nous touchons au Maroc, la plus grande circonspection devient nécessaire. Il est évident que la ligne de la Moulouïa et celle de l'oued Guir conviendraient beaucoup mieux comme limite entre l'Algérie et l'empire des Chérifs que l'absurde tracé de 1845. Mais si nous tentions d'obtenir une ratification de frontière ou d'annexer Figuig, nous soulèverions de graves difficultés diplomatiques; la question n'est plus, on le sait, exclusivement africaine. De ce côté, d'ailleurs, nous n'avons pas intérêt à brusquer les solutions. Pourvu que nous sachions nous affermir sur le terrain qui est nôtre, multiplier les points de contact, user de tous les moyens d'influence que nous possédons, le temps travaillera pour nous.

LIVRE IV

LES HABITANTS

CHAPITRE PREMIER

STATISTIQUE DE LA POPULATION

La population de l'Algérie, d'après le recensement de 1886, s'élève à 3 817 465 habitants. Si l'on déduit de ce chiffre la population comptée à part (armée de terre et de mer, élèves internes des lycées et pensionnats, communautés religieuses, malades hospitalisés, détenus), soit 65 269 individus, il reste pour la population municipale 3 254 932. Au recensement antérieur, la population totale montait à 3 310 412, la population municipale à 3 254 932; en 1876 la population totale était de 2 876 626, la population municipale de 2 807 685. L'augmentation pendant la dernière période décennale 1876-1886 aurait donc été de près d'un million d'habitants. Nous verrons plus loin qu'il faut en rabattre, et qu'au moins en ce qui concerne la population indigène les statistiques officielles ne méritent qu'une confiance relative.

L'Algérie comprend trois départements; elle se divise aussi en territoire civil et territoire de commandement. Des trois départements, le plus peuplé est celui de Constantine, qui compte 1 566 419 habitants (population municipale, 1 547 116); vient ensuite Alger, avec 1 380 541 habitants (population municipale, 1 358 576), et enfin Oran, avec 870 505 (population municipale, 846 504). En 1876, le territoire civil et le territoire de commandement se partageaient la population de l'Algérie d'une façon à peine inégale. Le territoire civil, sur une superficie de 42 000 kilomètres carrés, comptait 1 316 517 habitants; le territoire de commandement contenait 1 551 109 personnes. Depuis lors, par des rattachements successifs dont les plus considérables ont été opérés en 1880, le territoire civil s'est notablement agrandi. A la fin de 1886, il comprenait 119 202 kilomètres carrés et 3 324 475 habitants. A la fin de 1887 il s'était encore agrandi de 1 906 kilomètres carrés avec 30 200 habitants. Le territoire de commandement était réduit en 1886 à une population de 492 990 habitants.

En prenant pour base l'évaluation superficielle de 350 000 kilomètres carrés, on trouve que la densité de la population était en 1886 pour toute l'Algérie de 10,9, pour le territoire civil seul de 27,8, pour le territoire de commandement de 2,1. La densité de l'Algérie est sensiblement plus forte que celle de la colonie du Cap (2 habit. par k. q.), que celle des États-Unis (5,4), que celle de la Suède et de la Norvège (6,4). La densité du territoire civil est supérieure à celle de la Russie (16), de la Turquie d'Europe (25), à celle de deux départements français (Basses-Alpes, 19; Hautes-Alpes, 22). Elle se rapproche de celle de la Lozère (28), de la Corse (31), des Landes (32), du royaume de Grèce (30), et même de l'Espagne (35).

En 1881 le nombre des habitants du sexe masculin était supérieur à celui des femmes ou filles : 1 772 406 contre 1 538 006. La population agglomérée était de 433 434 personnes; l'armée comprenait 46 775 hommes; la population en bloc, 8705 individus. La population agricole présentait un effectif de 2 328 636 personnes; 177 599 habitants s'adonnaient à l'industrie, 128 946 au commerce; 73 423 occupaient des emplois dans les administrations publiques ou exerçaient des professions libérales. Nous n'avons pas pour 1886 la répartition par sexes et professions. Nous savons seulement qne la population agglomérée était de 581 339, la population agricole de 3 081 221, dont 187 033 Européens et 2 902 188 indigènes; qu'enfin, dans cette même année, l'armée était forte de 47 970 hommes, tandis que la population en bloc arrivait au chiffre de 17 399

La population de l'Algérie est encore bien loin de former un tout homogène. La diversité des origines se traduit par des différences très tranchées dans le langage, les mœurs, les institutions civiles et religieuses, même dans la condition des personnes. Il convient de considérer à part chacun de ces groupes, qui coexistent sans presque se mêler.

Le nom d'indigènes s'applique à tous ceux qui se trouvaient en Algérie en 1830, à eux et à leurs descendants. A part les israélites, naturalisés par un décret du gouvernement de Tours, et un petit nombre de musulmans naturalisés individuellement, les indigènes continuent de former une masse compacte, étrangère à nos idées et à nos mœurs. Toutefois, eux-mêmes sont divisés en Arabes, Berbères, Maures, Coulourlis, nègres, que réunit surtout le lien d'une commune religion. Aux indigènes sujets Français se rattachent des étrangers qui appartiennent comme eux à l'islamisme, c'est-à-dire la plus grande partie des Marocains et Tunisiens et des Turcs, Africains, etc.

La population coloniale comprend tous les Européens que l'immigration a depuis la conquête amenés ou implantés en Algérie. Elle se compose en bonne partie de Français, mais d'un nombre presque aussi grand d'étrangers : Espagnols, Italiens, Maltais, Allemands, Suisses.

Le recensement de 1886 divise la population municipale en :

Français d'origine ou naturalisés	219 627
Nés d'israélites naturalisés par le décret du 24 octobre 1870	19 275
Israélites naturalisés par le décret du 24 octobre 1870	23 320
Sujets français (Arabes, Kabyles, Mozabites, etc.)	3 262 422
Tunisiens	4 895
Marocains	17 445
Étrangers de nationalités diverses	205 212
Total	3 752 196

et la population totale, y compris l'armée et la population en bloc, en :

Français d'origine ou naturalisés	261 591
Israélites naturalisés ou nés d'israélites naturalisés	42 744
Indigènes musulmans sujets français	3 274 354
Tunisiens et Marocains	24 060
Autres nationalités	214 716
Total	3 817 465

En déduisant de ces chiffres ceux de l'armée, qui comprenait en 1886 35 925 Français, 7 532 indigènes sujets français, et 4 513 étrangers européens, en retranchant du total des étrangers pour les grouper avec les Tunisiens et Marocains environ 900 Africains ou Turcs, on arrive pour la population civile aux chiffres suivants :

Français	225 666
Israélites	42 744
Indigènes musulmans sujets français	3 266 822
Tunisiens, Marocains, Africains, Turcs	24 966
Étrangers européens	209 303
Total	3 769 501

Ce qui donne pour 100 habitants la proportion suivante :

Indigènes musulmans sujets français	86,66
Français	5,98
Étrangers européens	5,55
Israélites	1,10
Tunisiens, Marocains, etc	0,66

CHAPITRE II

LES ARABES

Il s'en faut que les Arabes constituent, comme on l'a cru longtemps, le fonds même de la population indigène ; ils n'apparaissent dans l'Afrique du nord qu'au VIIe siècle; encore les compagnons d'Okba et de Hassan étaient-ils peu nombreux. L'invasion du XIe siècle amena un flot d'émigrants que les historiens musulmans évaluent à un million. Ces nouveaux venus se répartirent dans tout le Moghreb, plus serrés à l'est, plus clair-semés à l'ouest. Aujourd'hui encore, l'élément arabe est bien moins important au Maroc que dans la Tunisie ou la Tripolitaine. En Algérie, on arrive difficilement à une estimation précise; les deux tiers au moins des indigènes parlent exclusivement la langue du Prophète; mais la langue ne prouve pas l'origine; d'après des opinions autorisées, la race arabe comprendrait à peine un sixième de la population musulmane [1]. Malgré cette infériorité numérique, l'élément arabe est le plus important. Quand un peuple a fait adopter sa langue, sa religion, ses institutions et ses mœurs, il n'est plus en minorité; la plupart des autochtones, qui parlent, pensent et vivent à sa manière, finissent par faire corps avec

1. Carette et Hanoteau disent un tiers. On comprend que les évaluations varient; mais dans tous les cas on s'accorde à reconnaître que les Arabes sont en minorité.

lui. C'est ce qui est arrivé en Algérie, où les populations berbères se sont presque partout assimilées aux Arabes.

L'Arabe pur sang est grand, mince, élancé, musculeux; il offre un mélange remarquable d'élégance et de vigueur; les extrémités sont fines, les membres allongés, souples et forts. La figure est d'un ovale un peu tiré avec des traits réguliers : le nez aquilin, l'œil vif, les dents éclatantes; seul le front, étroit et fuyant, manque de noblesse. Le grand air, la poussière, le soleil tannent la peau et lui donnent cette belle teinte bronzée qui se marie si bien au dessin énergique du visage. C'est surtout parmi les nomades, dans l'aristocratie saharienne, que ce type se retrouve dans toute sa beauté; on voit réellement un magnifique spécimen de l'espèce quand un homme de grande tente apparaît drapé dans ses burnous; le vêtement aux larges plis, sans gêner l'aisance des mouvements, les enveloppe d'une ampleur majestueuse; le haïk blanc, serré par la corde en poil de chameau, encadre le visage et en fait ressortir la chaude coloration. Ce n'est pas à dire que tous les Arabes ressemblent aux superbes cavaliers de Fromentin. La race est le plus souvent altérée par des mélanges ou abâtardie par la misère et le vice. Il est rare cependant qu'elle n'ait pas conservé ses qualités physiques, sa vigueur, son étonnante agilité. On a beaucoup vanté les cavaliers arabes; mais les piétons, il faut les voir sur quelque route poudreuse, en plein soleil, marcher de leur pas allongé, égal, infatigable. Ils supportent les privations et les peines avec une force de résistance qu'on ne trouve chez aucun autre peuple; enfants, on les a laissés à eux-mêmes, exposés tout nus au chaud, au froid, au vent, au soleil, à la pluie; la sélection s'est faite toute seule; ce qui était mal venu, imparfaitement constitué, a succombé; les survivants sont comme l'acier trempé. Même la maladie ne peut les terrasser. Des tribus entières, empoisonnées par la syphilis, ne semblent pas s'en ressentir; on ne se douterait pas de la présence du fléau si un individu plus maltraité que les autres ne montrait son masque hideusement déformé. Les affections cutanées, les maux d'yeux, les rhumatismes, produits par la mauvaise hygiène et la malpropreté, sont des compagnons incommodes, mais qu'on accepte assez gaillardement ; quand viennent les épidémies : fièvre, variole, typhus, ils n'essayent pas de se préserver ou de se défendre, ils meurent par milliers avec plus d'indifférence encore que de résignation.

Parmi les Arabes et les Berbères assimilés, l'élément nomade est le plus nombreux. Ils sont nomades par disposition héréditaire, mais surtout parce que la nature du pays leur impose ce genre d'existence. En l'état actuel, la plus grande partie du Sahara et de la région des plateaux n'est pas susceptible d'une culture régulière. Ces grands espaces nus et brûlés pendant la saison sèche, couverts après les pluies d'une belle végétation, forment des pâturages intermittents, des terrains de parcours. La richesse des nomades consiste dans leurs troupeaux; il faut qu'ils leur trouvent de la nourriture et de l'eau; de là les migrations régulières du sud au nord et du nord au sud concordant avec le mouvement des saisons. Aux approches de l'été, les caravanes se mettent en route vers le Tell; elles y arriveront après la moisson faite; les bêtes trouveront encore leur pâturage dans les champs dépouillés. A l'automne, quand tombent les premières pluies, on revient sur les hauts plateaux et dans le Sahara. C'est un curieux spectacle que celui d'une tribu en marche : les chameaux s'avancent gravement, en file, portant les provisions, les tentes, les ustensiles de ménage; puis viennent quelques bœufs ou vaches maigres, les chèvres et la masse serrée des moutons qu'entoure un nuage de poussière ; les femmes, leurs enfants sur le dos, cheminent à pied; seules les grandes dames du désert prennent place dans l'*attatouch*, le palanquin installé sur le chameau. Les hommes, le fusil au poing, sont en avant pour éclairer la route ou en arrière pour la protéger, d'autres courent sur les flancs de la longue colonne, surveillant les bêtes, les empêchant de s'égarer ou d'être volées. Le soir, on s'arrête et l'on campe.

La demeure du nomade, c'est la tente; un grand poteau et deux perches, quelques pieux fichés en terre supportent ou assujettissent la grande pièce d'étoffe formée de *felidj* cousus ensemble. Le *felidj* est une longue bande de laine et de poil de chameau que les femmes tissent dans les journées où l'on n'est pas en marche. La tente, si belle qu'elle soit, est un médiocre abri; elle défend mal ses habitants contre le soleil, la pluie, la neige, mais elle est portative et légère. Elle leur suffit, et ils l'aiment; le nomade repose mal sous un toit, il a horreur de nos maisons de pierre. Un jour, un général en tournée dans le sud engagea quelques chefs à se construire des maisons, ils obéirent à un conseil qu'ils considéraient comme un ordre; quand le général passa de nouveau, les maisons étaient bâties, mais leurs propriétaires campaient à côté. L'ameublement d'une tente est d'une simplicité rudimentaire : deux pierres pour former le foyer, des tellis où sont les provisions, des peaux de bouc goudronnées pour l'eau, une marmite en terre, quelques plats en bois ou en halfa, des nattes grossières et chez les riches un tapis. On a vu des caïds s'offrir le luxe d'une table avec des couverts, mais chez les nomades on peut compter ces sybarites. La nourriture habituelle est le kouskous, sorte de gruau que les femmes fabriquent elles-mêmes avec de la farine d'orge ou de froment; des galettes légères assez semblables à nos crêpes tiennent lieu de pain. Le lait, le miel et les dattes figurent pour une grande part dans l'alimentation. Rarement on mange de la viande; il faut pour cela une grande occasion, une fête religieuse, une cérémonie familiale, une diffa offerte à des étrangers. Alors on égorge un mouton, on le dépouille, on le traverse d'une sorte de broche et on le fait tourner doucement devant un feu de broussailles en l'arrosant de beurre fondu; c'est le mets le plus succulent de la cuisine indigène.

Les nomades cultivent peu, l'élevage est leur grande affaire, le mouton leur donne de la viande; la chèvre, la vache, la chamelle leur fournissent du lait. Avec la laine ou le poil de ces animaux ils ont la matière première de leurs vêtements et de leurs tentes. Le commerce leur est aussi de quelque secours; ils échangent des dattes récoltées dans les oasis du sud contre les céréales du Tell, ils vendent pour l'exportation une partie de leurs troupeaux; ils n'achètent guère que des grains, quelques armes et des bijoux pour leurs femmes. En somme, ils ont peu de besoins et savent presque toujours y suffire eux-mêmes.

L'instinct nomade se retrouve chez les sédentaires du Tell, ils se meuvent dans un rayon moins étendu, mais ils se déplacent facilement; en été, la plupart habitent sous la tente; l'hiver, le froid les oblige à se fabriquer des gourbis, les murs sont en terre ou en sable grossièrement maçonné, la toiture en diss ou en halfa. Ni portes, ni fenêtres, ni cheminées; le sol n'est pas même battu. Bêtes et gens s'entassent pêle-mêle dans cet abri moins léger que la tente, mais plus malpropre et plus malsain. Avec ses tentes ou ses gourbis rangés en cercle, à l'écart des routes et des chemins fréquentés, gardé contre les fauves et les intrus par ses chiens maigres toujours grondants, le douar a moins l'air d'un village que d'un campement. Les chefs, plus sensibles aux avantages du confort, se bâtissent, quand ils le peuvent, de vraies maisons où il y a des portes, des fenêtres, des murs solides soigneusement blanchis à la chaux; l'installation est celle d'une ferme très simple, on utilise presque toutes les chambres comme magasins à grains et à fourrage; quelques meubles français, tout dépaysés, se mêlent aux nattes, aux tapis et aux coffres indigènes.

Les Arabes du Tell ont des bœufs, des chèvres, des moutons, mais l'élevage n'est pour eux qu'une occupation accessoire ; en général, ils sont cultivateurs. Beaucoup sont employés dans les exploitations européennes; ceux qui sont propriétaires font valoir leur fonds, mais ils mettent rarement la main à la charrue; le travail est fait par les khammès, métayers partiaires qui sont payés du cinquième de la récolte ; la condition des khammès et des bergers, ces prolétaires de la société arabe, est assez misérable, le petit propriétaire lui-même est bien loin d'être riche. Malgré sa fertilité, le sol cultivé maladroitement donne une production très irrégulière; depuis que le commerce leur est devenu facile, les indigènes ont perdu l'habitude d'entasser des réserves de grains dans leurs silos; les années mauvaises les trouvent sans épargne, sans défense contre la misère.

Ce qui réunit les pasteurs du sud et les laboureurs du Tell, c'est la religion; tous sont musulmans; les mosquées, les zaouïas, les koubbas des marabouts leur servent de points de ralliement. Un bon nombre [1] sont enrôlés dans les confréries de Sidi-Abderrahman, de Mouley-Taïeb, de Sidi-Abd-el-Kader, de Tedjini, de Cheikh-Snoussi, associations puissantes et dont une au moins, celle des Snoussi, est réellement dangereuse. Très attachés à leur foi, il en est peu qui n'observent fidèlement les rites extérieurs, ablutions, prières, jeûne du Rhamadan. Chaque année, des milliers s'embarquent pour faire le voyage de la Mecque; les uns meurent en route, les autres reviennent malades, épuisés de fatigues et de privations; mais ils ont gagné la sainteté, ils peuvent ajouter à leur nom le titre vénéré de *hadji*. Cette ferveur religieuse est le principal obstacle que nous ayons rencontré en Algérie; elle a suppléé à l'esprit national pour animer les colères et encourager les résistances; presque toutes les révoltes ont été dues à des prédications de marabouts; pour la guerre contre l'infidèle

1. 168 000, d'après les statistiques officielles, certainement au-dessous de la réalité. Voy. Rinn, *Marabouts et Khouans*.

les divisions cessent, les haines de tribu s'oublient. Telle est la cause toujours agissante, dont on peut atténuer les effets, mais qu'il est bien difficile de détruire. La conversion des Arabes au christianisme que quelques-uns ont rêvée n'est qu'une chimère dangereuse. L'islam d'ailleurs, avec la simplicité de son dogme et la clarté de sa morale, n'est pas tellement inférieur aux autres conceptions monothéistes. Comme elles, il a un caractère exclusif et il crée la division parmi les hommes. Le musulman est fanatique et intolérant, mais l'est-il plus que les Hébreux de la Bible et les chrétiens du moyen âge? A côté de paroles violentes, de sanglants appels à la force, le Coran contient des préceptes de charité et de justice. En cherchant bien, on peut trouver les mêmes oppositions dans l'Ancien Testament ou dans les Évangiles. La forme théocratique est un état inférieur des sociétés humaines; quand la religion règne seule, quand elle n'est pas tempérée, équilibrée par l'activité économique et intellectuelle, partout elle produit les mêmes résultats. Elle fait des nations inertes, momifiées dans le formalisme, incapables de comprendre tout ce qui n'est pas elles, pleines d'horreur et de haine pour tout ce qu'elles ne comprennent pas. Le moyen de combattre l'influence excessive de l'islamisme n'est donc pas dans un prosélytisme dépourvu de toute chance de succès. Les Arabes cesseront d'être des fanatiques le jour où ils seront gagnés à la civilisation; quand les réalités de la vie sociale auront chassé les rêveries superstitieuses, quand les voyages d'affaires auront succédé aux pèlerinages, quand des idées vivantes secoueront ces esprits assoupis, alors le problème sera résolu. L'indigène sera peut-être encore musulman comme le Français est catholique, mais avant tout il sera un homme moderne, un contemporain du siècle.

En attendant le peuple arabe se modifie lentement; avec ses croyances religieuses, il a conservé ses anciennes institutions. Le Coran, les commentaires qu'il a inspirés, les coutumes qu'il a créées ou admises constituent toujours la loi civile. Comme au temps de la conquête, malgré l'établissement des douars communes et des communes mixtes, l'unité sociale est la tribu[1]. Ce groupe étendu, pareil au γένος grec et à la *gens* romaine, comprend, avec les descendants de l'ancêtre éponyme agnats les uns des autres, des familles rattachées par le lien de l'affranchissement ou de la clientèle. Si elle est nombreuse, la tribu se fractionne en ferkas et en douars; si elle est faible, elle noue des alliances. Elle a son nom, ses chefs, son existence propre; elle est personne civile; son domaine, l'*arch*, ne peut sortir de ses mains ni par vente, ni par donation, ni par testament; les détenteurs ne sont que les usufruitiers héréditaires d'une propriété collective. Autrefois, le commandement appartenait toujours par droit de naissance à la famille du fondateur; il n'en est plus ainsi dans le Tell, où les caïds deviennent de plus en plus de simples fonctionnaires. Mais les chefs de fraction portent encore le titre de *cheikh* (vieillard) qui atteste le caractère patriarcal de leur autorité.

Dans la famille proprement dite, le père est un maître plus respecté qu'aimé, plus craint que respecté; nul ne s'assied en sa présence, il mange seul, et c'est seulement quand il est rassasié que la femme et les enfants ont leur tour. La condition des femmes est mauvaise; le mariage est un marché, les parents de l'épousée sont les vendeurs, le mari achète, paye et dispose à sa guise de ce qu'il a payé. La femme arabe n'a point de jeunesse ni de maturité; encore enfant lorsqu'on la marie, elle vieillit vite au dur métier de servante qu'on lui fait faire. La polygamie est loin d'être générale, on comptait seulement 43 000 ménages polygames en 1881; c'est que, pour avoir plusieurs femmes, il faut d'abord être en mesure de les nourrir. Un

1. V. le code de Sidi-Khelil, traduction Seignette, et l'excellente introduction qui précède l'ouvrage.

Arabe n'a qu'une seule femme pour les mêmes raisons qui obligent un Européen à n'avoir qu'un domestique; la plupart des pauvres gens, bergers ou khammès, sont condamnés, par leur pauvreté même, à un perpétuel célibat. Le législateur musulman qui connaissait le peuple auquel il avait affaire a essayé de protéger les femmes contre les abus de la force. Il n'a pas interdit la polygamie, mais il l'a limitée; un musulman ne doit pas avoir plus de quatre femmes, et, s'il n'en a qu'une, cela est mieux. Dans les cas de divorce ou de veuvage, un douaire doit être assuré à l'épouse. Mais ici les mœurs ont été plus fortes que la loi, et les artifices juridiques ne manquent pas pour tourner le Coran au détriment des femmes[1]. Elevées dans l'ignorance, maltraitées, frustrées, celles-ci se vengent du mieux qu'elles peuvent. Malgré une surveillance jalouse, malgré des châtiments terribles, les cas d'adultère sont fréquents. Les occasions ne manquent pas, elles sont saisies avec un cynisme et une audace qui confondent. Si l'on veut croire à la pureté des mœurs primitives, il ne faut pas venir la chercher parmi les Arabes de la tente. Hommes et femmes, adolescents ou vieillards, la corruption est la même chez tous; l'enfance même n'est pas respectée; des spectacles dégoûtants et d'ignobles exemples la dépravent dans sa fleur.

La brutalité sensuelle n'est pas le seul vice des Arabes; ils n'ont en aucune façon le respect du bien d'autrui. A leurs yeux, le vol est une action indifférente en elle-même, bonne quand on est adroit, mauvaise pour qui se fait prendre. Ils sont âpres au gain, licite ou non; pour mieux dire, ils n'en connaissent point d'illicite. Ils ont des habitudes de ruse qui les rendent souvent dissimulés et dangereux. Malgré la fierté de leurs allures, ils sont souples et flexibles devant la force; ils mentent avec une effronterie sans égale, ils flattent avec une abondance de langage

1. V. le code de Sidi-Khelil.

inépuisable. Leurs passions inconstantes les ballottent sans cesse de la fidélité à la révolte et de la révolte à la soumission. Avec cela, de vraies vertus : la bravoure, le mépris de la mort, l'héroïque insouciance devant le danger; malgré la réputation de paresse qu'on leur a faite, ils supportent les plus durs labeurs; à part quelques favorisés, ils vivent presque de rien et s'en contentent. Il faut les juger sans engouement romantique, mais sans aveugle prévention. Tout vieux qu'ils soient comme peuple, ce sont de grands enfants; ils ont de l'enfance les convoitises, les naïves grossièretés, les appétits irraisonnés, la mobilité des sensations; ils en ont aussi parfois la facilité d'humeur et la droiture naturelle.

CHAPITRE III

LES BERBÈRES

Les vrais indigènes de l'Afrique du nord, ce sont les Berbères. Mais en Algérie la plupart ont oublié leur langue et leurs origines. Tous ceux qui n'étaient pas cantonnés dans les montagnes ou perdus dans le Sahara lointain, tous ceux que n'isolait pas leur position géographique ou un plus âpre amour de l'indépendance, se sont mélangés et confondus avec l'envahisseur arabe. En 1859, les idiomes berbères n'étaient plus parlés que par 850 000 hommes[1], et depuis ils ont encore perdu du terrain. Pour retrouver cette race, qui n'a plus conscience d'elle-même, il faut aller la chercher dans ses derniers refuges, dans la Kabylie, si longtemps impénétrable, dans les massifs de l'Aurès, dans la Chebkha du Mzab.

Il existe deux types kabyles[2] : l'un blond ou roux avec un teint blanc et des yeux clairs, l'autre à peau brune, la barbe et les cheveux noirs ; on remarque davantage le premier, qui fait travailler les imaginations ; le second est de beaucoup le plus fréquent. En général, les formes sont massives, la tête carrée, les traits gros. Ces paysans n'ont pas la finesse de race des Arabes, mais leurs allures sont

1. V. Hanoteau, *Grammaire temacheq.*

2. Parmi les nombreux ouvrages concernant les Kabyles, on consultera surtout avec fruit le livre de MM. Letourneux et Hanoteau, devenu classique, l'étude intéressante de M. Devaux, *les Kebaïles du Djerdjera,* et la thèse francaise de M. Masqueray : *Formation des cités chez les populations sédentaires de l'Algérie.*

plus naturelles et leur physionomie plus vivante. Nulle prétention à l'élégance : une méchante chemise d'étoffe commune, le *thadjellabt*, constitue à peu près le costume ordinaire ; en voyage, ils endossent le commode burnous, à la fois manteau, couverture et garde-manger ; pour la guerre, ils se plastronnent du *tabenta*, le tablier de cuir qui leur valait, avec les plaisanteries de nos soldats, le surnom de cordonniers ; d'ailleurs ils ne tiennent pas à leurs habitudes ; dans nos villes, ils adoptent volontiers le pantalon et la blouse de l'ouvrier européen. Ils ne cherchent pas à se draper et à prendre des poses ; la propreté même leur est indifférente. Même absence de recherche dans leur alimentation ; les Arabes se moquent de leur kouskous noir apprêté avec de l'huile rance ; ils mangent peu de viande, beaucoup de légumes et de fruits ; cela coûte moins cher ; les pauvres gens de la haute montagne ne se nourrissent guère que de farine de gland.

Dans ce pays tourmenté, aux hivers prolongés et rigoureux, la vie nomade ne serait pas possible. Le Kabyle n'habite pas sous la tente, il se bâtit des maisons en pierre. Sur les crêtes rocheuses où on les a perchés pour ménager la bonne terre et défier les surprises, leurs villages se détachent tout blancs dans le bleu profond du ciel ou le gris sombre des nuages. De loin, l'aspect est pittoresque ; mais, si l'on s'approche, on retrouve là toute la malpropreté des douars de la plaine ; pas de rues, des ruelles étroites encombrées de débris et de fumier. Les maisons ne sont que des huttes mal couvertes par des toits en chaume pourri ; ce sont aussi des étables : les bestiaux y habitent avec la famille, à peine séparés par un mur d'un mètre ; en hiver, quand tout est clos, on se demande comment la vie est possible dans cet air vicié où la fumée du foyer se mêle à l'odeur des bêtes et des gens. Aussi se tient-on le plus possible au dehors. Les femmes elles-mêmes ne sont pas condamnées à toujours rester au logis ; plus libres d'allures que les femmes arabes, elles mangent en présence du mari, elles se montrent à visage découvert, elles vont et viennent par le village; une partie de leur temps se passe à la fontaine, qui est leur lieu de réunion, leur salon de conversation. Mais elles ne méritent pas le reproche d'oisiveté; outre les soins du ménage, elles mettent la main à la grosse besogne, cultivent les jardins potagers. Hommes et femmes, les Kabyles n'épargnent pas leur peine; ils ont affaire à un sol ingrat qui demande beaucoup et qui donne peu. Mais rien ne rebute ces durs travailleurs : quand les terrains sont trop déclives pour qu'on puisse s'y tenir d'aplomb, ils s'attachent à des cordes et, suspendus par la ceinture, labourent à la pioche. Ce sont de pauvres récoltes que celles qu'ils gagnent ainsi, ils ne vendent pas de céréales, à peine en ont-ils assez pour eux; les arbres fruitiers, la vigne et surtout l'olivier leur donnent davantage. Ils s'arrangent pour avoir peu de besoins, fabriquent eux-mêmes leurs étoffes, leurs cuirs, leurs poteries, leurs bijoux, leurs armes, leur poudre. Ils s'ingénient à trouver des ressources, élèvent des abeilles, font du miel, de la cire, de l'huile; autrefois, ils faisaient de la fausse monnaie, qu'ils écoulaient ensuite en pays arabe. Ils s'entendent au commerce et aux échanges avantageux; ils vont par caravanes ou isolément trafiquer dans les marchés du Tell. Les *iattaren*, les colporteurs, forment chez eux une corporation nombreuse qui vit gaiement de ses profits de hasard. Tous les ans, ils descendent par milliers, louent leurs bras pour la moisson, s'emploient dans les fermes et les exploitations européennes. Comme nos Auvergnats et nos Savoyards, ils rapportent au pays le petit pécule amassé dans la plaine.

A première vue, l'organisation ressemble assez à celle des Arabes. La *kharouba*, la famille, est un groupe assez étendu d'hommes du même sang; plusieurs kharoubas forment le *touffik* ou hameau; la réunion des touffiks constituent le village, *thaddart*. Chaque tribu comprend plusieurs villages et s'associe avec d'autres en confédération, *takebilt.* Mais cette ressemblance est tout extérieure ; la tribu kabyle n'a qu'une existence factice, purement politique ; elle ne constitue pas un ensemble compacte; les parties qui la composent conservent leur existence propre et ne se laissent pas absorber. La véritable unité, c'est le thaddart, la commune kabyle ayant, comme les petites cités anciennes, son esprit exclusif, son patriotisme de clocher et ses orages intérieurs. Avant 1871 quand la Kabylie possédait encore ses institutions municipales, la vie publique y était très intense. Chaque village avait son forum où s'assemblaient dans des comices armés tous les hommes valides ; là se discutaient les affaires d'intérêt local ou général, les alliances, les traités, les déclarations de guerre; des élections tumultueuses désignaient l'amin chargé d'administrer le thaddart en temps de paix, de conduire les contingents si l'on avait à combattre. Tous ces débats étaient suivis avec une ardeur passionnée, les arguments s'assaisonnaient d'injures, et bien souvent les séances finissaient à coups de fusil. Les partis étaient constitués, la majorité allait de l'un à l'autre suivant l'occasion ; le plus faible, pour n'être pas écrasé, prenait des points d'appui au dehors. Il se formait ainsi des ligues dans la tribu, dans la confédération ; la Kabylie tout entière se trouvait ainsi divisée en çofs. Les membres d'un même çof se devaient un mutuel appui, se soutenaient réciproquement avec un dévouement aveugle. « Aide les tiens, dit un adage kabyle, qu'ils aient tort ou raison ! »

Les Kabyles sont musulmans, mais non pas tout à fait à la manière arabe. En matière civile, le droit coutumier des Kanoun a plus d'autorité que le Coran; ils avaient aussi au temps de leur indépendance toute une législation pénale absolument distincte. Ils se soumettent aux prescriptions de la loi religieuse, non sans se permettre un peu de contrebande. Il y a beaucoup de sangliers dans leurs montagnes, mais le Coran défend comme impure la chair de cet animal. Voici le subterfuge qu'ils ont imaginé : « L'interdiction, disent-ils, ne s'applique pas à l'animal entier, mais seulement à une partie. Laquelle? C'est ce que le législateur n'a pas précisé. » Quand ils dépouillent un sanglier, ils coupent un morceau de viande et le jettent au loin, en priant Dieu de leur pardonner s'ils n'ont pas mis la main sur la partie défendue. Cela fait, ils mangent le reste en toute tranquillité. Ce ne sont pas là des plaisanteries de libres penseurs; les peuples les plus croyants ont de ces compromis entre leurs appétits et leur conscience. Les Kabyles n'en sont pas moins très attachés à l'islamisme : ils le prouvent bien en nourrissant dans leur pauvre pays tout un clergé régulier, les marabouts, comparables à des moines, mais à des moines qui feraient souche. Dans ces familles privilégiées, la sainteté est héréditaire et aussi tous les avantages temporels qu'elle comporte. Au temps de l'indépendance, les marabouts n'étaient pas tenus de porter les armes; ils étaient exemptés de presque toutes les contributions. Maintenant encore, rien d'important ne se décide sans leur avis; quand ils daignent parler, on les écoute avec déférence. Epars dans les villages ou groupés dans leurs zaouïas, ils vivent grassement d'aumônes et d'offrandes. Le Kabyle, si intéressé d'ordinaire, ne compte pas avec eux; il a trop peur de les offenser et d'attirer sur sa tête leur malédiction. Son avarice est grande, mais sa superstition est la plus forte. Le pauvre diable croit à tout : aux amulettes, aux maléfices, aux sortilèges. Aussi se laisse-t-il aisément fanatiser; les prétendus chérifs, Bou-Baghla et les autres, n'ont pas eu besoin de jongleries bien compliquées pour frapper les esprits et attester par des miracles la vérité de leur mission.

Les montagnards de l'Aurès[1] sont les frères des Kabyles;

1. Voy. sur l'Aurès et ses habitants les études que M. Masqueray a publiées dans la *Revue africaine;* la notice sur les *Aoulad-Daoud;* la thèse latine du même auteur, *de Aurasio monte*, et sa thèse française, *Formation des cités chez les populations sédentaires de l'Algérie.*

leurs idiomes, le tamzira et le zenatia, sonnent à peu près comme celui du Djurjura; ce sont bien les dialectes d'une même langue. La conformation physique est semblable : les types blonds se rencontrent en grand nombre. Là aussi, les envahisseurs étrangers, Romains, Arabes, Turcs, se sont heurtés à d'énergiques résistances; à part un seul groupe, celui des Ouled-Zeian, toutes les tribus : Oudjana, Ouled-Daoud, Ouled-Abdi, Achèches, Beni-Bou-Sliman, ont une filiation berbère bien établie. La conquête française, en introduisant avec la langue arabe la législation musulmane, a effacé les institutions locales; mais elle ne les a pas entièrement abolies, et ce qui en subsiste, ce que nous en connaissons rappelle les lois, les mœurs, l'état social de la Kabylie. L'Aurès avait ses communes et ses djemâas, ses tribus administrées par des conseils d'*imokhranen*, ses çofs ou coalitions de tribus toujours en lutte les unes contre les autres. Des Kanoun particuliers réglaient la vie civile, les mariages, les divorces, les successions. Le droit pénal était un droit coutumier, admettant presque toujours des compensations pécuniaires; chaque délit était tarifé; dans quelques localités, le meurtre même était puni d'une simple amende, analogue à la *dia* kabyle. L'islamisme n'allait pas sans un cortège de cérémonies et de superstitions locales, plus anciennes que lui. Aujourd'hui encore, les Aurasiens célèbrent aussi solennellement que les grandes fêtes musulmanes le *Bou-Ini* ou bonne année, le *Innar* (janvier), la fête du printemps, la fête de l'automne, usages romains, juifs, chrétiens, souvenirs persistants des cultes abolis.

Comme en Kabylie, les villages sont bâtis sur les crêtes dans des positions dominantes qui surveillent tout le bas pays. Des tours encore debout, observatoires d'où les vedettes interrogeaient l'horizon, révèlent la préoccupation de la défense; les maisons se groupent autour de la *guelâa*, sorte d'acropole rustique, à la fois forteresse et entrepôt. Le sol de l'Aurès est plus pauvre encore que celui de la

Kabylie; la culture ne suffirait pas à nourrir les habitants, mais les pâturages se trouvent en abondance et selon les saisons, tantôt le long des oueds, tantôt sur les croupes et les sommets; les troupeaux sont donc d'élevage facile, ils constituent la vraie et presque la seule ressource. Aussi les maîtres n'abandonnent-ils pas à d'autres le soin de les conduire, eux-mêmes dirigent les pérégrinations et les déplacements fréquents. Pendant une bonne partie de l'année, les villages sont désertés; chaque maison n'est plus alors qu'un magasin où l'on enferme les provisions. Les nécessités de la vie obligent les habitants de l'Aurès à n'être pas tout à fait sédentaires; il y a longtemps qu'il en est ainsi. Le nom de Chaouïa qu'on leur donne signifie les pasteurs, les bergers nomades. Marmol parle des « Chaviens errant sous la tente comme des Arabes ».

Il suffit de voir un Mozabite[1] pour reconnaître que cette population n'est pas arabe; ces formes ramassées, cette figure aplatie, d'un brun pâle et mat, ce gros nez, ces grosses lèvres sont les traits caractéristiques de la race berbère. Ceux-là n'ont subi ni altérations ni mélanges. Ils descendent en droite ligne des Zenata ibâdites; plutôt que de renoncer à leurs croyances, leurs ancêtres se sont retirés au désert, d'abord dans les bas-fonds d'Ouargla, puis sur les plateaux arides de la Chebkha. A force de persévérance et de travail, ils ont transformé cet affreux pays. Ils ont construit des digues pour barrer les vallées, creusé des puits dont l'eau se déverse de tous côtés dans des rigoles. Ces irrigations permettent la culture de quelques céréales et l'entretien de magnifiques jardins, où les arbres fruitiers ombragent les plants de légumes, et qu'abritent sous leur voûte immense 180 000 palmiers. Les Mozabites sont aussi d'actifs commerçants; ils ont des marchés dans chacune de leurs villes; eux-mêmes fréquentent ceux d'Ouargla, de Metlili, de Tuggurt, du Souf

1. Voy. Coÿne, *le Mzab*. — Masqueray, Introduction à la traduction de la *Chronique* d'Abou-Zakaria, et ouvrages cités. — Robin, *le Mzab et son annexion à la France*.

et de la Tunisie. Un bon tiers de la population émigre dans le Tell ; ils s'établissent dans les villes comme épiciers, bouchers, marchands de paniers, de cordes, de spartes, vendeurs de légumes, baigneurs. L'échoppe d'un « moudchou » est un petit bazar où se vendent avec les denrées tous les menus objets de ménage; il se tient là toute la journée, immobile, grave, sans paraître se douter qu'il existe au monde des distractions et des plaisirs ; il a peu de besoins, s'habille une fois pour toutes de sa gandoura multicolore, se nourrit à peine, couche n'importe où ; il se contente aisément d'un faible bénéfice ; instruit avec cela, sachant lire, écrire, tenir ses comptes, régulier et probe, il fait bien ses affaires. Quelques-uns réalisent des fortunes assez rondes.

Ce qui a conduit les Mozabites dans l'extrême sud, ce qui les a empêchés de se confondre avec les autres populations, c'est la religion. Avant l'annexion elle dominait encore toutes leurs institutions civiles et politiques. Chaque ville du Mzab nommait une djemâa chargée de répartir et de percevoir l'impôt, de faire la police, de juger les crimes, les délits et les contraventions. Toutes les villes ensemble formaient la confédération et se faisaient représenter à l'assemblée générale, qui se réunissait dans les circonstances graves à la djemâa Ammi-Saïd, entre Ghardaïa et Melika. En apparence rien n'était plus simple et plus démocratique que cette organisation, mais la réalité du pouvoir appartenait au clergé. La puissante corporation des *tolbas* était maîtresse partout. C'était le cheikh des tolbas qui présidait la djemâa, aucune décision n'était valable s'il ne l'avait approuvée en la déclarant conforme à la doctrine. Les tolbas avaient leurs biens de mainmorte, les *habbous* ou propriétés des mosquées, entretenues par des dotations spéciales ou des donations pieuses. Ils vivaient du revenu de ces fonds inaliénables, sans exercer de profession manuelle ; leur tâche était d'étudier et de maintenir le dogme et la tradition ibâdite.

Ils l'enseignaient dans leurs écoles, ils l'appliquaient dans les jugements qu'ils rendaient même en matière civile. Chargés de faire respecter la religion et les mœurs, ils exerçaient sur la conduite, la vie intime des citoyens, un contrôle sévère. Les femmes étaient séquestrées; il leur était interdit de quitter le territoire de la confédération; les peines les plus rigoureuses punissaient l'adultère. La famille était fortement constituée; le père avait toute autorité sur ses enfants; un fils ne pouvait posséder en propre du vivant de son père s'il n'avait été affranchi par lui. Quand la conduite d'un Mozabite paraissait répréhensible, il était frappé de la *tébria*, qui le privait à la fois de la communion religieuse et de ses droits civils. C'est encore aux tolbas qu'il appartenait de prononcer ou de lever la tébria.

Dans ces dernières années ce despotisme théocratique n'était plus supporté qu'avec impatience par les *Haouam* ou laïques, dont beaucoup, ayant vécu parmi nous, prétendaient être libres de leurs allures et jouir à leur guise des biens qu'ils avaient acquis. Partout, à Guerara, à Beni-Isguen, à Bou-Noura, à Ghardaïa, les haines de çof provoquaient des meurtres, des collisions, des représailles, des scènes de désordre et de carnage d'un dangereux exemple pour nos populations sahariennes. En outre, la convention de 1853, par laquelle le général Randon avait laissé aux Mozabites leur indépendance, moyennant un tribut d'une cinquantaine de mille francs, n'était plus observée par eux. Ils donnaient asile aux criminels et fournissaient aux insurrections des armes et de la poudre. L'annexion du Mzab fut décidée et effectuée au mois de novembre 1882. Depuis lors le Mzab est compris dans un cercle qui a son chef-lieu à Ghardaïa. Chacune de ses villes est administrée sous la surveillance de l'autorité militaire par un président de djemâa que la population désigne; les membres des tribunaux locaux ont été choisis parmi le clergé ibâdite.

CHAPITRE IV

LES BERBÈRES (SUITE).

Il n'y a pas si longtemps que l'Arabe, poétisé par toutes les « orientales », était l'objet de notre admiration; on commence à en rabattre; c'est aujourd'hui le Berbère qui est à la mode. On convient que l'Arabe, par les influences d'hérédité et de milieu, par tous ses instincts et toutes ses croyances, est réfractaire à notre civilisation, mais en même temps on affirme que le Berbère n'a avec nous que des affinités et des ressemblances; l'un est nomade, polygame, fanatique, aristocrate, inintelligent, farouche, paresseux; l'autre est sédentaire, monogame, presque indifférent en matière de religion ; il a des institutions démocratiques; son esprit est ouvert, ses habitudes laborieuses; c'est un homme moderne, peut-être notre consanguin, pour sûr notre pareil et presque notre égal. Voilà l'opinion courante, formulée d'abord timidement comme un paradoxe, admise aujourd'hui comme une vérité reconnue. Elle pourrait produire, elle a déjà produit des méprises dangereuses. Malgré l'autorité considérable de quelques-uns de ceux qui l'admettent, elle nous paraît reposer sinon sur des erreurs, du moins sur un examen superficiel ou une interprétation forcée de la réalité.

Que le Berbère soit sédentaire, cela n'est pas exact

d'une manière absolue; avant l'invasion musulmane, à toutes les époques de l'antiquité, il y avait dans l'Afrique du nord des populations nomades ; ces nomades étaient des Berbères. De nos jours, nous voyons les Kabyles et les Mozabites avoir des demeures fixes; mais en est-il ainsi des Chaouïa, dont le nom même est bien significatif? En dehors de l'Algérie, est-ce le cas des Touareg? Et pourtant nul ne conteste que les Chaouïa et les Touareg soient des Berbères. Cette division en nomades et en sédentaires, aussi ancienne que l'histoire même, ne se retrouve-t-elle pas également chez les Arabes ? Les influences de race y sont pour peu de chose, elle est déterminée par les nécessités géographiques les plus évidentes, elle résulte de la nature même du pays. Quelle que soit leur origine, les pasteurs du Sahara et des plateaux se déplacent toujours avec leurs troupeaux; les laboureurs du Tell s'attachent toujours au sol qu'ils cultivent.

La polygamie, admise par les Arabes, n'existe cependant chez eux qu'à titre d'exception ; d'autre part, on pourrait en trouver des exemples dans le Mzab et même, en cherchant bien, parmi les Kabyles. Mais l'important n'est pas d'établir la proportion plus ou moins grande des ménages multiples chez les deux peuples, c'est de savoir si la condition faite à la femme par chacun d'eux se présente avec des différences essentielles. La femme mozabite est aussi rigoureusement cloîtrée que la femme arabe ; pendant le voyage que fit au Mzab M. Coÿne, deux curieuses étaient montées sur une terrasse pour voir comment étaient faits des Français; « quelques instants après, j'entendis des cris perçants et j'appris qu'elles avaient été arrêtées séance tenante et conduites à la mosquée, où elles avaient été fustigées. » En pays kabyle, la femme n'est pas tenue de se couvrir le visage, elle a plus de liberté apparente ; mais la place qu'on lui donne dans la famille et dans la société est bien infime. Sa naissance est accueillie froidement, tandis que la venue d'un enfant mâle se célèbre par des fêtes. Fille, sa famille n'attend pas toujours qu'elle soit nubile pour la vendre après marché débattu à un homme vieux ou jeune. Le mari est pour elle un maître, il peut la maltraiter ; d'après les Kanoun, il a le droit de la tuer en cas d'adultère. S'il est fatigué d'elle ou qu'il ait envie de changer, une simple déclaration de divorce suffit ; il n'est pas nécessaire de fournir des raisons ou d'alléguer des prétextes ; bien entendu, la réciprocité n'existe pas. La femme divorcée ne peut contracter un nouveau mariage que si la dot versée à ses parents est remboursée par eux ou par elle. Les Kanoun de la Kabylie et de l'Aurès ne reconnaissent pas à la femme la capacité d'hériter ; elle n'a droit qu'à la subsistance, qui lui est fournie tant bien que mal, fille ou répudiée par sa famille, orpheline ou veuve par les héritiers mâles de ses parents ou de son mari. Il ne semble pas que la femme arabe ait grand'chose à envier au sort de la femme berbère, comme elle dédaignée et asservie, comme elle sans fortune propre, comme elle atteinte dans ses intérêts, dans sa dignité, dans sa sécurité même, par les mœurs et les lois d'une société brutale.

C'est méconnaître les Berbères que parler de leur tiédeur religieuse ; aucune race n'a versé aussi abondamment son sang pour des querelles de secte ; donatistes et kharedjites, sofrites et circoncellions ont fait preuve de la même ardeur fanatique. Jusqu'en 1882 il y avait en Algérie une société qui était une pure théocratie, et c'était une société berbère. Dira-t-on que les Mozabites ne sont pas des vrais musulmans, parce qu'ils se séparent de l'orthodoxie? C'est comme si l'on disait que les Genevois de Calvin n'étaient pas des chrétiens. Quant aux Kabyles, on sait que penser de leur prétendue indifférence : leur crédule enthousiasme pour les faux chérifs, leur affluence dans les confréries de Khouans en donnent l'exacte mesure. A voir les zaouïas semées dans les montagnes, les marabouts pullulants et révérés, on se croirait dans une Espagne islamique. Il ne faut pas s'y tromper : les Berbères ont un penchant naturel à l'hétérodoxie, ils sont tous portés à n'être pas musulmans de la même façon que les autres, mais ils n'en sont que plus passionnés dans leurs croyances, plus acharnés dans leurs superstitions, plus enfoncés dans leurs préjugés.

On s'émerveille devant leurs institutions politiques, comme si elles dénotaient une aptitude toute particulière à la civilisation ; mais les peuples les plus voisins de la barbarie, dès qu'ils ont été sédentaires, se sont naturellement groupés d'après l'emplacement de leurs demeures et organisés en villages. Les Germains dans leur *vicus*, les Italiens de la *civitas* primitive, même les Peaux-Rouges de l'Amérique avaient des djemâas. Chez les Mozabites, nous savons que l'influence cléricale dominait tout; en pays kabyle ou chaouïa, les influences aristocratiques existaient plus qu'on ne pense. Les personnages importants, descendants des grandes familles ou possesseurs d'une richesse relative, étaient plus écoutés dans les délibérations ; c'est parmi eux qu'on choisissait les amins et les imokhranen ; jamais un çof n'aurait mis à sa tête un inconnu ni surtout un pauvre ; ne fallait-il pas des largesses faites par le chef pour amener des recrues et empêcher les défections ? Ce qu'on a appelé « un régime parlementaire », les discussions furibondes à main armée, les débats tumultueux dégénérant en batailles sanglantes, qu'était-ce autre chose qu'une perpétuelle anarchie ? Jamais les sociétés berbères ne se sont élevées à une conception générale, jamais elles n'ont été capables de former une nation; elles ont vécu divisées, enfermées dans le cercle étroit des petits intérêts, des mesquines passions, des agitations stériles, se démenant sur place, n'avançant, ne progressant pas. Prétendre que ces groupes haineux et turbulents ressemblent à nos grandes démocraties, c'est faire de celles-ci la satire la plus violente. Elles ne méritent pas l'injure d'un tel rapprochement.

Les fameuses vertus berbères dont des auteurs bienveillants avaient fait la découverte ne sont pas bon teint; elles ne résistent pas à l'épreuve des faits. Demandez à nos officiers et à nos magistrats ce qu'ils pensent de la franchise kabyle; sur cent témoins interrogés dans une affaire, cinquante affirment, cinquante nient avec le même aplomb. Ils sont aussi violents que les Arabes, mais plus sournois et plus vindicatifs. En 1871, les Kabyles tant vantés ont montré quel fond on pouvait faire sur leur fidélité. L'Arabe est violent et tue, le Berbère est féroce et raffine sa cruauté. Les horreurs de Palestro ont été accomplies par des Kabyles. Quand on parle de tortures et de mutilations commises sur des blessés ou des prisonniers, soyez sûrs que cela se passe dans les montagnes, c'est-à-dire en pays berbère. Ce sont des Berbères aussi ces Touareg, ces prétendus chevaliers du désert, qui se sont révélés comme des maîtres dans l'art de trahir. Ils sont venus chercher Flatters jusqu'à Alger, lui ont prodigué les avances, les promesses, les protestations; quand ils l'ont eu attiré dans leur guet-apens, les guides dévoués sont devenus des assassins; la tuerie étant restée incomplète, le poison a achevé l'œuvre. Des élèves de Machiavel n'auraient pas fait mieux.

Pour être vrai, reconnaissons au Berbère, particulièrement au Mozabite et au Kabyle, les qualités qu'il possède réellement, l'énergie, la patience, l'habitude et le goût du travail. Sa supériorité sur l'Arabe consiste dans la tournure plus pratique de son esprit, dans une intelligence plus souple, dans une remarquable aptitude à comprendre où est son intérêt. Dans les premiers jours de la conquête, quand les autres s'écartaient moroses et raides, ceux-ci s'approchaient curieusement, essayaient de bal butier notre langue. Ce n'était pas chez eux sympathie, mais calcul : il pouvait y avoir quelque chose à gagner avec les Roumis. Quand ils se seront aperçus que l'instruction est une force toute-puissante, ils chercheront à s'instruire, beaucoup y sont déjà tout disposés. C'est par là que nous avons prise sur cette race dure, difficile à manier; mais positive, portée à transiger avec les réalités de la vie. Qu'il soit possible de les amener à nous dans un temps relativement court, que le rapprochement soit moins malaisé à opérer avec eux qu'avec les autres indigènes, on ne le conteste pas. Mais comme il serait puéril de se payer d'illusions, il faut reconnaître que la tâche est ardue et que ces gens-là, pour différents qu'ils soient des Arabes, sont presque aussi différents de nous que les Arabes eux-mêmes.

CHAPITRE V

LES MAURES, LES COULOURLIS, LES NÈGRES

Les Maures ou Hadars sont les indigènes qui habitent les villes. Grands et bien faits quand l'embonpoint ne les alourdit pas, le teint blanc ou brun clair, les yeux et les cheveux noirs, les traits réguliers, ils ne reproduisent ni le type arabe ni le type berbère; ils ressembleraient plutôt aux populations du midi de l'Europe. Prenez un Languedocien ou un Napolitain, habillez-le de la veste collante, du *seroual* bouffant, qu'il mette ses pieds nus dans les *sebabath*, roule autour de sa tête le large turban, qu'il imite s'il peut la gravité de la démarche et la lenteur des allures, rien ne le distinguera d'avec un véritable Hadar. Les Maures ne sont pas une race, mais un résidu de toutes les races; le sang phénicien, berbère, romain, arabe, turc se mêle dans leurs veines; l'Europe a fourni son contingent, surtout au temps de la piraterie, quand les renégats et les captifs se comptaient par milliers. Cette population n'a jamais joué un grand rôle en Algérie; les Turcs la méprisaient, la conquête française n'a trouvé chez elle ni résistance ni concours. Ces hommes gras et lymphatiques ne sont pas de ceux qui créent les événements, ils les subissent avec une passivité indifférente. Ils sont paisibles et assez doux; mais c'est à leur indolence qu'on doit savoir gré de leur tranquillité. Les professions qu'ils affectionnent sont celles qui exigent le moins d'effort, la plupart sont boutiquiers; pas à la manière européenne; point d'étalage ni de réclame; le marchand, gravement assis, fume sa pipe ou boit son café; il ne fait rien pour attirer l'acheteur; c'est à peine s'il ouvre la bouche pour dire le prix qu'il demande; vendre ou ne pas vendre paraît lui être tout à fait indifférent. Ceux qui se croient de bonne naissance aspirent aux magistratures indigènes, aux fonctions religieuses, aux emplois administratifs; cadis, imams, commis, ils n'ont pas à s'ingénier ni à se fatiguer l'esprit : ils sont les rétribués du gouvernement. D'autres, d'ambition plus humble, se font khodjas, garçons de bureau, agents de police et portent partout la même docilité molle. Quelques Maures ont fait preuve d'une réelle valeur, mais ils sont l'exception; en général, cette même paresse qui empâte les chairs alourdit les intelligences. Depuis longtemps mêlés aux Européens, ils n'ont modifié ni leur costume, ni leur manière d'être; quant aux idées, ils ne prennent guère la peine d'en avoir; dans un monde où tout se transforme, ils ne changent pas, ils gardent leur lenteur apathique au milieu de notre société affairée. Cette immobilité leur sera fatale; les grandes familles, par l'émigration, la ruine ou la mort, ont presque toutes disparu; les autres végètent et s'éteignent lentement.

On appelait Coulourlis les enfants nés de l'union des Turcs avec les femmes du pays; en 1830, ils étaient en assez grand nombre. La constitution de l'odjak les excluait des hauts emplois et des grades supérieurs, à peine si on les acceptait dans les rangs de la milice; ils supportaient avec impatience la condition subalterne qui leur était faite; une fois, ils faillirent mettre la main sur Alger; c'était une population énergique, avec toute la bravoure et toute la fierté des Turcs. Assez maltraités par ceux-ci, ils les préféraient cependant aux indigènes et les servaient bien, quitte à se révolter contre eux de temps en temps. Après la chute du dey, menacés comme les Turcs eux-mêmes par les tribus arabes ou kabyles, ils devinrent les auxiliaires de la France ; beaucoup s'enrôlèrent dans les zouaves et les corps indigènes; on connaît la vigoureuse résistance que ceux de Tlemcen opposèrent à Abd-el-Kader. Aujourd'hui, ils ont cessé de former un groupe distinct, ils se sont confondus avec les Hadars, dont ils avaient déjà le costume et les usages. On ne voit plus guère de Coulourlis; néanmoins, dans quelques villes, à Tlemcen par exemple on retrouve des visages aux traits accentués, à l'expression plus mâle, et on entend des noms de consonnance turque.

Autrefois, l'Algérie faisait avec le Soudan un commerce actif que la traite des noirs alimentait; les caravanes qui traversaient le Sahara du sud au nord amenaient vers le Tell cette marchandise humaine, qui se transportait toute seule, coûtait peu et se vendait cher. Les esclaves, une fois arrivés à destination, étaient traités avec une certaine douceur; on les convertissait à l'islamisme quand ce n'était pas déjà fait; on les affranchissait volontiers; les négresses devenaient les femmes de leurs maîtres, et les enfants qu'elles en avaient naissaient libres et héritaient comme les autres. Le décret du 27 avril 1848 ne trouva pas un grand nombre d'esclaves à libérer en Algérie. Les nègres exercent actuellement les diverses professions manuelles qui demandent peu d'activité intellectuelle et beaucoup de force musculaire : ils sont maçons, portefaix, manœuvres; dans la province de Constantine, on les emploie pour les travaux de routes et de chemins de fer; les femmes sont masseuses dans les bains maures, servantes, devineresses, ou bien, accroupies au coin des rues, elles vendent quelques fruits et des pains de leur façon. Cette race a conservé sa gaieté enfantine, sa facilité d'humeur et aussi ses vieilles superstitions; que ce soit fête française ou musulmane, la musique des « négros » promène par les villes son tapage assourdissant. Les indigènes, surtout les femmes, consultent les sorcières négresses et comptent beaucoup pour éloigner le mauvais sort et guérir les maladies sur l'effet de leurs sacrifices et de leurs incantations. Dans les oasis du sud, la population arabe ou berbère est fortement teintée de sang noir; les nègres et les métis supportent mieux que les autres les chaleurs sahariennes et les miasmes des bas-fonds. Il serait à désirer que cette race de travailleurs solides et dociles, acclimatable partout, comptât en Algérie un plus grand nombre de représentants.

CHAPITRE VI

LES ISRAÉLITES NATURALISÉS

Les israélites algériens sont très anciens dans le pays; la première invasion arabe trouva devant elle des populations entières qui professaient le judaïsme; il y avait là, avec les descendants des Juifs que Marcius Turbo avait chassés de la Cyrénaïque sous le règne d'Hadrien, de nombreux prosélytes qu'ils avaient gagnés à leur religion[1]. Déserté pour le culte des conquérants, le judaïsme garda pourtant quelques fidèles et se maintint pendant tout le moyen âge dans l'Afrique du nord; au XIVe et au XVe siècle, il fut renforcé par l'émigration espagnole; les nouveaux venus se mêlèrent à leurs coreligionnaires; plus instruits, plus cultivés, ayant mieux gardé leurs traditions, ils prirent bien vite une influence prépondérante ; aujourd'hui, le juif purement africain ne se trouve plus guère que dans l'extrême sud, où il partage les mœurs et la vie des nomades; au nord et dans les villes, l'élément espagnol domine, et il a conservé dans les noms dont il fait usage, dans sa langue et dans ses coutumes le souvenir de l'ancienne patrie. Sous les Turcs, les juifs furent astreints à porter un costume spécial; les avanies et les vexations ne leur furent pas ménagées; il est vrai que la condition des citadins maures n'était pas beaucoup meilleure. La conquête

1. Voy. Ibn-Kaldoun. Histoire des Berbères. — Cahen, Les Juifs de l'Algérie (*Bulletin de la société Archéologique de Constantine*).

française fut pour eux une délivrance, ils l'accueillirent avec joie. On leur laissa alors, comme à tous les autres indigènes, leur statut personnel, et ils continuèrent à vivre sous le régime des lois rabbiniques. En 1870, un décret du gouvernement de Tours les a naturalisés collectivement; depuis, ils ont les droits et les devoirs des citoyens français.

Le décret de 1870 a soulevé des polémiques violentes; c'était assurément chose grave que d'introduire tout d'un coup dans le corps politique une masse compacte, dont l'éducation n'était point faite, qui n'avait complètement adopté ni les mœurs, ni les idées, ni même la langue française. Ce n'était point là toutefois, comme on l'a dit à tort, une fantaisie de M. Crémieux; la naturalisation des israélites était réclamée avant 1870 par les colons eux-mêmes, par les déposants à l'enquête agricole du comte Lehon, par les conseils généraux électifs, par le docteur Warnier dans les *Cahiers algériens*. Le gouvernement impérial, après avoir consulté le gouverneur, les préfets, les généraux de division et les chefs de la magistrature, avait préparé un projet de loi dans ce sens. Le gouvernement de Tours ne fit qu'exécuter ce qui avait été décidé avant lui, et il pouvait croire en le faisant qu'il donnerait satisfaction au vœu de l'opinion publique. On comprend qu'en son temps la mesure ait été jugée trop générale et qualifiée de prématurée; ce que l'on comprend moins, c'est qu'après dix-sept ans écoulés quelques-uns parlent encore de revenir sur le fait accompli. Quand la révolution de 1848 a établi le suffrage universel, quand elle a donné le droit de vote aux nègres dans les colonies, on pouvait trouver qu'elle allait bien un peu vite en besogne; mais le moyen de retirer des droits acquis à ceux qui en sont devenus légitimes possesseurs? Si l'on revisait le décret de Tours, les juifs qui ont payé l'impôt du sang cesseraient-ils d'être électeurs? les replacerait-on, après les avoir régis par les lois françaises, sous l'empire du statut personnel? Enfin que ferait-on des enfants ou des jeunes gens nés depuis 1870, et qui possèdent la nationalité française, non par naturalisation, mais de naissance? Il faut bien tenir compte de cet élément qui forme aujourd'hui près de la moitié de la population israélite indigène (19 275 sur 42 595 en 1886) et dont l'importance relative s'accroît tous les jours par le jeu des naissances et des décès. Les critiques dirigées contre le décret du 24 octobre, les atténuations, les précautions dont on peut regretter qu'il n'ait pas été entouré, tout cela n'a plus aujourd'hui qu'un intérêt rétrospectif. Une fois que de pareils pas ont été franchis, le plus dangereux est d'essayer un retour en arrière, dans lequel on se heurterait non plus seulement à des difficultés, mais à des violations de droit, à des injustices sans nombre et à de véritables impossibilités juridiques. Si d'autre part on considère que la naturalisation n'a conféré aux juifs algériens que des avantages d'ordre purement moral, qu'elle n'a rien ajouté à la liberté et à la sécurité dont ils jouissaient depuis 1830 sous la protection des lois françaises, qu'elle a exigé l'abandon d'une partie de leurs usages traditionnels, qu'elle leur a imposé le service militaire, qui est un honneur, mais qui est aussi une charge; que cependant ils l'ont demandée avec instance, acceptée avec gratitude, qu'ils tiennent à la conserver comme ils ont tenu à l'obtenir, on conviendra qu'ils n'étaient pas, autant que le prétendent leurs détracteurs, indignes de la recevoir.

Puisqu'il faut tenir compte des résultats, ceux que la naturalisation a produits sont-ils donc si mauvais? Le grand grief contre les israélites, c'est leur influence électorale. Il est certain que beaucoup d'entre eux, par ignorance ou par esprit de secte, se groupent ensemble et votent collectivement; des meneurs s'emparent de la masse inconsciente et la dirigent beaucoup plus au gré de leurs propres passions que dans le sens de l'intérêt général. Mais la faute n'en est-elle pas aussi à ceux qui, réveillant mal à propos des préjugés assoupis, soulevant des questions aussi irritantes qu'insolubles, excitent imprudemment les méfiances et les haines? Sans leurs provocations et leurs violences, les abus qu'ils signalent auraient déjà disparu. Malgré tout, ils s'atténuent tous les jours, à mesure que parmi les juifs l'élément jeune et intelligent prend le dessus sur le vieil élément indigène. On ne peut contester que cette population, presque stationnaire de 1830 à 1870, n'ait accompli depuis lors de remarquables progrès. L'ancien costume est presque abandonné, les modes européennes sont adoptées, quelquefois même avec un empressement excessif. Riches et pauvres envoient leurs enfants dans les écoles et s'imposent pour leur instruction les plus durs sacrifices ; les jeunes filles des familles aisées cultivent les arts d'agrément; les jeunes gens, soumis au service militaire, rapportent de l'armée, avec la fierté virile qui manquait à leurs pères, le sentiment de la patrie française. Par l'effet d'habitudes séculaires, les israélites s'adonnent surtout au commerce, mais quelques-uns essayent déjà de la culture ou de l'industrie, d'autres embrassent les professions libérales, d'autres exercent des métiers manuels. Les stigmates du passé s'effacent d'une génération à l'autre. Avant qu'il soit longtemps, avec cette facilité d'adaptation que possède leur race, ils se seront aussi complètement assimilés que leurs congénères de France, et rien ne les distinguera plus des autres citoyens.

CHAPITRE VII

LES FRANÇAIS[1]

Les Français en Algérie composent la majeure partie de la bourgeoisie urbaine; ils sont fonctionnaires, médecins, hommes de loi, négociants, industriels. Hors des villes, un grand nombre appartiennent à la classe agricole, cultivent ou font cultiver comme colons et propriétaires; on en trouve dans les professions manuelles et surtout dans les industries du bâtiment. Les colons, les commerçants, les propriétaires, tous ceux qui ont dans le pays leurs intérêts, forment l'élément fixe, installé d'une façon définitive. Les fonctionnaires sont naturellement moins stables; toutefois, sans parler de ceux qui, appartenant à l'administration algérienne proprement dite, ne sauraient être employés ailleurs, il est certain qu'ils n'ont pas la même mobilité que dans la métropole. La plupart habitent l'Algérie sans esprit de retour; ils se sont attachés à son climat, à son genre de vie spécial; ils ne pourraient plus se faire à d'autres habitudes. Beaucoup de retraités, civils et militaires, viennent réchauffer leurs vieux jours aux rayons du soleil africain. Cet attrait est général, il s'exerce sur les hommes de toutes les classes. Même les nomades de l'industrie, ces ouvriers qui vont du nord au sud et de village en village, ne rentrent pas volontiers en France, « l'armée roulante » tient garnison en Algérie.

Pendant longtemps, les départements du Midi ont été presque les seuls à recruter l'émigration. Les « vieux Al-

1. Population française de l'Algérie en 1876, 1881 et 1886.

	Population totale.	Population municipale.	Population civile.
1876	198 792	156 355	
1881	233 937	195 418	
1886	261 591	219 627	225 666

Augmentation pour la population municipale en dix ans..... 63 272
Augmentation moyenne annuelle.............................. 6 327

gériens, » comme ils s'intitulent avec quelque fierté, sont pour la plupart Marseillais, Provençaux, Languedociens ou Corses. Les récents ravages du phylloxera ont amené une précieuse affluence de vignerons de l'Hérault, du Gard, de Vaucluse. Quelques Francs-Comtois groupés en villages à Vesoul-Benian, à Saint-Hippolyte, à Jemmapes, des Alsaciens-Lorrains venus depuis 1871 représentent les provinces du nord-est. Les déportés politiques de 1848, de 1851 et de 1858 appartenaient un peu à toutes les régions; ils ont su se refaire une patrie sur la terre d'exil; les fonctionnaires et ceux des habitants qui exercent des professions libérales viennent aussi des diverses parties de la France. Mais déjà il existe des générations de vrais Algériens, enfants du sol, nés dans le pays même; leur nombre va naturellement en grossissant. En 1876, ils étaient déjà 64 512, ce qui représentait environ les deux cinquièmes de la population française, défalcation faite de l'armée.

Chaque région de la France a donc fourni son contingent à l'Algérie; les types différents sont venus s'y fondre comme en un creuset. Les croisements avec les étrangers ont été fréquents, les mariages mixtes s'étant produits dans la proportion de 1 sur 5, c'est un élément de variété de plus. Aussi le créole algérien ne ressemble-t-il exactement ni au Français du Midi ni à celui du Nord; les traits sont plus réguliers que dans le Midi, le teint plus clair, les physionomies sont plus vivantes et plus colorées que dans le Nord. Le costume européen s'est conservé, mais avec quelque chose de libre et de dégagé; les citadins abandonnent le disgracieux chapeau de soie pour le casque indien; les colons portent le feutre gris à larges bords, quelques-uns adoptent le commode burnous; les femmes s'habillent d'étoffes légères à couleurs vives en harmonie avec la lumière ambiante; souvent jolies, elles ont toutes en partage la grâce et l'élégance. L'Algérienne est la Parisienne de l'Afrique.

Les mœurs ont eu longtemps une assez méchante réputation; une colonie nouvelle n'a jamais la tenue d'une société bien assise. Pendant les premières années, les émigrants étaient des aventureux et parfois des aventuriers, gens hardis que ne gênait pas le respect humain. Les fonctionnaires envoyés en Algérie étaient le plus souvent ceux dont les allures effarouchaient les vieilles cités pudibondes de la métropole. On cherchait dans des spéculations fiévreuses les mines d'or d'une autre Californie, on s'enrichissait, on se ruinait, on ruinait les autres; l'argent, facile à acquérir, se dépensait sans compter. Alger surtout était la ville des plaisirs. Ayant besoin soi-même de tolérance, chacun fermait les yeux sur les fautes d'autrui. Les ménages réguliers étaient en petit nombre; pendant longtemps, on fut obligé d'admettre dans les réunions officielles avec les maris gradés les épouses d'occasion. Tout a bien changé depuis; la vie ne se mène plus à grandes guides; on bâtit moins vite et plus solidement; les faillites et les catastrophes financières ne sont plus des événements de tous les jours. On ne compte plus les fortunes sérieuses et les maisons de commerce honorables; la considération est recherchée et accordée à bon escient. La famille s'est enfin constituée; la proportion des naissances illégitimes, autrefois formidable, s'est abaissée jusqu'à un taux presque normal : de 165 pour 1000, elle est descendue à 99[1]; elle est à peine supérieure à celle qu'on observe en France. Avant peu, le niveau moral sera le même; on gardera toujours en Algérie des manières plus libres, on continuera à en prendre à son aise avec les hypocrisies et les conventions; mais on aura autant de sérieux dans les affaires, autant de probité dans la conduite, autant de dignité dans la vie privée.

On doit la vérité aux hommes de valeur et aux peuples d'avenir. Nos Franco-Algériens ont pris au contact des populations parmi lesquelles ils vivent des habitudes fâcheuses. Ils sont souvent exclusifs et intolérants; libres penseurs fervents, ils sont volontiers agressifs, oubliant que

1. De 1882 à 1886.

toutes les convictions sincères ont droit au respect; Français, civilisés et instruits, ils dédaignent trop les ignorants, les arriérés et les pauvres d'esprit. Les préjugés de race inconnus dans la mère-patrie s'épanouissent en toute vigueur; les philosophes du XVIIIe siècle, les hommes de la Révolution qu'on revendique comme des maîtres n'entendraient pas sans étonnement le langage que tiennent certains de leurs disciples. Tel démocrate prononcé vous dira qu'il ne considère pas les indigènes comme des hommes, sans s'apercevoir qu'il fait ainsi une profession de foi aristocratique au premier chef. Dans la bouche des enfants, les noms d'Arabe, de Juif, d'Espagnol, de Maltais sont des termes de mépris. Des publicistes, des hommes politiques ne rougissent pas de surexciter ces détestables passions. Qu'on y prenne garde, il y a là un reniement des traditions généreuses de la France moderne, il y a aussi un grave danger pour la paix sociale et pour l'avenir de l'Algérie.

En ce pays, presque tout est de création gouvernementale : villages, routes, chemins, conduites d'eau; même aujourd'hui, les départements et les communes ont peine à se suffire avec leurs ressources propres; la tutelle officielle, quelquefois nécessaire, est réclamée plus que de raison; l'Etat fait beaucoup, mais on lui demande davantage. Individuellement ou collectivement, on est quémandeur : les particuliers sollicitent des places ou des concessions; les localités veulent des secours, des travaux, des immunités; on voit des villes se disputer avec acharnement une garnison ou un tribunal. L'horizon se rétrécit, les questions générales disparaissent, les élections ne sont plus que des batailles d'intérêts. Si l'on a à choisir un conseiller général ou même un député, on recherchera moins l'homme le plus instruit et le plus capable, mais le plus influent, le plus habile à agir sur l'administration [1]. Les choses n'ont

1. Il y a évidemment d'honorables exceptions, mais la tendance générale que nous signalons n'est que trop visible.

pas toujours été ainsi; attachés avec passion aux idées démocratiques, les Algériens les ont servies vaillamment; au risque d'encourir les rancunes de l'Empire, ils votaient *non* au plébiscite de 1870. Mais, depuis que la République est hors de cause, ils se sont divisés ; l'ancien accord presque unanime a disparu et avec lui les enthousiasmes et les nobles élans. Il n'y a plus de partis, mais des çofs à la manière indigène; chefs et soldats mettent en commun moins leurs idées et leurs principes que leurs passions, leurs convoitises et leurs haines. L'animation qu'on apporte dans les discussions et les polémiques n'en est que plus vive, les injures tiennent lieu de raisons, les voies de fait suivent souvent les injures. Peu s'en faut qu'en temps d'élection, chaque cité algérienne ne ressemble à une commune kabyle. Ces mœurs politiques sont peut-être celles de l'Amérique du Nord ou de l'Amérique du Sud, elles ne conviennent pas à des hommes libres ni à une démocratie respectueuse d'elle-même.

Il faut séjourner quelque temps en Algérie pour s'apercevoir de ces travers. Le nouveau venu ne les soupçonne pas ; avant qu'il ait pu se reconnaître, il est séduit et charmé ; toutes les maisons lui sont hospitalières ; il suffit d'une recommandation, d'une rencontre, du moindre prétexte pour qu'on lui fasse partout l'accueil le plus cordial. L'aménité, l'entrain, la belle humeur, toutes les aimables qualités du caractère français, bien loin d'avoir perdu à la transplantation, ont été ravivées et stimulées par l'excitation du climat. Pas de garnison lointaine, pas de petit coin où ne s'épanouissent la vie de société et les plaisirs mondains.

Même enjouement, même insouciance intrépide chez les colons ; des villages prospèrent en plein pays indigène, au milieu des souvenirs menaçants de l'insurrection récente. Dans des fermes isolées, on trouve des femmes qui vivent seules, entourées d'Arabes. Elles n'ont aucune appréhension ; vienne le danger, elles se défendront comme des hommes. En 1881, sur un chemin de fer de la province de Constantine, la femme d'un garde-barrière est menacée par deux bandits indigènes ; elle les tient en respect, fait les signaux d'usage sans se laisser intimider; puis, quand le train a passé, elle se retourne et les tue à coups de revolver. L'âge ni le sexe n'y font rien, tous sont résolus et braves ; jusqu'aux enfants qui ont déjà la crânerie d'allure de leurs aînés. Il a fallu ce courage brillant et aussi l'énergie résistante qui supporte les assauts quotidiens de la fatigue, de la maladie, de la misère. On se sent pris d'admiration à la vue de cette Mitidja florissante, quand on songe aux vaillants qui l'ont les premiers défrichée. Nulle sécurité, l'ennemi toujours présent, le pillage, le meurtre, l'incendie en perspective, chaque année la fièvre plus redoutable encore; avec cela, un maigre pécule, d'insuffisantes ressources, des espoirs incertains. N'importe, ils ont tenu bon et ils sont restés victorieux; mais combien avaient succombé pendant la lutte! La hardiesse fameuse du pionnier américain, la ténacité anglo-saxonne ne sont-elles pas au moins égalées? Aujourd'hui, la tâche est moins rude, mais l'élan est donné et ne s'est pas ralenti. Le colon algérien est travailleur, amoureux de la terre, tout comme le paysan français de qui il sort, mais il n'a pas sa timidité routinière. Il ne retarde pas sur le siècle, il le devancerait plutôt; instruit, intelligent, il aime les nouveautés, les initiatives hardies ; procédés, inventions, machines, il essaye de tout, modifiant ses façons de faire d'après l'expérience, poursuivant de plus grands résultats par de plus grands efforts.

Cette population algérienne a ses défauts que le temps et la réflexion pourront corriger; elle les compense largement par les qualités brillantes et solides qu'elle a acquises ou reçues en héritage. Elle ressemble à ces enfants remuants, mal élevés, tapageurs, pleins de sève et de santé, la joie et la terreur de leurs mères. La France s'étonne parfois de ces allures impétueuses, de cette intensité de la vie algérienne; mais elle peut se réjouir, car elle a mis au monde sur la terre d'Afrique un rejeton vigoureux, fortement constitué, taillé pour la lutte et qui ne succombera pas de si tôt dans les combats de la concurrence vitale.

CHAPITRE VIII

LES ÉTRANGERS

La population étrangère de l'Algérie égale ou peu s'en faut en importance numérique l'élément national. Déduction faite des Marocains et des Tunisiens, portés, suivant leur religion, à faire corps et à se fondre soit avec les indigènes musulmans sujets français, soit avec les israélites naturalisés, le recensement de 1886 indiquait une population municipale de 205 212 étrangers pour 219 627 Français. En prenant les chiffres de la population totale, l'écart, grâce à l'armée, est un peu plus fort en faveur des Français, qui sont 262 595 contre 213 800 étrangers, les Tunisiens, Marocains, autres Africains et Turcs déduits. Les étrangers d'origine européenne proviennent surtout des pays méditerranéens. On compte parmi eux (population totale présente le 30 mai 1886) 144 530 Espagnols, 44 315 Italiens, 15 315 sujets britanniques, Maltais pour la plupart. A la même date du 30 mai 1886 on constatait la présence de 4 863 Allemands. Le reste se répartit entre des nationalités diverses : Suisses, Belges, Austro-Hongrois, etc.

Les Espagnols forment le groupe le plus considérable et aussi le plus compact. Ils représentent plus des trois cinquièmes de la population étrangère européenne, plus des trois dixièmes de la population européenne totale, les Français compris. Ils sont répandus dans toute l'Algérie, mais leur densité va en augmentant de l'est à l'ouest ; ils sont 3641 dans le département de Constantine, 48 599 dans celui d'Alger, 92 290 habitent la province d'Oran, où l'on trouve seulement 79 675 [1] Français. Cette affluence s'explique par la proximité du pays d'origine ; en huit heures, un paquebot va de Carthagène à Oran ; il ne faut qu'une vingtaine d'heures et un vent favorable pour amener des côtes valenciennes ou baléares des balancelles chargées de passagers. L'Espagne est pauvre ; ses provinces méridionales de 1870 à 1876 ont été durement éprouvées par les crises agricoles et les commotions politiques. C'est pendant cette période que le courant d'émigration vers l'Algérie s'est décidément prononcé ; de 1872 à 1876 il a amené près de 24 000 individus ; interrompu un moment par l'insurrection de 1881, il s'est reformé aussitôt après et maintenu avec la même force.

Ce n'est pas en général l'élite d'une nation qui se déplace avec tant de facilité. L'Algérie recueille ainsi bon nombre de vagabonds et de gens sans aveu à qui l'existence est devenue impossible dans leur patrie ; parmi les Européens qui comparaissent devant les tribunaux pour attentats contre les personnes ou les propriétés, on relève une forte proportion d'Espagnols. Tous les émigrants venus de la péninsule ne rentrent pas dans cette catégorie malfaisante, tant s'en faut. Mais, pour la plupart, ils apportent dans la colonie des mœurs presque aussi rudes et aussi farouches que celles des indigènes. Le quartier espagnol d'Alger, le faubourg Bab-el-Oued, est un des plus malpropres et des plus turbulents ; les habitants, fort honnêtes gens d'ailleurs, jouent volontiers du couteau dans les rixes ou les querelles de jalousie. Avec cela, l'Espagnol possède des qualités précieuses : énergie au travail, sobriété, endurance du climat ; laboureur, jardinier,

1. Ce dernier chiffre est celui de la population totale présente, l'armée comprise ; la population municipale n'est que de 63 319. Nous n'avons pas le chiffre de la population municipale espagnole.

maçon, terrassier, charbonnier, halfatier, il s'accommode de tous les métiers, même des plus pénibles ; il vivra sous un gourbi comme un Arabe, fera ses repas de quelques pastèques et d'un peu de poisson séché. Quelquefois il réussit dans ses affaires. A Bel-Abbès, on voit le dimanche des hommes bien portants, coiffés du grand chapeau mou et vêtus de la veste ronde en drap luisant, l'air solide et cossu : ce sont les « Pepe », les fermiers ou propriétaires espagnols qui ont prospéré. Dans les villes du littoral, principalement à Oran, il existe toute une classe de négociants espagnols, dont plusieurs très opulents et qui figurent avec honneur dans les premiers rangs de la société.

Murcie, Alicante, Valence, les provinces du sud-est alimentent surtout l'émigration ; on voit quelques Andalous, peu de Castillans. Les gens des Baléares, les « Mahonnais », comme on les appelle indistinctement, ne font pas corps avec les autres Espagnols ; ils ont des habitudes plus paisibles et des instincts moins violents. Cette population laborieuse se livre de préférence au jardinage ; autour d'Alger et des autres grandes villes, presque tous les maraîchers sont des Mahonnais. Jour et nuit au travail, ils gagnent bien les bénéfices que leur donne la vente des primeurs. Leurs potagers, sans cesse bêchés, fumés, arrosés, sont tenus comme des plates-bandes ; leurs maisons, soigneusement blanchies à la chaux, ont la propreté éclatante d'un intérieur hollandais. De tous les éléments étrangers que la conquête française a attirés en Algérie, il n'en est pas d'aussi estimable.

Les Italiens, inversement aux Espagnols, sont rares dans la province d'Oran, clairsemés dans celle d'Alger, nombreux dans celle de Constantine ; cette dernière en comptait 21 055 en 1881, 26 851 en 1886. Sur les ports et dans les marchés à poisson, on entend les notes accentuées du patois napolitain ; la plupart des pêcheurs, des mariniers, des matelots sont originaires des Deux-Siciles. Dans les villages de l'intérieur, quelques Sardes se livrent à la culture; les entrepreneurs de travaux publics, pour avoir la main-d'œuvre à bon marché, ont fait venir des fournées d'ouvriers piémontais ou calabrais; un certain nombre sont restés dans le pays, plusieurs sont devenus patrons à leur tour, d'aucuns ont fait fortune; mais ils constituent l'exception; la population italienne est généralement besogneuse; elle exerce des métiers rudes et dangereux, se nourrit mal, s'entasse sans souci des précautions hygiéniques dans des taudis malsains, ce qui ne l'empêche pas de se reproduire et de pulluler. Elle est plus bruyante que dangereuse, bien que ses mœurs soient assez grossières. Très attachée aux pratiques pieuses, elle se joint aux Espagnols pour remplir les églises, recruter les confréries, faire cortège aux processions. Elle forme ainsi le plus frappant contraste avec le Français, indifférent ou franchement irréligieux.

Les Maltais ne se dépaysent guère en venant en Algérie; leur type est à peine différent de celui des indigènes; leur dialecte est, à peu de chose près, un idiome berbère. Hardis, industrieux, baragouinant toutes les langues, ils vont partout et partout savent se tirer d'affaire. Quelques-uns restent sur le littoral, où ils sont matelots, pêcheurs, plus rarement jardiniers; mais la plupart ont plus de goût pour le petit commerce : ils sont épiciers, débitants, cantiniers. Adroits et économes, ils arrivent à l'aisance, même à la fortune; il existe à Alger et dans la province de Constantine des maisons de commerce maltaises qui comptent parmi les plus solides. Le Maltais nouvellement débarqué ou qui vit dans l'intérieur n'est pas encore un civilisé. Il est rude de manières, ignorant, superstitieux, violent. Mais cette population fruste se dégrossit assez facilement; à la seconde génération, le Maltais des grandes villes est devenu un véritable Européen.

Les Allemands ont peuplé plusieurs villages aux environs d'Alger et d'Oran; quand ils peuvent résister au climat, ce sont d'assez bons cultivateurs; n'étant alimentés ni par un excédent de naissances ni par un courant d'émigration continu, ils tendent à disparaître ou à fusionner avec le reste de la population; ils ne constituent pas, comme les Espagnols ou les Italiens, un groupe distinct. Il en est de même des autres étrangers : Suisses, Belges, Polonais, etc., dont la proportion n'est pas assez forte pour qu'ils puissent se maintenir à l'écart et qui d'ailleurs ne cherchent pas à vivre isolément. Il faut mentionner aussi, mais comme un élément flottant, les touristes et les hiverneurs, en majorité Anglais, que la douceur de l'air et la beauté des sites attirent chaque année en Algérie.

Il serait injuste et puéril de contester les services rendus à la colonisation par l'élément étranger; certes l'agriculture, les diverses industries, les entrepreneurs de travaux, les constructeurs de chemins de fer, les concessionnaires des mines ou des chantiers de halfa se trouveraient fort en peine, s'il leur fallait se passer de la main-d'œuvre espagnole ou italienne. Mais il est évident d'autre part que la présence d'un si grand nombre d'étrangers, leur accroissement continu sont des faits graves dont il serait imprudent de ne pas se préoccuper. De 158 387 en 1876, la population étrangère montait à 189 844 en 1881 pour s'élever à 209 303 en 1886 [1]. La population française grandit parallèlement, mais sa croissance, qui avait été plus rapide de 1876 à 1881, s'est ralentie pendant la dernière période quinquennale, sans pourtant que son importance relative se soit sensiblement modifiée. En 1881, sur 1000 habitants européens en Algérie, on comptait 519 Français et 481 étrangers dont 280 Espagnols; en 1886, la population est de 520 Français pour 480 étrangers dont 284 Espagnols. Sur ce sol que la France a conquis, qu'elle a payé des millions de son budget et du sang de ses soldats, il y a en foule des hommes qui se grou-

1. Ce chiffre de 209 303 est celui de la population civile; il diffère par suite de celui que nous donnons plus haut (page 225) et qui comprend l'armée.

pent autour d'autres drapeaux que le sien, qui se réclament d'autres nationalités. On peut prévoir telles circonstances où les Italiens dans l'est, et, plus encore, la masse compacte des Espagnols dans le département de l'Ouest seraient à même de nous causer de sérieux embarras. Mais c'est surtout pour l'avenir qu'il y aurait lieu de craindre, si l'élément étranger devait par le jeu combiné de l'immigration et de l'excédent des naissances devenir prépondérant et si, en même temps, il demeurait réfractaire à toute fusion avec la population française.

Cette fusion est-elle en voie de s'accomplir? Il ne faut pas trop compter pour la réaliser sur les naturalisations individuelles. Et cependant depuis vingt ans la naturalisation en Algérie s'offre aux étrangers avec des facilités toutes particulières. Dès 1865, un sénatus-consulte y supprimait la formalité préalable de l'admission à domicile et réduisait à trois ans le stage de dix ans alors établi dans la métropole. En outre, les fils d'étrangers nés dans le pays, et ils sont nombreux, ont comme en France la faculté d'opter pour la nationalité française, et celle-ci peut être réclamée comme un droit par les jeunes Espagnols qui, en vertu de la convention consulaire de 1862, ont fait leur service militaire dans notre armée. Malgré ces facilités, malgré les avantages politiques et matériels conférés par la naturalisation, le nombre des étrangers naturalisés de 1865 à 1887 n'a pas dépassé 8449. A vrai dire, plus des deux tiers de ce total, 5929, appartiennent aux dix dernières années, de 1877 à 1887, et pour les quatre années 1883, 1884, 1885, 1886, les naturalisations et options réunies donnent une moyenne annuelle de 843. Le mouvement semble donc s'accentuer, mais il est encore bien faible. Il faut remarquer en outre que ce ne sont pas les nationalités les plus nombreuses en Algérie qui fournissent la plus forte proportion de naturalisations. Sur les 8449 étrangers naturalisés depuis 1865 on trouve 3038 Allemands (dont beaucoup d'Alsaciens-Lorrains), 2133 Italiens, 1717 Espagnols, 315 Suisses, 270 Anglais, 228 Belges. En 1886 on a compté 338 naturalisations allemandes, 228 italiennes, 193 espagnoles, 58 anglaises ou anglo-maltaises, 33 suisses, 19 belges. Pour 1000 habitants, les Suisses ont donné 97 naturalisations, les Allemands 68,29, les Belges 16, les Italiens 5,12, les Anglais et Maltais 3,71, les Espagnols 1,34. Plus les groupes étrangers sont nombreux, plus ils sont compacts, moins ils paraissent disposés à se laisser absorber.

Il semble qu'on puisse attendre davantage des croisements. Sur 34 466 mariages contractés par des étrangers de 1830 à 1886, les deux conjoints étaient étrangers dans 23 726 cas; 10 740 fois l'un d'eux était Français. Une fois sur trois environ, les étrangers s'allient avec nous. Il est à remarquer qu'il est plus fréquent de voir des Français épouser des étrangères que des étrangers des Françaises. Sur 5536 de ces unions mixtes relevées de 1873 à 1885, 3989 fois c'est le mari qui est Français. Elles se font donc le plus souvent au bénéfice de la nationalité française.

Indépendamment de la fusion par naturalisation ou par croisement, bien des causes contribuent à rapprocher de nous les étrangers établis en Algérie. L'élément français exerce seul les fonctions publiques et les professions libérales; c'est devant les tribunaux français et par les lois françaises que se jugent les affaires, c'est l'instruction française qui est donnée dans les écoles. Les fils d'Espagnols nés en Algérie, à moins d'aller faire dans leur pays d'origine un service plus long et plus pénible, sont appelés sous les drapeaux avec le contingent algérien. Enfin ce qu'il importe surtout de considérer, c'est que tous les étrangers ne sont pas des émigrants nouvellement débarqués. En 1881, on en comptait 70 999 nés en Algérie, contre 118 945 nés en Europe; bientôt la proportion se sera renversée en faveur de l'élément créole. Ces hommes, qui sont nés et qui ont toujours vécu en terre française, parlent encore la langue maternelle; mais leurs enfants ne la sauront plus. Eux-mêmes élevés dans nos écoles, condisciples et compagnons d'armes, unis à nous par la communauté des idées et des mœurs, par les relations sociales et la connexité des intérêts, sont déjà presque des compatriotes.

Sans méconnaître l'importance de ce mouvement continu qui insensiblement pousse vers nous et tend à confondre dans la nationalité française les Européens d'origine différente, beaucoup de bons esprits trouvent qu'il s'opère avec trop de lenteur et voudraient qu'il fût activé par des dispositions législatives particulières. En 1884, le gouverneur général, s'inspirant d'une étude due à l'École de droit d'Alger, avait proposé de déclarer Français tout individu né en Algérie d'un étranger, qui n'aurait pas à sa majorité réclamé expressément sa nationalité d'origine. D'après l'article 9 du code civil, l'étranger né en France devient Français si, dans l'année de sa majorité, il réclame cette qualité [1]. L'innovation consisterait donc à renverser les termes de cette option et à présumer, chez tous ceux qui ne déclareraient pas une intention contraire, la volonté de devenir Français. Il est incontestable qu'au moyen de cette réforme le nombre de nos nationaux augmenterait bien plus rapidement. Très peu parmi les jeunes gens d'origine étrangère nés en Algérie se soucieraient de réclamer l'extranéité; quelques uns par préférence raisonnée, beaucoup par insouciance, accepteraient la nationalité française qu'en l'état ils ne prennent pas la peine de revendiquer.

L'idée est ingénieuse et de prime abord séduisante [2]. Quelques-unes des objections qu'elle a soulevées nous toucheraient assez peu. Nous ne voyons pas par exemple un grand inconvénient à ce que la législation, en ce point

1. Voy. à ce sujet l'*Exposé de la situation de l'Algérie* pour 1885, p. 15 et suiv.; l'article de M. Alfred Dain dans la *Revue algérienne de législation et de jurisprudence* (janvier 1885); le rapport de M. Étienne sur le budget de l'Algérie pour 1887.

2. Nous l'avions nous-même indiquée dans notre première édition. (Voy. p. 217.)

comme en beaucoup d'autres, ne soit pas exactement uniforme pour la France et pour l'Algérie. Les difficultés diplomatiques auxquelles pourraient donner lieu les législations espagnole et italienne, qui attribuent la nationalité d'origine aux enfants de leurs nationaux nés à l'étranger, ne seraient pas impossibles à résoudre. Mais ne serait-ce pas une chose grave que de conférer la naturalisation et du même coup les droits politiques à une masse d'étrangers, peu préparés à les exercer et dont rien ne nous garantirait le loyalisme français? « Ces nouveaux électeurs, écrivait en 1885 le garde des sceaux, en acquérant une importance politique, continueraient à former une population à part, resteraient en rapport constant avec leurs consuls;... leurs votes pourraient être inspirés par des sentiments contraires aux intérêts français. » « Dans le département d'Oran, disait en 1886 M. Étienne, les Espagnols..... accepteraient d'être Français dans un seul but, profiter de leur nombre pour s'emparer de toutes les administrations communales et préparer moralement l'annexion du département à l'Espagne. » On répond que la naturalisation ne porterait chaque année que sur les individus arrivés à la majorité, qu'elle s'opérerait ainsi d'une manière graduelle. Mais il n'en est pas moins vrai que, dans un laps de temps fort court, on introduirait dans le corps politique un élément nouveau qui en altérerait sensiblement la composition et l'esprit. Et si les éventualités prévues par quelques-uns venaient à se réaliser, si à un moment donné nous nous trouvions en présence d'un parti séparatiste recevant du dehors des inspirations, des encouragements et des excitations, quel embarras et quel péril!

Le plaisir de faire figurer dans les statistiques officielles un plus grand nombre d'individus qualifiés de Français vaut-il vraiment qu'on s'expose de gaieté de cœur à de semblables risques? Tout bien considéré, il nous semble que la législation actuelle est très suffisamment libérale et qu'elle offre des garanties dont il ne serait pas sage de se dessaisir. La population étrangère comprend trois catégories : 1° les étrangers nés en Europe; 2° les étrangers nés en Algérie de parents européens; 3° les étrangers nés en Algérie de parents également algériens de naissance. Pour les premiers on n'a jamais songé à une naturalisation globale, la nationalité française ne doit évidemment leur être accordée que sur leur demande et s'ils en sont dignes. Tout ce que l'on peut faire, c'est de simplifier pour eux les formalités. Les fils d'étrangers nés en Algérie peuvent devenir Français par une simple déclaration d'option; ceux qui ne font pas cette démarche si facile ne sont pas animés d'un très vif désir de compter parmi nos concitoyens, il y aurait peut-être péril à les introduire dans la cité, il n'y a pas grand dommage à les laisser en dehors. Mais s'ils restent étrangers sur la terre française, leurs enfants, en vertu de la loi du 7 février 1851, seront de plein droit Français. La naturalisation atteint donc tôt ou tard les familles étrangères fixées en Algérie; mais, par une gradation prudemment calculée, elle ne s'applique d'abord qu'aux individus qui la sollicitent comme une faveur, ensuite à ceux qui la réclament comme un droit, et, à la troisième génération seulement, à ceux qui ne le déclinent pas expressément. Il y a des chances pour que ces derniers aient perdu le souvenir de leur pays d'origine et pour qu'ils ne connaissent plus d'autre patrie que celle où avant eux leurs pères sont nés, ont vécu, aimé et souffert.

Nous ne prétendons point que l'on doive se désintéresser de cette question des étrangers et laisser aller les choses sans intervenir. Nous estimons au contraire qu'il y a beaucoup à faire si l'on veut préparer une solution satisfaisante. Tout d'abord il est indispensable de donner un contrepoids à l'élément étranger, en entretenant un fort courant d'immigration nationale et en francisant aussi vite, en aussi grand nombre que possible, nos sujets indigènes. On peut aussi, non pas certes enrayer l'immigration étrangère, mais la régler et la surveiller. L'administration algérienne possède déjà une arme excellente et dont elle use avec vigueur : c'est la loi du 22 mars 1849, qui l'autorise à expulser les étrangers reconnus dangereux. Mais pourquoi ne pas exiger de tout nouvel arrivant des papiers en règle, attestant sa moralité? On écarterait ainsi d'avance les malfaiteurs et les gens sans aveu, on diminuerait le nombre des attentats et des méfaits, on économiserait des frais de police et de répression. Ce sont là des précautions légitimes que tout gouvernement a le droit de prendre et dont nul ne nous saurait mauvais gré. L'Algérie resterait largement ouverte aux travailleurs honnêtes et paisibles de toute nation. Ceux-là, il faut les recevoir avec confiance, les traiter avec bienveillance, comme des hôtes auxquels on fait bon accueil, mais seulement comme des hôtes. Le législateur a été bien inspiré en 1884 lorsqu'il a enlevé aux étrangers toute représentation dans les conseils municipaux de la colonie. Ce droit exorbitant prêtait à des équivoques dangereuses et, loin d'aider au rapprochement avec les colons français, produisait à tout moment des conflits irritants. Il n'est pas admissible que sur une terre française des étrangers possèdent une part quelconque de la puissance publique. Mais on doit faire en sorte qu'ils soient de moins en moins des étrangers. Pour cela il faut dénouer d'une main légère les liens qui les attachent à leur pays d'origine, il faut les envelopper de l'influence française, de façon qu'elle les pénètre comme l'air même qu'ils respirent. Ainsi la plupart de ces immigrants, Espagnols, Italiens, Maltais, sont de fervents catholiques ; ils ont des besoins religieux que la population française ne partage ni ne comprend guère, auxquels il serait sage pourtant de donner satisfaction en entretenant dans la colonie un clergé national assez nombreux pour y suffire. Il n'est pas bon que la confession, la prédication, l'enseignement religieux soient distribués par des prêtres étrangers, dans des langues étrangères, et que l'église devienne un lieu de ralliement où les souvenirs du pays natal revivent dans la pratique quotidienne du culte. Quelles que soient les opinions que l'on professe, il faut envisager cette question avec l'esprit politique, non avec l'esprit sectaire, et considérer le clergé français en Algérie comme une force qui doit, aussi bien que toute autre, concourir à l'utilité nationale. On peut attendre beaucoup de l'action de l'Église, mais nous comptons bien plus encore sur celle de l'école. Elle sera toute-puissante sur l'esprit des jeunes générations, à condition que le principe d'obligation inscrit dans la loi soit appliqué aux enfants d'étrangers comme aux enfants des Français, à condition aussi que l'enseignement ne soit pas purement formel, qu'il ait un caractère d'éducation civique et nationale. L'œuvre d'assimilation commencée à l'école s'achèvera au régiment, surtout si l'on a soin d'envoyer le contingent algérien, Français, Israélites, Espagnols, accomplir dans la métropole son temps de service actif. Tels sont les moyens dont l'emploi combiné nous paraît préférable à une naturalisation prématurée; ils rendront possible la naturalisation effective, celle qui constate et consacre les résultats acquis, celle qui confère la nationalité française à des hommes déjà devenus Français par les idées, par les sentiments, par la volonté.

CHAPITRE IX

LE MOUVEMENT DE LA POPULATION [1]

On a toujours eu des données précises sur la population européenne, mais il n'y a pas longtemps qu'on a essayé de recenser les indigènes. En 1866, on évaluait leur nombre à 2 652 072; en 1872, on n'en trouvait plus que 2 125 051. Sans observer qu'il s'était produit entre ces deux dates des faits exceptionnels, comme la famine et le typhus en 1867, comme l'insurrection en 1871, que d'ailleurs le recensement de 1872 s'était opéré dans les plus mauvaises conditions, au milieu d'un pays encore mal pacifié, parmi des populations inquiètes qui pouvaient se croire intéressées à dissimuler leur effectif réel, on se hâta de conclure que les indigènes étaient en voie d'extinction et que « la loi supérieure » qui fait disparaître les peuples arriérés se vérifiait une fois de plus. On calculait déjà le nombre d'années que nécessiterait une disparition totale, lorsqu'est survenu le recensement de 1876; cette fois, on comptait 2 462 936 indigènes, soit en chiffres ronds 340 000 de plus qu'en 1872; la fameuse « loi supérieure » recevait un vigoureux démenti.

Cinq ans plus tard, en 1881, la population municipale indigène était évaluée à 2 842 497, en augmentation de 379 561

1. Pour ce chapitre, nous avons fait usage des statistiques officielles et des publications annuelles du docteur Ricoux sur la population européenne de l'Algérie.

sur 1876. Le recensement de 1886, déduction faite des Tunisiens, Marocains et autres Musulmans étrangers, relève 3 262 422 Musulmans sujets français, 419 925 de plus qu'en 1881. Si l'on acceptait tels quels ces différents chiffres, il faudrait admettre que, de 1872 à 1886, la population musulmane s'est accrue suivant une proportion annuelle de 30 pour 1000, et qu'elle doit, si cette progression formidable se maintient, doubler dans l'espace de trente-trois ans. Mais, en tout pays, et en Algérie plus qu'ailleurs, les dénombrements officiels sont loin de l'exactitude mathématique. L'Arabe est naturellement méfiant, il ne voit pas trop pourquoi le beylick veut savoir combien de personnes habitent sa tente ou son gourbi; à tout hasard, il aime mieux ne pas dire l'exacte vérité. Même s'il est de bonne foi, il peut lui arriver de tromper les recenseurs. « Combien as-tu d'enfants? demandait-on à un indigène. — Trois. » Il y avait là en effet trois garçons, mais aussi deux petites filles. « Et celles-ci ne sont-elles pas à toi? — Oui, mais ce sont des filles. »

Si les choses se passent souvent ainsi en territoire civil, où le recensement s'opère en dressant des bulletins nominatifs, on imagine ce qui arrive en territoire militaire, où les indigènes sont recensés sommairement au moyen d'états numériques. Les énormes différences qu'on relève d'un recensement à l'autre s'expliquent par l'extension du territoire civil; elles proviennent pour une grande part de l'emploi de procédés de comptage moins imparfaits. Il n'en demeure pas moins établi que la population indigène, loin de dépérir, s'accroît d'une manière sensible et par une progression continue. Ce résultat n'a rien de surprenant. Avant 1830, les guerres de tribu à tribu, les razzias, les massacres décimaient Arabes et Berbères; les famines, les épidémies reparaissaient avec une fréquence meurtrière; c'était l'habitude de dater par les pestes. Ces races indigènes ont une telle vitalité qu'elles ont pu se maintenir et résister à tant de causes de destruction. A présent nous avons mis la paix dans le pays, les épidémies deviennent rares; sauf une lamentable exception en 1867, on n'a pas revu de grandes famines. La situation matérielle s'est améliorée, l'aisance se répand peu à peu. Les conditions générales de la vie étant meilleures, il est naturel que la mortalité diminue et que la population s'accroisse. Pour l'honneur de la France, il faut se féliciter qu'il en soit ainsi. Quand les races indigènes disparaissent devant un peuple colonisateur, c'est sous les mauvais traitements qu'elles succombent et non sous une prétendue fatalité historique, excuse commode inventée pour justifier les plus scandaleux abus de la force.

Depuis 1830, on a pu mesurer avec une précision parfaite les mouvements de la population européenne. Les statistiques n'ont pas toujours été encourageantes; « les cimetières sont les seules colonies toujours croissantes de l'Algérie », disait le général Duvivier, et cette lugubre boutade était alors l'expression de la stricte vérité. Elle ne se justifie plus aujourd'hui; c'est que dans l'histoire du peuplement il faut distinguer deux périodes, l'une tout à fait néfaste, l'autre de plus en plus satisfaisante. L'année 1856 marque la séparation.

De 1830 à 1856, le nombre des Européens monta de 602 à 169 186, mais cet accroissement n'était dû qu'à l'immigration; il y avait eu en effet 87 240 décès et seulement 75 207 naissances; pour 1000 naissances, on comptait, de 1830 à 1834, 1138 décès; de 1834 à 1840, 1428; de 1841 à 1850, 1416; de 1851 à 1856, 1170; c'est-à-dire que la population coloniale, bien loin d'augmenter, aurait aussitôt disparu, si chaque année de nouveaux arrivants n'étaient venu combler les vides faits par la mort. Cette déperdition était due à l'insalubrité alors réelle du climat, aux difficultés de l'existence dans une contrée presque sauvage, à l'action meurtrière des défrichements, à l'ignorance de l'hygiène et de la thérapeutique locales. Parmi les nombreuses victimes que fit alors l'Algérie, combien ont succombé à des fièvres gagnées dans les régions marécageuses, combien à la misère et à l'épuisement, combien aussi à de simples imprudences, comme l'abus des liqueurs fortes ou des boissons glacées; sans compter les meurtres commis au nom de la science par la méthode de Broussais!

Ce sont là les premières épreuves de l'acclimatement. Si la mortalité était dans son plein, la natalité, par contre, subissait l'effet de conditions défavorables. La plupart des immigrants, employés de l'État ou chercheurs de fortune, arrivaient célibataires. Le nombre des femmes n'égale pas encore aujourd'hui celui des hommes, mais il y a eu un temps où la disproportion était énorme. C'est du reste ce qui arrive dans toutes les colonies de création nouvelle.

Après 1856, la croissance de la population continue; elle monte à 205 888 en 1861, à 235 222 en 1866, à 291 173 en 1872, à 344 759 en 1876 (population municipale, Israélites compris), à 412 435 en 1881, à 467 834 en 1886. Mais ce progrès n'est plus dû seulement au phénomène artificiel de l'émigration, l'excédent des naissances y contribue pour sa part. Pendant la première période, il fallait toujours, pour produire une augmentation de 1000 habitants, plus de 1000 nouveaux arrivants; de 1877 à 1881, dans un gain de 1000, l'immigration ne figure plus que pour un coefficient égal à 846; l'excédent des naissances compte pour 154. Depuis 1856, d'un recensement à l'autre, le chiffre des naissances a été constamment supérieur à celui des décès. Nous trouvons en effet pour les Européens seuls, les Israélites non compris :

	Naissances.	Décès.
De 1856 à 1862	35 709	31 573
De 1862 à 1867	43 095	31 298
De 1867 à 1872	53 371	51 120
De 1872 à 1877	42 416	34 719
De 1877 à 1882	62 992	52 970
De 1882 à 1885	44 203	36 403

Ce qui donne un total de 281 786 naissances contre 238 083 décès, soit un bénéfice de 43 703 naissances.

Si l'on examine la proportion, on voit :

	Décès.	Naissances.
De 1859 à 1862	1 000	1 273
De 1862 à 1867	1 000	1 294
De 1867 à 1872	1 000	1 081
De 1872 à 1877	1 000	1 174
De 1877 à 1882	1 000	1 189
De 1882 à 1885	1 000	1 215

L'accroissement normal, sans tenir compte de l'immigration, a été :

De 1859 à 1862	8,90	par 1000 habitants.
De 1862 à 1867	9,25	—
De 1867 à 1872	2,90	—
De 1872 à 1877	5,93	—
De 1877 à 1882	5,40	—
De 1882 à 1885	6,66	—

Bien que les Israélites algériens soient généralement recensés avec la population européenne, de laquelle ils se rapprochent à tant d'égards, il convient de leur faire ici une place distincte. Depuis longtemps installés et acclimatés, ils se trouvent placés dans des conditions démographiques bien différentes. Cependant leur mortalité est assez forte, plus élevée que celle des Européens d'origine. Ils la rachètent largement par la précocité et la fécondité de leurs mariages (en moyenne 6 naissances par ménage).

	Naissances.	Décès.
En 1872 pour 1000 habitants ils avaient	42,4	21,3
De 1872 à 1876 pour 1000	49	24,36
De 1877 à 1881 pour 1000	53	31
De 1882 à 1885 pour 1000	61	37

Leur accroissement normal serait donc depuis 1877 de 23 par 1000 habitants chaque année, chiffre supérieur à celui de la progression de n'importe quel pays d'Europe. Ils étaient 21 048 en 1856, 34 000 en 1872, 33 506 en 1876, 35 663 en 1881, 42 695 en 1886.

Les populations originaires de l'Europe méridionale subsistent et se reproduisent parfaitement en Algérie.

Les Espagnols, qui n'ont chez eux qu'une moyenne de 4,5 enfants par ménage, arrivent à 6; les Italiens, qui ont 4,5 en Europe, atteignent 5,5. Les épidémies, la malpropreté, les mauvaises conditions hygiéniques occasionnent une mortalité assez forte, mais la natalité donne toujours des excédents considérables. La comparaison avec le pays d'origine est favorable à l'Algérie.

Les Espagnols ont pour 1000 décès :

	Naissances.
En Espagne	1 297
En Algérie, pour la période de 1882 à 1886	1 432

L'accroissement normal de 3,3 en Europe a été en Algérie de 8,7 entre 1873 et 1876; de 9,6 de 1877 à 1881; de 11,4 entre 1882 et 1885.

Les Italiens ont pour 1000 décès :

	Naissances.
En Italie	1 232
En Algérie, pour la période de 1882 à 1886	1 275

L'accroissement normal de 6,7 en Italie a été en Algérie de 5,4 entre 1877 et 1881; de 9,4 entre 1882 et 1885.

Les Maltais ont pour 1000 décès :

	Naissances.
A Malte	1 375
En Algérie	1 397

La natalité française est beaucoup moins exubérante; elle ne donne encore qu'une moyenne de 4 enfants par ménage (en France 3,09) et de 35,3 par 1000 habitants (24,7 en France). Mais cette partie de la population vit mieux, se soigne davantage; sa mortalité, d'abord effrayante, a toujours été en diminuant; aujourd'hui, elle n'est plus guère que de 31 par 1000 habitants (moyenne de 1873 à 1884), beaucoup plus élevée sans doute qu'en France, où elle flotte entre 22 et 24, mais inférieure à celle que subissent en Algérie les Espagnols et les Israélites, à peine supérieure à celle des Italiens et des Maltais. L'excédent des naissances s'est établi à partir de 1865 et s'est maintenu depuis. Tandis qu'en France on relève seulement 1139 naissances pour 1000 décès, on en compte maintenant 1163 en Algérie. L'accroissement annuel, qui n'est dans la mère patrie que de 2,5 pour 1000 habitants, est arrivé dans la colonie au chiffre de 4,3.

On observe pour les Allemands des phénomènes d'ordre inverse; tandis qu'en Prusse la proportion moyenne est de 1422 naissances contre 1000 décès, ils ont en Algérie 1281 décès pour 1000 naissances. La natalité reste beaucoup au-dessous de la mortalité; le mouvement est un mouvement de décroissance : sur 1000 habitants, ils en perdent chaque année 9,9.

De cet ensemble de faits on peut, dès à présent, déduire les conséquences suivantes :

1° Les Européens du bassin de la Méditerranée, Espagnols, Italiens, Maltais, appartenant d'ailleurs à des races très croisées où entre pour sa part l'élément africain, vivent et se reproduisent en Algérie aussi bien et mieux qu'en Europe.

2° Les Européens du Nord et notamment les Allemands, bien que ce peuple en particulier ait dans son pays d'origine une fécondité remarquable, se maintiennent difficilement en Algérie.

3° Les Français, après avoir traversé des périodes critiques, semblent s'être acclimatés. Ils ont régulièrement de forts excédents de naissances; leur fécondité est plus grande, leur accroissement annuel plus rapide que dans la métropole.

D'une manière générale, le problème de l'acclimatement paraît donc résolu. Mais, si l'Algérie prise dans son ensemble est habitable pour les Européens, il ne s'ensuit pas que toutes ses parties le soient; des colons ne s'installeraient pas impunément dans le Sahara. Même dans le Tell et les hauts plateaux, il est encore nécessaire de choisir le terrain, d'assainir le climat, de multiplier les précautions hygiéniques. Parmi les immigrants nationaux, il faut attirer surtout ceux qui sont originaires des départements du midi et du centre; autant que possible, il faut les établir dans des sites qui leur rappellent le pays natal; moins le changement sera violent, plus l'adaptation au nouveau milieu sera facile. Enfin les croisements avec les Espagnols, les Maltais, les Italiens, qui présentent un si grand intérêt politique, ne sont pas moins à désirer en vue de l'acclimatement.

LIVRE V

LA POLITIQUE

CHAPITRE PREMIER

LES INSTITUTIONS POLITIQUES [1]

L'organisation de l'Algérie n'a pas été créée d'un coup; elle résulte d'essais, de tâtonnements, de remaniements successifs et souvent incohérents; elle est faite de pièces et de morceaux. Avant de la décrire telle qu'elle est dans le présent, il importe de rappeler les transformations par où elle a passé.

Au début, la France paraît embarrassée de sa conquête, ne sachant trop si elle va la conserver, l'abandonner ou l'étendre; tout a un caractère provisoire; le chef de l'armée est en même temps le chef de la colonie naissante, il est seulement assisté d'un comité de gouvernement que préside l'intendant militaire. Un peu après, on essaye de constituer un pouvoir administratif indépendant du commandement, mais cette dualité produit bien vite des conflits; pour y mettre un terme, on subordonne l'intendant civil au général en chef. La première organisation à peu près régulière fut celle de 1834. Le commandement et la haute administration des « possessions françaises dans l'Afrique du Nord » étaient confiés à un gouverneur

1. Voy. Ménerville, *Législation algérienne*, les recueils de M. Sautayra, de MM. Hugues et Lapra, de MM. Bequet et Marcel.

général. Aidé d'un conseil consultatif où figuraient les principaux chefs de service, il préparait les budgets, élaborait et promulguait les ordonnances royales; dans les cas d'urgence, il avait le droit de prendre des arrêtés. Sous lui, l'intendant civil dirigeait un personnel de sous-intendants faisant fonctions de sous-préfets, de commissaires civils, et de municipalités nommées par le gouvernement. En 1838, l'intendance civile fut dédoublée en direction de l'intérieur et direction des finances, les sous-intendants prirent le nom de sous-directeurs.

En 1845, le gouverneur subsiste avec les mêmes attributions, mais on institue un directeur général des affaires civiles, ayant sous ses ordres le directeur de l'intérieur, le directeur des finances et le procureur général, chef de la magistrature. Ces quatre fonctionnaires, réunis à un nombre égal de militaires : commandant de la division, commandant de la marine , intendant , directeur des affaires arabes, et assistés de trois conseillers rapporteurs, forment le conseil supérieur d'administration. Ils sont appelés tous ensemble à émettre un avis sur les questions intéressant l'Algérie; mais cet avis est purement consultatif. Tout se trouva ainsi dans la main du gouverneur, de qui dépendait expressément le directeur des affaires civiles. Il y avait trois provinces : Alger, Oran, Constantine; on y distinguait des territoires civils, mixtes, indigènes. Les territoires civils étaient administrés par des sous-directeurs d'arrondissement, des commissaires civils et des municipalités; les Européens avaient le droit d'y faire des achats et des ventes, d'y former des établissements de toute nature; mais les citoyens français ne retrouvaient pas leurs droits politiques et les garanties légales assurées à chacun d'eux dans la métropole. Le gouverneur général pouvait les exclure soit d'une localité déterminée, soit de la colonie entière. Les territoires mixtes, où l'on arrivait dès qu'on dépassait la banlieue des grandes villes, étaient confiés à l'autorité militaire. Les commandants de place réunissaient tous les pouvoirs, civils et judiciaires; ils en usaient quelquefois d'une manière tout à fait étrange; celui-ci s'en référait à une ancienne édition du code, la seule qu'il possédât, pour prononcer des divorces; tel autre, voyant des époux qu'il avait unis faire mauvais ménage, trouvait tout simple d'arracher du registre de l'état civil la feuille où le mariage avait été porté. Les Européens pouvaient s'établir en territoire mixte, mais l'accès des territoires indigènes ne leur était permis « que dans un but d'utilité publique et en vertu d'autorisations spéciales et personnelles ». Cette séparation systématique des deux populations avait été inaugurée par Abd-el-Kader, qui avait bien ses raisons pour la maintenir; mais on ne voit pas trop quel intérêt pouvait y trouver la politique française.

En 1847, après le départ du maréchal Bugeaud, l'ordonnance royale de septembre supprima les directions de l'intérieur, des finances et celle plus récente des travaux publics; par contre, elle institua dans chaque province un directeur civil assisté d'un conseil. C'était une sorte de décentralisation en même temps qu'un acheminement à des réformes plus importantes. La constitution de 1848 déclara l'Algérie partie intégrante du territoire français et lui accorda une part dans la représentation nationale. Le gouvernement de l'Algérie fut conservé; mais un simple secrétaire général remplaça à la fois le directeur des affaires civiles et le directeur des affaires arabes. On supprima les territoires mixtes; dans chaque province, le territoire civil fut érigé en département avec préfet, sous-préfets, commissaires civils et maires; le territoire militaire était administré par le général commandant la division, par les chefs de subdivision, les bureaux arabes et les chefs indigènes.

La tentative de 1858 est mémorable par son insuccès. La création d'un ministère de l'Algérie et des colonies confié au prince Napoléon eut pour conséquence logique et presque immédiate de faire disparaître le gouvernement général avec gouverneur, secrétaire et conseil; on laissa seulement à Alger un commandant supérieur des forces de terre et de mer. On supposait que l'Algérie, difficile à conduire sur place, serait mieux administrée de loin; en effet, il sembla que tout fût simplifié par les distances; on se mit à trancher sommairement les questions les plus compliquées, on décréta, on modifia, on changea, on réforma ; on ne connaissait d'ailleurs ni les hommes ni les choses, et on faisait usage d'un personnel presque entièrement improvisé. Le désordre fut bientôt général. En 1860, lors du voyage de l'Empereur en Algérie, le parti militaire, hostile au nouveau système, n'eut pas de peine à en faire ressortir les multiples inconvénients. Le 10 décembre de la même année, un décret rétablit le gouvernement général. Le ministère de l'Algérie avait vécu.

On en revint à peu près à l'organisation d'avant 1858. Toutefois le gouverneur général hérita d'une partie des attributions qu'avait eues le ministre de l'Algérie : il correspondait directement avec le souverain. Il avait auprès de lui un sous-gouverneur militaire, un directeur général des affaires civiles, un conseil consultatif composé de chefs de service et de conseillers-rapporteurs, un conseil supérieur où entraient des délégués des conseils généraux, lesquels n'étaient pas alors électifs. Mais là ne devait pas s'arrêter la réaction produite par les fautes de 1858. Plein de défiance contre l'élément civil, Napoléon III rendit le sénatus-consulte de 1863 et livra entièrement la colonie au pouvoir militaire; en 1864, la direction générale est supprimée et remplacée par un secrétariat subordonné, non seulement au gouverneur, mais aussi au sous-gouverneur; les généraux de division reprennent le titre de généraux-commandant la province ; les préfets, jusqu'alors leurs égaux, sont placés dans leur dépendance. Ces mesures rétrogrades avaient pour prétexte l'intérêt des indigènes, menacés, disait-on, par les envahissements des colons; il fut un moment question de liquider la colonisation pour laisser toute latitude au royaume arabe. L'affreuse famine de 1867 infligea un cruel démenti aux prétendus arabophiles, qui n'avaient su ni la prévoir ni l'atténuer. L'enquête agricole conduite par le comte Lehon dans les trois provinces révéla les vices du régime militaire et fit connaître les vœux presque unanimes des Algériens. En dehors même de l'opposition, un puissant courant d'opinion se forma; déjà la réforme était commencée, les préfets avaient été affranchis de toute subordination à l'égard des généraux; après les conseils municipaux, les conseils généraux devenaient électifs. Mais 1870 arriva, et l'Empire fut emporté avant d'avoir pu réparer le mal qu'il avait fait.

Au milieu des préoccupations terribles dont il était obsédé, le gouvernement de la Défense nationale trouva le temps de songer à l'Algérie. Mais les décrets qu'il rendit à la hâte pour improviser une organisation nouvelle n'avaient pas été suffisamment mûris. La plupart des dispositions qu'il édicta ne reçurent pas d'effet ou furent bientôt annulées par des décisions contraires; l'abolition du régime militaire proprement dit, le rétablissement de la députation algérienne eurent seuls un caractère définitif. Dès le mois de mars 1871, le gouvernement général était rétabli; même entre les mains de l'amiral de Gueydon et du général Chanzy, il s'appela gouvernement général civil. Le 26 août 1884 parut le décret dit de rattachement, qui répartissait entre les différents ministères ceux des services algériens qui n'avaient relevé jusque-là que du gouvernement général. Le budget de l'Algérie, autrefois annexé à celui de la guerre puis de l'intérieur, devait être arrêté par les divers ministres, chacun pour la partie le concernant, sur l'avis du gouverneur général et après examen du conseil supérieur. Le gouverneur subsiste toujours et les rattachements n'ont diminué qu'en apparence l'étendue de ses pouvoirs. Des délégations spéciales conférées par les ministres l'autorisent à statuer sur presque tous les objets importants. A la vérité il rend compte de ses actes aux ministres compétents, qui en sont responsables devant le Parlement et qui peuvent les annuler ou les réformer. Mais ce contrôle partagé est d'une efficacité douteuse. D'autre part, le gouverneur conserve la haute main sur le personnel des services rattachés, aucune nomination ou mutation ne devant s'y faire sans qu'il ait été appelé à donner son avis.

L'Algérie continue d'être partagée en territoire civil et en territoire de commandement, ce dernier toutefois étant considérablement réduit. La hiérarchie administrative que domine le gouverneur est donc double; elle comprend : 1° un personnel civil composé d'un secrétaire général du gouvernement, de préfets, de sous-préfets, d'administrateurs de commune mixte, de maires et de cheikhs ou adjoints indigènes; 2° un personnel militaire, composé des généraux de division, des généraux de brigade dans les subdivisions, des commandants supérieurs de cercle, des bureaux arabes, et enfin des chefs indigènes.

La population française, tout en conservant d'importantes immunités qui adoucissent pour elle le service militaire et la dispensent de tout ou partie des divers impôts, jouit de tous les droits et de toutes les garanties que possèdent les citoyens dans la métropole. Elle est justiciable des tribunaux ordinaires et du jury; elle est représentée dans les chambres par trois sénateurs et six députés, elle nomme dans les communes de plein exercice le conseil municipal et dans les départements le conseil général. Ces assemblées locales ne sont pas composées exclusivement de Français; les indigènes ont des représentants élus dans les conseils municipaux; dans les conseils généraux siègent des assesseurs musulmans désignés par le gouverneur général.

Avec le gouvernement général ont survécu deux conseils spéciaux. Le premier, le conseil de gouvernement, formé de hauts fonctionnaires et de rapporteurs, est pourvu d'attributions purement administratives. L'autre, le conseil supérieur, comprend, avec les 12 membres du conseil de gouvernement, les 3 préfets, les 3 généraux commandant les divisions et enfin 18 délégués des conseils généraux, 6 pour chaque département. Il se réunit tous les ans dans une session de vingt jours au plus, examine les projets budgétaires, l'assiette et la répartition des impôts, les prévisions de dépenses d'après le travail préparé par le gouverneur général. En outre, il émet des vœux sur les questions intéressant l'Algérie. Les résultats de ses délibérations sont transmis par le gouverneur aux chambres et au pouvoir central.

CHAPITRE II

DU GOUVERNEMENT DE L'ALGÉRIE

Le gouvernement de l'Algérie doit-il être civil ou militaire? Voilà une question qui, après avoir longtemps passionné les esprits, peut être aujourd'hui considérée comme résolue. Depuis 1871, le gouvernement général s'appelle gouvernement civil; depuis 1879, il n'a plus pour chef un militaire et l'on ne voit pas que son autorité en ait été amoindrie, ni son action même sur les indigènes rendue moins efficace. L'armée, qui a tant fait pour ce pays, intervient encore dans l'administration des territoires de commandement, mais l'étendue et l'importance de ces territoires diminuent tous les jours. Il n'y a rien là que de parfaitement normal. Une contrée conquise depuis quarante ans, où les résistances ouvertes ont cessé, où les insurrections ne sont que des accidents exceptionnels et de plus en plus rares, où se développe pacifiquement une société laborieuse, a besoin d'être dirigée, non par des hommes de guerre, mais par des politiques et des administrateurs. Tout en reconnaissant hautement les services rendus par des gouverneurs militaires comme Bugeaud, Pélissier, Gueydon, Chanzy, on doit avouer que le régime civil convient mieux à l'état actuel de l'Algérie, et se féliciter de l'y voir installé d'une façon définitive.

Le débat entre les assimilateurs et les autonomistes

est toujours pendant. Il y avait déjà des assimilateurs au temps du maréchal Bugeaud, et il faut reconnaître qu'au moins jusqu'en 1870 presque toute la population était de leur avis. Ils demandaient l'application du droit commun à l'Algérie, la suppression du gouvernement général, le rattachement des différents services aux ministères compétents : plus de colonie ayant son unité administrative, mais trois départements français avec leurs préfets et leurs conseils généraux. Ce programme au premier abord semble l'expression même de la logique et du bon sens; on comprend surtout qu'il ait séduit les colons d'autrefois, lorsque, vivant sous le régime de l'arbitraire, leur principale préoccupation était d'obtenir les libertés et les garanties dont jouissaient déjà leurs concitoyens dans la métropole. Mais aujourd'hui les conditions ont changé pour les Algériens, et il leur est loisible d'étudier avec plus de sang-froid les questions qui les intéressent. Ils ont appris aussi à se défier des solutions trop simples et des formules faciles.

Toute la théorie de l'assimilation, si on l'examine de près, repose sur une équivoque sentimentale. « L'Algérie, dit-on, est le prolongement de la France », et voilà les prémisses dont on fait découler tout le reste. Sans doute, l'Algérie appartient à la France, qui l'a certes bien payée; moralement, politiquement, elle en est partie intégrante; dans un avenir que nous travaillons à rendre prochain, elle se confondra dans son unité, rien ne l'en distinguera plus. Il y aura une Algérie comme il y a une Bretagne ou une Provence, membres inséparables d'un même organisme national. Mais pour le moment il serait puéril de prendre nos espérances pour des réalités et de considérer comme un fait accompli ce qui n'est encore qu'un souhait patriotique; on peut modifier les faits, on ne les supprime pas tout d'un coup. Or les Français ne forment pas toute la population de l'Algérie, ils y sont à peine 225 000; et à côté d'eux il y a un nombre presque égal d'étrangers, il y a une masse de trois millions d'indigènes. Si l'on veut l'assimilation complète, absolue, il faut faire de tous ces gens-là des citoyens, c'est une conséquence extrême devant laquelle les plus décidés reculent. On reconnaîtra donc qu'il faut en Algérie, au moins pour ce qui n'est pas français, autre chose que l'application pure et simple des lois de la métropole. Mais les Français eux-mêmes ne vivent-ils pas plongés au milieu de ces autres éléments; ne s'établit-il pas à chaque instant entre Français, indigènes et étrangers des rapports que la loi n'a pu ni prévoir ni régler? Quand les conditions du climat, de la propriété, de la sécurité; quand l'état naturel et l'état social sont si différents, est-il sage de réclamer dans l'organisation politique une entière uniformité?

Il est vrai que l'assimilation n'est pas présentée par tous ses partisans comme la formule irréductible d'un système absolu. Pour beaucoup, elle indique seulement un but à marquer, une direction à suivre; ils admettent des tempéraments, ils reconnaissent par exemple que longtemps encore, pour tout ce qui concerne les indigènes et la colonisation , une organisation spéciale sera nécessaire. Mais il leur semble que dès à présent ces services pourraient être attribués complètement aux préfets, en augmentant au besoin le nombre des départements. Le gouverneur général disparaîtrait, et avec lui le conseil supérieur, auquel se substitueraient dans certains cas déterminés les conseils généraux réunis en conférences intra-départementales. Ceux qui proposent cette réforme y voient d'abord l'avantage d'une simplification administrative : les mêmes affaires n'étant plus traitées successivement dans les préfectures et dans les bureaux du gouvernement général, on s'épargnerait ainsi des lenteurs et des dépenses, sans parler des conflits. Mais surtout on ferait acte de politique prévoyante; on écarterait de l'horizon le plus lointain le péril de la séparation. Tout dissentiment, tout malentendu entre la métropole et la colonie serait rendu impossible, puisqu'elles ne formeraient pas des entités politiques distinctes, puisqu'il n'y aurait plus d'Algérie, mais seulement des départements français en Algérie. Nous n'avons pas grande confiance dans l'efficacité du *divide ut imperes* appliqué aux colonies : il ne ferait pas durer longtemps une domination qui serait devenue oppressive. Au siècle dernier, les possessions anglaises qui ont constitué les États-Unis étaient divisées en 13 colonies distinctes, et cela ne les a pas empêchées de se séparer de leur métropole, tandis que plus récemment la création du Dominion n'a pas, tant s'en faut, affaibli au Canada la puissance britannique. Bien loin de nous apparaître comme un danger, l'unité algérienne nous semble plutôt une garantie, elle permet aux éléments nationaux de se grouper et de faire masse, elle rend impossible la prépotence de telle population étrangère qui, à l'état de majorité dans un seul département, n'est plus qu'une minorité dans l'Algérie entière. Pour représenter comme il convient l'État français, pour appliquer d'une main sûre des desseins suivis, pour mettre à leur rang les besoins et les intérêts, pour diriger de haut les hommes et les choses, croit-on que trois préfets ou six dont l'autorité serait chétive, dont les vues seraient souvent opposées et l'action divergente, vaudraient un gouverneur général? C'est alors qu'on verrait s'accentuer les tendances particularistes, s'envenimer les rivalités régionales. Constantine aurait sa politique indigène, qui ne serait pas la même que celle d'Oran; toutes les grandes questions, chemins de fer, ports, hydraulique agricole, propriété, sécurité, enseignement, colonisation, qui demandent à être traitées en vue de l'intérêt général, dans un esprit de large équité et suivant un plan d'ensemble, recevraient des solutions partielles, mesquines, contradictoires.

L'antithèse de l'assimilation, c'est l'autonomie; ses partisans voudraient pour l'Algérie un régime analogue à celui qui a fait la grandeur des colonies anglaises; un gouverneur continuerait à représenter la métropole, mais il subirait le contrôle d'un parlement local qui ferait les lois et voterait le budget. Ce système serait susceptible d'application immédiate, et il aurait cet avantage d'établir une situation nette. Mais il se heurte, lui aussi, à de redoutables objections. Tout d'abord on fait remarquer que jusqu'à présent les dépenses de l'Algérie ont excédé ses recettes. Le parlement algérien aurait-il qualité pour inscrire dans son budget et pour employer les ressources fournies par les contribuables français? A supposer que cette difficulté se trouvât résolue, soit par l'accroissement des recettes de l'Algérie, qui est probable, soit par la diminution des dépenses, qui l'est moins, soit encore par l'allocation d'une subvention fixe ou annuelle qui serait votée en bloc par les Chambres, il reste à savoir comment ce parlement algérien serait composé, surtout par qui il serait nommé. Ici encore, c'est la présence des indigènes et des étrangers qui complique les choses. Leur conférer des droits politiques, les faire électeurs et éligibles sans naturalisation, sans initiation préalables, serait bien grave. On s'exposerait à voir passer bientôt en d'autres mains que des mains françaises la direction des affaires. La séparation cesserait d'être un vain fantôme pour devenir une menaçante éventualité. D'autre part, si les colons français étaient seuls représentés, ce privilège, choquant pour l'équité naturelle, en opposition avec tous les principes de notre droit public, ne garantirait nullement l'avenir. Quatre millions d'individus seraient gouvernés par les élus de deux ou trois cent mille. Pourrait-on attendre de l'oligarchie dirigeante assez de sagesse et de modération pour respecter toujours les droits, les croyances, même les préjugés des populations sujettes? Et si celles-ci étaient mécontentes, si les étrangers lésés ou prétendant l'être invoquaient l'appui de leurs gouvernements, si les indigènes irrités par d'imprudentes provocations prenaient les armes, ce serait la France qui assumerait le danger des complications diplomatiques, les charges militaires et financières de la répression. Pour écarter ces embarras ou en prévenir le retour, elle voudrait interposer son autorité, qui paraîtrait bientôt importune. Chez les peuples et surtout chez les peuples jeunes, l'orgueil parle plus haut que l'affection et la reconnaissance; accoutumée à l'indépendance, la colonie supporterait impatiemment d'être remise en tutelle; les liens depuis longtemps affaiblis ne se tendraient que pour se rompre. Par cette voie comme par l'autre, l'autonomie pourrait aboutir à la séparation.

Hâtons-nous de le dire, il n'existe pas à l'heure actuelle de parti séparatiste. Tous les Français d'Algérie, les autonomistes comme les autres, ont pour la grande patrie un profond amour, un culte passionné. Ils l'ont bien prouvé en 1870 quand, malgré les symptômes d'une insurrection prochaine, une foule de volontaires quittaient leurs foyers menacés pour voler au secours de la France envahie. Depuis, leurs sentiments n'ont pas changé. Ce serait méconnaître étrangement cette généreuse population que de mettre en doute son patriotisme. Telle n'est pas notre pensée. Mais il faut bien, lorsqu'on examine une théorie politique, en considérer les conséquences; il ne faut pas regarder seulement le présent, mais aussi l'avenir. Nous savons ce que sont les Algériens d'aujourd'hui, qui peut répondre de ce que seront les Algériens de demain? Voilà pourquoi nous trouvons légitimes les répugnances que rencontre dans le monde politique français le système de l'autonomie, qui d'ailleurs ne jouit pas non plus d'une très grande popularité parmi les Algériens. En somme, les autonomistes absolus sont assez rares, aussi bien que les assimilateurs à outrance. L'opinion la plus générale s'accommoderait d'une solution mixte, d'une sorte de compromis entre les deux théories extrêmes. Pour lui donner satisfaction, il nous semble qu'il n'y aurait pas tant à changer aux institutions actuelles. A force de remaniements, d'additions, de suppressions, elles en sont arrivées à répondre à peu près, sinon aux exigences de la pure logique, du moins aux besoins du pays qu'elles régissent. Il suffirait de quelques retouches pour rendre complète l'adaptation.

Cette constitution algérienne a deux organes essentiels, le gouverneur et le conseil supérieur. On reproche au gouverneur d'être omnipotent. Nous avions autrefois proposé que, pour le rendre directement responsable devant les Chambres, on lui donnât rang de ministre. Il nous semble aujourd'hui que cette réforme n'irait pas sans de graves inconvénients. Il ne serait guère facile de ménager au gouverneur-ministre cette pérennité qu'on n'a pu obtenir ni pour le ministre de la guerre, ni pour celui des affaires étrangères. Sa place deviendrait un enjeu de plus et un enjeu apprécié dans les batailles parlementaires. Appelé sans cesse à Paris par la discussion des budgets, les questions, les interpellations, il ne pourrait plus consacrer à ses fonctions que la plus faible part de son temps et de ses soins. Aussi bien le régime actuel de l'Algérie n'est-il pas précisément celui du bon plaisir. Les actes du gouverneur sont soumis au contrôle des ministres, du Parlement et, dans une certaine mesure, du conseil supérieur; ils sont examinés par la presse locale, laquelle ne pèche pas d'ordinaire par une complaisance exagérée. Le moyen que des abus se produisent sans être aussitôt signalés, dénoncés à qui de droit? Si le gouvernement fait la sourde oreille, les représentants de l'Algérie sont à la Chambre et au Sénat, qui peuvent lui parler plus haut et de plus près. Le gouverneur général a besoin de pouvoirs très étendus; ceux qu'il possède n'auraient rien d'excessif, si au lieu de relever des différents ministres, ce qui est le moyen de ne dépendre d'aucun, il avait pour chef direct et unique un ministre des colonies, auquel il rendrait compte et qui répondrait pour lui devant le Parlement. Nous voudrions aussi que le gouverneur fût bien le représentant, l'agent politique de l'État, qu'à ce titre, tout en tenant grand compte des besoins, des aspirations, des sentiments du pays qu'il administre, il s'inspirât par-dessus tout des intérêts supérieurs et permanents de la patrie française.

Le conseil supérieur a pour principale attribution la préparation du budget. Mais son examen ne porte que sur une partie des dépenses, sur celles qui sont dites du gouvernement général de l'Algérie. Il faudrait, au lieu de ce budget fragmentaire, un véritable budget de l'Algérie, comprenant tous les crédits alloués pour des services algériens, la guerre et la marine exceptées. Opérant sur un ensemble, le conseil pourrait, mieux qu'il ne le fait aujourd'hui, se préoccuper de l'équilibre, proportionner les demandes de crédits aux ressources, distribuer les allocations suivant l'urgence des besoins, fournir enfin aux Chambres, pour le vote de la loi de finances, des indications à la fois plus complètes et plus précises. D'ordinaire, le gouvernement soumet au conseil supérieur pour avoir son avis les projets de loi qu'il est dans l'intention de déposer. Nous voudrions que de facultative cette consultation devînt obligatoire, et qu'elle portât également, sauf les cas d'urgence, sur les propositions émanées de l'initiative parlementaire et sur les décrets en préparation dans les ministères ou au conseil d'État. Il est bien entendu que le dernier mot resterait toujours pour les décrets au gouvernement métropolitain, comme pour les lois au Parlement national. Il ne serait guère possible, à moins de rendre le conseil supérieur permanent, de lui soumettre les arrêtés du gouverneur général, mais on pourrait décider qu'ils devront être pris en conseil de gouvernement. Rappelons à ce propos qu'une bonne loi d'organisation, fixant le domaine de la loi, du décret et de l'arrêté en matière algérienne, est depuis longtemps réclamée et attendue.

En élargissant, en précisant les attributions du conseil supérieur, nous n'entendons nullement le transformer en parlement colonial. Aussi ne croyons-nous pas utile de modifier sensiblement sa composition actuelle. Ses membres sont ou des chefs de service siégeant en vertu de leurs fonctions ou des délégués des conseils généraux, désignés chaque année par leurs collègues. Éliminer les chefs de service, ce serait diminuer la compétence du conseil et l'autorité de ses avis. Établir entre eux et les membres élus des différences d'attributions, comme de donner aux uns voix consultative, aux autres voix délibérative, n'aurait guère d'intérêt, les délibérations du conseil n'ayant et ne devant avoir qu'une valeur consultative. A faire nommer les membres élus par un vote spécial et direct, on s'exposerait à les voir prendre un caractère politique et une importance excessive. Un conseil supérieur issu directement du suffrage universel serait bientôt tenté de jouer au parlement colonial. Nous nous prononçons donc pour le maintien du *statu quo*, sauf en un point cependant. Il nous paraît équitable et utile que, dans toutes les questions importantes intéressant l'Algérie, la population musulmane aussi soit appelée à donner son avis, et que, par conséquent, le conseil supérieur compte parmi ses membres un certain nombre d'indigènes.

CHAPITRE III

LE BUDGET

Jusqu'à présent l'Algérie a coûté au Trésor bien plus qu'elle ne lui a rapporté. D'après un relevé exécuté par la direction générale de la comptabilité, de 1830 à 1887, les dépenses de l'Algérie se seraient élevées à 4 868 109 881 fr. et les recettes à 1 207 310 697 fr.; l'excédent de dépenses atteindrait au chiffre énorme de 3 660 799 184 fr. Il y a beaucoup à redire à ce compte. Nous trouvons par exemple parmi les dépenses extraordinaires une somme de 94 592 337 fr. pour garanties d'intérêts payées aux chemins de fer algériens et tunisiens; on peut se demander à ce propos en quoi les chemins de fer tunisiens intéressent l'Algérie; surtout on doit remarquer que les garanties d'intérêts ne sont pas de véritables dépenses faites par l'État, mais des avances remboursables et productives d'intérêts. Dans le total des dépenses, celles de la guerre figurent pour 7/10 environ, soit 3 358 698 078. En bonne justice, est-il équitable de les imputer entièrement à l'Algérie? Si la France n'avait pas possédé l'Algérie, aurait-elle, depuis 1830, réduit son effectif d'un nombre égal à celui des hommes attribués à l'armée d'Afrique? Entretenues partout ailleurs, les mêmes troupes auraient moins coûté, elles auraient coûté cependant. En portant au compte de l'Algérie les frais de transport et de ravitaillement, les frais des expéditions, les suppléments de solde, les corps spéciaux, etc., on n'arriverait pas à la moitié du chiffre cité plus haut. Si donc nous retranchons de 3 660 799 184 fr. la moitié de 3 358 698 078 fr. et 94 592 337 fr. le coût actuel de l'Algérie se trouve ramené à la somme de 1 886 857 808 fr. Certes c'est encore là une mise de fonds considérable. Mais sans parler de l'extension d'influence, des avantages politiques de toute nature que nous vaut la création d'une France africaine, l'Algérie, en dehors des recettes fiscales, procure à la France des bénéfices matériels qui pour être indirects n'en sont pas moins appréciables. Elle nourrit sur son sol plus de 220 000 Français; elle rémunère des capitaux français qui y sont engagés dans les entreprises financières, industrielles, commerciales, dans les exploitations agricoles, dans les placements hypothécaires; elle entretient avec la France un mouvement d'échanges de 380 millions par an. En additionnant ces différents profits qui peuvent se chiffrer, au moins d'une manière approximative, on arrive à un total de deux ou trois cents millions. A ne regarder l'Algérie que comme une affaire dans laquelle nous aurions engagé un capital d'environ 2 milliards, il est permis de trouver que le placement n'est pas si désavantageux.

Sans nous attarder davantage à cette discussion rétrospective, voyons quelle est aujourd'hui la situation budgétaire de l'Algérie. Depuis 1881, il n'y a plus à proprement parler de budget algérien; les crédits affectés à l'Algérie sont répartis entre les différents ministères; seulement ceux qui s'appliquent à des services placés sous l'autorité du gouverneur général sont établis sur des prévisions de dépenses préparées par le gouverneur et le conseil supérieur. L'ensemble des crédits votés pour 1887 s'élevait à 101 666 296 fr., savoir 53 852 489 fr. pour les dépenses du ministère de la guerre, 500 000 fr. pour celles de la marine, 47 963 032 fr. pour les services civils. Sur ce dernier chiffre, les services placés sous l'autorité du gouverneur absorbent 22 938 000 fr; les autres services, ceux qui sont « directement rattachés », 25 025 000 fr. En négligeant cette classification tout artificielle et prenant en bloc la dépense totale des services civils, nous trouvons qu'elle se répartit comme il suit :

Dette publique (annuités à la Compagnie P.-L.-M.) et à la Compagnie algérienne	8 658 797 fr.
Frais de régie et de perception (finances, douanes, postes et télégraphes, forêts)	11 887 820
Remboursements et restitutions	809 840
Services généraux des ministères	26 606 575

Sur les 26 606 575 fr. portés pour les services généraux des ministères, 510 000 fr. sont affectés aux finances (frais de trésorerie) ; 3 105 542 fr. à la justice, savoir 1 865 700 fr. au personnel et au matériel de la justice française, 1 036 792 fr. aux frais de justice criminelle, 103 050 fr. à la justice musulmane ; 100 000 fr. à la constitution de l'état civil des indigènes ; 2 285 676 fr. sont affectés aux services relevant du ministère de l'intérieur (principalement le service pénitentiaire) ; 7 495 805 fr. aux services du gouvernement général de l'Algérie (personnel et matériel de l'administration centrale, de l'administration militaire, dépenses de colonisation, 2 315 000 fr. pour ces dernières), 1 245 740 fr. aux cultes, savoir 880 900 fr. au culte catholique, 216 340 fr. au culte musulman, 93 500 fr. au culte protestant, 25 000 fr. au culte israélite ; 2 497 640 fr. à l'instruction publique, dont 379 950 fr. pour l'enseignement supérieur, 88 000 fr. pour les lycées, 1 735 000 fr. pour l'enseignement primaire, 219 000 fr. pour l'enseignement primaire indigène ; 250 000 fr. aux beaux-arts ; 217 070 fr. au commerce et à l'industrie ; 1 123 250 fr. à l'agriculture, dont 100 000 fr. pour le service du phylloxera, 750 000 fr. pour l'hydraulique agricole ; 7 837 032 fr. aux travaux publics, dont 1 331 315 fr. pour le personnel, 4 551 367 fr. pour les travaux de viabilité, 80 000 fr. pour les mines et forages, 1 799 720 fr. pour les travaux des ports.

En laissant de côté les recettes sur ressources spéciales [1]

1. Dixième du principal des impôts arabes attribué aux chefs collecteurs, produit des centimes additionnels extraordinaires affectés à la constitution de la propriété indigène, produits affectés au service de l'assistance hospitalière. En tout, 6 127 206 fr. en 1887.

qui ont leur emploi déterminé, les recettes ordinaires, d'après les évaluations admises pour 1887, montent à 36 860 001 fr. Elles sont fournies : pour 8 645 990 fr. par les impôts directs, comprenant : les patentes, 1 655 668 fr., les taxes spéciales assimilées aux contributions directes, 160 223 fr., la part de l'État dans les contributions arabes, 6 830 099 fr. ; — pour 18 430 400 fr. par les impôts et revenus indirects, enregistrement, timbre, taxe de 3 0/0 sur les valeurs mobilières, douanes (8 622 000 fr.), contributions diverses ; — pour 5 183 400 fr. par les monopoles et exploitations industrielles de l'État, tabacs, poudres, postes et télégraphes ; — pour 2 753 991 par le domaine, y compris le produit des forêts (596 374) ; — pour 793 756 fr. par les produits divers du budget (travail des détenus, remboursement des frais de contrôle des chemins de fer) ; — pour 1 052 464 fr. par les recettes d'ordre, amendes, produits universitaires [1].

1. Nous croyons utile d'ajouter ici quelques renseignements sur l'organisation et la situation financière des départements et des communes. Le budget des départements se divise en budget ordinaire et extraordinaire; ses recettes ordinaires sont constituées par le prélèvement sur l'impôt arabe (5/10), par les centimes additionnels à la taxe foncière sur la propriété bâtie, par les produits éventuels, les subventions de l'État, les contingents communaux et les subventions des particuliers pour construction de chemins vicinaux et de chemins de fer d'intérêt local. Les recettes extraordinaires sont fournies par les emprunts et par les ventes d'immeubles ou d'objets mobiliers.

Voici quelle était à la fin de l'exercice 1886 la situation des trois départements :

	BUDGET ORDINAIRE			BUDGET EXTRAORDINAIRE		
	Recettes réalisées.	Dépenses payées.	Excédent.	Recettes réalisées.	Dépenses payées.	Excédent.
Alger	4.699.058,65	3.419.568,63	1.279.490,02	1.471.524,92	886.123,25	585.401,67
Oran	2.676.365,61	2.301.518,41	374.847,20	1.241.247,44	726.236,98	515.010,46
Constantine	6.383.926,91	4.561.919,86	1.822.007,05	753.040,66	465.380,13	287.660,53
Total..	13.759.351,17	10.283.006,90	3.476.344,27	3.465.813,02	2.077.740,36	1.388.072,66

Le « déficit algérien », si on le calculait d'après la méthode qui consiste à retrancher tout simplement les recettes des dépenses de toute nature, arriverait encore à un chiffre très élevé. Il faudrait ajouter en effet aux 101 666 296 fr. portés au budget 12 500 000 fr. de garanties d'intérêts pour les chemins de fer, soit 114 166 296 fr., d'où l'on déduirait ensuite les 36 860 001 fr. de recettes. 114 166 296 — 36 860 001 = 77 306 295 fr. Nous n'admettons pas ce chiffre pour les raisons que nous avons données tout à l'heure et qui ne permettent ni de compter comme des dépenses les garanties d'intérêts, ni d'imputer à l'Algérie la totalité des dépenses militaires. Si donc nous écartons les garanties d'intérêts et que nous estimions à la moitié des dépenses de la guerre et de la marine celles que nécessitent réellement la garde et la sécurité du pays, nous descendons au chiffre de 37 630 051, qui nous paraît représenter assez exactement le montant des sacrifices que l'Algérie impose encore à la métropole.

Ces sacrifices, beaucoup en France les trouvent trop lourds et voudraient que le poids en fût dès à présent allégé. Ils déclarent que le temps n'est plus des largesses et des prodigalités, que la nécessité d'équilibrer le budget national domine toute autre considération, que les contri-

A la même date, le département d'Alger avait contracté pour 12 280 000 fr. d'emprunts, réalisé 8 045 000 fr. et amorti 1 206 938 fr.; le département d'Oran avait contracté pour 4 680 000 fr. d'emprunts, réalisé 1 955 436 fr. et amorti 1 013 193 fr. 43; le département de Constantine avait emprunté 10 millions, réalisé 6 802 200 fr. et amorti 2 573 668 fr. 14.

Le budget des communes est alimenté par l'octroi de mer et les taxes intérieures correspondantes, par les centimes additionnels à la taxe foncière, par la taxe sur les loyers, les produits des abattoirs, les droits de place sur les halles et marchés, etc.

En 1883, dans les communes du département d'Alger, les recettes ordinaires montaient à 7 051 190, les recettes extraordinaires à 15 726 469 fr., les dépenses ordinaires à 7 054 709, les dépenses extraordinaires à 13 046 884; dans les communes du département d'Oran, les recettes ordinaires à 5 405 269, les recettes extraordinaires à 7 669 384, les dépenses ordinaires à 5 021 179, les dépenses extraordinaires à 10 244 639; dans celles du département de Constantine, les recettes ordinaires atteignaient 8 639 598, les recettes extraordinaires 8 572 116, les dépenses ordinaires 7 075 136, les dépenses extraordinaires 3 634 142.

buables français ont pendant assez d'années payé pour l'Algérie. Les Algériens objectent que la fondation d'une colonie est œuvre de longue haleine, que les résultats obtenus n'ont rien que d'encourageant, qu'il faut savoir persévérer; ils ajoutent qu'à vouloir prématurément grever de charges excessives leur jeune société, on risquerait d'arrêter net son développement et de l'accabler. L'Algérie n'est pas aujourd'hui en plein rapport; pour la mettre tout à fait en valeur, il faudrait compléter le réseau de ses routes, terminer ses ports, reboiser ses forêts, aménager ses eaux, achever d'y installer la colonisation. C'est une dépense de 320 millions à faire encore pour mener à bien la grande entreprise de civilisation commencée en 1830. Bien loin de réduire les crédits affectés à l'Algérie, il faudrait ou les accroître pendant quelques années dans des proportions considérables, ou imaginer une combinaison de nature à lui fournir les ressources extraordinaires dont elle a besoin.

Détracteurs et apologistes de l'Algérie, les uns et les autres manquent parfois de mesure, mais les préoccupations dont ils s'inspirent sont également légitimes. Rien ne serait plus désirable que de diminuer les charges du budget métropolitain, soit par une réduction des dépenses, soit par une augmentation des recettes algériennes. Pour les dépenses, de notables économies ont déjà été réalisées dans ces dernières années. De 26 354 000 fr. en 1884, le budget du gouvernement général a été ramené en 1887 à 22 938 000 fr., soit en quatre années une réduction de 3 416 000 fr. Il est difficile de faire davantage. Il est même inévitable que, sans parler des dépenses pour travaux extraordinaires ni des services dont la dotation présente est évidemment insuffisante, les frais généraux d'administration s'accroissent en raison des progrès de la colonie.

A défaut d'économies, trouvera-t-on des ressources dans l'augmentation des impôts existants ou dans la création d'impôts nouveaux? Les indigènes, en *achour*, *zekkat*, *hokkor*, *lezma*, *capitation*, payent des sortes de contributions directes dont le produit, déduction faite d'un dixième abandonné aux chefs collecteurs, se partage par moitié entre l'Etat et le département. Avec les centimes additionnels joints au principal, le montant des impôts arabes s'est élevé pour 1886 à 19 877 439 fr., ce qui donne une moyenne de 6 à 7 fr. par tête. On peut remanier telle taxe particulière, la capitation kabyle par exemple, et obtenir ainsi, non sans soulever de très vives réclamations, un rendement un peu plus fort; on peut travailler, à condition de procéder avec la plus grande prudence, à remplacer l'impôt arabe par des taxes mieux assises, mieux réparties, et cette réforme ne sera pas l'œuvre d'un jour, il ne faut pas songer à l'aggraver sous peine de la rendre excessive et peut-être intolérable.

La population européenne n'est pas soumise à l'impôt foncier; seulement, depuis 1885 les départements et les communes sont autorisés à lever des centimes additionnels sur une taxe foncière atteignant la propriété bâtie, dont le principal demeure fictif. Ce principal fictif était fixé pour 1886 à 2 019 955 fr. Pour l'établissement d'un impôt foncier rural, le conseil supérieur avait en 1884 adopté un projet divisant les terres en 4 classes : 1° vignes, orangeries, jardins, vergers; 2° terrains irrigués, olivettes, prairies, cultures industrielles permanentes ; 3° terres labourables, chemins de fer et canaux; 4° pâtures, palmiers nains, landes et friches, terres vagues et bois; les tarifs auraient été de 6 fr., 2 fr., 1 fr. et 0,15 par hectare, et les taxes auraient d'abord consisté en centimes additionnels calculés sur un principal fictif. Comme il ne faut tenir compte que des surfaces occupées par des Européens, on peut estimer que ce principal atteindrait à peu près au même chiffre que celui qui est établi sur la propriété bâtie. 4 millions, voilà donc ce que donnerait l'impôt foncier, si on l'appliquait dans toute sa rigueur, en demandant aux contribuables non plus des centimes additionnels, mais un principal effectif. Il faudrait, avant de prendre une telle détermination, y regarder à deux fois. On ne doit pas oublier qu'en Algérie la richesse même foncière est à l'état de formation, que la propriété est grevée d'une énorme hypothèque de 708 millions, que la plupart des plantations nouvelles, les vignobles surtout, ont été créées au moyen d'emprunts. Il serait prudent d'attendre et, comme le demandait un de ses députés, « de permettre à l'Algérie de respirer un peu ». Les mêmes ménagements s'imposent, qu'il s'agisse de contributions directes ou indirectes ; il faut prendre garde d'écraser sous des taxes excessives telle industrie naissante. C'est ainsi que le droit intérieur de 45 fr. établi sur les alcools, et qui vient s'ajouter aux recettes communales de l'octroi de mer, peut être considéré comme suffisant. Pour le moment, en fait de taxe nouvelle immédiatement applicable, nous ne voyons guère qu'un droit modéré sur les successions. Encore devrait-il être perçu, pour n'être pas exorbitant, sur l'actif réel, déduction faite du passif.

Si l'on ajourne à quelques années, comme il nous paraît sage de le faire, la perception de l'impôt foncier, la seule augmentation sérieuse à espérer dans les recettes de l'Algérie est dans les plus-values données par les impôts existants. Les recettes ordinaires, de 1 833 037 francs en 1840, montaient en 1850 à 13 498 898, en 1860 à 19 717 317 pour retomber en 1870 à 14 541 742. Depuis elles se sont relevées par une progression constante, pour atteindre à 25 594 624 en 1875, à 29 266 401 en 1880, à 36 511 323 en 1885. En quinze ans, de 1870 à 1885, l'augmentation a été de près de 22 millions et d'environ 150 pour 100, la plus-value moyenne de 1 373 098 fr. par an.

C'est sur cette constance des plus-values que repose la combinaison présentée par le gouvernement général pour subvenir, sans accroissement de charges pour la métropole, aux besoins ordinaires et extraordinaires de la colonie. Un budget algérien serait constitué; il aurait pour ressources les revenus de toute nature perçus en Algérie pour le compte du Trésor. Le budget national continuerait d'acquitter les dépenses de la guerre et de la marine, les annuités d'emprunts et les garanties d'intérêts, celles-ci jusqu'à concurrence de la somme qu'elles atteignent actuellement. Le surplus des garanties d'intérêts, les frais d'administration, les travaux publics ordinaires et extraordinaires seraient supportés par le budget algérien, qui deviendrait ainsi une sorte de budget sur ressources spéciales. Les dépenses devraient se limiter strictement au montant des ressources réalisées, et les excédents de recettes constatés en fin d'exercice et provenant, soit de crédits non employés, soit de plus-values, seraient reportés à l'exercice suivant. Appliqué à l'année 1887, où les dépenses ordinaires des services civils dépassent 39 millions, tandis que les recettes prévues n'arrivent qu'à 36 860 000 fr., ce système laisserait subsister un léger déficit. Mais ce déficit n'est qu'apparent. En effet les recettes réalisées en 1886 se sont élevées à 37 803 000 fr.; en comptant pour 1887 sur une plus-value de 1 200 000 fr., on arrive pour cette année à une recette probable d'environ 39 millions, l'équilibre est à peu près atteint, et l'exercice suivant, si la progression est maintenue, se solde par un léger excédent. On disposerait ensuite des plus-values annuelles pour augmenter les crédits affectés aux services généraux, pour grossir la dotation des services qui sont proprement d'intérêt colonial : colonisation, routes, ports, barrages, reboisement, et même pour indemniser la métropole de ses sacrifices présents et passés, en attribuant au Trésor, du jour où les recettes ordinaires dépasseraient 50 millions, la moitié de l'excédent. On pourrait pourvoir aux travaux les plus urgents en escomptant l'avenir par des emprunts contractés au nom de l'Algérie. Ces emprunts, comme le budget annuel, devraient être approuvés par le Parlement.

En calculant à 1 200 000 fr., chiffre inférieur de plus de 200 000 à la moyenne constatée de 1870 à 1886, la plus-value annuelle, en attribuant la moitié au moins des recettes ordinaires aux services d'intérêt colonial, on estime qu'au bout de 40 ans, en 1927, les recettes annuelles seraient portées de 40 millions à 86 800 000 fr., la dotation des services généraux de 20 millions à 31 700 000 fr., les dépenses ordinaires d'intérêt colonial de 13 500 000 à 21 300 000 fr., les dépenses extraordinaires de 6 500 000 à 15 400 000 fr. Dans le cours de cette période, les prélèvements opérés en faveur du Trésor monteraient à un total de 291 400 000 fr.; 514 600 000 fr. auraient pu être affectés aux dépenses extraordinaires d'intérêt colonial. Cette somme, que d'autres ressources, comme fonds de concours spéciaux, contributions des intéressés, porteraient à 570 millions, se répartirait comme il suit :

Chemins de fer (garanties d'intérêts exigibles au delà de 15 millions par an)............	200 000 000
Routes..................................	80 000 000
Ports..................................	80 000 000
Colonisation..................................	50 000 000
Hydraulique agricole..........................	100 000 000
Reboisement..................................	17 000 000
Construction d'écoles pour les indigènes (subventions aux communes)..................	10 000 000
Réserve pour faire face aux besoins nouveaux qui se révéleraient dans le cours de la période.	33 000 000
Total........	570 000 000

Tel est, dans ses grandes lignes, le projet proposé par le gouverneur. Il n'apporte aucune ressource nouvelle, il ne supprime aucune des charges existantes, mais il a ce mérite d'offrir une solution. Il ferait disparaître, s'il était adopté, les inconvénients multiples résultant du régime actuel et de l'éparpillement des crédits; il soumettrait toutes les dépenses au même contrôle, les placerait toutes dans une égale lumière. Il établirait une situation nette. La France saurait exactement les sacrifices qu'elle s'impose pour sa colonie, et limiterait à un chiffre qui ne devrait plus être dépassé le montant de ses dépenses algériennes. De son côté l'Algérie saurait qu'elle ne doit attendre que d'elle-même un accroissement de ses ressources. Toute prodigalité devant se traduire par une augmentation d'impôts, elle s'en abstiendrait soigneusement, elle n'inscrirait à son budget que les dépenses dont l'utilité serait bien démontrée.

L'ingénieuse conception de M. Tirman a été adoptée par le conseil supérieur et en général par l'opinion algérienne. Il est douteux qu'elle rencontre une approbation aussi unanime de ce côté de la Méditerranée. On ne manquera pas de crier à l'égoïsme, à l'ingratitude : « Tant qu'il ne s'est agi que de payer, l'Algérie a eu recours à la France ; à présent qu'elle commence à produire, la voilà qui s'isole et qui veut faire bourse à part ! » Ces récriminations ne sont pas justifiées. L'Algérie n'en est pas encore à vivre de ses rentes après fortune faite. Une partie de l'outillage économique nécessaire à sa mise en valeur lui manque ; elle demande qu'on lui laisse les moyens de se le procurer. Après tout, ce qu'on lui donne n'est point perdu pour la France. Ce n'est pas faire tort à la France que de fournir des moyens d'existence à un plus grand nombre de ses enfants, des placements plus avantageux à ses capitaux, un marché plus actif à son commerce. Il n'existe pas un intérêt algérien distinct de l'intérêt français. « Mais au moins faut-il que l'Algérie demeure française, et n'est-il pas à craindre qu'en organisant une sorte d'autonomie financière, on ne prépare l'autonomie politique, laquelle à son tour pourrait mener à la séparation ? » Nous ne méconnaissons pas la gravité de cette dernière objection. Mais ce que l'on propose n'est pas l'autonomie, puisque le conseil supérieur n'aura que la préparation, non le vote définitif du budget. Il se passera encore du temps avant que l'Algérie couvre toutes ses dépenses militaires et civiles. Quand elle arrivera (et elle y arrivera aussi bien sous l'empire du régime actuel) à se suffire tout à fait avec ses ressources propres, croit-on qu'il sera possible alors de dissimuler la vérité par des artifices de comptabilité budgétaire ? Nous connaissons trop le loyalisme de l'Algérie pour croire qu'il doive s'affaiblir par cela seul qu'elle n'aura plus besoin du concours financier de la métropole. Mais à supposer avec les esprits pessimistes que ce soit une éventualité à prévoir pour l'avenir, l'adoption du plan proposé ne la rendrait ni plus prochaine ni plus redoutable. Il modifie profondément l'organisation financière, nous ne voyons pas qu'il change grand'chose à la situation politique. Il aurait plutôt pour effet de l'améliorer, en écartant par avance les récriminations et les querelles de ménage qui pourraient à la longue altérer les bons rapports entre la France et sa grande colonie.

Pour notre part, nous accepterions volontiers les idées principales du projet : constitution d'un budget spécial, attribution à l'Algérie, sauf prélèvement d'un quantum au profit du Trésor, des plus-values de recettes pendant une période de quarante années. Mais il nous paraît indispensable, pour mettre hors de toute atteinte la souveraineté du Parlement national, de conserver au conseil supérieur son caractère consultatif. Sous le nouveau régime comme sous l'ancien, son rôle doit être de préparer le budget, non de le faire. Nous voudrions aussi que l'exécution de ce vaste programme fût assujettie aux règles de la plus sévère prudence. Enfin nous réclamerions une répartition différente des sommes disponibles pour dépenses extraordinaires, de façon à en affecter une proportion beaucoup plus importante aux dépenses intéressant particulièrement les indigènes.

Le projet prévoit des emprunts qui pourraient être contractés au titre algérien. Pourvu qu'on n'abuse pas de ce moyen, nous comprenons fort bien qu'on l'emploie dans certains cas déterminés, pour réaliser immédiatement un capital qui serait affecté à telle grosse dépense de nature productive. En aucun cas, le gage de ces emprunts ne saurait être constitué par les plus-values futures : elles promettent pour l'avenir des ressources probables, mais hypothétiques, sur lesquelles il est impossible de faire fonds pour l'acquittement d'annuités régulières. Tout emprunt algérien devrait donc, pour être autorisé, ou être gagé par des ressources existantes, par des plus-values dores et déjà acquises par exemple, ou entraîner, comme les emprunts départementaux et communaux, la création de ressources nouvelles correspondantes. De cette façon on ne s'écarterait pas de la sagesse des règles ordinaires et l'on serait à l'abri des entraînements. Il est bien certain que les représentants de la population algérienne qui siègent au conseil supérieur ne consentiraient jamais, à moins de nécessité bien démontrée, à grever leurs commettants de charges nouvelles.

Dans la répartition du demi-milliard à réserver pour les dépenses extraordinaires, les chiffres attribués aux chemins de fer et aux routes n'ont rien d'exagéré. Presque tous les autres nous paraissent prêter à de fortes réductions. 80 millions sont inscrits pour les ports, et c'est bien en effet à cette somme qu'on évalue les travaux maritimes encore nécessaires. Mais nous avons montré, en nous appuyant sur l'opinion du conseil supérieur et sur des précédents acquis, qu'une partie de ces travaux pouvaient être exécutés par les chambres de commerce, les municipalités, les compagnies de chemins de fer, qui se rémunéreraient ensuite au moyen de droits de quai ou de tonnage [1]. Si, d'après ce système, l'État se bornait à construire des ports militaires et les petits débarcadères côtiers, et contribuait seulement par des études et des subventions à l'installation des ports de commerce, les dépenses maritimes n'atteindraient pas à moitié de ce chiffre de 80 millions. Dans le même ordre d'idées, nous avons proposé que les travaux d'hydraulique agricole fussent laissés à des syndicats de propriétaires ou à des compagnies [2], l'État n'intervenant que pour assurer des

1. Pages 18 et 19.
2. Page 33.

garanties d'intérêts. La vente de l'eau aux usagers fournirait promptement dans la plupart des cas une rémunération du capital d'établissement, et la garantie d'intérêts n'aurait à jouer que pendant la période d'exécution. Le projet de budget spécial admet l'emploi de cette méthode, mais il maintient le chiffre intégral de 100 millions qui figure au devis d'ensemble des travaux d'hydraulique agricole, comme si toute la dépense devait être à la charge du budget algérien. En frais d'études, garanties d'intérêts non remboursées, fonds de concours, etc., la part de l'État n'excéderait certainement pas les 2/5 de la dépense totale, soit 40 millions.

17 millions sont affectés au reboisement. C'est une opération de la plus haute utilité, mais une opération de longue haleine et qui ne peut s'exécuter que dans un certain nombre de campagnes. Serait-il chimérique de demander au service des forêts lui-même d'y subvenir, si on lui fournissait les moyens, par le prompt achèvement des travaux qu'il réclame, comme construction de chemins forestiers, de maisons foréstières, démasclage de chênes-lièges, de mettre en valeur son domaine? Si l'on consacrait à ces travaux d'aménagement une somme de 4 ou 5 millions, si l'on rendait ainsi productifs au moins en partie les 270 000 hectares de chênes-lièges que l'État détient encore, le service des forêts, qui coûte aujourd'hui 2 millions par an pour rapporter à peine 600 000 fr., décuplerait rapidement ses produits et serait en mesure, après avoir couvert ses frais, de fournir 2 ou 3 millions par an pour le reboisement.

50 millions sont prévus pour la colonisation. C'est bien la somme qui était demandée en 1883, mais il s'agissait alors de capitaliser d'avance, pour en faire un emploi plus méthodique et plus fructueux, les allocations budgétaires de vingt-deux exercices. Le projet de 1883 ayant été rejeté, ces allocations annuelles demeurent disponibles. Il nous semble, et nous essayons d'établir dans un autre

chapitre de ce livre[1], qu'avec le chiffre actuel de ces allocations, avec le produit des ventes domaniales, en n'employant plus qu'à titre tout exceptionnel le régime de la concession gratuite, on peut assurer à la colonisation des ressources suffisantes pour exécuter en dix campagnes toutes les créations proposées en 1883. La colonisation officielle, procédant par allotissements de terres et créations de centres, ne se poursuivra pas indéfiniment. En admettant qu'après dix ans de sérieuse activité on juge nécessaire de la continuer pendant une autre période décennale, que les ressources du domaine se trouvent alors à peu près épuisées et qu'il faille se procurer par des acquisitions presque toutes les terres qu'on attribuera ensuite à la colonisation, si d'autre part on considère que l'État par la revente aux colons rentrera dans une partie de ses avances, que le service de la colonisation disposera toujours des allocations annuelles ordinaires, on reconnaîtra avec nous que 30 millions à prendre sur le demi-milliard affecté aux dépenses extraordinaires seraient tout à fait suffisants.

Toutes ces dépenses, même celles de colonisation, sont incontestablement d'utilité générale ; ce n'est pas seulement à la population européenne qu'elles doivent profiter, mais à tous les habitants de l'Algérie, y compris les indigènes. Il n'est pas moins vrai de dire, en retournant l'argument, que, parmi les dépenses appliquées spécialement aux indigènes, il en est qui répondent aux intérêts bien entendus de l'Algérie et des colons, en même temps qu'aux nécessités les plus impérieuses de la politique. Dans cette catégorie se placent, et au premier rang, les dépenses d'instruction publique. Le projet de budget spécial prévoit, à titre de subvention pour construction d'écoles indigènes, une somme de 10 millions. Or la construction d'un nombre suffisant de maisons d'école, dans les conditions les plus économiques, coûtera de 36 à 40 mil-

1. Livre V, chap. IX, pages 338 et suiv.

lions[1]. Si l'on veut que ces travaux s'exécutent rapidement, il faut que l'État prenne à sa charge, non pas un quart, mais la moitié au moins de la dépense. Quand l'enseignement des indigènes sera complètement organisé, et il peut l'être au terme d'une période de vingt-cinq ans, il emploiera un personnel considérable, qui coûtera quelque chose comme 7 millions. Il serait déraisonnable d'imputer la totalité de cette somme sur la dotation des services généraux, qui, d'après les calculs de probabilité annexés au projet de budget spécial, n'atteindra en 1913 qu'à un chiffre de 27 millions et demi. Il faut donc recourir à la réserve des dépenses extraordinaires, sur laquelle il y aurait lieu de prévoir pour cette affectation un prélèvement moyen de 2 millions par an, soit pour quarante années une somme de 80 millions. Nous arrivons donc à un total de 100 millions pour l'enseignement des indigènes. Nous inscririons en outre une dépense de 2 millions pour la constitution de l'état civil, qu'il y aurait tout avantage à exécuter promptement, au lieu d'y employer, comme on le fait aujourd'hui, un maigre crédit annuel de 100 000 francs.

Nous proposerions donc, pour les dépenses extraordinaires d'intérêt colonial, la répartition suivante :

Chemins de fer (garanties d'intérêts)			200 000 000
Routes			80 000 000
Ports			40 000 000
Hydraulique agricole			40 000 000
Forêts			5 000 000
Colonisation			30 000 000
État civil des indigènes			2 000 000
Instruction des indigènes.	Constructions scolaires.	20 000 000	100 000 000
	Personnel.	80 000 000	
		To.al	497 000 000

Sur le chiffre prévu de 514 600 000 francs, dans lequel nous ne faisons pas entrer les recettes provenant de fonds de concours spéciaux, etc., il resterait une disponibilité de 17 600 000 francs, pour faire face aux besoins imprévus.

1. Voir le chapitre VII de ce livre, pages 319 et 320.

CHAPITRE IV

LA QUESTION DES INDIGÈNES

On l'a vu plus haut, la population indigène n'est pas en décroissance ; elle augmente au contraire avec une remarquable rapidité. Elle n'est plus comme autrefois décimée par des guerres incessantes, des épidémies et des famines périodiques. La création des ports, des routes, des chemins de fer, le développement des transactions commerciales, l'intervention de la demande européenne ont donné aux terres qu'elle possède, aux produits naturels qu'elle cultive, au bétail qu'elle élève, une énorme plus-value. Ceux qui n'ont pour vivre que leurs bras trouvent dans les exploitations agricoles, dans les chantiers, dans les usines, un travail rémunérateur. La condition de tous ou de presque tous s'est améliorée, mais c'est surtout la plèbe indigente qui a gagné au changement. Nous n'avons pas suivi en Algérie l'exemple de tant d'autres peuples colonisateurs, qui, partout où ils vont, absorbent l'air respirable et font le vide autour d'eux. Nous n'avons ni détruit, ni chassé, ni asservi les anciens occupants. Il nous a paru que la conquête ne se justifie pas par les seules convenances du conquérant, qu'elle ne trouve sa légitimité que dans les services rendus à la civilisation générale et dans les bienfaits apportés au peuple conquis. Nous avons eu dès l'origine cette ambition d'augmenter le bien-être de nos sujets, d'élever leur intelligence et leur moralité, de les gagner par la justice et les bons procédés, d'en faire nos amis, nos égaux, nos concitoyens. Cette politique si conforme aux généreux instincts de notre France était en même temps la plus prévoyante et la plus avisée. Que serait-il arrivé si nous avions tenté d'exterminer les Arabes, ou, comme quelques-uns le conseillaient, de les pousser au désert? Ils auraient opposé une résistance désespérée dont on ne serait venu à bout qu'au prix d'immenses efforts et d'immenses sacrifices; puis, cette œuvre sauvage une fois accomplie, nous aurions régné sur un pays ruiné où il aurait fallu appeler, pour combler les vides, l'immigration étrangère, infiniment plus dangereuse que la population indigène. Mieux valait à tous égards conserver celle-ci. Mais il n'aurait pas été beaucoup plus humain ni beaucoup plus sage de la réduire à l'hilotisme en la soumettant à une impitoyable exploitation. Les peuples asservis ont de terribles réveils. Toute nation qui en opprime une autre se prépare pour l'avenir de formidables périls. Plusieurs millions d'hommes représentent une valeur sociale, une force économique et politique : il est inepte de la supprimer, il est insensé de la tourner contre soi, il faut savoir se l'approprier pour trouver en elle un surcroît de puissance. Le profit le plus clair de la conquête de l'Algérie, ce sera pour la France de compter un jour quatre ou cinq millions de Français de plus.

Ce jour n'est pas encore venu. Croire que dès à présent les indigènes nous sont acquis, c'est se laisser aller à la plus dangereuse des illusions. S'il en est de sincèrement attachés à notre domination, c'est plutôt presque toujours pour les avantages personnels qu'ils y trouvent que sous l'empire d'une conviction raisonnée. Que ce soit par animosité de race, par une instinctive antipathie de barbares, ou simplement par fanatisme religieux, beaucoup demeurent nos secrets ennemis. Avec cette imperturbable assurance des croyants, ils attendent que le *Maître de l'heure* paraisse pour balayer les Roumis à la mer. Mais la grande masse est plutôt passive. Elle jouit des biens que nous lui procurons, de la paix mieux garantie, de la police mieux faite, de la justice mieux distribuée, de la vie devenue plus commode, plus facile et plus sûre, mais elle n'a pas de ces améliorations une conscience assez claire pour déterminer la gratitude. En nous obéissant elle ne cède encore qu'à la force. Vienne quelque crise où cette force semblerait défaillir, elle suivrait encore les pseudo-prophètes et les prêcheurs de guerre sainte. Nul ne peut dire que l'ère des insurrections soit à jamais fermée. Comme ces maladies dont les accès intermittents vont en diminant de fréquence et de durée, elles deviennent de plus en plus rares et de plus en plus inoffensives; mais la guérison n'est pas complète et les rechutes sont toujours à craindre.

Qu'il en soit ainsi, la faute n'en est tout à fait ni à eux ni à nous. Quand le contact a commencé de s'établir, rien n'était commun entre les deux peuples; les croyances, les mœurs, les institutions sociales, l'organisation économique, étaient autant de causes de mésintelligence et d'éloignement. Avec leurs idées rares et simples, leur indigence intellectuelle, leur industrie enfantine, suffisante cependant pour des besoins rudimentaires, avec la brutalité naïve de leurs instincts, la violence de leurs passions, l'inertie résignée de leurs volontés, avec leur foi religieuse absolue et absorbante, groupés les uns en petites communautés anarchiques, les autres en tribus pastorales et nomades, c'étaient des hommes d'un autre âge, en arrière de plusieurs siècles, arrêtés à une étape qu'a depuis longtemps franchie la civilisation européenne. Nos premiers rapports avec eux furent des rapports de guerre. Dix-sept années de luttes acharnées, la succession presque ininterrompue des batailles, des razzias, des révoltes furieuses et des répressions sanglantes, n'étaient pas pour favoriser un rapprochement. Lorsqu'ils posèrent enfin les armes, ils gardèrent la posture de vaincus ayant au cœur l'espoir d'une revanche. Nous étions à leurs yeux non seulement des étrangers, mais des maîtres et, qui pis est, des maîtres infidèles, à l'amitié desquels répugnait leur conscience de Musulmans. Notre victoire leur semblait accidentelle, ils ne soupçonnaient pas les causes réelles et profondes de notre supériorité. Tout ce qu'ils nous enviaient, c'étaient nos engins de guerre plus meurtriers et notre tactique plus savante. Mais les complications de notre existence les déroutaient, la liberté de nos idées les scandalisait, le spectacle de notre civilisation provoquait en eux une sorte de malaise et moins d'admiration que de stupeur défiante. A tout ce mouvement, à cette activité qui fatiguait leur indolence de peuple stationnaire, combien ils préféraient la tranquille monotonie de leur vie d'autrefois, les jouissances grossières qu'elle promettait aux privilégiés, même les misères lamentables qu'elle infligeait au plus grand nombre. Nul besoin, nul désir de changement. A nos conseils, à nos invitations, à nos exemples s'opposaient les forces d'inertie, les habitudes passées à l'état d'instincts, les influences héréditaires, les prédispositions ataviques. Tout le passé se dressait contre nous. Il n'était pas en notre pouvoir de l'abolir, il n'était pas facile d'en neutraliser les effets. Assurément nous sommes loin déjà du point de départ, mais plus loin encore du but. La pacification se fait dans les esprits, les haines sont moins vives, les répugnances moins violentes; colons et indigènes vivent côte à côte et sans s'unir encore commencent à se mêler, mais la réconciliation n'est pas complète. La conquête morale de l'Algérie n'est pas achevée, elle commence à peine. C'est qu'à vrai dire, s'il n'est pas d'entreprise politique plus noble et plus hautement utile, il n'en est pas de plus ardue, de plus compliquée, de plus délicate, ni qui demande davantage, avec la continuité des efforts, la longue patience dans l'attente du résultat.

A vouloir aller trop vite on risquerait de tout compromettre. C'est se tromper sur la nature du problème que de vouloir y apporter une solution immédiate en le tranchant par la pure logique. Dans cette erreur sont tombés les auteurs des propositions actuellement soumises aux Chambres, et tendant à faire sans délai de tous les indigènes des citoyens français. Les principes dont ils se sont inspirés ne sont guère contestables, ce sont ceux que la Révolution a posés et qui forment depuis un siècle la base même de notre droit public : « Point de privilèges, point d'exclusions attachés à la naissance, à la religion ou à la fortune. L'État est la chose de tous. Tous sont soumis à la loi, tous doivent contribuer à l'établir; tous ont à payer l'impôt, tous doivent être représentés dans les assemblées qui en fixent la quotité et en règlent l'emploi. Il est inadmissible que, dans une démocratie, il y ait, d'une part, des citoyens investis de la souveraineté, et de l'autre, de simples sujets n'ayant que des devoirs sans droits corrélatifs. Les premiers seront toujours portés à opprimer les seconds et ils en auront le moyen. Les autres, sans organe dans les conseils de la nation, verront leurs sentiments froissés, leurs intérêts méconnus; la permanence de l'injustice engendrera la perpétuité de la haine. Pourquoi nous créer ainsi d'irréconciliables ennemis? Sur quoi enfin se fonderait-on pour refuser aux Arabes et aux Barbares les titre de Français... sur leur qualité de Musulmans? Mais la loi française depuis 1789 est essentiellement laïque, elle ne reconnaît plus de distinction résultant des opinions religieuses. Ils ne sont pas de race française? On naturalise tous les jours des fils d'étrangers. Pourquoi ne pas faire pour eux ce qu'on a fait en Algérie même pour les Israélites indigènes; en naturalisant ces derniers, n'a-t-on voulu que créer une inégalité de plus, et blesser à la fois dans son amour-propre et dans ses préjugés la population musulmane? »

Observons d'abord qu'en l'état la naturalisation individuelle n'est jamais refusée aux indigènes musulmans. A ceux qui la désirent elle s'offre avec des facilités spéciales, des formalités simplifiées et abrégées; pour l'obtenir ils n'ont guère que la peine de la demander. Elle leur confère, non seulement ces droits abstraits dont des esprits incultes apprécient mal la valeur, mais des avantages matériels, immédiats et tangibles : l'exonération des impôts arabes, l'admission aux concessions gratuites, aux grades militaires, aux fonctions civiles. Infime est cependant le nombre de ceux qui la sollicitent. De 1865 à la fin de 1887, en vingt-deux années, on relève 740 naturalisations d'indigènes musulmans. Ce n'est pas chez tous indifférence ou dédain. En devenant Français il leur faut renoncer au statut personnel : le régime des mariages, celui des successions, l'autorité maritale et paternelle, toute l'organisation intime de la famille est réglée d'une façon absolument différente par la loi française. On ne se résout pas sans peine à changer des habitudes enracinées par les siècles. Et c'est bien là une des plus graves parmi les difficultés que soulèvent les projets de naturalisation collective. Prétendrait-on soumettre tous les indigènes, sans restriction ni transition, à l'empire du code civil ; il faudrait la contrainte pour opérer un tel bouleversement. Si au contraire on laisse subsister, au moins à titre provisoire, le statut personnel, on reste bien loin de l'assimilation rêvée. A supposer celle-ci résolue, que d'autres questions épineuses qui resteraient à trancher : celle du service militaire par exemple, beaucoup moins simple qu'on ne se plaît à le croire! Les indigènes d'Algérie appartiennent à des races belliqueuses, ayant le goût des armes et l'instinct de la guerre; ils nous fournissent, en aussi grand nombre que nous le souhaitons, des volontaires, ou, pour parler exactement, des mercenaires qui font bravement leur métier. Est-ce à dire qu'ils soient disposés à accepter un recrutement régulier en vue d'un service obligatoire? On sait combien il a fallu de temps pour faire entrer la conscription dans les mœurs de nos populations;

on peut tenir pour certain que ni les Arabes ni les Kabyles ne s'y prêteraient volontiers. Que ferait-on du contingent indigène? Si on le constituait en corps spéciaux servant sur place, on mettrait l'Algérie à la merci d'une insurrection militaire. Si on le disséminait dans les garnisons de la métropole, comment serait-il possible de tenir compte des usages et des préjugés religieux? On imposerait une rude tâche aux officiers et aux instructeurs chargés de former les conscrits musulmans. Quant à ceux-ci, la discipline aurait raison de leurs résistances, mais elle les briserait sans les façonner; pour quelques-uns qui se seraient laissé gagner par la fraternité du régiment, combien reviendraient aigris, ulcérés, mêler leur rancune toute fraîche aux vieux ressentiments de leurs pères!

On le voit, la naturalisation collective entraîne toute sorte de conséquences graves qu'il faudrait bien peser avant de la prononcer. On ne peut pas la présenter comme une de ces mesures populaires, dont les inconvénients sont largement rachetés par les satisfactions qu'elles donnent et l'apaisement qu'elles apportent avec elles. Les indigènes n'y sont pas même indifférents, mais hostiles; des manifestations répétées et nullement équivoques attestent la nature de leurs sentiments. Quand on a commencé l'exécution de la loi sur l'état civil, des protestations se sont élevées sur différents points de la part d'indigènes qui pensaient « que la collation de noms patronymiques n'était que le préliminaire d'une naturalisation en masse ». La proposition de loi de MM. Gaulier et Michelin a donné lieu à une protestation encore plus catégorique à laquelle ont adhéré tous les notables musulmans de la ville de Constantine. Ainsi les indigènes ne réclament pas la naturalisation comme un droit, ils ne l'accepteraient pas avec reconnaissance comme un bienfait, tout au plus la subiraient-ils comme une contrainte. Le titre de citoyen français, les droits précieux qui y sont attachés ne doivent pas être prodigués, encore moins imposés à qui n'en veut pas.

Il faut bien au contraire les faire désirer comme une récompense, en ne les accordant qu'à ceux qui sont dignes de porter l'un, capables d'exercer les autres. Il semble qu'en cette question les indigènes soient plus sages que leurs intempérants défenseurs. Entre leurs mains inexpérimentées, ces droits politiques qu'on demande pour eux et dont ils ne se soucient guère ne seraient pas un instrument de progrès, mais une arme dangereuse dont ils se blesseraient eux-mêmes ou qu'ils tourneraient contre nous. En un pays aussi récemment pacifié, en face d'une population profondément ignorante, que la culture européenne a à peine effleurée, les précautions sont légitimes, elles sont nécessaires. Créer cinq cent mille électeurs arabes ou kabyles, ce serait de gaieté de cœur sacrifier l'élément français, qui serait bientôt submergé sous cette masse inconsciente ou hostile; ce serait fournir aux adversaires de notre domination les moyens de reprendre la lutte et d'organiser une résistance légale qui serait le prélude de l'insurrection armée.

Le décret de Tours et la naturalisation collective des israélites ne sauraient être invoqués comme précédent. Les israélites n'avaient pas résisté avec acharnement à la conquête française, qu'ils avaient, dès le premier jour, saluée comme une délivrance. Ils vivaient pour la plupart dans les villes, mêlés à l'élément européen, ils adoptaient volontiers notre langue, notre costume, nos usages, ils étaient tout disposés à accepter notre législation. Enfin, et c'est là la différence essentielle, ils n'étaient qu'une minorité, même au regard de la seule population française. Introduits dans le corps électoral, ils en modifiaient la composition, ils n'en devenaient pas les maîtres. D'ailleurs le décret de Tours ne nous paraît pas excellent de tous points, et, s'il était à refaire, nous souhaiterions au moins qu'il mît à l'octroi des droits politiques quelques conditions de capacité.

En repoussant comme dangereuse et prématurée la

naturalisation collective des indigènes, nous ne prétendons pas méconnaître tout ce qu'il y a d'élevé et de sérieux dans les préoccupations de ceux qui la réclament. Nous ne voulons pas qu'on coure au but tête baissée, mais nous croyons qu'on doit y marcher dès maintenant, à pas mesurés et sûrs. Actuellement, les indigènes sont représentés dans les conseils municipaux des communes de plein exercice par des membres élus; il existe aussi des membres musulmans dans les conseils généraux, mais ils sont désignés par l'administration. Il nous semble qu'on pourrait donner à ces derniers le caractère électif, faire représenter les indigènes dans le conseil supérieur de l'Algérie et même les associer à notre vie nationale en les admettant partiellement à l'électorat politique. On les mettrait ainsi en mesure de défendre leurs intérêts dans toutes les assemblées délibérantes où ils sont débattus, de se préparer par l'exercice même de droits restreints à en mériter et à en obtenir de plus étendus. Pour le moment, ces concessions seraient suffisantes. Il y aurait des précautions à prendre pour les rendre non pas inefficaces, mais inoffensives pour la population coloniale et pour la France.

Une première question se pose : convient-il de donner aux indigènes une représentation distincte ou vaut-il mieux les adjoindre simplement au corps électoral français? Le second système a été appliqué aux israélites naturalisés, il nous paraît préférable; mais le premier a été adopté dans l'organisation municipale et il semble difficile de l'abandonner là où il existe déjà. La suppression de leurs représentants spéciaux ferait aux indigènes l'effet d'une mesure restrictive; sans compter que l'adjonction des électeurs municipaux indigènes au corps électoral français les rendrait dans bon nombre de communes maîtres des élections. Nous serions donc d'avis de laisser des membres indigènes dans les conseils municipaux et généraux, d'en introduire même quelques-uns dans le conseil supérieur. Mais nous verrions de graves inconvénients à la représentation spéciale dans le Parlement. Obligerait-on les indigènes à choisir leurs députés ou leurs sénateurs parmi des citoyens français : leurs votes pourraient bien alors s'égarer sur quelques-uns de ces politiciens sans scrupule à qui tous les moyens sont bons pour conserver leur clientèle électorale. Si au contraire on les laissait libres de prendre leurs mandataires dans leurs rangs, on verrait des hommes qui ne sont pas citoyens français prendre part à la confection des lois françaises, décider du sort même de la France. Les députés et sénateurs indigènes n'auraient le plus souvent dans les Chambres que l'attitude effacée de la plupart des membres indigènes dans les conseils généraux et municipaux de l'Algérie. Mais si par hasard tel d'entre eux faisait preuve de quelque valeur, il y aurait tout à craindre de ces engouements exotiques auxquels le caractère français est si enclin. Un orateur en burnous, imposant par la dignité théâtrale de son attitude, maniant convenablement notre langue, capable de lancer quelques phrases à effet, produirait des entraînements qui pourraient être dangereux. Ce qui est certain, c'est que, dans les affaires algériennes, les Chambres deviendraient une sorte de tribunal devant lequel plaideraient, comme les avocats de parties adverses, les députés des colons et les députés des indigènes. On opposerait ainsi des intérêts qui le plus souvent ne sont pas inconciliables, on constaterait officiellement et on irriterait par des chocs répétés l'antagonisme des races. Au contraire, il n'y aurait aucun péril à introduire dans le corps électoral politique un nombre d'abord très restreint d'indigènes, qui irait ensuite en augmentant, mais par l'accession graduelle d'hommes mieux préparés à comprendre et à remplir leurs devoirs de citoyens. Ce ne serait au début qu'une minorité, hors d'état d'imposer ses opinions et ses choix, mais avec laquelle on s'habituerait peu à peu à compter, qu'on ménagerait en faisant dans les programmes électoraux et l'action parlementaire une part à ses justes désirs.

A quelle catégorie parmi les indigènes musulmans non naturalisés l'électorat politique serait-il conféré? L'électorat municipal, le seul qui existe actuellement, est exercé par les indigènes âgés d'au moins vingt-cinq ans, domiciliés depuis deux ans dans la commune et possédant l'une des qualités suivantes : propriétaire foncier ou fermier d'une propriété rurale, patenté, employé de l'État, du département ou de la commune, membre de la Légion d'honneur ou décoré de la médaille militaire. Ces qualités n'entraînent pas une présomption de capacité politique; la plupart des propriétaires, fermiers, patentés, etc., sont fort ignorants, et l'on peut sans savoir grand'chose être chaouch, garde champêtre et même médaillé militaire. A part la Légion d'honneur et la médaille militaire, elles n'offrent pas non plus des garanties de fidélité. Enfin la base serait trop large : dès 1879 on comptait 30 426 électeurs municipaux indigènes pour 42 459 électeurs français. Si à ce chiffre, déjà grossi depuis lors, venaient s'adjoindre les très nombreux propriétaires ou fermiers indigènes habitant les communes mixtes, le collège électoral, dans chacun des départements algériens, serait composé en majorité d'indigènes.

Nous proposons d'attribuer l'électorat politique : 1° aux indigènes décorés de la Légion d'honneur ou de la médaille militaire; 2° aux indigènes sachant lire et écrire en français. Les premiers présentent des garanties de fidélité, les autres des présomptions de capacité. Les mêmes électeurs auraient à désigner les conseillers généraux musulmans, qu'ils pourraient choisir, soit parmi eux, soit parmi les citoyens français d'origine ou naturalisés. Les conseillers généraux musulmans participeraient au même titre que les conseillers français à l'élection des sénateurs. Pour la représentation au conseil supérieur, on pourrait ajouter aux six délégués français que nomme annuellement chaque conseil général deux ou trois délégués musulmans, qui seraient également désignés par le conseil général parmi ses membres.

Ces dispositions ne seraient que transitoires. Plus tard, dans quinze ou vingt ans, une fois l'état civil constitué, l'instruction des indigènes largement organisée, on instituerait une sorte d'option. Tout indigène musulman ayant atteint sa vingtième année, sachant lire et écrire dans notre langue, aurait à choisir entre la conservation du statut personnel sans droits politiques et la nationalité française avec le service militaire, l'électorat et l'éligibilité. On résoudrait du même coup deux questions : celle du service militaire, qui ne saurait être imposé aux indigènes qu'avec l'octroi de droits corrélatifs, et celle de la transformation de l'impôt, les indigènes ayant opté pour la nationalité française passant par là même sous le régime fiscal appliqué aux citoyens français. Tous les ans, un certain nombre d'indigènes entreraient ainsi dans la famille française, où leur éducation les aurait préparés à prendre place, et à laquelle ils s'uniraient par une libre détermination de leur volonté. Plus tard encore, après une autre période de quinze ou vingt années, on pourrait enfin prononcer la naturalisation collective. Mais cette grande mesure n'aurait plus alors rien de prématuré. Elle arriverait en son temps, après un long travail d'éducation et d'assimilation dont elle serait comme le couronnement.

Pour en arriver là, que faut-il? Améliorer la condition matérielle des indigènes, transformer à l'image de la nôtre leur organisation économique et sociale, leur inculquer, par la diffusion de l'instruction française, nos connaissances et nos idées. Ce programme n'est pas neuf; il a été tracé depuis longtemps, nous souhaiterions seulement qu'il fût appliqué avec plus de vigueur et de suite et que l'action gouvernementale en Algérie s'orientât davantage dans cette direction. Gouverneurs, administrateurs de tout rang, hommes politiques de toute nuance devraient se pénétrer de l'idée que la question indigène est la question capitale, essentielle, d'où dépend tout l'avenir de notre France africaine. Il faudrait que cette conviction, partagée par tous les Français d'Algérie, leur inspirât l'ardent désir de travailler chacun pour sa part à cette œuvre à la fois si généreuse et si utile, si nationale et si humaine, du rapprochement des races dans la communion de la patrie française.

CHAPITRE V

LA TRANSFORMATION DE LA SOCIÉTÉ INDIGÈNE

Ceux qui n'aperçoivent en Algérie que le conflit des races, qui se représentent le colon et l'indigène comme engagés dans une lutte pour la vie où doit succomber l'un ou l'autre, ceux-là n'ont qu'une vue incomplète et très superficielle des choses. En réalité le colon ne peut se passer des indigènes, qui lui fournissent à bon compte des travailleurs souvent inexpérimentés, mais faits au climat, robustes et peu exigeants. De leur côté les indigènes ont tout à gagner à la présence des Européens, à la prise de possession du pays par l'industrie civilisée. Propriétaires, ils bénéficient de toutes les améliorations générales, ils apprennent à l'école des colons leurs voisins les procédés de la culture rationnelle, ils tirent un meilleur parti des richesses qu'ils laissaient autrefois dormir. Sauf quelques cas particuliers de mauvaise fortune ou d'inconduite, leur avoir augmente, leur aisance s'accroît. Quant à la masse des prolétaires, on sait quelle a été jusqu'à présent sa misérable condition. En pays arabe, le propriétaire travaille peu de ses mains; il emploie le *khammès*, auquel il donne pour salaire le cinquième de la récolte; quand arrive le moment, cette maigre part a presque toujours été mangée en avances. Le pauvre hère s'enfonce chaque année dans les mêmes embarras, escomptant l'avenir d'une récolte à l'autre. Que les temps soient mauvais, qu'il y ait sécheresse ou disette, sa situation devient affreuse, il meurt de faim, lui et les siens, s'il en a. Tandis que le khammès laboure la terre des autres, le berger garde leurs troupeaux; pour lui non plus la vie n'est pas douce ni les perspectives riantes. Khammès et bergers n'ont certes rien à perdre à l'envahissement de notre société démocratique et industrielle. L'État et les grandes compagnies recrutent dans leurs rangs leurs agents inférieurs et leurs ouvriers, cantonniers, terrassiers, mineurs, manœuvres. Les colons les emploient comme valets de ferme, moissonneurs, ouvriers agricoles. A mesure que l'agriculture et l'industrie algériennes se développeront, elles utiliseront davantage cette armée de travailleurs, qui ne demande qu'à s'enrôler. Dès à présent, une véritable révolution sociale s'opère sans bruit, l'affranchissement de cette plèbe souffrante a commencé; ces mendiants et ces serfs affamés se relèvent salariés libres, et trouvent dans un travail volontairement accepté, convenablement rétribué, un bien-être et une dignité qu'ils n'avaient jamais connus.

Les mœurs se modifient en même temps, avec lenteur, il est vrai, mais par un progrès déjà très sensible. Si peu curieux qu'ils soient d'innovations, si attachés à la routine traditionnelle, les indigènes adoptent nos outils, nos instruments aratoires. On les voit dans les voitures publiques, en chemin de fer; partout où le railway pénètre, les transports à chameau ou à dos de mulet sont abandonnés. L'habitation, au moins chez les riches, devient plus spacieuse, plus saine, plus commode, plus ornée; l'usage des meubles et des ustensiles européens pénètre dans les plus pauvres demeures et jusque sous la tente du nomade. Nos mets, nos vins, nos liqueurs, hélas! commencent à figurer dans les menus soignés; un grand chef offrant la diffa croirait manquer aux devoirs de l'hospitalité si ses convives ne buvaient du champagne à sa table. Beaucoup de manœuvres kabyles revêtent la blouse et le pantalon; le costume des Arabes et des Maures aisés reste extérieurement le même qu'autrefois, mais il se complique de recherches et de délicatesses jusqu'alors inconnues. Des goûts de propreté, de confort, de luxe intelligent s'éveillent, des besoins nouveaux se développent. L'aristocratie arabe ne se borne plus à faire parade dans les réceptions officielles, elle commence à paraître dans nos réunions intimes; le paysan, l'ouvrier indigène prennent leur part dans les réjouissances populaires. Sans doute le mouvement est surtout appréciable dans les hautes classes, mais il se communique de proche en proche, il ébranle déjà les couches profondes et longtemps immobiles du peuple arabe. Nous créons en Algérie un nouveau milieu social; les races indigènes, douées d'une vitalité énergique, font comme les végétaux transplantés qui ne veulent pas mourir, elles changent; elles s'accommodent aux conditions d'existence qui leur sont faites; elles opèrent ou plutôt elles subissent instinctivement une sorte d'évolution naturelle. Il dépend de nous de la ralentir en la contrariant ou de l'accélérer en la favorisant. Nous la rendrons plus facile et plus prompte, si nous savons donner aux indigènes une administration éclairée et bienfaisante, une bonne justice, un bon système d'impôts, un état civil, un régime de propriété mieux défini et moins confus.

L'organisation administrative qui a été le plus longtemps en vigueur est celle qui avait été créée par Bugeaud en 1843 et 1844. Des chefs indigènes, les mêmes souvent qui avaient commandé pour Abd-el-Kader, étaient mis à la tête des populations avec des titres semblables et des attributions à peu près analogues. Les grandes circonscriptions territoriales étaient confiées à des khalifas et à des bach-aghas; elles se partageaient en aghaliks avec des aghas; dans l'aghalik, chaque tribu avait son caïd, et, si elle était importante, se fractionnait en ferkas dirigées par des cheikhs. Tous ces chefs, quel que fût leur rang, relevaient de l'autorité militaire représentée par les généraux de division commandant la province, les généraux de brigade commandant la subdivision, les officiers supérieurs commandant le cercle. Des bureaux des affaires arabes, établis aux chefs-lieux de cercle, de subdivision, de division et dans la capitale de la colonie, avaient pour mission d'étudier les affaires, de renseigner l'autorité supérieure, de servir d'intermédiaires entre les chefs et les populations indigènes d'une part, le commandement de l'autre. On sait quelles vives critiques a suscitées ce régime. Elles s'en prenaient à la fois aux chefs indigènes et aux bureaux arabes. On reprochait aux premiers de constituer une véritable féodalité, de nuire à la domination française en la compromettant ou en la trahissant, de nuire à la population musulmane en l'opprimant ou en l'égarant : « En temps ordinaire, ils commettent d'odieuses rapines, ils exploitent leurs administrés, ils les mangent, selon l'énergique expression arabe. Vienne une insurrection, et alors, si les chances leur paraissent favorables, ils usent de l'autorité qui leur a été confiée pour propager la révolte, ils tournent contre nous les armes mêmes que nous leur avons données. » Quant aux bureaux arabes, ils étaient accusés de former une corporation puissante et exclusive, « le parti de l'admiration mutuelle », de mettre à profit leur connaissance de la politique indigène pour dominer le commandement, d'imiter trop souvent les chefs arabes leurs protégés et leurs amis, de commettre à leur exemple des extorsions, des violences, des abus de pouvoir, d'écarter systématiquement la colonisation qui les aurait gênés dans leurs allures de pachas turcs, de brouiller les choses à plaisir, de provoquer soit involontairement et par maladresse, soit de propos délibéré et pour faire valoir leurs services, des insurrections périodiques.

Aujourd'hui ces polémiques sont loin : les hommes et les choses qui en faisaient l'objet appartiennent à l'histoire, qui peut être impartiale. Sans doute bon nombre de chefs indigènes n'étaient ni sûrs ni probes, et dans les imputations dirigées contre les bureaux arabes tout n'était pas imaginaire. Il est certain, par exemple, que les violences du lieutenant-colonel Beauprêtre furent pour beaucoup dans l'insurrection de 1864; on se rappelle encore les révélations affligeantes auxquelles donna lieu le procès du capitaine Doineau, condamné en cour d'assises pour avoir attaqué une diligence sur la grande route. Malgré tout, si ces institutions ont eu leurs vices et leurs abus, il faut reconnaître aussi qu'elles ont rendu en leur temps de très appréciables services. Il eût été bien malaisé, quand la guerre durait encore et dans les années qui ont suivi immédiatement la conquête, de se passer pour administrer de l'intermédiaire des chefs indigènes. En les employant on évitait de tourner contre nous des influences puissantes, on n'obligeait pas les populations à rompre avec leurs habitudes, on utilisait sans tâtonnements ni perte de temps une organisation toute prête. De même les bureaux arabes offraient de sérieux avantages : à une époque où l'on n'aurait pu, même à grands frais, recruter convenablement un personnel civil, ils permettaient d'envoyer en pays indigène des officiers énergiques, entreprenants, qui acceptaient avec ses incommodités et ses périls, qui aimaient pour son imprévu et ses hasards la rude existence du bordj ou de la tente; qui, par l'étude, par la pratique, par le maniement des hommes et des affaires, en arrivaient à connaître admirablement la politique arabe; qui n'étaient pas à l'abri des passions humaines et des enivrements de la toute-puissance, mais qui à tout prendre n'étaient pas tous des Doineau. Que ce régime ne fût pas irréprochable, cela est hors de doute; mais la question est de savoir s'il eût été alors possible d'en installer un qui fût beaucoup meilleur. Gouverner les Arabes sommairement et arbitrairement, à la manière expéditive des bureaux arabes et des chefs indigènes, cela heurte nos habitudes de régularité constitutionnelle et nos sentiments d'équité. Mais si, au contraire, on prétend leur donner les garanties légales que possèdent les nations civilisées, les ressorts se détendent, l'obéissance se relâche, on risque de voir les populations échapper à toute prise de l'autorité. Le difficile est ici de concilier l'idéal de justice, le respect de la personne humaine, qui sont l'honneur de notre civilisation, avec la nécessité politique et les habitudes d'un peuple accoutumé depuis des siècles à l'oppression, et qui ne voit guère de milieu entre l'asservissement et la révolte.

L'ancienne organisation n'a été conservée que dans le territoire de commandement, qui ne comprend plus guère qu'un demi-million d'indigènes, depuis qu'on en a détaché au profit du territoire civil tout le Tell, une partie des Plateaux et même quelques enclaves sahariennes. En procédant graduellement et le plus souvent par extinction, on a supprimé la plupart des grands commandements indigènes; les chefs restés en fonctions sont surveillés de plus près; leurs méfaits, quand ils en commettent, ne sont plus considérés comme des peccadilles. D'autre part, les bureaux arabes ayant entièrement dépouillé l'ancien esprit, les méfiances qu'ils inspiraient sont tombées peu à peu. Ils ne prétendent plus gouverner l'Algérie; renfermés dans le rôle modeste et honorable où ils auraient dû toujours se tenir, la géographie, l'histoire, l'ethnographie, les questions de travaux publics, de commerce, tous les éléments variés de la politique saharienne font l'objet de leurs utiles études; ils sont les auxiliaires dévoués de la politique nationale, les sentinelles avancées de la civilisation.

Il ne faudrait pas croire que les 2 800 000 indigènes qui vivent en territoire civil soient par cela même placés sous l'empire du droit commun. Pas plus que le régime impositaire ou la législation pénale et civile, le régime administratif n'est exactement le même pour eux que pour les Européens. On distingue en territoire civil la commune de plein exercice et la commune mixte [1], la première organisée à peu près comme dans la métropole avec des autorités municipales électives, la seconde régie par un administrateur assisté d'adjoints et d'une commission municipale. L'administration et ses adjoints, parmi lesquels se trouvent des indigènes, en général d'anciens caïds ainsi conservés en fonctions, les membres de la commission municipale, qui comprend également quelques indigènes, sont nommés par le gouvernement. La commune mixte est une circonscription territoriale très importante et par l'étendue et par la population; la superficie varie entre 20 000 et 180 000 hectares; la population, de 20 à 30 000 habitants en moyenne, va rarement au-dessous de 10 000 et dépasse quelquefois 60 000 (Fort-National, 64 607; Fedj-Mzala [départ. de Constantine], 66 569). Représentant de l'autorité nationale parmi ces masses arabes ou kabyles, qu'il lui faut diriger, surveiller, stimuler ou contenir, chargé d'assister dans leur œuvre de création ou dans leur tâche journalière les différents services des finances, des travaux publics, de l'instruction publique, de la propriété, de la colonisation, l'administrateur est toute autre chose qu'une sorte de maire imposé. A ses attributions multiples il unit les pouvoirs disciplinaires que lui a conférés la loi du 28 juin 1881, et qui l'autorisent à appliquer pour les infractions spéciales à l'indigénat des peines de simple police.

La très grande majorité de la population indigène se trouve dans les communes mixtes, mais il y a une tendance marquée à transformer celles-ci en communes de plein exercice. Au premier abord il semble que ce soit là un affranchissement; mais, si l'on y regarde de près, on s'aperçoit que les indigènes ne gagnent pas toujours au

1. En général, les habitants du territoire de commandement sont organisés en *communes indigènes*. Il existe cependant dans ce territoire quelques communes mixtes (6 en 1887) où le commandant du cercle fait fonctions de maire.

change et qu'il serait imprudent d'aller trop vite en besogne. Dans la commune de plein exercice, en effet, une partie seulement des indigènes participe par l'électorat aux franchises municipales; quel que soit leur nombre, ils sont toujours en minorité dans le conseil, où ils ne peuvent avoir au minimum qu'un quart du nombre total. Élu de la majorité européenne des conseillers, le maire est naturellement porté à tenir compte surtout de ses concitoyens; celui-là seul témoigne à ses administrés indigènes une égale sollicitude dont l'esprit est assez indépendant pour s'élever au-dessus des préjugés vulgaires, le jugement assez droit et le tact assez sûr pour faire en toutes choses la part qu'il convient aux différences de mœurs. Même ainsi il n'arrivera que difficilement à gagner la confiance des indigènes ou à leur imposer le respect. Ils connaissent trop l'origine de ses pouvoirs, l'élu des colons n'a pas à leurs yeux le prestige qui environne le représentant du *beylik*. L'extension trop rapide des communes mixtes présente donc un double danger : d'une part, elle peut mécontenter les indigènes en les faisant passer de la tutelle administrative qu'ils acceptent volontiers sous celle des colons qu'ils supportent malaisément; d'un autre côté, elle les soustrait presque entièrement à l'influence et à l'action de l'autorité supérieure. Or il n'est ni de leur intérêt ni du nôtre de les livrer à eux-mêmes, ils ont besoin d'être gouvernés et de très près.

Tant que l'éducation de nos sujets arabes et kabyles ne sera pas assez avancée pour qu'on puisse sans péril, soit les faire entrer sur le pied d'égalité dans la commune française, soit les constituer en véritables communes indigènes exerçant par le moyen de l'élection le *self-government*, il nous semble que la commune mixte devra rester le cadre administratif normal. On a appelé les communes mixtes des bureaux arabes civils. La comparaison est juste en ce sens que, sous le régime civil comme sous le régime militaire, il faut et il faudra longtemps pour les indigènes autre chose que le droit commun et que l'application pure et simple du régime administratif français. Si l'on veut maintenant que cette administration échappe aux reproches qu'on élevait jadis contre les bureaux arabes, il faut la composer d'un personnel de choix, ayant les qualités nécessaires pour bien remplir ses délicates fonctions, il faut la surveiller de près, afin de prévenir ou de corriger promptement les abus. Nous devons reconnaître que le personnel, où l'on avait fait entrer beaucoup d'éléments assez médiocres, lors de l'improvisation hâtive de 1880, s'est grandement amélioré depuis. Des règles fixes ont été établies pour son recrutement et son avancement : nul ne peut plus être administrateur s'il ne justifie de cinq ans au moins de service en Algérie et de la connaissance de la langue arabe ou kabyle. Des conditions d'aptitude sont exigées, même des candidats aux postes d'adjoint ou d'adjoint stagiaire. Reste à savoir si les sous-préfets, chefs immédiats des administrateurs et les conseillers de gouvernement, qui les inspectent quelquefois, sont en mesure d'exercer un contrôle suffisant, et si les administrateurs eux-mêmes ne sont pas trop souvent obligés par la multiplicité des affaires de s'en rapporter aux adjoints indigènes, c'est-à-dire aux anciens chefs arabes. Le remède serait dans une augmentation du nombre des communes mixtes et des arrondissements, peut-être même dans la création de départements nouveaux. L'action de l'administration algérienne à tous les degrés ne sera efficace et sa responsabilité effective que quand ses agents auront à pourvoir aux besoins de territoires moins vastes et de populations moins nombreuses.

Depuis 1842, dans toute l'Algérie, la justice répressive est dans des mains françaises. En territoire de commandement, les indigènes sont justiciables des commissions disciplinaires et des conseils de guerre. En territoire civil, sauf pour les infractions spéciales à l'indigénat, qui sont déférées dans les communes de plein exercice au juge de paix, et dans les communes mixtes à l'administrateur, ils relèvent des mêmes juridictions que les Européens, de celle des juges de paix qui connaissent de certaines affaires correctionnelles, de celle des tribunaux correctionnels, de celle des cours d'assises. Il paraît difficile de supprimer en territoire de commandement la juridiction militaire; dans ce *border* algérien, il faut une justice répressive qui ne s'embarrasse pas de formalités et de lenteurs, qui, sans être cruelle, soit énergique et prompte. C'est le seul moyen de maintenir la paix entre des populations remuantes, toujours tentées de se molester l'une l'autre et de revenir à leurs habitudes batailleuses et pillardes. Il y aurait lieu seulement, pour éviter l'arbitraire, de définir avec plus de précision les faits délictueux dont les commissions disciplinaires ont à connaître. De même pour le territoire civil, il serait à propos de reviser l'ensemble de règlements qu'on appelle le code de l'indigénat, afin d'en faire disparaître quelques dispositions vraiment excessives ou ridicules. Nous ne croyons pas qu'il serait sage de l'abolir. Autant nous repoussons comme odieuses et iniques certaines institutions draconiennes qu'on a proposé d'établir, la responsabilité collective par exemple, autant nous jugeons indispensable, dans l'intérêt de la sécurité publique, dans l'intérêt de la population indigène elle-même, le maintien d'un système de pénalités légères pour une foule de menus délits ou de contraventions que la loi, faite en France pour un état de société et de mœurs si différent, n'a pu ni prévoir ni définir. Reste à savoir si les pouvoirs disciplinaires que la loi de 1881 n'avait confiés aux administrateurs que pour une durée de sept années devaient être prorogés au delà de ce terme [1]. Il nous sem-

1. Ils l'ont été pour deux ans (juin 1888). Voy. à ce sujet les comptes rendus de la séance de la Chambre des députés du 29 mai 1888 et de la séance du Sénat du 25 juin.

ble que les raisons dont on s'était inspiré subsistent toujours. Les Arabes n'ont aucune idée de la séparation des pouvoirs, ils ne conçoivent pas l'autorité désarmée du droit de punir; il est clair que l'acquittement d'un seul indigène traduit devant la justice par l'administrateur suffirait à ruiner complètement l'influence de ce dernier. Mais la réforme qui s'impose est celle du jury. Le jury algérien est exclusivement composé de citoyens français; le principe même de l'institution se trouve donc méconnu, puisque les indigènes qui comparaissent devant la cour d'assises ne sont pas jugés par leurs pairs. Sans aller jusqu'à dire qu'ils sont jugés par leurs ennemis, il faut bien reconnaître que les colons, lorsqu'ils ont à se prononcer sur un attentat contre les personnes ou les propriétés européennes, ne sont pas dans les meilleures contions d'impartialité. Leur petit nombre, la fréquence des sessions, la multiplicité des affaires font de ce privilège une charge très onéreuse. Il faudrait ou renoncer à l'emploi du jury dans les affaires criminelles indigènes ou créer des jurés indigènes.

Au civil, on a conservé une magistrature indigène, les cadis. Comme juges, ils connaissaient en première instance de toutes les affaires litigieuses entre Musulmans, à moins que les parties ne fussent d'accord pour aller devant les tribunaux français; comme officiers ministériels, ils dressaient les actes de mariage et de divorce, les contrats de vente ou de partage. Le décret du 10 septembre 1886 a considérablement restreint leurs attributions. Ils ne peuvent plus procéder aux liquidations et partages que s'ils sont purement mobiliers. Toute succession immobilière doit être liquidée par un notaire français. Ils ne prononcent plus que sur les contestations relatives aux successions et au statut personnel. Les actions personnelles et mobilières sont attribuées au juge de paix, en dernier ressort si la valeur du litige est au-dessous de 500 francs, en premier ressort si elle excède ce taux, les appels devant être portés devant les tribunaux de première instance; quant aux actions immobilières, elles rentrent dans le droit commun dès qu'il s'agit d'un immeuble soumis à la loi française. Une procédure nouvelle est instituée afin d'éviter les lenteurs, les complications et les frais excessifs. Cette importante réforme donne satisfaction aux plaintes élevées depuis longtemps contre l'ignorance et la vénalité des cadis. Elle accroît encore les attributions déjà très étendues des juges de paix algériens. Plus que jamais il devient nécessaire de recruter avec le plus grand soin cette partie si importante du personnel judiciaire. Un diplôme spécial de législation et de coutumes indigènes a été institué par la loi du 20 décembre 1879. Nous voudrions que, sans parler des conditions ordinaires de capacité et de moralité, un titre du même genre, mais un peu plus relevé, fût exigé des candidats aux fonctions de juge de paix. L'école de droit d'Alger, avec ses cours de législation algérienne, de droit musulman et de coutumes indigènes, l'école des lettres, avec ses cours de langues arabe et kabyle, d'histoire et de géographie de l'Afrique du Nord, fournissent à qui le désire les éléments de cette préparation spéciale. Pour bien faire, elle devrait être requise de tous les futurs magistrats, officiers ministériels ou administrateurs algériens. Non seulement on obtiendrait ainsi des garanties de compétence qui apparaissent comme évidemment indispensables, mais dans ce milieu éclairé des écoles supérieures, au contact des savants, des érudits, des lettrés qui y distribuent l'enseignement, les candidats s'imprégneraient d'idées élevées et libérales, se pénétreraient de l'importance de leur mission, apprendraient à se considérer non pas comme des fonctionnaires faisant tellement quellement leur métier, mais comme des agents de civilisation appelés à coopérer par leurs efforts individuels au rapprochement des races et à la pacification définitive de l'Algérie.

CHAPITRE VI

LA TRANSFORMATION DE LA SOCIÉTÉ INDIGÈNE (SUITE)

Les impôts arabes payés par les seuls indigènes sont à peu près les mêmes qu'au temps des Turcs et d'Abd-el-Kader. C'est l'*achour* ou dixième du produit net de la récolte, le *zekkat* ou droit sur le bétail, le *hokkor*, sorte d'impôt foncier particulier au département de Constantine, et dans le sud la *lezma* ou impôt des palmiers. En Kabylie, on prélève seulement une capitation qui porte aussi le nom de lezma. Celles de ces contributions qui étaient autrefois perçues en nature sont maintenant exigibles en argent, d'après des tarifs de conversion fixés chaque année par un arrêté du gouverneur général.

Indépendamment du principal, les indigènes acquittent des centimes additionnels, 18 centimes ordinaires pour les dépenses dites d'utilité commune, 4 centimes spéciaux pour l'exécution de la loi de 1873 sur la propriété. L'unité imposable pour l'achour et le hokkor est la charrue, c'est-à-dire la superficie que peut labourer en trente jours une charrue attelée d'une paire de bœufs, soit en moyenne 10 hectares. Dans les départements d'Alger et d'Oran les récoltes sont à chaque campagne classées en *très bonnes*, *bonnes*, *assez bonnes*, *mauvaises*, et le tarif de l'achour varie suivant cette estimation. En 1887, sur 82 398 charrues 5035 étaient cotées très bonnes, 23 390 bonnes, 33 483 assez bonnes, 18 885 mauvaises; le produit brut était de

3914622, soit une moyenne de 47 fr. 50 par charrue. Dans le département de Constantine, l'achour ne subit pas de variations, il est en général de 25 francs par charrue, mais le hokkor, qui vient s'y ajouter, se montant pour la majeure partie des terres à 20 francs, le principal de la contribution foncière se trouve être à peu près le même que dans le reste de l'Algérie. Le taux du *zekkat* est fixé uniformément à 4 francs par tête de chameau, 3 francs par tête de bœuf, 25 centimes par chèvre, 20 centimes par mouton. La lezma des palmiers varie suivant les localités de 25 à 50 centimes par pied. La capitation kabyle est levée sur les hommes adultes ; jusqu'en 1886, ils étaient répartis en 4 catégories, dont les trois premières payaient 15, 10 et 5 francs; la dernière, considérée comme sans ressources, était dispensée de tout impôt. Un arrêté du gouverneur, en date du 9 septembre 1886, a établi deux nouvelles classes : les gens très riches, taxés à 100 francs; les gens riches, à 50 francs. En 1886, 86942 Kabyles avaient été imposés : 30722 à 15 francs, 23229 à 10 francs, 32991 à 5 francs. En 1887, sur 87938 contribuables 568 ont été taxés à 100 francs, 2289 à 50, 28366 à 15, 22427 à 10, 34288 à 5.

Le principal brut des impôts arabes montait en 1886 à 16361000 francs, avec les centimes additionnels c'est un total de 19960420 francs. En divisant ce chiffre par celui des indigènes musulmans constaté au recensement de la même année, on obtient une moyenne de 6 fr. 10, qui au premier abord paraît très modérée. Mais les moyennes ne présentent qu'une vérité fort relative; au lieu de nous y tenir, cherchons plutôt ce que paye un petit propriétaire indigène. Supposons-le possesseur de deux charrues, soit 20 à 25 hectares, d'une paire de bœufs, d'une dizaine de chèvres et d'autant de moutons. Pour l'achour il acquittera d'ordinaire 45 francs par charrue = 90 francs, pour le zekkat des bœufs 2 × 3 = 6 francs, pour les chèvres 10 × 0,25 = 2 fr. 50, pour les moutons 10 × 0,20 = 2 fr., soit en principal 100 fr. 50 ; plus en centimes additionnels 100,50 $\times$ 0,25 = 22 fr. 11, soit en tout, principal et centimes compris, 122 fr. 61. Remarquons bien que ce ne sont pas là les seules charges qui pèsent sur l'indigène. Bien que sa consommation soit restreinte, il consomme des produits d'importation et il supporte ainsi sa part des droits de douane et d'octroi de mer, il paye à l'occasion des droits de timbre et d'enregistrement, des patentes, des redevances forestières ou autres ; il est soumis aux réquisitions en nature, aux corvées personnelles, etc. Le fardeau est assez lourd pour les forces contributives d'une population généralement pauvre. Quelques-uns le trouvent excessif. Il n'est pas défendu de corriger certaines inégalités par trop criantes, comme on l'a fait en remaniant la capitation kabyle et en étendant l'achour aux cultures autres que l'orge et le blé, surtout si ces surtaxes sont compensées par des modérations intelligentes telles que l'exemption donnée pour dix ans aux plantations d'arbres, pour trois ans aux vignes et jardins, et l'exonération complète accordée aux pauvres hères qui cultivent en tout moins de 20 ares. Mais il ne serait ni juste ni prudent d'élever le taux des impôts arabes ; tout au contraire, on devrait appliquer à des dégrèvements une partie au moins des plus-values que donne l'amélioration du rendement annuel, produite elle-même par les progrès de l'aisance générale.

De graves abus ont disparu, depuis qu'en territoire civil la répartition et les recouvrements sont faits par les agents des services financiers, depuis que la perception s'opère presque partout par mode individuel, depuis surtout que les chefs indigènes n'interviennent plus qu'à titre d'auxiliaires et d'agents de renseignements. L'impôt arabe n'en présente pas moins de sérieuses imperfections. Il est inégal et disparate, son instabilité se prête mal à l'établissement de budgets réguliers. Il a pour lui d'exister depuis longtemps, d'être entré dans les habitudes des populations qui y sont soumises. La richesse de l'Arabe, c'est son bétail et sa récolte de l'année; vienne une sécheresse qui fasse manquer l'une ou une épizootie qui emporte l'autre, il est ruiné; il se refera à la campagne prochaine si elle est bonne; comment lui demander le payement d'une taxe fixe ou d'un impôt de répartition? Actuellement il paye le zekkat pour autant de têtes de bétail qu'il en possède, l'achour en raison de la valeur de sa récolte; l'élasticité de ces impôts se prête parfaitement bien aux variations économiques. Il faut donc y regarder à deux fois avant de les supprimer pour les remplacer par d'autres, qui pourraient être plus savamment combinés et plus équitablement répartis, mais qui seraient sans doute acceptés moins facilement. On ne pourra sérieusement penser à faire passer les Arabes sous le régime impositaire français que quand on aura constitué chez eux la propriété individuelle, amélioré leur éducation agricole et pastorale, modifié toutes leurs habitudes économiques. Il faudra alors remplacer l'impôt arabe par des taxes uniformes pesant sur les Européens comme sur les indigènes.

La conquête française n'a pas trouvé l'Algérie à l'état de terrain vague. La propriété avait ce caractère d'instabilité que donne à toute chose un mauvais gouvernement, mais elle existait [1]. On distinguait les biens de l'État ou du *beylik*, les biens de mainmorte ou *habbous*, les terres *melk* ou possédées privativement, les terres *arch*, appartenant aux tribus. Cette dernière forme de la propriété était de beaucoup la plus répandue. Chaque tribu avait son arch. Les territoires de parcours et les pâturages demeuraient dans l'indivision comme nos communaux, les parties cultivables formaient des lots attribués aux différentes

1. Voy. sur cette question de la propriété les différents documents officiels, notamment le sénatus-consulte des 13-22 avril 1863, le décret du 23 mai de la même année, la loi du 26 juillet 1873, les instructions du gouverneur général Chanzy, la loi du 28 avril 1887. Voy. aussi les commentaires de M. Robe sur la loi de 1873 et l'étude de M. Cammartin *sur la propriété immobilière en Algérie*. Alger, 1875.

familles. Ce n'était pas là exactement le communisme ou même la collectivité agraire, comme dans le *mir* russe, où la répartition se fait à nouveau tous les ans : le lot de terre cultivable était toujours exploité par le même détenteur et après sa mort passait à ses héritiers naturels. Ce n'était pas non plus la propriété iudividuelle telle qu'elle existe chez nous : la terre arch ne pouvait être transmise ni par vente, ni par donation, ni par testament; en cas de déshérence, elle revenait non pas à l'État, mais à la tribu.

Depuis 1830, les anciens biens du beylik et les habbous sont devenus propriétés domaniales, les anciens melk ont subsisté, les terres *maghzen*, où les Turcs installaient les tribus qui leur faisaient la police, et les *azels*, donnés autrefois en fermage par le gouvernement, se sont la plupart confondus avec les arch. Les spéculations nombreuses tentées par les émigrants européens, les contestations qui en résultaient, la nécessité d'avoir des terres disponibles pour installer des colons attirèrent l'attention du législateur. A plusieurs reprises, on essaya de mettre de l'ordre dans ce chaos; mais les ordonnances de 1844 et de 1846 ne reçurent qu'un commencement d'exécution, la plupart des dispositions qu'elles édictaient ayant été reconnues impraticables. La loi de 1851 déclara la propriété inviolable, qu'elle fût indigène ou française, individuelle ou collective. Cependant on faisait remarquer que les terres arch ne rentraient pas tout à fait dans le droit commun; en principe, elles appartenaient bien aux tribus, mais les droits étaient mal établis, les limites toujours incertaines; d'immenses étendues qui auraient pu être productives demeuraient incultes, parce que les territoires étaient trop vastes pour la population qui les détenait; d'autre part, les terres manquaient déjà pour la colonisation. Ce fut alors qu'on imagina le système du cantonnement : chaque tribu devait être dépossédée d'une partie de son arch, en revanche elle deviendrait formellement propriétaire du reste. On protestait bien haut qu'on n'enlèverait aux indigènes que leur superflu, mais la détermination de ce superflu était laissée à l'arbitraire; on glissait vers la dangereuse doctrine qui s'appuie sur la formule du Coran : « Toute terre appartient à Dieu et au sultan son vicaire », pour nier contre toute évidence et toute justice l'existence même de la propriété en pays musulman. Le sénatus-consulte de 1863 marqua une nouvelle et complète évolution. Dans son article premier, il déclarait les tribus de l'Algérie « propriétaires des territoires dont elles ont la jouissance permanente et traditionnelle, à quelque titre que ce soit ». Il devait être procédé à la délimitation du territoire des tribus, à la répartition entre les douars et enfin à l'établissement de la propriété individuelle au profit des membres de ces douars, « partout où cette mesure serait reconnue possible et opportune ». Le décret du 23 mai 1863, portant règlement d'administration publique pour l'exécution du sénatus-consulte, permettait l'aliénation, par les djemâas qui devaient être instituées dans les douars, et sous le contrôle des autorités françaises, de tout ou partie de leurs biens communaux. Mais il interdisait l'aliénation des terrains de culture dont jouissaient les membres du douar, tant que la propriété individuelle n'aurait pas été constituée. Des différentes opérations prescrites par le sénatus-consulte, les deux premières, délimitation du territoire des tribus, répartition entre les douars, s'exécutèrent avec une certaine activité. En 1873, elles avaient été effectuées dans 402 tribus du Tell sur 723. Mais l'opération capitale, celle dont les autres n'étaient que les préludes, qui devait désagréger la tribu, mobiliser en quelque sorte la société indigène, la constitution de la propriété individuelle, ne s'était faite nulle part, les transactions foncières entre Européens et indigènes s'étaient trouvées arrêtées, la colonisation paralysée. De là l'impopularité qui s'attacha au sénatus-consulte dans l'opinion algérienne. En réalité, ce qui était mauvais, ce n'était pas le sénatus-consulte lui-même, mais l'utopie politique du royaume arabe auquel on le rattachait, l'esprit d'hostilité contre la colonisation dans lequel on l'appliquait.

L'exécution du sénatus-consulte s'était bornée « à tracer le périmètre d'un certain nombre de tribus, à constater la nature de leurs possessions et à constituer des divisions administratives ». La loi Warnier, votée en 1873 par l'Assemblée nationale, avait pour but la constitution définitive de la propriété indigène. Elle instituait des commissaires-enquêteurs qui devaient se livrer à un vaste travail de reconnaissance portant sur toute la propriété indigène, privée ou collective. Privée, on avait à la constater et à l'affirmer par un nouveau titre de propriété, à moins qu'elle ne reposât déjà sur un titre français. Collective, elle devait être transformée en propriété privée par des partages basés sur la possession de fait et que viendrait également sanctionner la délivrance des titres. Il entrait aussi dans les fonctions des commissaires-enquêteurs de dégager les biens communaux, les forêts, les biens domaniaux et d'attribuer à l'État tous les terrains sur lesquels nul possesseur de fait ne pourrait faire valoir un droit acquis par la jouissance. On devait arriver ainsi à d'importants résultats : d'abord, en faisant de l'indigène un propriétaire vraiment maître de la terre qu'il cultive, en soumettant tous les immeubles à l'empire de la loi française, on préparait la mobilisation du sol, la transformation même de la société arabe, on rendait possibles les transactions immobilières, les achats de gré à gré par les Européens, l'extension de la colonisation libre. Du même coup, en attribuant à l'État, avec faculté d'en disposer pour la colonisation, les terres sans possesseurs effectifs, on revenait à une sorte de cantonnement, mais à un cantonnement sans arbitraire et qui tenait compte de tous les droits acquis.

Malheureusement la loi Warnier présentait des lacunes et des obscurités. Sur bien des points, elle prêtait à des interprétations contradictoires. Dès qu'on en vint à l'application, les difficultés commencèrent à naître sous les pas des commissaires-enquêteurs. Aussi les opérations furent-elles menées d'abord avec une lenteur désespérante. Au 1er octobre 1880, elles avaient porté sur 1 382 452 hectares, mais les titres définitifs n'avaient été délivrés que sur 150 000. On calculait qu'à ce train il ne faudrait pas moins d'un siècle pour en finir. Encore n'était-on pas bien sûr que les résultats obtenus, si modestes qu'ils fussent, demeureraient acquis. L'indivision familiale subsistait; l'absence d'état civil et de noms patronymiques, l'intervention des cadis dans les licitations et les partages faisaient retomber la propriété à peine constituée dans la confusion d'où elle avait été si péniblement tirée. En attendant, le sol, partout où les opérations n'étaient pas terminées, c'est-à-dire dans la presque totalité de l'Algérie, restait inaliénable.

Des plaintes justifiées s'élevaient de tous côtés. On a essayé d'y faire droit. En 1883, le service de la propriété a été réorganisé, le recrutement de son personnel et le contrôle de ses travaux ont été soumis à des règles plus sévères. La loi sur la constitution de l'état civil des indigènes, votée en 1882, mais dont l'exécution avait dû être ajournée faute de fonds, commence à être appliquée depuis 1885. Les adjoints de communes mixtes et les commissaires-enquêteurs du service de la propriété préparent le travail, qui est ensuite homologué par arrêté du gouverneur général. A partir de la publication de l'arrêté, l'usage du nom patronymique, les déclarations de naissances, mariages, divorces, deviennent obligatoires. En général les indigènes se prêtent assez volontiers aux opérations, mais celles-ci pourraient marcher beaucoup plus vite avec des ressources moins limitées. Il faudra quinze ans pour achever une œuvre qui est d'importance capitale et qui pourrait s'effectuer en trois ou quatre années, si au lieu de 100 000 fr. on disposait pour la mener à bien de 300 000 à 400 000 fr. Le problème de la propriété est d'une solution autrement difficile; cependant la question a fait de grands pas depuis que le décret de 1886 sur la magistrature musulmane a enlevé aux cadis les licitations et partages d'immeubles, et que la loi du 28 avril 1887 est venue corriger les imperfections les plus sensibles de la loi Warnier. Elle ordonne, dans toutes les tribus où elles n'ont pas été accomplies, l'exécution des deux premières opérations prescrites par le sénatus-consulte et qui sont le préliminaire obligé de la constitution de la propriété. Pour faire cesser autant qu'il est possible l'état d'indivision qui tend à se perpétuer même dans les propriétés possédées à titre privatif, elle dispose que, dans le cas d'indivision entre plusieurs familles, il sera procédé par l'enquêteur à la répartition des immeubles commodément partageables. Elle autorise l'acquisition par des Européens d'immeubles situés dans des territoires de propriété collective, à charge pour les acquéreurs de provoquer à leurs frais des enquêtes partielles, ensuite desquelles ils obtiendront leurs titres définitifs. La prohibition dont les transactions immobilières étaient frappées depuis 1863 dans la plus grande partie de l'Algérie se trouve ainsi levée. Enfin, par une réforme profondément équitable, les frais de constitution de la propriété ne sont plus imputés à l'ensemble des tribus, mais aux seuls intéressés : indigènes du territoire, commune, État. Toutefois les 4 centimes additionnels, dont le produit est d'environ 800 000 francs, seront perçus pendant trois années encore, pour couvrir les frais d'exécution du sénatus-consulte et le remboursement d'une avance de 1 560 000 fr. consentie en 1884 par le Trésor.

Au mois d'octobre 1887, les titres de propriété avaient été délivrés pour 163 douars, d'une superficie de 1 125 521 hectares; les travaux étaient en cours d'exécution sur une superficie à peu près égale. Les opérations effectuées ou en cours d'exécution portaient donc sur près de 2 200 000 hectares. Grâce aux améliorations introduites par la loi de 1887, aux perfectionnements qui peuvent être encore réalisés, il est à espérer que les travaux iront en s'accélérant.

On estime qu'il ne faudra guère plus de vingt-cinq ans pour l'application complète de la loi de 1873 aux 11 900 000 hectares occupés par les indigènes dans le Tell algérien. C'est encore beaucoup sans doute, mais de telles entreprises ne se prêtent guère à une exécution précipitée ; en France même, l'établissement du cadastre a demandé plus d'un demi-siècle. Les résultats à espérer sont de ceux qu'on ne saurait acheter par de trop longs et de trop persévérants efforts. Le jour où la propriété individuelle sera constituée dans toute l'Algérie, le sol et l'homme seront libérés du même coup [1].

1. L'adoption du projet de loi présenté par le gouvernement général, pour l'établissement en Algérie d'un régime foncier analogue au régime australien institué par l'Act Torrens, et sous lequel se trouveraient placés tous les immeubles atteints à l'avenir par la loi de 1873, favoriserait puissamment cette mobilisation de la propriété indigène. En rendant le crédit hypothécaire accessible aux indigènes, il modifierait de la façon la plus avantageuse leurs détestables habitudes économiques et les débarrasserait du fléau de l'usure. (Voir pour ce projet le chap. VIII du livre VI, page 418.)

CHAPITRE VII

L'INSTRUCTION DES INDIGÈNES [1]

L'instruction est le moyen le plus puissant dont nous disposions pour agir sur la société indigène et favoriser son évolution. Longtemps nous ne nous en sommes servis que très peu ou très mal. Nous avons commencé par détruire presque entièrement les *meçids*, *zaouias*, *médersas* et autres écoles musulmanes qui existaient avant 1830; il aurait mieux valu en tirer parti en y faisant pénétrer peu à peu nos maîtres, nos méthodes et notre esprit. Plus tard on s'est livré à des essais confus, création d'écoles arabes-françaises, création de collèges arabes, envoi de jeunes indigènes dans les lycées et collèges, qui n'ont donné que des résultats médiocres et quelquefois négatifs. Les écoles arabes-françaises étaient en trop petit nombre, les élèves qu'elles formaient, isolés ensuite dans la foule inculte de leurs compatriotes, étaient bientôt reconquis par l'ignorance et perdus pour la civilisation. Quant aux jeunes gens recrutés au hasard qu'on plaçait dans les établissements d'instruction secondaire, étourdis par le changement d'existence, malades de nostalgie, leur esprit mal exercé, soumis sans préparation à un

1. Voy. les décrets du 13 février 1883 et du 9 décembre 1887, la brochure de M. P. Foncin sur l'instruction des indigènes en Algérie (Paris, 1883), et le rapport de M. le recteur Jeanmaire, imprimé à la suite de l'exposé du gouverneur général pour 1887.

régime trop fort, était bientôt rebuté ou fourbu. Quelques-uns, les mieux doués, faisaient de bonnes études; mais la plupart sortaient du lycée ou du collège dans un état de complet désordre intellectuel, avec un bagage bizarre de formules incomprises, de notions tronquées, d'idées extravagantes. Impropres aux fonctions relevées qu'aurait ambitionnées leur naïf orgueil, incapables de reprendre leur place dans les rangs de la société indigène qu'ils dédaignaient, déclassés, malheureux et mécontents, ils étaient pour nous comme un vivant reproche, en attendant de devenir un danger.

C'est par l'enseignement primaire qu'il fallait commencer, un enseignement aussi allégé, aussi simplifié que possible, mais répandu à profusion, prodigué à tous et non mesuré parcimonieusement à quelques-uns. Le succès ne peut être atteint qu'à la condition d'agir sur les masses et de déterminer un mouvement d'ensemble, dans lequel chaque individu pourra venir à nous sans se détacher des siens. Ce serait déjà beaucoup si l'on obtenait que tout enfant indigène apprît à parler, à lire et à écrire le français. Plus tard, avec une génération déjà dégrossie et préparée, on verrait à faire davantage. Dès à présent, en opérant par sélection, on pourrait donner avec fruit une instruction complète à ceux qui se révéleraient comme capables de la recevoir. Les écoles primaires françaises, les écoles primaires supérieures, les collèges, les lycées s'ouvriraient à cette élite, qui se distribuerait ensuite dans les écoles d'agriculture, d'arts et métiers, dans les grandes écoles spéciales, dans les professions commerciales et industrielles, dans les carrières libérales, dans les administrations publiques. Dirigée selon ses aptitudes, elle trouverait sans peine l'emploi de son activité ou de ses talents. Non seulement nous utiliserions ainsi des énergies qu'il est absurde de laisser perdre, mais nous arriverions à constituer, en face de l'aristocratie de naissance et de fortune, une aristocratie d'intelligence, à laquelle passeraient peu à peu l'autorité morale et l'influence politique, et qui servirait d'avant-garde au peuple indigène dans sa marche vers la civilisation.

Par un progrès qu'on est heureux de constater, ces idées, jugées paradoxales et chimériques par l'opinion algérienne d'il y a dix ans, sont devenues aujourd'hui des vérités presque banales. Dès 1883, l'administration de l'instruction publique s'en inspirait dans le décret du 13 février. Ce décret édictait l'obligation même pour les indigènes, mais en laissant au gouverneur la faculté de l'appliquer suivant les ressources et les circonstances. Les écoles publiques européennes étaient ouvertes aux enfants indigènes, qui pouvaient y trouver à côté des maîtres français des adjoints ou moniteurs musulmans, et dont en tout cas la liberté de conscience était garantie par la laïcité du personnel et de l'enseignement. En pays arabe deux sortes d'écoles devaient être établies : l'*école de centre*, tenue par des maîtres français pourvus de diplômes et donnant l'enseignement primaire complet; les *petites écoles*, confiées à des adjoints et même à des moniteurs indigènes, et où l'enseignement se bornerait à la lecture, à l'écriture et aux notions les plus simples. Pour attirer la population scolaire autrement que par la contrainte, on instituait des primes en argent, des allocations en nature et autres encouragements de même sorte.

Le décret du 13 février 1883 s'est trouvé abrogé par la loi du 30 octobre 1886 sur l'instruction primaire, qui a été déclarée applicable à l'Algérie, et qu'est venu compléter, pour ce qui concerne les indigènes, le décret du 9 décembre 1887. Ce dernier constituant la législation actuellement en vigueur, il nous paraît utile de l'analyser avec quelque détail.

Le principe de l'obligation est maintenu, mais avec les mêmes atténuations que précédemment. Il ne peut être appliqué qu'aux garçons, dans les communes ou fractions de commune désignées par arrêtés spéciaux du gouverneur. L'enseignement est donné aux indigènes dans les écoles publiques ouvertes aux enfants de toute nationalité et dans des écoles spéciales. Celles-ci peuvent être de quatre sortes : 1° *écoles ordinaires,* dirigées par des instituteurs ou institutrices français; 2° *écoles principales* ou *de centre,* situées sur des points éloignés des centres européens et confiées à des directeurs français, qui ont en même temps la surveillance d'un certain nombre d'écoles préparatoires; 3° *écoles préparatoires,* confiées à des adjoints ou adjointes indigènes ou même à de simples moniteurs, mais sous la surveillance du directeur de l'école principale la plus voisine; 4° *écoles enfantines,* pour les enfants en bas âge des deux sexes, dirigées par des institutrices ou monitrices soit françaises, soit indigènes. Dans toute école publique indigène, à défaut d'adjoints ou d'adjointes, des moniteurs ou monitrices indigènes ou les femmes, filles, mères ou sœurs des instituteurs et institutrices peuvent être chargés des dernières classes. Les directeurs d'écoles ordinaires et les adjoints français ou indigènes ont à remplir les conditions habituelles de capacité et reçoivent, en dehors des traitements et allocations, des indemnités supplémentaires. Les moniteurs indigènes doivent être pourvus du certificat d'études primaires, âgés d'au moins seize ans pour diriger une classe annexée à une autre école, de dix-huit ans pour diriger une école préparatoire; leur traitement de début est fixé à 800 fr. et peut s'élever jusqu'à 1200. Il leur est loisible, en se pourvoyant des diplômes nécessaires, de devenir adjoints, puis après naturalisation instituteurs titulaires. Quant aux directeurs d'écoles principales, on exige d'eux vingt-cinq ans d'âge, deux ans au moins de résidence en Algérie et une connaissance suffisante de la langue arabe ou kabyle. Ils ont droit au logement, à un jardin, au besoin à des prestations en nature. Leur traitement est de 3000 fr. avec augmentation annuelle de 100 fr., plus les allocations accordées aux instituteurs ordinaires, plus un supplément de 200 fr. par an, pour chaque école préparatoire qui s'ouvrira sous leur direction.

Le décret prévoit en outre l'établissement d'écoles manuelles d'apprentissage, la création de bourses d'apprentissage au profit d'élèves qui seraient placés en sortant de l'école chez un artisan ou cultivateur, de bourses d'entretien au profit d'élèves pourvus du certificat d'études primaires qui resteraient attachés à une école publique pour s'exercer à la pratique de l'enseignement, de cours normaux annexes aux écoles normales pour préparer des adjoints et moniteurs indigènes, d'autres cours normaux destinés aux instituteurs français et comprenant l'étude de l'arabe et du kabyle, des mœurs indigènes, de l'hygiène locale et des travaux manuels. Tout ce qui concerne l'enseignement public est contenu dans le titre I. Le titre II s'applique à l'enseignement privé des indigènes. Il soumet à la surveillance des autorités académiques les écoles musulmanes meçids et zaouïas, et les écoles israélites ou midraschim.

Le décret est muet sur la question des programmes. Mais nous pensons qu'il est bien entendu qu'on n'appliquera pas dans toute leur ampleur ceux de l'enseignement primaire français. Des leçons de mots et de choses dans les écoles enfantines, dans les écoles préparatoires la lecture, l'écriture, les quatre règles, les éléments du système métrique, avec cela quelques leçons de choses encore et des récits d'histoire, de géographie et de morale pratique seraient largement suffisants. Même dans les écoles ordinaires et principales, il faudrait s'attacher à l'essentiel, sans prétendre inculquer aux petits Arabes tous les mystères de l'orthographe et toutes les finesses de la syntaxe, en sacrifiant même la liste des rois mérovingiens et la nomenclature des sous-préfectures. Quelques notions de jardinage et d'agriculture, les éléments du travail du bois et du fer conviendraient beaucoup mieux ; l'enseignement y gagnerait un caractère d'utilité immédiate qui serait vivement apprécié des familles. A défaut de maîtres ouvriers, difficiles à trouver en dehors des centres européens, les instituteurs eux-mêmes, s'ils ont reçu une certaine préparation, peuvent diriger ces petits travaux manuels. On y exerce déjà les élèves maîtres dans les écoles normales d'Alger et de Constantine.

Le Bulletin universitaire de l'Académie d'Alger et le rapport du recteur annexé à l'Exposé du gouverneur général pour 1887 nous fournissent une statistique de l'enseignement indigène. A la fin de l'année scolaire 1886-1887, il existait en Algérie 79 écoles publiques indigènes, dont 3 écoles principales et 39 écoles ordinaires, dirigées les unes et les autres par des maîtres français, 33 écoles préparatoires confiées à des moniteurs indigènes; il y avait en outre 29 classes indigènes annexées à des écoles françaises. Les écoles indigènes spéciales, les classes annexes et les écoles françaises publiques ou privées comptaient 8963 élèves arabes ou kabyles. Avec les élèves indigènes des cours normaux et ceux des lycées et collèges, on arrive à un total de 9064, dont 8154 garçons et 940 filles.

Les écoles existantes se distribuent inégalement entre les trois départements et les diverses régions de l'Algérie. Alger en compte 32, Constantine 34, Oran 9. Les plus nombreuses et les plus fréquentées sont celles de la Kabylie. La population y est peut-être un peu mieux disposée qu'ailleurs, mais surtout elle est beaucoup plus dense et c'est d'elle qu'on s'est tout d'abord occupé. La tâche est naturellement plus facile qu'avec des populations plus clairsemées et moins sédentaires. Il ne s'ensuit pas qu'il faille négliger les Arabes, même les nomades. Il existe dans la commune indigène de Laghouat, chez les Mâamera, fraction des Larbaa, une école nomade fondée en 1885 et qui relève de l'école principale de Ghardaïa. L'inspecteur spécial de l'enseignement indigène, M. Scheer, qui l'a visitée en mai 1887, y a trouvé 23 élèves présents, dont quelques-uns capables de rédiger en français, sur un sujet donné, une lettre incorrecte, mais suffisamment claire. Que ce soit en pays kabyle ou arabe, parmi les sédentaires ou les nomades, l'impression de tous ceux qui ont visité les écoles indigènes est tout à fait encourageante; maîtres et élèves sont pleins d'ardeur, les familles autrefois défiantes ou hostiles semblent comprendre les avantages de l'instruction : les chefs donnent l'exemple. On a vu des présidents de tribus kabyles et des caïds de tribus arabes offrir gratuitement des maisons leur appartenant pour y installer l'école. D'autre part, la population européenne, naguère encore indifférente, s'intéresse vivement à une œuvre dont elle commence à mesurer la portée. Ses journaux, si rarement unanimes, s'accordent sur cette question; ses représentants dans les conseils municipaux, généraux, supérieur, et dans le Parlement, réclament la rapide extension de l'instruction parmi les indigènes.

Il ne faut rien moins que le concours de toutes ces bonnes volontés pour arriver à des résultats vraiment sérieux. Sans doute on a fait beaucoup depuis quelques années, le nombre des élèves a presque triplé de 1883 à 1887, puisqu'il s'est élevé de 3172 à 9064; mais ce n'est encore qu'une proportion de 1 élève pour 306 habitants, alors qu'en Algérie même elle est pour les Français de 1 sur 5, pour les étrangers de 1 sur 6, pour les Israélites de 1 sur 4. Il existe 79 écoles, alors que pour contenir les 500 000 enfants arabes ou kabyles qui ont l'âge scolaire il en faudrait deux ou trois mille [1].

Des difficultés qui s'opposaient à l'extension de l'enseignement indigène, les plus graves, à notre avis, celles qui tenaient à la répugnance de la population musulmane et à la froideur de l'opinion coloniale, ont à peu

1. Voy. dans la *Revue pédagogique* du 15 juin 1887 le curieux article de M. Buisson : *Nos pionniers en Afrique*.

près disparu. On peut être assuré qu'aucune école existante ne manquera d'élèves, et l'obligation, quand on sera en mesure de l'appliquer, rencontrera peut-être moins de résistances que dans certains de nos départements français. Nous ne voyons pas non plus qu'il soit bien embarrassant de pourvoir au recrutement du personnel enseignant. La population française d'Algérie, si elle fournit beaucoup d'institutrices, donne peu d'instituteurs. Mais le rapport de M. le recteur Jeanmaire, que nous citions plus haut, constate que depuis trois ans son administration a reçu plus de 4000 demandes d'emploi venant en grande partie de la métropole. Il est bien vrai que des maîtres nouvellement débarqués ne sauraient être placés aussitôt en pays arabe, mais un stage de quelques années dans les écoles françaises leur permettrait d'acquérir une préparation suffisante. La population indigène aussi apportera son contingent; il faudrait bien peu la connaître pour ne pas croire que des postes de l'État, pourvus d'une rétribution fixe et relativement élevée, ne détermineront pas chez elle de très nombreuses vocations. On compte déjà une centaine d'adjoints ou moniteurs indigènes en exercice, une quarantaine d'élèves-maîtres dans les cours normaux. A mesure que les écoles se multiplieront, elles fourniront des candidats plus nombreux et mieux préparés; l'offre sera bientôt supérieure à la demande.

Seule la question d'argent resterait à résoudre. Le crédit affecté à l'enseignement primaire des indigènes dans les budgets de 1887 et de 1888 est de 219 000 francs; encore ce chiffre n'a-t-il été atteint que par une augmentation considérable obtenue en 1887. Or, au taux actuel des traitements, le coût d'un personnel complet pour les 3000 écoles à installer s'élèverait à environ 7 millions. La construction de 3000 écoles, au prix moyen de 12 000 francs, représente une dépense de 36 millions. Les frais de construction sont, il est vrai, à la charge des communes, mais il est trop évident qu'elles ne sauraient y suffire si de larges subventions de l'État ne leur venaient en aide; il faudrait ici que cette participation fût au moins de moitié. Ainsi une dépense de premier établissement de 10 à 20 millions, une dépense annuelle à porter de 219 000 francs à 7 millions, tel est à peu près le bilan des sacrifices que devra s'imposer pour l'instruction des indigènes, soit le budget de l'État, soit le budget spécial de l'Algérie. Ces sacrifices sont de ceux qu'il est sage de ne pas marchander et de différer le moins possible. M. Jeanmaire estime qu'on peut créer par an 50 écoles, au moyen d'une augmentation annuelle de 75 000 francs dans les crédits du personnel. Mais n'y aura-t-il pas au bout de quelque temps comme une vitesse acquise qui ira en s'accélérant? Si l'on a maintenant les moyens de créer par an 50 écoles, dans cinq ou six ans on pourra facilement en créer le double, et cette progression se maintiendra. Il nous semble qu'on peut établir des stades de 6 années correspondant à la durée des études d'une génération d'écoliers. Pendant les 6 premières années, on ouvrirait 50 écoles par campagne, soit 300; pendant les 6 années suivantes, 100 par campagne, soit 600; pendant la troisième période, 150 par campagne, soit 900; pendant la quatrième, 200, soit 1200. On arriverait ainsi en vingt-quatre ou vingt-cinq ans à créer les 3000 écoles reconnues nécessaires. Les dépenses de construction se répartiraient à raison de 1 800 000 francs pendant le premier stade, de 3 600 000 fr. pendant le second, de 5 400 000 fr. pendant le troisième, de 7 200 000 fr. pendant le quatrième. Quant aux dépenses annuelles, elles s'élèveraient à 669 000 francs au bout de six ans, à 1 569 000 fr. au bout de douze ans, à 3 798 000 fr. après dix-huit ans, à 6 794 000 fr. après vingt-quatre ans, soit, avec les frais accessoires d'administration ou d'inspection, le chiffre indiqué plus haut de 7 millions.

CHAPITRE VIII

LA COLONISATION[1]

Avant que le gouvernement se fût demandé s'il coloniserait l'Algérie, l'initiative privée avait déjà engagé la question. Au lendemain même de la conquête, des Européens venus à Alger commençaient à faire des achats de terre. Clausel, pendant son second commandement, encouragea cette tendance et accorda les premières concessions. En 1839 il existait, dans la Mitidja surtout, des exploitations agricoles en pleine prospérité. Tout fut ruiné lors de la rupture avec Abd-el-Kader. Bugeaud, en arrivant comme gouverneur, publia une proclamation dans laquelle il déclarait « que la guerre n'était pas le but, que la conquête serait stérile sans la colonisation. Je serai colonisateur ardent, ajoutait-il, car j'attache moins ma gloire à vaincre dans les combats qu'à fonder quelque chose d'utilement durable pour la France. » Dès que les opérations militaires eurent rétabli la sécurité, le moment vint de mettre à exécution ces solennelles promesses. Le gouverneur et sous ses ordres le directeur de l'intérieur et

1. Voy. *la Colonisation de l'Algérie*, par Lieutaud, dans les notices sur l'Algérie publiées pour le Congrès de l'Association française en 1881; — *Coup d'œil sur l'histoire de la colonisation en Algérie*, publication du gouvernement général à l'occasion de l'Exposition universelle de 1878; — Baudicour, *Histoire de la colonisation de l'Algérie*. — Voy. aussi les différents documents officiels : la *Statistique* générale de l'Algérie, les *Exposés des motifs* des projets de loi de 1883 et de 1886, les rapports et débats parlementaires.

de la colonisation, les généraux commandant les provinces y travaillèrent avec un zèle véritable, mais avec plus de zèle que de succès.

Ce fut autour d'Alger que se concentrèrent au début tous les efforts; on ne se mit à l'œuvre qu'un peu plus tard dans les provinces de l'est et de l'ouest. Les premiers villages furent créés dans le Sahel, dont le sol sablonneux et maigre se prête peu à la culture des céréales. Sur un terrain médiocre qu'il fallait disputer à la broussaille, avec des lots qui avaient de 4 à 12 hectares, il était difficile que le colon réussît. Dans la Mitidja, où l'on se décida ensuite à descendre, le sol était plus riche; de grandes épaisseurs de terre végétale, des eaux abondantes semblaient promettre de belles récoltes. Mais la plaine était alors aussi insalubre que fertile, des miasmes mortels sortaient de ses marais croupis; ce fut un champ de bataille où succombèrent des générations. Avec le temps, la Mitidja s'assainit; d'ailleurs la colonisation pouvait se porter vers des régions plus salubres. D'autres causes gênèrent son expansion. Les terres domaniales n'étaient pas mises en vente, elles n'étaient pas non plus données; on avait déjà inauguré le système de la concession en imposant avec la résidence d'autres clauses aggravantes. L'attributaire devait s'engager à faire des constructions, des défrichements, des plantations, des clôtures. C'était beaucoup demander en échange de quelques hectares. De provisoire, la propriété devait devenir définitive, mais en attendant le colon ne pouvait ni vendre, ni se procurer des ressources par l'hypothèque, tandis que, sous peine de déchéance, il lui fallait exécuter des travaux dispendieux qui absorbaient son capital. Dans la plupart des cas, après des luttes stériles, il se voyait évincé par l'administration ou exproprié par ses créanciers. En 1848, sur 150 000 hectares qui avaient été concédés, 23 000 seulement étaient possédés en vertu d'un titre définitif. Le nombre était grand des découragés, ruinés d'argent et d'espérances. Entre la métropole et l'Algérie, il y avait bien moins un courant d'émigration continu qu'un mouvement de va-et-vient.

Le maréchal Bugeaud n'avait pourtant pas oublié ses engagements de 1841, mais il comprenait la colonisation à sa manière : il en voyait surtout le côté politique et les conséquences stratégiques. Il aurait voulu en faire une œuvre toute militaire. Il proposait de distribuer des lots à des sous-officiers et à des soldats ayant encore à faire plusieurs années de service; ceux-là du moins pouvaient être soumis à la discipline; ils manœuvreraient dans les champs comme dans les rangs. Ces idées rencontrèrent en Algérie de la part de la population civile la plus vive opposition; même dans l'armée, il s'en fallait qu'elles fussent approuvées par tout le monde. Lamoricière, qui faisait alors étudier un plan de colonisation pour la province d'Oran, se montrait opposé à l'intervention excessive de l'État; il recommandait moins de formalités et aussi moins de dépenses. Bedeau, à Constantine, était d'avis que le gouvernement, après avoir exécuté les travaux de sécurité, d'assainissement et de communication, se bornât à donner le sol, en ayant soin de mêler dans les concessions les grands capitalistes aux petits propriétaires et les indigènes aux Européens. La question, si controversée en Algérie, fut portée devant la Chambre en 1847, lorsque le ministre de la guerre présenta un projet de loi établissant des camps agricoles; Bugeaud en était l'inspirateur. Tocqueville, chargé du rapport, conclut au rejet; il posa en principe que l'État devait se charger des travaux se rapportant à un intérêt collectif et laisser aux particuliers ceux qui ont un caractère individuel et privé; il invoqua aussi contre le système des camps les expériences de colonisation militaire déjà faites à Fouka, à Mahelma et à Beni-Méred. Ses conclusions furent adoptées. Bugeaud, à la suite de cet échec, donna sa démission.

En 1848, il fut un moment question d'utiliser pour le

peuplement de l'Algérie les insurgés de juin prisonniers. D'après un plan imaginé par Enfantin, chaque émigrant devait recevoir 150 hectares et de l'argent pour les faire cultiver; au bout de dix ans, le colon devenait propriétaire de 75 hectares, le reste était attribué aux khammès. On aurait pu alors se permettre de telles largesses, les ressources domaniales ne manquaient pas. Mais la commission instituée par le ministre de la guerre fit adopter des idées toutes différentes. Les insurgés de juin furent écartés, on fit appel aux colons libres. On les recruta surtout dans les ateliers de Paris; ce n'était pas là qu'il aurait fallu chercher les éléments d'une population agricole. Les lots qu'on leur attribua avaient une contenance de 2 à 10 hectares; il est vrai qu'on leur fournissait des maisons bâties, des instruments de labour, un peu de bétail, des semences et jusqu'à des rations de vivres pour eux et pour leurs familles. Ils étaient placés dans de telles conditions que la tutelle administrative leur était indispensable pour vivre. 42 villages furent ainsi créés : 12 dans la province d'Alger, 21 dans celle d'Oran, 9 dans celle de Constantine. Comme il était facile de le prévoir, les résultats furent médiocres. Dès 1851, on avait recours à un autre système, et on décidait de peupler 12 nouveaux villages « avec des cultivateurs jouissant de ressources suffisantes pour pourvoir à leur installation ». Il leur était concédé 8 ou 10 hectares, une maison bâtie, et on les laissait ensuite se tirer d'affaire comme ils pourraient.

La période de 1852 à 1860 est remplie par de nouveaux essais : l'administration fit quelques ventes de terres, mais en même temps on expérimentait la colonisation à l'entreprise; en 1853, on concéda à la Compagnie génevoise un vaste territoire dans les environs de Sétif, sous charge pour elle de construire des villages et d'y installer des colons. Cinq ans après, il y avait dans les villages de la Compagnie un peu plus de 500 colons, mais elle restait propriétaire de terrains excellents, qu'elle convertissait en pâturages ou qu'elle louait pour la culture aux indigènes. C'était pour de tels résultats qu'on s'était dessaisi de 20 000 hectares en plein rapport, constituant un champ de colonisation magnifique. Il y avait d'ailleurs plus d'une façon de gaspiller les ressources du domaine : pour prouver que la civilisation pénétrait chez les Arabes, on engageait les chefs à se construire des maisons et on les récompensait de leur empressement à obéir en leur donnant des terres par centaines d'hectares. Heureusement, ces fautes et ces erreurs étaient compensées par les effets bienfaisants de la loi du 11 janvier 1851. Jusqu'alors, l'Algérie, dans ses rapports commerciaux avec la France, avait été traitée en pays étranger; à peine obtenait-elle pour quelques articles des tarifs de faveur. A partir de 1851, les produits de son agriculture et de son industrie naissante furent admis en franchise, les échanges avec l'étranger lui furent aussi rendus plus faciles. Le commerce, jusqu'alors languissant, s'anima. En une seule année, les exportations doublèrent. La situation de la plupart des colons devint moins précaire.

Le régime des attributions de terre par vente sembla l'emporter en 1860, pendant le ministère Chasseloup-Laubat. Les charges des anciens concessionnaires furent réduites à l'obligation de bâtir. Les nouvelles attributions se faisaient dans quelques cas aux enchères ou de gré à gré, mais le plus souvent à prix fixe. L'acquéreur n'avait qu'à faire sa demande, à verser le tiers de la somme, et le lendemain il disposait de sa terre sans être assujetti à aucune condition, même de mise en valeur. Plus tard, on interdit absolument les concessions gratuites et on réduisit au cinquième du prix d'achat la quotité immédiatement exigible. Pendant les dix années qui s'écoulent de 1860 jusqu'à la chute de l'Empire, le mouvement est insensible et les résultats presque nuls : on installe en tout 4582 habitants agricoles. La période décennale précédente avait été marquée par la création de 85 centres avec 15 000 habitants. Toutefois il ne serait pas juste d'imputer au système de la vente ce ralentissement. Il était dû plutôt aux tendances non dissimulées de la politique impériale, aux entraves que subissait l'émigration, à l'incertitude du lendemain pour les colons et surtout au sénatus-consulte de 1863.

En 1871, ce fut un réveil; l'Algérie apparut comme le pays d'avenir, la France nouvelle, dont le développement devait compenser les pertes subies en Europe et consoler la mère patrie. On y envoya les émigrants d'Alsace-Lorraine. La mise sous le séquestre des biens des révoltés, les contributions de guerre frappées sur eux fournissaient des ressources en terres et en argent. Le gouverneur général Gueydon, après quelques hésitations, renonça au système de la vente et fit adopter la réglementation dite du titre II. Les terres domaniales de colonisation devaient être louées pour neuf ans, à raison de 1 franc par an, à des citoyens français. Le locataire était tenu à résider sur un lot; au bout de neuf ans, s'il n'avait pas encouru la déchéance en manquant à cette condition, il recevait un titre de propriété définitive.

Les décrets des 10 octobre 1872 et 15 juillet 1874 réduisirent à cinq ans la durée du bail et de la résidence obligatoire. Le décret du 30 septembre 1878 transforma la location sous promesse de propriété en concession conditionnelle avec clauses résolutoires. La résidence était toujours fixée à cinq ans; mais la durée pouvait en être réduite à trois ans si l'attributaire justifiait de travaux d'amélioration ou de construction représentant une valeur de 100 francs par hectare. Sur les lots de ferme, le concessionnaire était dispensé de la résidence personnelle, à condition d'installer une ou plusieurs familles françaises ou d'exécuter des travaux ayant une importance de 150 francs par hectare. Quelques dispositions nouvelles étaient introduites pour fixer le mode de délivrance des titres définitifs, régler la procédure en matière d'éviction, faciliter la cession des droits acquis et les emprunts hypothécaires. Au fond, c'était toujours avec quelques atténuations le régime de 1871, la concession gratuite avec la clause de résidence obligatoire empruntée à la loi américaine du *Homestead*.

Quelque jugement qu'on porte sur cette méthode de colonisation, on ne peut nier qu'elle ait été appliquée avec une réelle activité. A la fin de 1882, le nombre des centres créés ou agrandis et des territoires allotis en fermes isolées depuis 1871 s'élevait à 340, dont 197 centres entièrement nouveaux. Les terres affectées à ces créations et provenant, soit du domaine, soit d'échanges, soit du séquestre, soit encore d'achats de gré à gré ou d'expropriations effectuées au moyen des soultes de rachats du séquestre, comprenaient une étendue de 475 807 hectares estimés 43 267 991 francs. Les travaux de toute nature, chemins d'accès, adduction d'eau, nivellements, édifices publics, avaient coûté 16 568 507 francs, seule dépense réelle supportée par l'État. 10 030 familles, dont moitié à peu près d'émigrants, avaient été installées. L'éviction en avait frappé un certain nombre pendant la période de concession provisoire, mais on les avait remplacées par des attributaires nouveaux. Au 31 décembre 1882, les familles résidentes étaient au nombre de 8003, dont 3886 familles d'immigrants comprenant 15 318 personnes, 4117 d'Algériens comptant 14 137 membres, en tout 29 455 colons. A la même date, la population agricole européenne était évaluée à 157 402 individus, possédant ensemble 1 122 000 hectares, avec des constructions estimées à 206 millions et un matériel d'une quinzaine de millions.

CHAPITRE IX

LA COLONISATION (SUITE) [1]

En 1882 les ressources en terres avaient sensiblement diminué. Le domaine possédait bien encore, à part les forêts et les immeubles affectés à des services publics, 848 738 hectares, mais déduction faite des non-valeurs de toute sorte, on estimait que 91 559 hectares seulement étaient susceptibles d'être directement affectés à la colonisation, et qu'une étendue à peu près égale pouvait être utilisée pour fournir à des échanges ou à des compensations. Fallait-il après en avoir disposé renoncer aux créations de centres et considérer comme achevée la colonisation officielle? fallait-il au contraire se mettre en mesure de la poursuivre? Si l'on prenait ce dernier parti, pour se procurer les terres ayant l'étendue, la fertilité, la salubrité indispensables, formant dans les emplacements les mieux appropriés des territoires continus, pouvait-on compter sur les achats ou les échanges de gré à gré? Ne serait-il pas à propos d'employer dans bon nombre de cas l'expropriation pour cause d'utilité publique, d'éviter ainsi les lenteurs provenant du mauvais vouloir des propriétaires actuels et surtout les difficultés inhérentes à l'état légal de la propriété indigène? A supposer qu'on entrât dans cette voie, procéderait-on, année par année, au fur et à mesure des ressources, à des créations incohérentes, ou bien, si l'on adoptait un plan d'ensemble dont la réalisation s'effectuerait

1. Voy. pour ce chapitre surtout les documents officiels, le texte et les *Exposés des motifs* des différents projets de loi, les délibérations de la Chambre des députés (séances des 27 et 28 décembre 1883), la *Statistique générale de l'Algérie* (années 1882 à 1884), les *Exposés* annuels du gouverneur général et les rapports sur le budget de l'Algérie pour les dernières années.

progressivement, ne risquait-on pas d'offrir une prime à la spéculation, en donnant aux terres désignées d'avance pour les acquisitions une plus-value énorme que l'État devrait ensuite payer? L'administration algérienne imagina alors une combinaison qui devait lui fournir en peu d'années les moyens de se procurer les terres dont elle jugeait avoir besoin pour compléter l'œuvre de la colonisation officielle.

Il s'agissait de créer 175 nouveaux centres, susceptibles de recevoir 9649 familles, soit 38 596 habitants, et comprenant une superficie totale de 380 698 hectares. Le domaine fournissait 81 009 hectares; le surplus, 299 689 hectares, serait acquis des indigènes soit de gré à gré, soit de préférence par expropriation. On donnerait aux indigènes expropriés 95 000 hectares d'immeubles domaniaux jugés non utilisables pour la colonisation et en outre des indemnités en argent. Le coût des acquisitions et indemnités était évalué à 23 millions; avec 21 millions pour les frais d'installation des centres, 5 à 6 millions pour l'imprévu, c'était une somme de 50 millions à réaliser. On proposait que l'avance en fût faite en dix annuités par la Caisse des dépôts et consignations, laquelle serait remboursée avec intérêt à 4 p. 100, au moyen de prélèvements faits pendant vingt-deux ans sur les crédits affectés par le budget à la colonisation. Telle était la forme définitive sous laquelle ce projet, dit des 50 millions, présenté pour la première fois en 1881, remanié ensuite à diverses reprises, fut soumis à la Chambre des députés à la fin de l'année 1883. Généralement approuvé en Algérie, il fut l'objet dans la presse métropolitaine d'une vive polémique, menée surtout par la Société protectrice des indigènes. A la Chambre même il donna lieu à d'intéressants débats qui remplirent les séances des 27 et 28 décembre 1883.

Parmi les adversaires du projet, les uns, comme MM. Guichard et Lebaudy, en critiquèrent surtout l'économie financière. M. Ballue s'attacha à démontrer qu'en le réalisant on atteindrait les indigènes dans leurs droits et dans leurs intérêts, qu'indemnisés en terres et déplacés de force, ou indemnisés en argent qu'ils seraient incapables d'utiliser, ils se tiendraient pour opprimés et spoliés, qu'on allait ainsi à constituer une Irlande africaine. Faisant le procès de la colonisation officielle, il rappelait qu'en terres ou en argent on avait dépensé 50 millions pour installer 30 000 personnes dont la moitié seulement étaient des immigrants ; que beaucoup de colons attirés par l'appât des concessions gratuites avaient encouru la déchéance ou aliéné leurs lots pour s'en retourner ruinés et mécontents. « Ou le colon, disait-il, arrive avec un capital insuffisant et alors il s'endette et succombe, ou il apporte un capital sérieux et alors pourquoi lui donner la terre? » M. Graux, le gouverneur général M. Tirman, le ministre de l'intérieur M. Waldeck-Rousseau, parlèrent dans le sens opposé. Ils alléguèrent la nécessité d'introduire dans le pays un élément français capable de faire contrepoids à la population étrangère et assez nombreux pour exercer une influence décisive sur les masses indigènes. La colonisation officielle n'excluait pas la colonisation libre, elle la rendait possible en lui fournissant des cadres. Sans dissimuler les échecs subis, ils les attribuaient à des fautes d'exécution qu'on saurait éviter dans l'avenir en profitant de l'expérience acquise. Ils niaient que le projet fût contraire aux intérêts des indigènes. Il n'était question de déposséder entièrement aucun groupe de population, aucun individu ; ceux qu'on exproprierait recevraient une large indemnité ; les terres qu'on leur laisserait obtiendraient une plus-value qui serait déjà une compensation. Tous devaient bénéficier de l'établissement des routes, de la création de marchés nouveaux qui leur permettaient de placer à des prix plus rémunérateurs leur main-d'œuvre ou leurs produits.

Le projet fut repoussé, et pour notre part nous ne le regrettons pas. Pour légal que fût le moyen de l'expropriation, quelques précautions que l'on pût prendre pour indemniser vite et bien ceux qu'elle atteignait, quelques spécieuses considérations qu'on invoquât pour montrer qu'elle n'allait pas à l'encontre de l'intérêt bien entendu des Arabes, quand même il aurait dû en ressortir pour ceux-ci plus de profit que de réel préjudice, il n'y en avait pas moins, dans ce fait de prendre aux uns les terres qu'ils cultivent bien ou mal pour les donner aux autres, un air d'arbitraire et d'injustice qui blessait à bon droit les sentiments d'équité et l'esprit démocratique d'une Chambre française. Ceux qui signalaient dans la mesure proposée un danger politique ne s'abusaient pas. Toutes les fois qu'un contrat est imposé, celui qui le subit sans en avoir débattu les conditions est en disposition et en droit de se tenir pour lésé. Comment ce sentiment si naturel ne serait-il pas celui des Arabes, esprits incultes auxquels on ne peut demander de s'élever à des considérations générales, plutôt portés à la méfiance par leurs préjugés de religion et de race? Il n'y a pas à s'y tromper, ceux que l'expropriation aurait frappés n'auraient tenu compte ni de l'indemnité ni des compensations, ils n'auraient vu que l'acte brutal de la dépossession; tous ou presque tous seraient devenus pour nous de mortels ennemis. Les autres se seraient crus ou sentis menacés, et l'on aurait semé ainsi dans les masses indigènes de sourdes rancunes et de dangereuses inquiétudes.

Ce n'est pas à dire que nous condamnions la colonisation officielle; telle n'a pas été d'ailleurs la portée du vote de la Chambre en 1883. La question a été alors touchée, non pas épuisée, et le débat reste ouvert. A quoi bon, disent les adversaires de ce système, faire intervenir l'État, qui ne saura produire à grand renfort de dépenses, de formalités et de règlements, qu'une œuvre artificielle, incomplète et mal venue? De 1871 à la fin de 1884 on a dépensé 65 928 107 fr. (valeur des terres, travaux d'installation, etc.); tout cela pour découper sur environ 500 000 hectares 13 030 lots et installer 32 976 personnes.

Chaque lot revient ainsi à 5059 francs; chaque colon à 1999 francs. Encore si cette population établie à si grands frais était toute composée d'immigrants, mais près de la moitié des attributaires, 16 000 environ, sont des Algériens. Le gain procuré à l'élément national n'a donc été que de 17 000 unités. A ces maigres résultats on oppose ceux qu'a obtenus la colonisation libre, au compte de laquelle on met, déduction faite des concessionnaires, tout l'accroissement de la population française; qui a pu, par des transactions individuelles, faire passer dans les mains des Européens, pendant cette même période de 1871 à 1885, 263 615 hectares de terres. Ne suffirait-il pas de favoriser ce mouvement en activant la constitution de la propriété indigène, à laquelle on donnerait toute la mobilité désirable; en autorisant, comme vient de le faire la loi d'avril 1887, les acquisitions d'immeubles situés en territoires de propriété collective; enfin en aliénant par voie d'enchères les terres que possède le domaine, ce qui procurerait par surcroît des ressources au Trésor, au lieu de lui imposer des charges?

Peut-être nous rangerions-nous à cette opinion, si le problème de la colonisation était d'ordre purement économique. Pourvu qu'on offrît aux transactions des facilités plus grandes et une entière sécurité, on pourrait s'en remettre à l'initiative individuelle du soin de faire passer dans des mains européennes une notable partie du sol; on pourrait compter sur elle pour la mise en valeur des terres acquises. Remarquons cependant que, tout en pratiquant le laissez-faire de l'école, l'État ne se trouverait pas pour cela dispensé de tout sacrifice. Il faudrait bien donner aux colons libres comme aux autres, quand ils auraient formé des centres de population, des chemins d'accès, des conduites d'eau, des plantations, des édifices publics. Or ces dépenses d'installation figurent pour une bonne part dans le total que l'on imputait tout à l'heure à la colonisation officielle. Si l'on en fait déduction, si, comme cela semble raisonnable, on ne met pas au compte de la colonisation proprement dite les terres attribuées aux communaux, aux réserves domaniales, départementales, etc., la dépense réelle de 1871 à 1885 se réduit à 31 984 047 francs, soit 2 454 francs par feu et 969 francs par colon installé. Il y a pour l'État des charges inévitables; les seules qui n'aient pas ce caractère proviennent de la gratuité des concessions; elles ne sont pas inhérentes à la colonisation officielle, celle-ci pouvant s'exercer avec un ou plusieurs autres modes d'attribution. Quand on rappelle le chiffre élevé des dépenses, l'argument porte contre le système d'attribution par concession gratuite : il n'atteint pas la colonisation officielle.

Et, d'ailleurs, ne faut-il voir dans la colonisation que le côté économique et financier? Depuis Bugeaud, tous les gouverneurs militaires et civils n'ont-ils pas professé que pour prendre vraiment possession du pays, pour préparer l'assimilation des indigènes et en attendant garantir leur soumission, il est nécessaire d'implanter au milieu d'eux une importante population européenne? Nous disons aujourd'hui une population française, car il est impossible de ne pas se préoccuper des rapides progrès que fait l'élément étranger. La colonisation doit donc répondre à cette condition d'amener en Algérie des Européens, mais surtout des Français. Or que faut-il attendre à cet égard de la colonisation spontanée? Les acquéreurs des terres aliénées par les indigènes peuvent être des étrangers; les acquéreurs des terres vendues par voie d'adjudication peuvent être, si aucune disposition législative ne s'y oppose, des étrangers ou même des indigènes. Des Français aussi achèteront; mais beaucoup seront de simples spéculateurs, achetant pour revendre quand une plus-value se sera produite, et, en attendant, décidés à laisser le sol improductif ou à en tirer parti sans peine et sans dépense en le louant à des indigènes. Quelques-uns, grands capitalistes ou compagnies financières, voudront créer des exploitations importantes, mettront le sol en valeur et rendront ainsi de réels services, mais ils emploieront indifféremment la main-d'œuvre indigène ou étrangère, à l'exclusion de la française, qui est plus coûteuse. Ni les uns ni les autres n'apporteront un appoint sérieux au peuplement français. Pour s'en convaincre, on n'a qu'à voir comment la Compagnie algérienne et la Compagnie franco-algérienne exploitent l'une ses 90 000 hectares, l'autre ses 28 000 hectares de terres jadis domaniales. Un autre fait est plus significatif encore. Depuis quelques années l'administration a procédé à des ventes à l'enchère. Sur 35 000 hectares vendus de 1882 à 1887, sait-on combien il se trouve de Français? 150, un peu moins d'un pour 200 hectares.

Nous concevons parfaitement un système analogue à celui qui est appliqué en Tunisie : on administre de haut le pays, on y introduit des fonctionnaires, on y laisse pénétrer des négociants, des industriels, des propriétaires qui viennent y tenter la fortune, mais qui ne seront jamais qu'une faible minorité. On compte sur le bon sens de la population indigène, qui s'attachera de plus en plus à la France, à mesure qu'elle sentira davantage les effets bienfaisants de sa domination. En Algérie, où la conquête a été autrement longue et difficile, on a employé jusqu'à présent une méthode toute différente. On a cru qu'il était nécessaire d'installer, d'implanter dans le sol une population française imposante, une sorte de garnison civile. Les fonctionnaires et les négociants ne sauraient suffire, ni même les capitalistes et les grands propriétaires; il faut ici une population rurale, appartenant à cette forte race des paysans français, qui saisit la terre d'une prise si vigoureuse et s'y attache ensuite avec une indomptable ténacité. Mais ceux-là ne viendront guère acheter aux indigènes ou prendre part à des enchères parcellaires. Qu'iraient-ils faire isolés en pays arabe? « Avec la dispersion tout ce qui constitue la vie de l'homme civilisé devient impossible; plus d'école, plus d'église, plus de routes, plus de police rurale, plus de tournées protectrices de la gendarmerie, plus de service postal ; éloignement du prêtre, du médecin, du maire, du notaire, du juge. Au lieu de tous les avantages de la civilisation, on a l'isolement au milieu de la barbarie. » (Warnier.) Si l'on veut transplanter en Algérie des paysans français, leur y faire la vie supportable, il faut y transporter avec eux dans la mesure du possible le milieu auquel ils sont accoutumés, le village ; il faut procéder par créations de centres. On l'a fait jusqu'à présent et on l'a fait avec raison. Sans doute on n'a pu installer dans les centres qu'un nombre restreint d'immigrants ; mais ces immigrants en ont attiré d'autres et ont contribué ainsi, de façon directe et indirecte, à la progression de la population française, beaucoup plus sensible dans la période 1876-1881, où la colonisation officielle a été en pleine activité, que de 1881 à 1886, où elle s'était ralentie. Comme on l'a dit excellemment, la colonisation officielle fournit les cadres, la colonisation libre vient ensuite les remplir. Mais si la première est à elle seule insuffisante, la seconde sans elle serait impossible.

Depuis 1883 la colonisation officielle ne s'est pas arrêtée ; mais entre l'ancienne législation qui est condamnée sans être abrogée et les propositions de loi nouvelles qui n'ont pas encore abouti, avec des ressources dont l'insuffisance est notoire, sa marche ne peut être qu'embarrassée et timide. Le crédit annuel inscrit au budget se réduit maintenant à 2 815 000 francs, sur lesquels 1 580 000 francs seulement sont applicables à des créations de centres. Le nombre des créations ou agrandissements a été de 8 en 1883-84, de 8 en 1884-85, de 5 en 1885-86, de 6 en 1886-87, le tout représentant un ensemble de 900 feux. On a installé en outre un millier de familles en remplacement de 600 familles évincées ou renonçantes. L'expropriation n'a plus été employée ; on s'est contenté des terres fournies par le domaine ou obtenues par achats et échanges amiables. Le mode d'attribution au moins pour les lots de village a toujours été la concession gratuite. Mais en même temps on a mis aux enchères des terrains non utilisables pour des créations de villages et susceptibles de former des lots de ferme : en 1882-83, 3895 hectares en 67 lots; en 1883-84, 3623 hectares en 43 lots; en 1885-86, 11 251 hectares; en 1886-87, 11 327. Malgré l'exclusion des étrangers et des indigènes qui restreignait la concurrence, les mises à prix ont toujours été dépassées, quelquefois elles ont été doublées. Les prix moyens de vente ont été de 94 fr., 69 fr., 58 fr., 73 fr. 28 par hectare. Dans la dernière campagne, les lots situés dans le département d'Alger ont atteint un prix moyen de 226,75 à l'hectare, tandis que les moyennes n'étaient que de 71 fr. 04 dans le département d'Oran et de 60 fr. 85 dans celui de Constantine.

Nous ne croyons pas possible ni même désirable de reprendre aujourd'hui le projet des 50 millions. Mais si l'on est persuadé, comme nous le sommes, que la colonisation officielle est encore nécessaire au moins pendant quelques années, il est urgent de lui assurer des ressources et de substituer à la concession gratuite un mode d'attribution plus rationnel et moins onéreux. Dès le mois de décembre 1883, le comte d'Haussonville déposait une proposition tendant à créer une caisse de colonisation qui serait alimentée par la vente des terres domaniales, et à établir comme mode d'aliénation à peu près uniforme la vente aux enchères. Cette proposition a servi de base à un projet de loi beaucoup plus complet, qui a été préparé par le gouvernement général de l'Algérie et qui attend depuis le mois d'avril 1886 l'examen du Parlement. Un fonds commun applicable aux dépenses de colonisation est constitué au moyen des ventes d'immeubles domaniaux, auxquelles viennent s'ajouter les allocations budgétaires. Parmi les terrains domaniaux, les uns, reconnus impropres à la colonisation, doivent être aliénés à enchères libres, sans conditions de nationalité ou autres à remplir par les acquéreurs; cette vente n'est considérée que comme une simple opération financière. Quant aux terres de colonisation, elles ne peuvent être acquises que par des Français jouissant de leurs droits civils, et non détenteurs de terres aliénées par l'État depuis 1871 au titre de la colonisation. Le mode d'aliénation le plus général est la vente; vente aux enchères pour les lots de ferme, parce qu'ils sont de nature à provoquer des compétitions plus vives, vente aux enchères ou à prix fixe pour les lots de village, suivant les circonstances. L'acquéreur n'est tenu de payer lors de la signature de l'acte qu'un sixième du prix d'achat. Un autre sixième est exigible deux ans après, les quatre autres d'année en année. Aucune restriction n'est apportée à son droit de propriété, si ce n'est l'interdiction de revendre à des étrangers ou à des indigènes pendant un délai de 10 ans, à dater du payement définitif. La résidence n'est pas obligatoire, mais tout acquéreur d'un lot de village justifiant qu'il a résidé trois ans sur sa terre et dépensé en constructions une valeur de 50 francs par hectare, obtient la remise des termes à échoir, soit la moitié du prix d'achat. La concession gratuite est conservée à titre tout exceptionnel pour attirer le peuplement dans les villages dont la création serait motivée par des raisons de sécurité publique. Le concessionnaire doit répondre aux mêmes conditions que l'acquéreur; la revente aux indigènes et aux étrangers lui est interdite pendant le même laps de temps. En outre, la résidence personnelle lui est imposée pendant 5 ans, mais il peut en être affranchi au bout de 3 ans, s'il a réalisé des travaux d'amélioration ou de construction d'une importance de 100 francs par hectare. Il lui est loisible de céder quand bon lui semble sa concession à un tiers remplissant les conditions de nationalité et autres qu'on a exigées de lui; il est libre de l'hypothéquer sans justifier de l'emploi des deniers prêtés. Le gouverneur général conserve la haute direction du service de colonisation, mais il ne décide plus rien à lui seul. Le Conseil supérieur est appelé à donner son avis pour le classement des terres domaniales et leur division en immeubles directement ou non directement utilisables pour la colonisation. Des commissions spéciales composées du préfet ou du général de division, du directeur des domaines, de deux conseillers généraux et d'un délégué de la Société d'agriculture sont instituées dans chacun des trois départements pour préparer, en cas de concession gratuite, la liste des concessionnaires, en cas de vente à prix fixe et en présence de demandes plus nombreuses que les lots à aliéner, la liste des acquéreurs; le gouverneur général conserve cependant le choix définitif des uns et des autres.

Ce projet tient compte à la fois des besoins réels, des idées régnantes et de l'expérience acquise. Il maintient le principe nécessaire de la colonisation officielle en la dégageant des erreurs qui la rendaient onéreuse pour l'État, oppressive pour les indigènes, vexatoire pour les colons. Il combine heureusement les divers modes d'aliénation : vente aux enchères sans restriction aucune pour les immeubles non affectés à la colonisation, vente aux enchères et à prix fixe de la plus grande partie des terres de colonisation, concession gratuite dans un petit nombre de cas déterminés. Par l'exclusion des étrangers et des indigènes et l'interdiction de revente, il favorise le peuplement national. Il donne aux acquéreurs avec des facilités appréciables pour le payement la pleine disposition de leur propriété. Sans leur imposer la résidence, il les y incite par des avantages importants. Les concessionnaires, sans obtenir une liberté aussi complète, sont cependant affranchis des restrictions les plus gênantes contenues dans la législation antérieure.

Essayons de faire le calcul au moins approximatif des ressources dont disposerait la Caisse de colonisation et cherchons quel emploi on en pourrait faire. Au 31 décembre 1886 le domaine possédait, en dehors des forêts et des immeubles affectés à des services publics, 781 278 hectares d'une valeur présumée de 41 384 451 francs. On fait remarquer qu'une partie de ces immeubles, dont il a été déjà disposé, doivent disparaître prochainement des sommiers de consistance. Il y a aussi beaucoup de non-valeurs, telles que rochers, plages, lacs, etc. L'exposé des motifs du projet de loi que nous venons d'analyser n'attribue aux parcelles utilisables pour colonisation, échange ou vente, qu'une contenance de 271 649 hectares et une valeur vénale de 15 à 16 millions. Les ventes et autres aliénations opérées dans le courant de 1886 et 1887 auraient encore réduit ces chiffres, si elles n'avaient été compensées par des acquisitions dues principalement à l'application de la loi de 1873 sur la propriété indigène. De fait, l'étendue totale du domaine s'est accrue du 31 décembre 1885 au 31 décembre 1886 de 12 000 hectares et sa valeur estimative de 7 millions. Nous ne serons donc pas loin de la vérité en attribuant à la partie utilisable du domaine une surface de 300 000 hectares. Il faut ajouter à ces ressources actuelles toutes celles que continuera de fournir la constitution de la propriété indigène et celles que peut donner le service des forêts, s'il consent enfin à se dessaisir des terrains dont il ne tirera jamais aucun parti. Pour les prélèvements à faire sur les forêts, nous nous arrêterons, à titre d'indication hypothétique, au chiffre de 100 000 hectares. Quant au service de la propriété indigène, qui a dévolu à l'État 22 078 hectares en 1885-86 et 20 619 en 1886-87, on peut compter qu'il donnera bien en dix ans 200 000 hectares. De cet appoint de 300 000 hectares déduisons, si l'on veut, la moitié pour faire la part large aux non-valeurs. Nous obtenons ainsi un chiffre net de 450 000 hectares disponibles pour la caisse de colonisation.

Supposons qu'on en aliène les deux tiers, soit 300 000 hectares, par voie d'enchères, que 100 000 hectares soient vendus à prix fixe comme lots de village, que 50 000 soient partie employés à des concessions gratuites, partie réservés pour constituer les communaux, rues, places des villages créés. Au prix moyen de 60 francs, inférieur à la moyenne obtenue dans les ventes de ces dernières années, les 300 000 hectares mis aux enchères produiront 18 millions, soit, si l'opération est répartie sur 10 campagnes, 1 800 000 francs par an. Les 150 000 hectares vendus à prix fixe atteindront un prix moins élevé, ils donneront bien cependant une moyenne de 40 francs, soit 4 millions ou 400 000 francs par an. Avec les allocations inscrites actuellement au budget, la recette annuelle arriverait donc aisément à 4 millions.

La principale dépense à laquelle il faudrait pourvoir serait celle que nécessitent les travaux d'installation des centres. En 1883, on l'estimait à 21 millions pour 175 créations. Ce serait un peu plus de la moitié des ressources réalisées en 10 ans. Des 19 millions restants, une partie, soit 5 millions, serait affectée aux remises sur le prix de vente prévues par le projet de loi en faveur des colons résidant sur leur lot. 10 millions pourraient être employés à l'achat de terrains situés dans les périmètres de colonisation et reconnus utiles pour des créations ou des agrandissements de centres. 4 millions resteraient pour frais d'administration, de publicité, d'adjudication et pour les dépenses imprévues.

Les terres achetées venant en compensation de celles reconnues impropres à la colonisation et vendues comme telles à enchères libres, ce seraient toujours 450 000 hectares dont on disposerait pour la colonisation. En 10 ans, il serait facile d'y installer au moins 10 000 familles françaises. Avec les ressources du domaine, sans nouveaux sacrifices de la part de l'État, sans l'expropriation des indigènes, le programme de 1883 pourrait être réalisé. Il deviendrait possible de l'élargir, et nous ne nous en plaindrions pas, si l'adoption du plan financier que nous avons exposé plus haut permettait d'appliquer à la colonisation une partie des plus-values de l'Algérie.

LIVRE VI

LES FORCES PRODUCTIVES

CHAPITRE PREMIER

L'AGRICULTURE [1]

Trois millions et demi d'hectares sont cultivés en Algérie; on peut considérer comne utilisés 2 785 000 hectares occupés par les forêts, un million d'hectares environ de terrains à halfa exploités [2] en dehors des forêts; le reste appartient à la broussaille et à la vaine pâture dans le Tell, constitue les terres de parcours des hauts plateaux, les hammada pierreux et les areg du Sahara. Un dixième au plus de la superficie totale, c'est à quoi se réduit le domaine actuel de l'agriculture; et pourtant, depuis un certain nombre d'années, il est allé se développant. En 1854, la culture de beaucoup la plus importante, celle des céréales, n'occupait que 761 470 hectares; elle s'étendait sur 2 040 000 en 1861; en 1885, elle couvrait une étendue de 2 846 615 hectares. Chaque année, on défriche des surfaces considérables, 743 000 hectares pendant la campagne 1881-1882, 716 000 pendant la campagne 1882-83, 729 000 pendant la campagne 1883-84. Les progrès doi-

1. Voy., sur l'agriculture, à titre de documents historiques, l'excellent ouvrage de Moll, l'enquête du comte Lehon, la *Topographie agricole de l'Algérie,* publiée de 1880 à 1883 par le comice agricole d'Alger; pour les renseignements plus récents, voy. les journaux agricoles de l'Algérie, notamment l'*Algérie agricole* et la *Statistique générale.*

2. On évalue à 6 millions d'hectares l'étendue totale de terrains à halfa.

vent s'accélérer; ils sont liés d'une manière intime à ceux de la colonisation, de l'instruction parmi les indigènes, à l'établissement des voies de communication; tout se tient en Algérie; mais ce que réclame par-dessus tout l'intérêt agricole, c'est le prompt achèvement des barrages, des dérivations, des irrigations. Il y a peu de terrains d'une absolue stérilité, surtout dans le Tell; pour produire, le sol ne demande qu'à être vivifié par la présence de l'eau.

La population agricole comprend 2 900 000 indigènes et 187 000 Européens. Ici encore, il importe de faire une distinction entre les deux éléments; l'outillage, les conditions d'installation ne sont pas comparables. A eux tous, les indigènes possédaient en 1884 des constructions pour une valeur de 75 millions et un matériel estimé à 3 688 000 francs; les Européens, quinze fois moins nombreux, avaient à la même date pour 215 millions de constructions et pour 16 490 000 francs de matériel [1]. Les procédés des indigènes sont d'une simplicité enfantine. Point d'assolements; chaque année, on laboure une petite partie de terrain, le reste demeure en jachère; pour amender le sol, ils ne savent que brûler des herbes, des broussailles, quelquefois des forêts; ils ne font pas usage d'engrais, ils prennent seulement la précaution de choisir pour leurs plantations de tabac les emplacements où ont été parqués des animaux. Leur charrue est une araire dont le bois n'est pas toujours écorcé, dont le soc ne porte presque jamais de fer; cet instrument grossier, traîné suivant les régions par des bœufs, des chevaux ou des mulets, trace des sillons irréguliers d'une profondeur

1. Ici encore le progrès est sensible : en 1879, la valeur des constructions rurales possédées par les indigènes n'était que de 48 millions, celle de leur matériel de 2 960 000 fr. Les constructions des Européens représentaient une valeur de 156 millions, leur matériel 10 762 000 fr. A la fin de 1885, les deux populations possédaient ensemble 382 586 instruments estimés à 23 128 000 fr. La valeur totale du matériel agricole a donc presque doublé en six ans.

de 10 centimètres; quand des obstacles se rencontrent, buissons, palmiers nains, plantes parasites, on ne prend point la peine de les déraciner, on les tourne respectueusement. On moissonne avec la faucille, on dépique en faisant piétiner les épis par des bêtes de somme. Autrefois, les grains se conservaient dans de grandes excavations en entonnoir, les silos. Un silo pouvait contenir jusqu'à 30 quintaux; aujourd'hui, lorsque l'Arabe a une bonne récolte, il ne fait pas de réserves, il aime mieux vendre. Beaucoup d'ignorance et de routine, une certaine nonchalance résignée qui accepte les événements comme des fatalités au lieu de les prévoir et de les dominer, voilà ce qu'on trouve chez presque tous; à peine si quelques-uns ont suivi les exemples qui leur étaient donnés et adopté des méthodes rationnelles. Il faut cependant faire une place à part pour le Kabyle, énergique travailleur qui tire d'une terre ingrate tout ce qu'elle peut produire.

Les colons forment avec les indigènes le contraste le plus complet. Ils sont actifs, entreprenants, toujours en quête d'améliorations et de progrès; semoirs, herses, charrues perfectionnées, batteuses, faucheuses, moissonneuses, machines de trait, machines à vapeur, ils emploient tout le puissant attirail créé par la science et l'industrie. « On peut affirmer, disait en 1868 la commission d'enquête, que l'agriculture en Algérie est plus progressive qu'en France. » Une culture européenne se reconnaît bien vite à l'absence de toute végétation parasite, au soin avec lequel elle est tenue, à ses sillons « creusés profond et tracés droit ».

Constituée surtout par la colonisation, la propriété européenne est en général moyenne ou petite; la plupart des exploitations ont de 25 à 70 hectares; les grands domaines sont rares; chez les indigènes, au contraire, ils sont assez nombreux, même en terre melk. D'habitude, l'Européen cultive lui-même ou dirige au moins le faire-valoir; il lui arrive aussi d'employer les fermiers ou de louer à l'année à des Arabes. Ses valets de ferme, ses bergers, ses moissonneurs, sont des indigènes. Le propriétaire indigène met rarement la main à l'ouvrage, il fait travailler ses khammès, auxquels il fournit la terre, la semence, les instruments, et qu'il paye du cinquième de la récolte.

La culture indigène, s'exerçant avec peu de frais et peu d'efforts sur de vastes étendues, est extensive, excepté en Kabylie; la culture européenne, opérant à force de bras et de machines, sur un champ d'action encore restreint, est plutôt intensive, bien que gênée par l'insuffisance des engrais naturels et la cherté des autres. Pour des indigènes travaillant à leur manière, le capital d'exploitation nécessaire à un hectare est évalué à 60 francs, le capital de roulement à 50. Pour des Européens, la dépense de première installation sera de 300 à 500 francs, le capital de roulement de 50 à 100 francs par hectare.

De tout temps, l'Algérie s'est adonnée surtout à la culture des céréales; avant la conquête, c'était presque la seule qui fût pratiquée par les Arabes; maintenant encore, elle occupe les 8/10 du territoire cultivé. En 1885, sur environ 3 millions 1/2 d'hectares, 2 846 615 étaient ensemencés en céréales, 2 433 277 par des indigènes, 413 338 par des Européens.

En 1830, les indigènes faisaient, pour leur consommation ou pour la vente, du blé dur, du bechna et des fèves; l'orge servait principalement à la nourriture des bestiaux. Depuis, les colons ont introduit les différentes variétés de blé tendre, puis l'avoine et le maïs; ces deux dernières céréales, plantées dans des terrains argileux et profonds, donnent des rendements magnifiques lorsque les irrigations sont possibles; leur extension est encore assez médiocre; cependant les indigènes se livrent volontiers à la culture du maïs; ils ont également adopté celle du blé tendre, tout en continuant à produire de préférence le blé dur. Le poids moyen du blé dur est de 77 à 80 kilogrammes l'hectolitre, celui du blé tendre de 76 à 79, celui de l'orge de 58 à 61, celui de l'avoine de 47 à 48 [1].

En 1885, il y avait eu 191 053 hectares ensemencés en blé tendre, 1 124 323 en blé dur, 1 446 517 en orge; le reste en bechna, maïs, avoine et seigle. La part des Européens était pour le blé tendre de 131 025 hectares, soit un peu plus des deux tiers; pour le blé dur, de 118 271 hectares, un peu plus du dixième; pour l'orge, d'un douzième environ, soit 119 897 hectares. Mais les récoltes obtenues ne sont pas dans la proportion des étendues ensemencées : sur 100 hectares cultivés, un peu plus de 14 appartiennent à des Européens; sur 100 quintaux récoltés, ils en ont 20. Dans les cultures européennes, au cours d'une période de douze années (1872-1884), le rendement moyen du blé tendre a été de 8 quintaux à l'hectare, celui du blé dur de 6,6; dans les cultures indigènes, le rendement du blé tendre de 5,7, celui du blé dur de 4,1. Cet écart s'explique sans peine par la différence des méthodes employées et aussi des frais supportés par les deux classes d'agriculteurs. Remarquons que le rendement obtenu même par les Européens est sensiblement inférieur à la moyenne française : 10 hectolitres contre 15.

La production annuelle a toujours été sujette à de fortes variations; elle se réduit considérablement par le manque de bras en temps d'épidémie ou de guerre, mais elle est surtout affectée par les circonstances atmosphériques; les pluies insuffisantes, les sirocos prolongés, les invasions de sauterelles compromettent ou détruisent des récoltes entières. En 1864, les céréales rendaient 18 218 680 hectolitres; en 1867, par l'effet d'une sécheresse de deux années, on tombait à 4 851 491. Plus récemment, après de bonnes

1. Poids légal des grains pour la récolte de 1885.

Blé à l'hectolitre	79 kil. 78
Orge	66 — 34
Avoine	50 — 15

campagnes comme celles de 1875 et de 1876, qui donnaient 18 et 19 millions de quintaux métriques, on n'obtenait plus en 1877 que 9 697 015 quintaux. On récoltait 16 millions de quintaux en 1880 et seulement 9 312 241 en 1881. La meilleure récolte qui ait été faite depuis longtemps est celle de 1884, qui a donné 20 627 336 quintaux; celle de 1885, moins abondante, n'a fourni que 16 354 349 quintaux. De 1880 à 1885 la moyenne annuelle a été de 15 426 844 quintaux. D'après les prix courants, on peut estimer à une valeur de 230 à 240 millions la récolte en céréales de 1885.

La culture des pommes de terre, qui en 1868 ne s'étendait dans les trois provinces qu'à 3 346 hectares, occupait en 1884 une surface plus que triple, 11 294 hectares. Le prix de revient est à peu près de 325 francs à l'hectare; le rendement, lorsqu'on peut donner des arrosages et que les circonstances sont tout à fait favorables, atteint jusqu'à 300 hectolitres; en terre sèche, il n'est plus que de 50; même ainsi, il est encore rémunérateur; cependant la production locale est loin de suffire à la consommation; les quantités importées dans ces dernières années se chiffrent par des moyennes de 10 millions de kilogrammes. Lors de l'enquête agricole du comte Lehon, les légumes n'étaient cultivés que sur 8 000 hectares; aujourd'hui, ils sont cultivés sur 30 000; les bénéfices donnés par l'exportation ont activé cette extension; les légumes secs s'expédient en Angleterre, en Italie, en Espagne; les légumes verts, pois, haricots, asperges, artichauts, vont figurer comme primeurs sur les marchés de la métropole; les indigènes produisent surtout pour leurs propres besoins ou pour alimenter les villes de l'Algérie; les Européens pratiquent une culture maraîchère intensive à grand renfort de fumier et d'arrosage pour la vente à l'extérieur. En 1884, on a exporté 6 442 683 kilogrammes de légumes secs, d'une valeur officielle de 1 610 670 francs, et 2 670 747 kilogrammes de légumes verts, estimés 400 612 francs.

Différentes cultures industrielles ont été essayées avec des succès variés. On s'était adonné, surtout dans la province d'Oran, à la culture du coton, que le climat semblait devoir favoriser. De 4000 kilogr. en 1853, la production monta à 104 000 en 1858, à près de 500 000 en 1864; en 1866, elle atteignit son apogée, avec un rendement de 8000 à 9000 quintaux. Ce qui encourageait les planteurs bien plus que les primes officielles, c'étaient les prix élevés résultant de la guerre d'Amérique; mais, cette guerre une fois terminée, le marché américain reprit toute son activité. Les cotons algériens n'étaient pas cultivés ni préparés avec tout le soin désirable; l'abus des irrigations et l'insuffisance des fumures nuisaient à la qualité. Les prix tombèrent et la décadence commença; elle fut rapide. En 1871, la production n'était plus que de 271 000 kilogr.; en 1884, le nombre des planteurs se réduisait à 6, les superficies plantées à 45 hectares, les quantités égrenées à 4768 kilogrammes. Cette culture paraît donc à peu près abandonnée; peut-être serait-il possible de la reprendre dans les plaines irriguées, à condition d'employer de meilleures méthodes; des tentatives faites dans le Sahara, notamment dans l'Oued-Rir, ont donné d'assez beaux résultats. Des essais ont été faits dans les dernières années pour acclimater la ramie ou china-grass, des plantes oléagineuses, le colza, le ricin, l'arachide, mais ces diverses cultures n'ont pas donné de résultats satisfaisants et on y a à peu près renoncé [1]; les plantes tinctoriales, garance, carthame, henné, indigo, cochenille, ont mieux réussi : elles étaient cultivées sur 370 hectares en 1884.

L'Algérie paraît propice à la culture du lin; le lin de Riga, renommé pour ses filasses, s'y acclimate mieux que partout ailleurs; on a également introduit le lin d'Italie.

1. Cette renonciation n'est pas définitive en ce qui concerne la ramie; la culture de ce textile prendra certainement une grande importance quand on aura trouvé un procédé de décorticage satisfaisant.

Jusqu'à présent, la difficulté du rouissage et la cherté de la main-d'œuvre n'ont pas permis de transformer sur place la paille en filasse; la graine, que l'on recherche surtout, ne se traite pas non plus dans le pays. On estime que les graines seules peuvent donner un rendement de 500 francs par hectare, les frais ne dépassant pas 300 francs; cependant cette culture est en décroissance. En 1884, il y avait 3023 hectares plantés en lin, donnant en graines 2 862 038 kilogr., en paille 844 599, en filasse 66 845. En 1885, le nombre des planteurs, qui était de 551 deux ans auparavant, s'est réduit à 278, la surface cultivée n'était plus que de 1214 hectares, le rendement de la récolte de 656 538 kilogr. en graines, de 696 008 en paille, de 369 en filasse et étoupe [1]. La sériciculture, qui avait paru quelque temps en progrès, est de plus en plus délaissée. Le nombre des éducateurs, après avoir dépassé 200 en 1879, est tombé à 15, puis à 4 en 1885. Dans cette même année, la quantité de graines mises à éclosion a été de 340 grammes, ayant produit 572 kilogr. de cocons.

En Algérie, la culture, la vente et la manipulation des tabacs sont libres. Les frais de culture pour un hectare vont de 600 à 800 francs; le rendement est de 1500 kilogrammes en feuilles sèches. La régie achète à 150 francs les 100 kilogrammes de première qualité, à 120 francs la seconde, à 90 la troisième. Le nombre des planteurs de tabac, après s'être élevé pendant les années précédentes aux environs de 10 000, a légèrement décru en 1885, où il n'était plus que de 8333. Ce sont en grande majorité des indigènes (7209) qui s'adonnent à cette culture. Dans la même année, l'extension des plantations était de 9247 hectares; la récolte a fourni 4 634 612 kilogr. de tabac en feuille. Les variétés les plus estimées sont le Khrachena et le Chebli. La régie achète chaque année 3 millions de

1. En 1886, la situation s'est améliorée, on a compté 328 planteurs de lin; les cultures se sont étendues à 2 037 hectares; le rendement a été de 1 817 417 kil. en graines, de 441 297 en paille.

kilogr. en moyenne; le reste, manipulé sur place par l'industrie privée, est employé à la consommation locale, qui est considérable. Cependant les débouchés sont insuffisants. Il est question de créer en Algérie une manufacture de tabacs dont les produits pourraient être écoulés en France et dans les autres pays d'Europe.

Le Coran interdit l'usage du vin et des liqueurs fermentées; aussi la vigne n'était-elle cultivée avant 1830 que pour le raisin; le gros raisin sucré de Kabylie était fort apprécié comme dessert de table. De bonne heure les colons essayèrent de faire du vin, mais on employait sans discernement les cépages et les méthodes; l'installation était défectueuse, l'outillage incomplet; longtemps les tentatives furent malheureuses. Les produits algériens admis à l'exposition d'horticulture de 1868 étaient déclarés de qualité médiocre et de fabrication trop peu soignée. Cependant le pays se prête admirablement à l'élève de la vigne; les terrains favorables, l'argilo-sableux et le silico-calcaire, le sablonneux en nature de coteau, se rencontrent presque partout dans le Tell; les intempéries comme la grêle et la gelée sont assez rares, les seuls inconvénients climatériques sérieux résultent de la sécheresse et du siroco; encore sont-ils peu sensibles dans le voisinage de la mer, tandis qu'on peut dans l'intérieur les combattre par l'irrigation. L'extrême diversité des sols, des altitudes, des climats, des expositions permet de varier les cépages et d'obtenir quelquefois dans un même terroir des vins de plaine, des vins de coteau, des vins blancs secs, des vins blancs sucrés et liquoreux. Après bien des tâtonnements et des hésitations, on s'est enfin décidé à mettre à profit ces avantages naturels; les Algériens ont appris à mieux cultiver leurs vignes et à mieux fabriquer leurs vins; les vignerons français chassés de nos départements méridionaux par l'invasion du phylloxera sont venus leur servir de moniteurs. Grands et petits propriétaires, tout le monde s'est mis à la viticulture. En moins de dix ans, l'étendue du vignoble a quadruplé. En 1850, il n'y avait dans toute l'Algérie que 792 hectares de vignes; on en comptait 17 614 en 1878, 79 000 en 1886. De 1881 à 1885, l'accroissement moyen a été de 10 000 hectares par an. La production a suivi une progression aussi constante. De 338 000 hectolitres en 1878, elle s'est élevée en 1884 à 890 000, en 1885 à 967 000, en 1886 à 1 665 000, en 1887 à 1 902 000; la qualité aussi s'est notablement améliorée. Déjà en 1873 le rapporteur de l'Exposition de Vienne annonçait que « dans quelques années l'Algérie fournirait du vin au monde entier ». Sans que cette prédiction bienveillante se soit tout à fait réalisée, on peut dire que les vins algériens sont désormais acceptés par la consommation européenne. Ils ont figuré avec honneur dans la plupart des expositions et des concours agricoles en France et à l'étranger. En 1886, au concours de Paris, ils obtenaient 50 récompenses, dont un prix d'honneur et trois médailles d'or; le rapporteur constatait que, « dans l'ensemble, les produits de la colonie présentaient des qualités de conservation et de finesse bien plus nettes qu'autrefois » et que « l'Algérie progresse fort régulièrement ».

Le vignoble algérien se partage d'une façon quelque peu inégale entre les trois départements [1]. En 1886, Alger comptait 29 165 hectares, Oran 28 451, Constantine 15 369. Dans le premier de ces départements, les quatre cinquièmes des plantations sont comprises dans l'arrondissement même d'Alger; viennent ensuite par ordre d'importance les arrondissements de Miliana, Tizi-Ouzou, Médéa et Orléansville. Les principaux centres viticoles se trouvent, dans le Sahel, à Chéragas, Douéra, Guyotville, Koléa, Kouba, Castiglione, Birkadem; dans la Mitidja, à Boufarik, Blida, Oued-el-Alleug, Rouiba, Marengo; on doit encore citer Novi et Cherchell, et, en dehors de l'arrondissement

1. Voy. l'*Algérie agricole*, nos du 1er octobre, du 1er novembre et du 15 novembre 1886.

d'Alger, Hammam Rira, Isserville, Médéa, Berrouaguia. Dans le département d'Oran, c'est également au nord, dans le voisinage du chef-lieu et de la mer, que se groupent les plus nombreuses plantations, à Oran, Bou Sfer, Misserghin, la Sénia, Sidi-Chami, Saint-Cloud, Saint-Leu, Arcole, Arzeu. A l'est de cette zone, Saint-Denis-du-Sig, Perrégaux, l'Hillil, Relizane, Mostaganem, Rivoli, Renault; à l'ouest, Tlemcen, Hennaya, Remchi; au sud, Saint-Lucien, Sidi-bel-Abbès, Mascara, Saïda, possèdent des vignobles importants. Dans le département de Constantine, le moins centraliste à tous égards, les vignobles sont plus étendus dans les arrondissements de Philippeville et de Bône, en plus petite quantité dans ceux de Constantine, Bougie et Guelma, rares dans ceux de Sétif et de Batna. C'est à Philippeville, Jemmapes, Robertville, Bône, Morris, Randon, dans le nord et dans le nord-est; à Souk-Arrhas, Héliopolis, Guelma, dans l'est, que se trouvent les plantations les plus considérables.

Le rendement, la qualité, la valeur des produits varient suivant les terrains, les cépages employés et les soins donnés à la culture et à la vinification. Les cépages les plus recommandés sont le Carignan, le Morastel, le Mourvèdre, le Petit-Bouschet, l'Aramon, le Cinsant et le Clairette [1]. Le rendement moyen, qui n'avait été que de 13 hectolitres à l'hectare en 1885, aurait, si l'on accepte pour cette récolte le chiffre de 1 665 000 hectolitres, dépassé 21 en 1886. En France, le rendement moyen est de 17 à 18 hectolitres. Dans les départements qui se rapprochent le plus de l'Algérie par les conditions climatériques, il atteint à des chiffres de beaucoup supérieurs, 93 dans l'Hérault, 42 dans l'Aude, 44 dans le Gard pour 1884. Mais il est juste de remarquer qu'une bonne partie des vignes algériennes sont jeunes et n'ont pas encore donné leur plein rapport. Il n'est nullement impossible, pourvu

1. *Guide pratique du vigneron algérien,* par Borgeaud et Barbier.

que les soins soient bien donnés et que les circonstances soient favorables, d'obtenir en Algérie de magnifiques rendements. C'est ainsi qu'en ne tenant compte que des vignes âgées d'au moins trois ans, nous relevons pour l'année 1885 des rendements de 35 hectolitres à l'hectare à Chéragas, de 41 à Novi, de 48 à Maison-Carrée, de 42 à Collo, de 40 à Condé-Smendou (Constantine), de 49 à Pélissier (arrondissement de Mostaganem), de 53 à Aïn-el-Arba (arrondissement d'Oran), de 113 dans la commune d'Oran. Quant au prix marchand des vins, il était à Alger après la récolte de 1886 de 18 à 21 francs l'hectolitre pour les vins de plaine ordinaires, de 22 à 24 pour les vins de plaine supérieurs, de 25 à 29 pour les vins de coteau ordinaires, de 29 à 32 pour les vins de coteau supérieurs. Certains vins de choix montaient plus haut; les vins de Novi se vendaient de 35 à 36 francs. Dans le département de Constantine, les vins de plaine (Bône, Jemmapes, Philippeville) étaient cotés de 18 à 22 fr.; les vins de coteau (Randon, Souk-Arrhas, Constantine), de 25 à 30; quelques cuvées exceptionnelles atteignaient à 35 francs [1]. Si l'on prend comme base un prix moyen de 20 francs, on voit que la récolte de 1886, comptée à 1 666 000 hectolitres, sans parler du raisin consommé sur place ou vendu comme primeur, représente une valeur de plus de 33 millions.

Le vignoble algérien n'est malheureusement pas exempt des maladies qui sévissent dans les autres contrées : l'oïdium, le mildew, l'altise y exercent leurs ravages. Le plus terrible des ennemis de la vigne, le phylloxera, y a fait son apparition. C'est en 1886 que les premières taches ont été constatées près de Tlemcen et de Sidi-bel-Abbès. En 1886, de nouveaux foyers d'infection ont été découverts sur les mêmes territoires, à Karguenta aux portes d'Oran et, à l'autre extrémité de l'Algérie, aux environs de Philippeville.

1. *Gazette du Coton*, nos de septembre, octobre, novembre, décembre 1886. Mercuriales. Gaillardon, *Moniteur vinicole*.

Seul le département d'Alger est demeuré jusqu'à présent indemne. Les vignes contaminées ont été arrachées et brûlées, le sol traité à l'acide sulfurique et au sulfure de carbone. Dès 1879, un décret avait prohibé l'entrée en Algérie des plants, végétaux et autres produits agricoles ou viticoles provenant des pays phylloxérés. La loi de 1883 a enjoint aux propriétaires et vignerons de signaler aux autorités tout symptôme de dépérissement, et aux maires de faire visiter au moins une fois dans l'année par expert les vignes de leur commune. La loi du 28 juillet 1886 établit sur les vignobles une taxe spéciale dont le produit doit être affecté aux frais de surveillance et de visite. Le service phylloxérique est organisé et fonctionne activement. On ne saurait trop approuver ces énergiques mesures; ce serait folie de s'en remettre à la vigilance des intéressés quand l'ignorance ou l'insouciance de quelques-uns peut amener la ruine de tous; si jamais l'intervention de l'État a été légitime et nécessaire, c'est bien en pareil cas.

Le premier effet de l'apparition du phylloxera a été de ralentir le développement des plantations. L'augmentation, qui avait été de 15 000 hectares en 1885, n'a plus été que de 8000 en 1886. Ce n'est que demi-mal. Une panique à l'heure actuelle serait certainement injustifiée; il y a tout lieu d'espérer ou que le fléau sera conjuré, ou que ses progrès, vigoureusement combattus, ne causeront pas de longtemps un dommage sensible. Mais l'extension trop rapide des plantations n'est pas sans offrir de sérieux inconvénients; quand on ne possède, comme la plupart des colons, que des ressources très limitées, il faut plutôt s'attacher à des améliorations et ne s'agrandir que peu à peu. Mieux vaut avoir quelques hectares bien tenus et produisant beaucoup que de vastes propriétés d'un entretien et d'un rendement médiocres; la culture de la vigne doit être une culture intensive. Comme il faut tout prévoir, même le pire, et qu'il n'est pas sage de jouer sur une seule carte l'avenir de tout un pays, les viticulteurs agiraient prudemment s'ils entreprenaient en même temps d'autres industries agricoles sur lesquelles ils pourraient se rabattre en cas de malheur. Les agronomes les plus entendus de la colonie recommandent, comme pouvant s'exercer concurremment avec la viticulture, la culture de l'olivier et l'élevage du mouton [1].

L'olivier existe en Algérie depuis la plus haute antiquité; à 200 mètres au-dessus du niveau de la mer, il apparaît partout; c'est un arbre précieux, qui se sème de lui-même et se reproduit avec la plus grande facilité; quand le milieu est favorable, il atteint d'énormes proportions : on a mesuré des troncs de 10 mètres de circonférence; la culture est simple et n'exige que peu de main-d'œuvre; il brave les intempéries, même la mortelle sécheresse; dans les plus mauvaises années, sa récolte ne fait jamais défaut. Rien qu'en massifs compacts, il y a en Algérie 70 000 hectares peuplés d'oliviers; la plupart, à vrai dire, sont à l'état de sauvageon, mais les Kabyles eux-mêmes savent greffer; cette culture est donc susceptible d'une extension presque indéfinie. Un olivier en plein rapport peut donner jusqu'à 15 ou 20 décalitres de fruits; l'olive dite à gros fruits est destinée à être salée, l'olive à petits fruits et l'olive verdale servent à la fabrication de l'huile; les indigènes consomment une grande quantité d'huile, qu'ils préparent eux-mêmes d'une manière fort imparfaite, mais ils vendent une bonne partie de leurs fruits aux usines européennes, qui leur payent le double décalitre de 1 fr. 50 à 2 francs.

La culture de l'olivier est surtout répandue sur les premières pentes des montagnes telliennes, en pays kabyle, dans les deux départements de Constantine et d'Alger. En 1884, sur 4 570 183 oliviers greffés, on en comptait 3 244 656 dans le département de Constantine, 1 106 379 dans le

1. M. Fournier et M. Bonzom dans l'*Algérie agricole*.

département d'Alger, et seulement 219 088 dans celui d'Oran. Le nombre des moulins à huile dans la même année était de 4591, dont 150 appartenant à des Européens. En 1885, on a récolté 30 097 800 kilogrammes de fruits et fabriqué 1 062 358 hectolitres d'huile. Mais c'est là une abondance exceptionnelle; les chiffres des années précédentes sont beaucoup plus modestes et donnent une moyenne d'environ 15 millions de kilogr. de fruits et de 300 000 à 400 000 hectolitres d'huile. L'huile d'olive a été de tout temps un des principaux articles de commerce extérieur de l'Algérie. De 1840 à 1876, on a exporté 25 millions de kilogrammes pour une importation de 11 605 000. Dans ces dernières années, les importations et les exportations s'équilibraient à peu près. En 1886, l'importation a été de 2 106 919 kilogr., l'exportation de 2 532 098. Il faut noter que la plupart des huiles d'olive qui arrivent en Algérie sont des huiles indigènes qui, après avoir été épurées dans la métropole, sont réimportées sous d'autres désignations.

Le palmier-dattier n'existe pas en Europe, au moins comme arbre producteur; en Algérie, il est la principale et presque l'unique richesse de toute une population. Dans les oasis, une partie des dattes se consomment fraîches; mais le plus souvent on les soumet d'abord à une dessiccation. C'est le fond de la nourriture du Saharien, l'objet d'échange au moyen duquel il se procure diverses marchandises. Les caravanes partent pour le Tell avec des chargements de dattes et reviennent avec des chargements de céréales. Dans le désert, au moment de la récolte, on a une mesure de blé pour deux mesures de dattes; dans le Tell, au temps de la moisson, on a une mesure de dattes pour deux de blé; en tenant compte des frais de transport, il y a donc à peu près équivalence. Mais l'hectare planté en palmiers est d'un tout autre rapport que l'hectare ensemencé en blé. Un hectare peut porter 200 pieds. Le produit d'un arbre varie naturellement suivant l'espèce, les soins, l'irrigation et suivant les années. Tel palmier de la variété *deglet-nour*, la plus recherchée de toutes, a fourni jusqu'à 50 francs de récolte, d'autres ne donnent pas pour un franc de fruits. Dans l'Oued-Rir on estime à 4 ou 5 francs le rendement moyen d'un pied, déduction faite de la part du cultivateur. Le rapport d'un hectare planté en palmiers ressort donc à peu près à 1000 francs. Une culture aussi rémunératrice méritait d'être tentée en grand, avec des méthodes rationnelles et des capitaux importants. Dès 1878, MM. Foureau et Fau ont fondé la Compagnie de l'Oued-Rir; depuis s'est constituée la Société agricole et industrielle de Batna, qui avait déjà, au commencement de 1887, créé trois centres agricoles, construit trois villages, foré sept puits artésiens, défriché ou aménagé 400 hectares et planté 50 000 palmiers-dattiers. De telles entreprises font honneur à l'esprit d'initiative de leurs auteurs; elles montrent qu'on peut tirer parti même des portions de notre domaine algérien qu'on avait d'abord jugées tout à fait improductives.

Presque tous les arbres à fruits du midi et du centre de l'Europe se rencontrent en Algérie ; ceux qui réussissent le mieux sont l'amandier, le figuier, le citronnier et l'oranger. Les figues contribuent pour une bonne part à l'alimentation kabyle. Les orangeries de Blida ont une superficie d'environ 200 hectares et donnent un revenu moyen de 200 francs à l'hectare; avec celles de Boufarik et de Coléa, elles alimentent un commerce d'exportation assez important. Mais leur production ne peut se comparer, au moins pour la quantité, avec celle des îles grecques, de l'Espagne ou des Açores.

CHAPITRE II

LES FORÊTS[1]

D'après les relevés administratifs, les forêts occupent en Algérie une superficie de 2 785 186 hectares; ce n'est pas là le pays sans bois dont on parlait dans les premiers temps de la conquête; il faut pourtant convenir que la proportion des surfaces boisées est assez faible : elle ne représente guère que la treizième partie de l'étendue totale, tandis qu'en France elle est d'un sixième. A vrai dire, l'évaluation actuelle n'a rien de définitif; pendant de longues années on n'aura que des chiffres approximatifs : « C'est à vue d'œil, au pas de cheval ou bien au moyen de la boussole et de la planchette, sans triangulation préalable, que le périmètre des forêts a été tracé. »

Dans le principe, toutes les surfaces boisées étaient considérées comme appartenant à l'Etat; plus tard, l'exécution du sénatus-consulte de 1863 en a attribué une partie aux groupes indigènes, des dotations forestières ont été accordées à des communes européennes; enfin des forêts, d'abord données en concessions, ont été ensuite cédées en toute propriété. Ainsi se sont constitués à côté du domaine de l'État un domaine communal et un domaine

1. Voy. les Forêts de l'Algérie, par J. Doumerc, *Revue scientifique* du 18 septembre 1886. Voy. aussi le rapport de M. Étienne sur le budget de l'Algérie pour 1887.

particulier. 2 418 669 hectares appartiennent à l'Etat, 73 361 à des communes européennes ou indigènes, 293 156 à des particuliers. 790 112 hectares sont situés dans la province d'Alger, 808 202 dans la province d'Oran, 1 186 872 dans celle de Constantine. Les bois domaniaux ou communaux, soit 2 492 030 hectares, sont soumis au régime forestier; mais, dans une bonne partie du territoire de commandement, l'autorité militaire est seule chargée de la surveillance, l'administration forestière n'intervient que pour désigner les arbres à abattre et indiquer les conditions dans lesquelles doit se faire l'exploitation.

Les essences les plus répandues sont le pin d'Alep, qui peuple 859 261 hectares, le chêne vert, qui en couvre 764 829, le chêne-liège, qui s'étend sur 436 536, le thuya sur 150 538, le chêne zéen sur 51 519, le cèdre sur 37 992, le pin maritime sur 1 695. Le reste, soit 482 816 hectares, est occupé par l'olivier sauvage, le pistachier, l'eucalyptus, le caroubier, le genévrier. La moitié environ des forêts particulières sont des forêts de chênes-lièges. Le chêne-liège, le chêne vert, le chêne zéen, le cèdre se trouvent surtout dans le département de Constantine, le pin d'Alep dans celui d'Alger, le thuya dans celui d'Oran.

Toutes ces essences sont susceptibles d'être utilisées. Le chêne-liège donne un bois très solide, qui peut s'employer dans les constructions navales; son écorce fournit le liège de commerce. Jusqu'à présent, ce sont surtout les concessionnaires et les propriétaires particuliers qui se sont occupés de cette dernière exploitation; l'écorçage d'un chêne-liège produit une moyenne de 50 kilogrammes par an. De 1865 à 1884, l'Algérie a expédié au dehors 67 000 tonnes de liège brut, d'une valeur officielle de 77 millions, soit pour cette période de vingt années une moyenne annuelle de 3 370 tonnes, valant 3 854 000 francs. En 1886 on exportait 5 216 tonnes de liège brut, valant 3 912 000 francs. Le bois du chêne vert, dur et élastique, sert au charronnage, à la confection de manches d'outils solides; on en fait aussi des traverses de chemins de fer; les arsenaux de la marine l'achètent au poids. Le chêne zéen, compact, d'un grain serré et homogène, est utilisable pour la tonnellerie et les constructions navales. Le pin d'Alep fournit de la résine, du goudron, de la poix; débité en madriers et en planches, il donne un bois de charpente que l'on préfère au pin du Nord. Le cèdre atteint jusqu'à 20 mètres de haut avec une circonférence de 5 à 6; on y taille des pièces de charpente de longue portée. Peu noueux, il se coupe et se rabote avec la plus grande facilité; l'ébénisterie et la menuiserie en font usage. Quant au thuya, riche de nuances, avec ses veines, ses moires et ses mouchetures, il n'est pas tout à fait aussi apprécié qu'au temps où Cicéron payait une table en thuya un million de sesterces; cependant il est encore recherché et se vend cher pour l'ébénisterie de luxe. Parmi les autres essences, les unes peuvent être mises en coupe pour la charpente, l'ébénisterie, la menuiserie, la sculpture, le charronnage; d'autres, comme l'olivier, peuvent être cultivées comme arbres industriels; d'autres enfin, telles que l'eucalyptus, assainissent par la rapidité de leur développement les terrains les plus fiévreux.

Jusqu'à présent l'exploitation des bois n'a pas été active. La population n'est pas assez dense pour utiliser sur place les bois de chauffage; les charbons, les bois d'œuvre ou d'art constituent une marchandise encombrante, présentant pour une valeur médiocre un grand poids et un grand volume; on ne peut en tirer parti qu'avec des transports économiques, et l'on sait qu'en Algérie le développement des chemins de fer et même des routes est encore très incomplet. C'est pour cela que, tout en ayant dans le pays même des ressources considérables, l'industrie algérienne recourt de préférence à l'étranger. La navigation à voiles, moyennant un fret modéré, apporte de Trieste ou même de la Norwège d'énormes quantités de bois bruts, équarris, sciés. De 1867 à 1876, on a importé des bois pour 28 millions de francs; de 1880 à 1885, la moyenne annuelle dépasse 6 millions de francs.

Les forêts de l'Algérie ne sont pas situées dans les parties les plus abordables; on les a détruites partout où le défrichement pouvait donner des terres propres à la culture; c'est seulement en montagne, sur les sommets abrupts ou la raideur des pentes qu'elles se sont conservées. On peut avoir vécu longtemps dans le pays, avoir parcouru celles de ses régions où la civilisation s'est installée et partager l'erreur commune qui le déclare nu et sans forêts. Il n'en est pas moins vrai que les superbes cèdres de Téniet-el-Hâad et du Djebel-Touggour, les pins de l'Aurès, les chênes zéens de l'Edough et des Beni-Salah sont comparables à tout ce que la végétation forestière offre de vigoureux et d'imposant.

Il n'est pas douteux que l'Algérie n'ait été jadis beaucoup mieux boisée qu'à présent. A voir la manière de faire des indigènes, on s'explique sans peine le dépeuplement forestier. Lorsqu'un terrain paraissait médiocre, on attaquait par le feu les massifs d'arbres avoisinants; le défrichement s'opérait ensuite; on avait ainsi de grandes étendues de culture, où l'on était à l'aise pour laisser des jachères. Le pâturage, venant après cela, achevait l'œuvre de destruction. Même aujourd'hui, ce n'est pas chose facile de préserver les forêts survivantes. Chaque année, des incendies se produisent; on les impute volontiers à la malveillance, mais il faut aussi s'en prendre à d'autres causes. Les indigènes sont plus imprudents que malintentionnés; leur incurie naît de leur ignorance. Pendant l'été, l'extrême sécheresse de l'air enlève aux arbres presque toute l'humidité; qu'il se lève un siroco violent, et le moindre feu de berger pourra allumer un embrasement général. Les incendies de forêts ne sont pas d'ailleurs particuliers à l'Algérie; on en peut constater pendant la saison chaude en Sardaigne, en Corse, en Provence, dans tous les pays dont les conditions climatériques sont à peu près semblables.

Cela ne veut pas dire qu'il n'y ait pas de précautions à prendre. Le service des forêts, qui comprend, comme en France, des inspecteurs, des sous-inspecteurs, des gardes généraux, des préposés et, en outre, des gardes indigènes, est chargé d'empêcher surtout les abus de pâturage et les incendies. Lors des migrations estivales, on est obligé d'admettre en forêt les troupeaux des nomades ; comment en effet ne pas tenir compte des droits d'usage invétérés et plus encore des nécessités? Mais les jeunes coupes, les massifs qu'on juge trop compromis et en général tout ce qui n'est pas défensable forment une zone prohibée. Pendant les quatre mois de grande chaleur, il est absolument défendu, même aux propriétaires, d'apporter ou d'allumer du feu à une distance moindre de 200 mètres ; il est également interdit dans un rayon de 4 kilomètres de brûler les broussailles et les végétaux sur pied. Dans les régions forestières, les indigènes sont astreints à un service de surveillance. En cas d'incendie, si les coupables demeurent inconnus, la forêt est fermée pour six années même aux usagers, des amendes collectives sont frappées sur les tribus ; quand les incendies dénotent un concert préalable, on les assimile à des faits insurrectionnels, et ils peuvent donner lieu à l'application du séquestre. Une loi récente, celle du 9 décembre 1885, a pour objet de faciliter la conservation des forêts domaniales par le cantonnement ou le rachat des droits d'usage, par le rachat des enclaves soit de gré à gré, soit au moyen de l'expropriation. Elle protège même les forêts particulières contre des dévastations préjudiciables à l'intérêt public, en interdisant d'introduire des bestiaux dans les taillis de moins de dix ans et en réglementant la vente, le colportage et l'exploitation des écorces, des produits résineux et des brins employés à la fabrication des cannes.

Depuis quelques années il s'est produit en Algérie au

sujet des forêts un double mouvement d'opinion. Une ligue du reboisement s'est constituée et a organisé une agitation vraiment féconde dans toute la colonie. Les administrateurs civils et militaires, les habitants européens et les plus éclairés d'entre les indigènes ont uni leurs efforts à ceux du service forestier. Le génie, à lui seul, a planté autour des places plus de 500 hectares ; presque toutes les communes ont créé des pépinières ou des réserves d'arbres fruitiers et forestiers. De 1878 à 1884 le nombre des arbres existant dans les exploitations rurales ou autour des habitations a quadruplé, s'élevant de 8 137 975 à 32 054 686. Mais, en même temps qu'on réclame le reboisement et qu'on y travaille de toutes parts, la presse, les conseils généraux, le conseil supérieur demandent avec insistance que l'administration des forêts se dessaisisse au profit de la colonisation d'une partie de son domaine. La contradiction n'est qu'apparente. Sur les 2 418 000 hectares dont se composent les forêts de l'État, les deux cinquièmes seulement, soit 924 506 hectares, sont régulièrement constitués. Le surplus n'est détenu par le service des forêts qu'en vertu d'une présomption de propriété reconnue à l'État et reste à délimiter.

Dans cette partie du domaine forestier et même dans les périmètres régulièrement constitués, il existe d'importantes superficies couvertes seulement de broussailles, qui ne sont et ne deviendront jamais de véritables forêts et qui ne peuvent avoir aucune action appréciable sur le régime des eaux. Pourvu que le déclassement s'opère avec mesure et après des enquêtes sérieuses, on ne voit pas quels en seraient les inconvénients. Quant aux avantages, ils seraient immenses. Tout d'abord on aurait ainsi des terres disponibles pour la colonisation, qui en manque. La vente de ces terres fournirait des fonds, dont une partie au moins pourrait être attribuée au service même des forêts. Avec ces ressources nouvelles, celui-ci pousserait plus activement les opérations de délimitation, qu'il est utile de terminer dans le plus bref délai; il exécuterait les travaux indispensables à la conservation et à la mise en valeur des forêts, construction de maisons forestières et de chemins forestiers, démasclage de chênes-lièges, etc.; il serait à même d'organiser enfin une exploitation productive. Actuellement les forêts algériennes coûtent à l'État plus de 2 millions par an et ne lui donnent qu'un revenu de 5 à 600 000 francs, alors qu'en France un domaine d'un million d'hectares rend près de 30 millions au Trésor. Où trouver ailleurs que dans les recettes provenant soit de la vente des terres, soit de la plus-value des produits forestiers, les moyens financiers nécessaires aux grandes opérations de reboisement dont le service des forêts vient d'arrêter le programme? Elles doivent s'étendre sur 110 000 hectares et entraîner une dépense de 16 millions; leur caractère d'urgence absolue est reconnu par tout le monde, mais il est bien certain qu'elles risquent de ne pas s'exécuter de sitôt, si la charge doit en être imputée au budget de la métropole [1]. Ainsi toutes ces questions se tiennent : c'est par le déclassement et l'aliénation des parties reconnues inutiles qu'on se procurera les moyens de mieux aménager et de rendre plus productif le domaine forestier, et qu'on arrivera à résoudre, autrement que par des programmes, le pressant problème du reboisement.

1. Nous indiquons ailleurs (liv. V, ch. 3) une solution un peu différente, mais qui est subordonnée à l'adoption du projet de budget spécial algérien.

CHAPITRE III

L'ÉLEVAGE

Dans un pays agricole comme est l'Algérie, l'élevage est la condition essentielle de la prospérité; il fournit non seulement de la viande, du lait et divers produits organiques pour l'industrie locale et le commerce extérieur, mais aussi et surtout la force animale dont ne peut se passer le travail des champs, l'engrais qui nourrit le sol et lui permet de produire toujours sans s'épuiser jamais. Le rendement des terres est beaucoup moindre en Algérie que dans la métropole : en France, l'hectare donne 15 hectolitres de blé ou bien 19 hectolitres d'orge, tandis que le colon n'obtient guère que 10 hectolitres en blé et un peu plus de 12 hectolitres en orge. Une telle infériorité ne s'explique point par la mauvaise qualité des terres, qui sont excellentes; elle n'est pas le fait des cultivateurs européens, actifs et intelligents pour la plupart; elle a sa cause unique dans la rareté des engrais. Ici, comme ailleurs, l'élevage est l'auxiliaire indispensable de la culture. « Si tu veux du blé, fais du pré, » dit un vieux proverbe.

Il existe en Algérie peu de prairies naturelles fixes; mais les champs en jachère, les terres en friche, même quand elles sont sèches et légères, se couvrent au printemps d'une végétation abondante. Le prix de revient est presque nul; la fenaison est facile, prompte et peu coûteuse; les indigènes font pâturer sur pied; les Européens exécutent des coupes qui leur donnent 25 quintaux à l'hectare en moyenne. Cependant il ne faut pas trop compter sur ces prairies adventives, qui peuvent faire défaut si la saison est défavorable et qui ne fournissent qu'une alimentation assez médiocre surtout au gros bétail. La culture des prairies artificielles, celle des plantes et racines pour les animaux ont été introduites après la conquête; elles se sont développées depuis ; en 1884 elles occupaient 30 000 hectares. La plante fourragère qu'on sème le plus volontiers est la luzerne ; dans les terres irriguées des arrondissements de Bône et de Constantine, une luzernière coûte par hectare 1 000 francs de premier établissement et 5 à 600 francs de dépense annuelle; elle donne une série de coupes dont le rendement total est de 240 quintaux; à 4 francs le quintal, le produit brut est donc de 960 francs; en terre sèche on n'obtient que 2 ou 3 coupes, soit à peu près 80 quintaux; mais les frais sont beaucoup moindres, et le sol ne se fatigue pas. On a aussi essayé avec un plein succès de la culture et de l'ensilage du maïs; le rendement est de 600 quintaux à l'hectare, et l'on a de cette manière d'excellents approvisionnements, qui se conservent pendant toute l'année.

L'indigène soigne peu et mal ses bêtes; il se borne à faire le guet pour qu'on ne les lui vole pas. De leur construire des abris, de surveiller leur alimentation, de leur préparer des réserves, il n'en a cure. Au printemps, quand l'herbe est abondante, les animaux pâturent à leur guise; alors sévit la *meurara*, la mort par indigestion; viennent les mois de l'été, si l'année a été sèche, l'herbe et l'eau se font rares, les malheureux troupeaux courent de la source au pâturage et du pâturage à la source, beaucoup périssent de faim, de soif ou d'épuisement. La nourriture, maigre et échauffante en été, devient froide et aqueuse en hiver; dans les plateaux et les parties élevées du Tell, les rigueurs de la saison déterminent une mortalité considérable. La reproduction est livrée au hasard, il en résulte des portées malencontreuses aux époques de l'année les plus défavorables; les races dégénèrent et s'abâtardissent. Jusqu'à présent, la plupart des colons se sont bornés à acheter des animaux et à les engraisser pour les revendre; ils sont plus soigneux que les Arabes, bien que leurs procédés et leur installation laissent encore à désirer. Des hangars ouverts tiennent lieu d'étables, l'alimentation n'est pas toujours régulière ni substantielle; les eaux sont souvent mauvaises. On trouve à peine quelques éleveurs sérieux qui soumettent leurs bêtes à un régime mieux entendu, surveillent la reproduction et se préoccupent d'améliorer les races par le croisement ou la sélection. Leur nombre augmentera quand tous les villages auront leurs communaux et quand les cultures fourragères auront pris une plus grande extension.

Le cheval du pays est le barbe, sobre, résistant, docile, plein de feu et d'élan, monture excellente, mais trop petit, trop faible pour l'attelage et le travail. En 1867, on comptait 203 681 chevaux; en 1872, après la famine et la guerre, ils n'étaient plus que 127 946; en 1886, la statistique officielle en trouve 174 563 ; sur ce nombre, 139 821 appartiennent à des indigènes, 34 742 à des Européens. Les Arabes ont besoin de vastes espaces pour l'élevage du cheval; dans le Tell, ils paraissent y renoncer. D'ailleurs la race est en décadence; elle s'affaiblit visiblement; on a essayé pour lui donner plus de corps et de vigueur de la croiser avec des animaux de gros trait; mais ces tentatives, désapprouvées par les hommes compétents, n'ont pas produit de bons résultats. Les percherons importés en Algérie subissent l'influence du changement de milieu et de climat; les métis manquent de vigueur et d'élégance : à la deuxième génération, on a de nouveau des barbes, mais des barbes abâtardis. Le seul cheval étranger qu'on pourrait introduire avec succès, c'est le pur sang anglais, qui, étant lui-même d'origine arabe, se croiserait facilement avec son congénère. Il y a mieux à espérer de la sélection; le barbe, dès qu'on le soigne et qu'on le nourrit, se remonte vite. La création d'un stud-book ou registre matricule pour l'inscription des chevaux de race barbe pure a été décidée en 1886; on en attend d'excellents résultats pour la conservation et même pour le relèvement de la race [1]. Il faudrait aussi user avec discrétion des achats de remonte qui enlèvent les plus beaux individus et écrèment ainsi l'espèce; la remonte d'Algérie fournit des chevaux non seulement à l'armée d'Afrique, mais encore à une division de France. De 1872 à 1884 elle a acheté 24 463 chevaux, soit une moyenne de 2038 par an.

Dans les parties montagneuses, on emploie peu le cheval; le mulet est préféré comme monture ou comme bête de somme; on l'attelle pour les labours. Il est vigoureux, solide d'allure, avec une sûreté de pied incomparable. Les mulets ont diminué dans la période de 1867 à 1872. De 157 024, leur nombre est descendu à 129 209; il s'est légèrement relevé depuis, avec quelques oscillations, jusqu'à 141 301 en 1886; les indigènes en ont 119 849, les Européens 12 452. A côté du mulet, l'âne rend de très grands services; il n'existe pas de porteur de fardeau plus endurant et plus sobre que le modeste bourricot. Les indigènes possèdent 271 728 ânes, les Européens seulement 13 223.

On évaluait en 1887 le nombre des chameaux à 275 803. Bien que la réputation de cet animal ait été surfaite, on ne peut nier son utilité. Les gens du sud s'en passeraient difficilement : ils se nourrissent de sa chair et de son lait, font avec son poil des burnous et des tentes, le chargent de leurs provisions et de leurs marchandises, le montent dans leurs grandes courses à travers le désert. On distingue le dromadaire simple et le mehari. Il existe entre

1. Le nombre des animaux de race barbe pure du département d'Alger, inscrits au stud-book algérien par la commission spéciale en 1886, ne dépasse pas 182; 84 appartiennent à l'État, 98 à des particuliers.

eux « la même différence qu'entre un cheval de la Camargue et un carrossier du Mecklembourg ». Le dromadaire porte des charges de 200 à 300 kilogrammes; il peut faire de 12 à 15 lieués par jour; le mehari, plus grand, plus fort, avec des membres vigoureusement musclés, accomplit en un jour des étapes de 24 lieues. Les meharis de choix parcourent jusqu'à 48 lieues.

L'espèce bovine a été, comme toutes les autres, cruellement éprouvée antérieurement à 1872. En 1856, elle comptait 1 300 000 têtes, 1 114 000 en 1867, 815 868 en 1872. Les relevés de 1886 indiquent un chiffre d'environ 1 200 000; 136 000 appartiennent à des Européens. Il existe en Algérie trois variétés assez différentes de forme et d'aptitude. Le bœuf de Guelma, le plus estimé de tous, est de couleur fauve ou gris clair; sa taille est peu élevée : elle va de 1 m. 25 à 1 m. 35; mais la structure du corps est régulière. Il est bon travailleur, avec plus d'entrain cependant que de fond; il s'engraisse facilement et donne d'assez bonnes laitières. Le bœuf kabyle a la robe claire; il ne dépasse guère 1 m. 20 ; il est bas sur jambes, trapu, avec des membres courts et solides. Le bœuf d'Oran, généralement rouge ou noir, est plus grand, mais ses formes sont mal proportionnées, son arrière-train peu développé. Il est très sensible aux intempéries, travaille peu, s'engraisse mal. En somme, la race algérienne, telle qu'elle existe actuellement, donne d'assez médiocres produits, soit pour la culture, soit pour la boucherie [1]. Il ne faut guère songer à importer des races étrangères ; les prix de revient seraient trop élevés, sans parler des difficultés de l'acclimatement. On ne peut compter sur les croisements pour créer des races nouvelles; mais, à défaut de reproducteurs, ils peuvent fournir des sujets excellents pour le lait, la viande ou le travail. Dans les environs d'Oran, on fait venir des taureaux espagnols; près de Sétif, en employant des tau-

1. Voy. Bonzom, *Traité de Zootechnie algérienne.*

reaux de Schwytz et de Fribourg, on obtient des produits qui pèsent de 300 à 600 kilogrammes et des vaches qui donnent jusqu'à 20 litres de lait par jour. A l'Oued-el-Alleug, M. Arlès-Dufour a croisé des guelma avec des charollais; les métis arrivent à 609 kilogrammes à vingt-six mois. Mais la véritable méthode à employer pour relever la race indigène, c'est encore la sélection. Il faut opérer la castration des veaux reconnus impropres à la reproduction, surveiller les accouplements, donner aux jeunes animaux des soins et une bonne nourriture. On ne parviendra pas ainsi à faire des bœufs anglais, mais on aura des bestiaux plus robustes, plus riches en viande et en lait que ne le sont aujourd'hui les bœufs algériens.

Les moutons étaient en 1886 au nombre de 9 357 774, dont 9 036 044 à des indigènes. Les grands troupeaux se rencontrent surtout dans les terrains de parcours des steppes et du Sahara; les nomades, dont ils constituent la principale richesse, les appellent *el metmir rahala*, les silos ambulants. C'est du reste une richesse assez instable, qui se développe pendant la belle saison, qui diminue avec une rapidité effrayante pendant les sécheresses ou les grands froids. Les Arabes ont pris l'habitude de vendre dans les moments les plus critiques ce qu'ils redoutent de ne pouvoir conserver. Tous les ans, pendant les mois d'été, de longues files de moutons, soulevant autour d'eux des tourbillons de poussière, s'acheminent vers les ports d'embarquement. En 1886, on avait exporté 578 835 moutons, d'une valeur officielle de 24 889 000 francs ; les laines expédiées durant la même année s'élevaient à un poids de 4 millions de kilogrammes et à une valeur de 7 250 000 fr. La race ovine algérienne n'est pas en grand progrès pour le nombre, encore moins pour la qualité. Elle compte seulement un demi-million de têtes de plus qu'en 1879; encore s'est-elle relevée depuis 1882, où son effectif, après une série d'années mauvaises, était descendu à 5 142 221. Le mouton algérien proprement dit et le *barbarin*, qu'on trouve dans l'est, vers l'Aurès et la Tunisie, laissent fort à désirer, le premier pour la laine, lisse, longue, sèche et grossière, le deuxième pour la viande, qui est dure et sans saveur. La moyenne du rendement est à deux ans de 18 à 22 kil. viande nette, valant 1 fr. 40 à 1 fr. 60 le kil., et de 1 kil. 500 de laine, valant 1 fr. 50, soit au total une valeur de 22 à 26 francs. Or le mérinos donne de 30 à 35 kil. en viande et suif et 1200 à 1400 grammes de laine fine, valant de 2 fr. 80 à 3 fr. 50 le kil. L'infériorité du mouton algérien et son effroyable mortalité (près de 2 millions en 1880) tiennent au mode d'élevage, qui ne lui donne qu'une alimentation insaluble, en été le chaume sec et brûlant, en hiver les herbages aqueux et glacés, qui l'expose sans abri aux intempéries et lui fait courir toutes les aventures périlleuses de la vie nomade. Il faudrait relever la race par des croisements, et pour cela créer plusieurs bergeries modèles dans le genre de celle de Moudjebeur, en portant à un effectif raisonnable le troupeau améliorateur entretenu par l'État. Il faudrait surveiller de près l'élevage indigène et employer pour le décider à s'améliorer l'action administrative, si puissante sur les Arabes. Enfin il serait à désirer que l'élevage du mouton s'introduisît dans le Tell, où il n'existe encore qu'à l'état d'exception, et fût pratiqué par les Européens dans les conditions les plus rationnelles, c'est-à-dire avec des abris et des approvisionnements de fourrages. M. Bonzom estime à trente ou quarante millions le nombre de sujets que le Tell pourrait nourrir.

Les chèvres se chiffraient en 1886 par 4 666 119 ; elles vivent facilement et partout, mieux encore dans les parties montagneuses et escarpées que dans les régions plus accessibles ; leur dent meurtrière est l'ennemie des forêts, tous les incendies n'ont pas fait autant de dégâts. On distingue la chèvre kabyle, petite et médiocre laitière, la chèvre arabe proprement dite, et enfin la chèvre maltaise, qui donne beaucoup de lait : celles des environs d'Alger fournissent 3 à 4 litres par jour. L'élevage du porc n'est guère pratiqué par les indigènes, le Coran leur interdisant la chair de cet animal. Il est incontestable que cette viande, inférieure même dans les pays du Nord à celle du mouton ou du bœuf, est médiocrement saine en Algérie. Mais l'entretien des porcs est facile et peu coûteux; on en comptait, en 1886, 86 602, appartenant presque tous à des Européens. Les animaux de basse-cour sont élevés dans toutes les fermes ou maisons rurales pour l'alimentation; les Arabes font sur les marchés des villes un commerce assez important de poules et d'œufs. La douceur du climat, l'abondance des plantes aromatiques favorisent l'apiculture. Les abeilles sont plus dociles qu'en France; lorsque les Kabyles veulent arrêter un essaim, ils se contentent de siffler et de jeter de la poussière en criant: « Pose-toi, roi; les autres se poseront! » La plupart des apiculteurs sont des indigènes; cependant les Européens s'adonnent aussi à cette industrie fructueuse, dont le rapport est calculé à 30 0/0.

En résumé, les Européens possédaient à la fin de 1886 687 251 têtes de gros et de menu bétail, les indigènes 15 498 019. L'avoir des Européens, de 242 643 en 1862, de 346 166 en 1867, de 392 975 en 1872, de 443 930 en 1876, de 528 496 en 1879, n'a pas cessé de s'accroître, même dans les plus mauvais jours. Celui des indigènes, après avoir subi de fortes pertes pendant la période de 1867-1872 et pendant la période 1880-1883, commence à se reconstituer. Les Arabes ont aujourd'hui plus de bétail qu'en 1867 et qu'en 1879. Assurément l'Algérie, avec ses 16 millions de bestiaux, ne peut se comparer aux pays de grand élevage, comme l'Australie, les États-Unis, la Plata. L'Australie a 75 millions de moutons; les États-Unis, 36 millions de bœufs, 50 millions de moutons, 45 millions de porcs; la Plata, 18 millions de bœufs et 75 millions de moutons. Mais il est certain que notre colonie ne donne point là tout ce qu'elle est capable de produire. Elle peut et doit améliorer la qualité, augmenter l'effectif de ses bêtes de somme et de ses bêtes à cornes. Elle est à même de développer dans des proportions considérables ses races lainières. Que les cultures fourragères se propagent dans le Tell, que les pâturages des Hauts-Plateaux soient reconstitués, que les Européens s'adonnent plus qu'ils ne l'ont fait jusqu'à présent à l'élevage et fassent par l'exemple l'éducation des indigènes, il n'en faut pas davantage pour qu'en peu d'années l'Algérie arrive à posséder une véritable richesse animale, dont elle tirerait parti bien plus facilement que les pays concurrents, grâce à l'extrême proximité des marchés européens.

CHAPITRE IV

L'INDUSTRIE

Jusqu'à présent, l'Algérie a été un pays essentiellement agricole; l'industrie proprement dite n'y occupe qu'une place secondaire [1]. En général, les indigènes pourvoient eux-mêmes à leurs besoins : ils tissent leurs tentes, bâtissent leurs gourbis, fabriquent leurs vêtements et leurs armes. Dans les villes, les Maures et les Juifs forment quelques corporations de cordonniers, de tisseurs, de brodeurs; on peut rechercher à titre de curiosités leurs tapis, leurs haïcks, leurs maroquineries, leurs bijoux; mais tout ce qu'ils produisent ne suffit pas à alimenter un commerce important.

Les Européens, dès qu'ils se sont fixés dans le pays, ont été obligés de se livrer aux différents métiers dont la civilisation la plus élémentaire réclame le concours; les diverses industries du bâtiment se sont installées; maintenant celles de l'ameublement commencent à se développer. L'exploitation des produits naturels sollicite une main-d'œuvre d'ailleurs facile et relativement lucrative. L'écorçage du chêne-liège, la fabrication des bouchons, la récolte des halfas, la cueillette du palmier nain, qu'on transforme en crin végétal, occupent un assez grand nombre de bras. Dans les territoires colonisés, des minoteries existent sur presque tous les cours d'eau; les farines algériennes sont

1. L'*Exposé de la situation de l'Algérie* pour 1887 indique comme existant, au 31 décembre 1886, un chiffre de 17 602 établissements industriels, occupant 51 671 ouvriers.

très demandées sur les marchés de la métropole ; pour la seule année 1886, l'exportation était de 51 626 quintaux, représentant une valeur officielle de 1 673 356 francs. Le blé, dur, riche en gluten, fournit d'excellentes semoules et des pâtes alimentaires estimées. Les moulins à huile fonctionnent aussi, surtout dans les régions qui avoisinent la Kabylie. Sur le littoral, il s'est créé des ateliers pour la fabrication des conserves à l'huile et la préparation des conserves de poisson. L'abondance et le bon marché des huiles, l'état florissant des pêcheries, ont d'abord favorisé cette industrie, mais depuis quelques années elle a perdu beaucoup de son importance ; l'exportation de poisson salé ou préparé à l'huile, qui dépassait en 1876 5 millions de kilogrammes, était descendue en 1883 à 3 250 000. Quant à la pêche du poisson, elle occupait en 1884 1009 bateaux, 4124 hommes et produisait 7 254 601 kilogrammes de poisson, d'une valeur de 3 537 510 francs, soit un prix moyen de 0 fr. 48 le kilogramme. La même année, la pêche du corail était faite par 52 bateaux et 340 hommes ; elle donnait 5363 kilogrammes de corail, d'une valeur de 219880 francs, ce qui fait ressortir à 41 francs le prix moyen du kilogramme. La plupart des pêcheurs de corail ou de poisson appartiennent à des nationalités étrangères ; on trouve cependant parmi eux quelques indigènes mêlés aux Italiens et aux Maltais. C'est dans le Sahel d'Alger, à Chéragas, que l'on a essayé d'abord de la disitllation des plantes odoriférantes ; l'exemple a été suivi dans les trois provinces, mais celle d'Alger a gardé le premier rang ; en 1876, elle exportait à elle seule 19 066 kilogrammes d'essences de toute espèce. L'établissement le plus considérable est celui de Boufarik, dont la fondation date de 1857 ; on y cultive surtout le géranium, dont l'odeur après distillation rappelle celle de l'essence de rose ; on y prépare aussi la précieuse essence de néroly et l'eau de fleur d'oranger. En 1881, la production était de 3000 kilogrammes d'essence de géranium à 75 francs le kilogramme, de 50 kilogrammes d'essence de néroly à 500 francs, et d'environ 50 000 litres d'eau de fleur d'oranger.

La rapide décadence des cotons, les difficultés pratiques que rencontre la fabrication du lin ou du chanvre, se sont opposées au développement des industries textiles. Longtemps encore, la grande ressource industrielle sera dans les carrières et les mines. La terre à poterie, la pouzzolane, les calcaires hydrauliques se trouvent en abondance, le gypse apparaît partout. On exploite des gîtes de plâtre dans la vallée de la Tafna, vers l'Arba aux environs d'Alger et autour des villes de Guelma, de Duvivier et de Souk-Arrhas. Dans la province de Constantine, les massifs éruptifs du littoral donnent des pavés et des granits gris; dans celles d'Alger et d'Oran, on extrait des pierres de taille, de gros blocs, des moellons. Près de Philippeville, le Filfila a des carrières de marbre; près de Cherchell, le Chenoua a des marbres brèches très abondants et très beaux; dans l'ouest, il existe des marbres ordinaires, des serpentines et surtout des onyx translucides qui se prêtent au travail artistique. Il s'en faut que toutes les carrières soient exploitées, mais on peut prévoir le temps où l'Algérie tirera de son sol ses matériaux de construction et en aura de reste pour la vente au dehors. Elle exportait en 1886 636 000 kilogrammes de marbres en blocs ou en tranches.

Les richesses métalliques sont considérables. Dans la province de Constantine, les roches éruptives et cristallophylliennes qui avoisinent le littoral sont semées de gîtes et veinées de filons. Kef-Oum-Teboul donne du cuivre et du plomb argentifère, Hamimate de l'antimoine, Hammam Nbaïls du zinc, Aïn-Barbar du cuivre, Cavallo du plomb et du cuivre. Le cuivre existe dans la province d'Alger à l'Oued Allela, au cap Ténès, à Mouzaïa. Le plomb mêlé au cuivre se rencontre à l'entrée de la Kabylie, dans l'Ouarensenis, dans le Filhausen; le plomb mêlé au zinc, à Sakamody, Guerrouma, R'Arbou; le plomb isolé, à l'Oued Arbatach, au Zaccar; le plomb argentifère, à Gar-Rouban. Le fer se trouve en grande quantité et sous toutes les formes, fer magnétique manganésifère dans le massif de Bône, oligistes au Filfila, au Djebel Anini et autour de Bougie, hématites au centre et à l'ouest, dans les gîtes de Sadouna, de Messelmoun, de Gouraya, de Souma, dans le Djebel Orousse et la région métallifère du Rio-Salado. Les bons minerais algériens, ceux d'Aïn-Mokra ou de Beni-Saf, sont très appréciés; ils rendent à la fonte de 62 à 65 pour 100. Les minerais de Gar-Rouban donnent 65 pour 100 de plomb et environ 90 grammes d'argent par 100 kilogrammes.

Les mines de l'Algérie ont été certainement mises à contribution dans l'antiquité par les Romains et avant eux par les Carthaginois et les Phéniciens; mais l'exploitation, qui d'ailleurs n'a jamais été générale, a chômé depuis le commencement du moyen âge; c'est donc une richesse presque intacte dont il s'agit de profiter. Actuellement, la plupart des gîtes sont soupçonnés plutôt qu'explorés; parmi ceux qu'on a reconnus, un grand nombre ne sont encore ni concédés ni exploités. La difficulté d'accès, l'insuffisance de la viabilité, la main-d'œuvre trop coûteuse, ont longtemps empêché l'essor de l'industrie minière. Cependant elle fonctionne activement sur plusieurs points à Kef-Oum-Teboul, à Aïn-Barbar, à Hammam-Nbaïls dans la province de l'est, à Guerrouma, R'Arbou, Sakamody dans celle du centre. La Compagnie de Mokta-el-Hadid possède les deux exploitations les plus importantes : dans le département de Constantine, les mines de fer d'Aïn-Mokra et des Karézas; dans celui d'Oran, les mines de fer de Camerata et les minières de Beni-Saf. Un chemin de fer industriel de 32 kilomètres, construit par la Compagnie, amène directement dans le port de Bône les minerais d'Aïn-Mokra et des Karézas. A Beni-Saf on a créé une ville, des usines, des railways et un port qui peut recevoir des navires de 2000 tonneaux. En 1886 la seule mine d'Aïn-Mokra occupait 336 ouvriers et donnait 121 000 tonnes de minerai, les minières de Beni-Saf occupaient 848 ouvriers et produisaient 282 000 tonnes.

En 1886, pour toute l'Algérie, on comptait, sans parler des minières de fer de Beni-Saf, 44 mines concédées. Sur ce nombre, 10 seulement avaient été exploitées, à savoir 7 dans le département de Constantine, 2 dans celui d'Alger, 1 dans celui d'Oran. Le personnel employé aux travaux était de 2200 ouvriers, la production d'environ 450 000 tonnes, fournies surtout par les groupes d'Aïn-Mokra et de Beni-Saf. Le minerai de fer pris sur le carreau de la mine se vendait 7 fr. 71 la tonne à Aïn-Mokra, 8 fr. 214 aux Kharezas, 6 fr. 95 à Camerata; le minerai de cuivre 62 francs à Aïn-Barbar, le minerai de zinc et plomb 62 fr. 50 à Sakamody. Pendant l'année 1886, l'exportation des minerais expédiés en France, en Belgique, en Angleterre et même aux États-Unis se chiffrait par 3 014 329 quintaux pour le fer, 33 223 pour le cuivre, 193 316 pour le plomb, représentant une valeur officielle d'environ 10 millions. De 1872 à 1885, l'Algérie a exporté 63 293 044 quintaux de minerai de fer.

Certains minerais ne peuvent être utilisés que si on les traite sur place, par exemple ceux dont la teneur est trop faible pour qu'ils supportent l'exportation ou ceux qui sont situés à une grande distance du littoral. Par malheur, l'Algérie est dépourvue de combustibles minéraux; des imprégnations bitumineuses dans le Ferdjioua, des sources de pétrole peu abondantes dans le Dahra, des gîtes d'anthracite médiocre, quelques indices de lignites tertiaires et quaternaires, voilà tout ce qu'on a pu découvrir jusqu'à présent, et il n'y a guère à espérer de trouver mieux; auss n'a-t-on pas encore réussi à installer des hauts fourneaux; la tentative faite à l'Alélik par la compagnie de Mokta-el-Hadid a été presque aussitôt abandonnée. Cependant la situation tend à se modifier d'une manière avantageuse. Avant qu'il soit longtemps, le développement des chemins de fer permettra d'exécuter même dans l'intérieur des transports à bon marché. Dans ces dernières années, l'Algérie exportait des marchandises beaucoup plus lourdes que celles qu'elle importait. En 1884, l'écart était de près de 600 000 tonnes. Pour équilibrer les frets, les navires se sont trouvés obligés de prendre à l'aller des chargements pesants et volumineux. La houille est la marchandise encombrante par excellence, aussi son importation s'est-elle soudainement développée; de 668 900 quintaux en 1878, elle est arrivée en 1879 à 1 028 539; depuis lors elle n'a guère été au-dessous de ce chiffre, qu'elle a même dépassé dans les dernières années; en 1884 elle s'élevait à 1 324 210 quintaux, en 1885 à 1 507 674, en 1886 à 1 157 782. Il est permis de croire que le moment est proche où les industries métallurgiques pourront s'établir avec la certitude du succès.

L'introduction en Algérie de la grande industrie, tout en modifiant de la manière la plus heureuse les conditions économiques où se trouve ce pays, entraînera d'autres conséquences qu'il est facile de prévoir. Les capitaux, sollicités par un puissant appel, afflueront dans la colonie, toutes les forces seront utilisées, toutes les richesses latentes seront mises en valeur, la prospérité générale se développera avec une incroyable énergie. Alors l'aisance se répandra dans toutes les classes de la population; la société indigène, brisant ses cadres, se mobilisera, se mêlera à la vie active des Européens. Elle fournira des manœuvres et des ouvriers, plus tard des contremaîtres et des chefs d'atelier, plus tard encore des ingénieurs et des industriels. Pendant ce temps, chaque fabrique, chaque usine, chaque chantier deviendra un terrain de rapprochement; le contact quotidien, effaçant les différences, usant les préjugés, unifiant les mœurs, les sentiments et les idées, contribuera plus que toutes les mesures politiques à la fusion des races. L'assimilation des indigènes ne sera plus une utopie.

CHAPITRE V

LE COMMERCE

La diversité des productions que donnent les différentes régions de l'Algérie a toujours déterminé dans l'intérieur du pays un mouvement d'échange assez important. De temps immémorial, le Tell a vu arriver les caravanes des nomades, apportant à dos de chameau leurs dattes, leurs haïcks, leurs tapis, leurs plumes d'autruche, ramenant en échange des céréales, des produits fabriqués, des armes, des munitions. A ce va-et-vient régulier s'ajoutaient les courses des colporteurs juifs ou kabyles, des Mozabites, intermédiaires actifs et négociants résolus. Dans les tribus se tenaient régulièrement des marchés, des *Souks*, dont quelques-uns très fréquentés; chacun avait son jour : il y avait le marché du dimanche, *Souk-el-Hâd;* le marché du mercredi, *Souk-el-Arba;* le marché du vendredi, *Souk-el-Djema*. Plusieurs localités ne sont pas désignées par d'autres noms. En pays kabyle, le jour où se tenait le marché, les guerres et les inimitiés faisaient trêve. Maintenant les villes françaises ont aussi leur marché hebdomadaire; celui qui se tient à Boufarik le lundi est un des plus considérables. Cela n'empêche pas que les Souks subsistent, les colons et les commerçants européens s'y rencontrent avec les indigènes. Les caravanes vont et viennent comme par le passé du sud au nord et du nord au sud; en pays arabe, les colporteurs continuent leur négoce ambulant, le commis voyageur ne leur fait pas encore concurrence et ne tente guère d'affaires en dehors des villes. Il est bien malaisé d'évaluer ce mouvement du commerce intérieur, mais on peut affirmer qu'il s'est accru dans de fortes proportions depuis la conquête. Il ira en se développant à mesure que la production augmentera, que les industries se multiplieront et qu'avec les ressources grandiront les besoins.

Le commerce extérieur de l'Algérie a été soumis jusqu'à ces dernières années à une législation spéciale. Au début, des droits étaient perçus à l'entrée et à la sortie, les produits algériens payaient encore en arrivant dans la métropole. La France et l'Algérie étaient l'une pour l'autre à l'état « d'étrangers effectifs ». En 1835, une franchise absolue fut établie à l'importation pour les produits français et pour ceux des produits étrangers qui n'avaient pas leurs similaires en France ou qui étaient jugés indispensables; à l'exportation, les marchandises destinées à la métropole sortaient librement, celles qui allaient à l'étranger payaient selon le tarif français. L'ordonnance de 1843 maintint à l'importation l'exemption de droits pour les produits français et l'étendit à tous les articles destinés à l'alimentation, à l'agriculture et aux constructions, quelle que fût leur provenance. Les produits algériens obtinrent un traitement de faveur à l'entrée en France. La loi de 1851 et celle de 1867 établirent l'union douanière entre la France et sa colonie. Sous ce régime, l'Algérie exportait en franchise ses produits naturels ou fabriqués, à l'exception de quelques articles (chiffons autres que ceux de laine, drilles, cordages, cartons de simple moulage ou pâte à papier). Sauf les tabacs, tous étaient admis en France sans avoir à acquitter aucun droit. A l'importation, les provenances françaises, les sucres exceptés, avaient la libre entrée. Les marchandises étrangères étaient divisées en trois séries : les unes (morues, tissus, bâtiments de mer et embarcations, effets à usage, boissons distillées et fermentées) étaient tarifées comme dans la métropole; d'autres (métaux, produits chimiques, poterie, verrerie, papier, armes de commerce, machines, outils, ouvrages en métaux) ne payaient qu'un tiers des droits exigés en France; les machines, outils, etc., destinés à l'agriculture obtenaient même pleine franchise; une troisième catégorie de produits (café, poivre, piment, girofle, cannelle, vanille, muscade, tabacs) était soumise à un tarif spécial. En facilitant l'importation de matières premières telles que les métaux et les produits chimiques, celle des machines, outils, ouvrages en métaux, ce régime a contribué pour une grande part au développement de la colonie. Mais il excitait les vives réclamations de certaines industries françaises, notamment de l'industrie métallurgique, qui le dénonçaient comme favorable à la concurrence étrangère. Il a été aboli par la loi de finances du 29 décembre 1884 (article 10), qui établit d'une façon à peu près complète l'assimilation douanière. A l'exception de quelques articles réservés pour être soumis à la taxe spéciale de l'octroi de mer, tous les produits étrangers importés en Algérie sont soumis aux mêmes droits que s'ils étaient importés en France [1].

L'octroi de mer est particulier à l'Algérie. Jusqu'en 1884 c'était une taxe municipale, perçue dans les ports et sur les frontières de terre pour le service des douanes et dont le produit, sauf un prélèvement de 5 pour 100 retenu pour frais de perception, était dans chaque département réparti entre les communes. Comme il constituait pour celles-ci une importante ressource, la tendance naturelle des corps élus de la colonie était de demander l'élévation des droits et leur application à un plus grand nombre d'articles. C'est ainsi que les tarifs établis en 1880 atteignaient non plus seulement les denrées, mais des objets tels que les faïences et porcelaines, les matériaux de construction, les bois, les fers et fontes. On proposait même d'y ajouter les

1. Il existe quelques prohibitions, mais elles n'ont qu'un caractère politique, comme celle des poudres et des armes de guerre, ou elles sont transitoires, comme celle des ceps et feuilles de vigne, des fruits et légumes frais provenant de pays phylloxérés.

tissus; quelques-uns, méconnaissant la nature même de l'octroi de mer, voulaient qu'on se servît de ses tarifs pour protéger l'industrie locale. C'eût été s'exposer aux réclamations des puissances étrangères et redoubler les plaintes déjà très vives du commerce français. Pour couper court à ces difficultés, un décret du 26 décembre 1884 a entièrement remanié l'octroi de mer. Les nouveaux tarifs ne s'appliquent plus qu'à un petit nombre d'articles qui sont pour la plupart des denrées coloniales n'ayant leurs similaires ni en France ni en Algérie. Ils frappent en outre les alcools et les bières, mais par compensation la production locale de ces deux derniers articles est soumise à une taxe égale (45 francs pour l'hectolitre d'alcool, 5 francs pour l'hectolitre de bière). Une disposition transitoire, qui a pris fin au 1er janvier 1887, admettait les alcools fabriqués en Algérie à ne payer que demi droit. Le mode de répartition a été aussi changé. Autrefois les produits totalisés par département étaient distribués aux communes au prorata de leur population, les habitants européens comptant chacun pour une unité, les Israélites et les Musulmans pour un huitième dans les communes de plein exercice, pour un quarantième dans les communes mixtes. Les Israélites sont maintenant décomptés comme les Français et les étrangers. Quant aux musulmans, un décret récent (27 juin 1887) prescrit de les compter pour un septième d'unité dans les communes de plein exercice, pour un vingt-huitième dans les communes mixtes. Le même décret assujettit les bouilleurs de cru à la taxe intérieure sur les alcools et dispose que les produits perçus seront totalisés pour toute l'Algérie et ensuite répartis entre les communes. Le produit de l'octroi de mer (y compris les taxes intérieures) a été en 1886 d'un peu plus de 6 millions [1].

1. L'exécution de la partie de ce décret qui décide de totaliser pour toute l'Algérie, et non plus par département, les produits de l'octroi de mer, a été provisoirement suspendue.

Les prohibitions qui avaient d'abord fermé l'Algérie aux produits du Maroc et de la Tunisie furent levées en 1853; la même année, on organisait sur les frontières de ces deux États un service de douanes. A partir de 1860, on reçut en franchise les produits naturels ou fabriqués originaires du Sahara et du Soudan. Ces mesures n'ont pas donné les résultats qu'on en attendait. Le commerce de terre est demeuré insignifiant. Au reste, il est douteux que les transactions avec le sud aient jamais eu l'importance qu'on a bien voulu leur attribuer. Si l'on veut trouver un vrai centre de production et de consommation, il faut aller jusqu'au Soudan; or, dans l'état actuel, la traversée du Sahara est un obstacle trop sérieux pour que de grands courants de circulation se puissent établir. Le commerce de caravanes qui se fait à l'ouest par Figuig et le Touât, à l'est par Ghadamès et Ghât, ne représente qu'un transit assez faible et consiste surtout dans la traite des noirs. L'achèvement du réseau algérien, la construction de lignes pénétrantes poussées vers le sud modifieront peut-être cette situation en exerçant un appel énergique. C'est pareillement de la création d'une voie ferrée projetée entre Tlemcen et la frontière de l'ouest, qu'il faut attendre le développement de nos relations par la route de terre avec le Maroc. La conquête de la Tunisie et l'achèvement du chemin de fer de la Medjerda ont accru l'importance des transactions entre l'Algérie et sa voisine de l'est. Mais il est bien évident que deux pays qui se ressemblent autant, où les conditions climatériques, les productions et les besoins sont presque les mêmes, n'ont pas grand'chose à échanger. Le chiffre relativement élevé des entrées par Ghardimaou tient à une cause tout accidentelle : l'existence des droits d'exportation qui frappent à l'embarquement les marchandises tunisiennes. Dès que ces droits, dont la suppression est réclamée avec raison, auront disparu, les négociants de la régence feront leurs expéditions par les voies les plus directes, et l'Algérie perdra le bénéfice de ce transit, dont profitent actuellement ses chemins de fer et ses ports.

Jusqu'à aujourd'hui c'est par la voie maritime que s'est presque fait exclusivement le commerce extérieur de l'Algérie. Depuis 1830, ce commerce a progressé d'une manière à peu près continue. Il était

En 1831 de..........................	7 983 600 fr.
En 1840 de..........................	61 123 571
En 1850 de..........................	82 961 165
En 1860 de..........................	157 243 435
En 1870 de..........................	297 146 962
En 1875 de..........................	336 290 848
En 1880 de..........................	472 269 777
En 1881 de..........................	485 837 263
En 1882 de..........................	561 961 993
En 1883 de..........................	464 554 408
En 1884 de..........................	465 708 780
En 1885 de..........................	433 327 571
En 1886 de..........................	418 567 014

Les chiffres des dernières années semblent indiquer un recul, mais il n'est qu'apparent. Depuis 1885, les douanes algériennes opèrent leurs évaluations d'après les taux annuellement fixés par la commission permanente des valeurs siégeant au ministère des finances. Auparavant, elles établissaient leurs calculs d'après des tarifs particuliers remontant à 1826, ce qui donnait lieu entre les statistiques françaises et algériennes à des écarts souvent considérables. C'est ainsi que pour l'année 1882, au lieu du chiffre de 561 961 993 francs cité plus haut, le *Tableau général des douanes* de France n'indiquait pour le commerce de l'Algérie qu'une valeur de 403 080 000 francs. Si l'on rapproche de ce dernier chiffre ceux de 1885 et de 1886, on voit qu'ils accusent non une diminution, mais une légère augmentation.

Au début, le commerce extérieur de l'Algérie consistait d'une manière presque exclusive en importations. Les soldats de l'armée d'Afrique, les employés d'administration, quelques émigrants libres, formaient l'élément européen ; ils consommaient beaucoup et ne produisaient guère. En 1831, on importe pour 6 504 000 francs de marchandises, on exporte seulement pour 1 479600 francs ; c'est une proportion d'un cinquième. En 1840, au fort de la lutte contre Abd-el-Kader, l'exportation est presque nulle : elle représente environ la quinzième partie du mouvement total (3 788 834 francs sur 57 334 737). En 1851, lorsque les grandes guerres sont terminées, elle se relève au-dessus du cinquième, 19 792 791 sur 86 743 373. De 1851 à 1861, son importance relative varie du quart au tiers (47 785 982 sur 157 243 735 en 1860); elle représente les deux cinquièmes en 1870 (124 456 249 sur un total de 297 146 962); elle est des trois septièmes entre 1870 et 1876, des trois huitièmes de 1876 à 1880 (168 835 136 sur 472 269 277 en 1880). Les années 1881, 1882, 1883, où les importations ont monté à 342 millions, 411 millions, 320 millions contre des exportations de 143 millions, 150 millions, 144 millions, correspondent à une période de développement, pendant laquelle l'outillage économique s'est considérablement accru par l'extension des voies ferrées, par des constructions, des plantations nouvelles. Depuis 1884 on remarque un ralentissement des importations, qui tombent à 237 957 203 francs en 1885, à 222 167 562 francs en 1886; par contre, les exportations se relèvent jusqu'à 195 369 668 en 1885, 196 399 452 en 1886. Les dépenses d'installation qui ont été faites pendant les années précédentes commencent à donner leurs résultats, la production répond dans une plus large mesure aux demandes de la consommation locale et à celles du commerce d'exportation. L'équilibre tend à s'établir au moins pour quelque temps. Il est probable qu'il sera rompu encore plus d'une fois au profit des importations. Tous les pays jeunes passent par ces crises de croissance pendant lesquelles ils consomment beaucoup, mais pour produire ensuite davantage.

Nous reproduisons à la fin de ce chapitre le tableau des

exportations et importations par nature de marchandises, pour l'année 1886, tel qu'il est fourni par l'*Exposé de la situation générale de l'Algérie*. Les articles qui figurent pour les plus grandes quantités ou les valeurs les plus notables à l'importation sont les tissus, les effets à usage, la mercerie, les ouvrages en métaux et en bois, les houilles, des matières industrielles comme les peaux préparées et ouvrées, les fers, fontes et aciers, les bois, les matériaux divers, des produits alimentaires comme les cafés, les sucres, les fromages, les fruits secs, les huiles, les vins. Si l'on rapproche ce tableau de ceux des années précédentes, on remarque une diminution énorme sur les tissus, due sans doute au nouveau mode d'évaluation, des diminutions assez fortes sur les ouvrages en métaux, les fers, fontes et aciers, sur les farines. L'importation des houilles, qui avait été croissant en 1882, 1883, 1884 et 1885, redescend à peu près aux chiffres de 1883. Celle des vins, qui avait décru pendant la période antérieure jusqu'à 157 000 hectolitres en 1884, remonte en 1885 à 265 000 et en 1886 à 238 000.

A l'exportation on trouve surtout des produits agricoles : céréales, vins, fruits, légumes; des produits naturels : minerais, lièges, halfas, animaux sur pied, laines et peaux, poissons secs, salés ou fumés, tabacs, huiles, etc. Les céréales tiennent le premier rang, avec une valeur de plus de 60 millions; ce chiffre est un peu inférieur à celui de 1885, mais il est en grand progrès sur ceux des années précédentes. L'exportation des animaux sur pied représente une valeur de plus de 30 millions, dont 25 millions environ pour les moutons. Le commerce des vins vient immédiatement après. L'Algérie exportait en 1882 18 092 hectolitres; en 1883, 126 076; en 1884, 149 886; en 1885, 300 861 ; en 1886 , 493 684 hectolitres, d'une valeur officielle de 22 215 780 francs [1].

1. L'exportation des vins algériens à destination de la France a été évaluée à 686 000 hectolitres pour les onze premiers mois de 1887.

La meilleure partie des transactions se fait avec la France. Si l'on s'en rapporte aux statistiques algériennes, on trouve que pendant les années 1882, 1883, 1884 le mouvement total du commerce extérieur de l'Algérie (commerce général), importations et exportations réunies, a été de 1 491 212 000 francs, sur lesquels la part de la France n'est pas moindre de 1 milliard 146 millions, soit une proportion de 77 p. 100. A l'importation, pendant les mêmes années et suivant les mêmes évaluations, sur un chiffre de 1 milliard 22 millions, les marchandises françaises figurent pour 853 785 000 francs, soit une proportion de 85 p. 100; à l'exportation, sur 469 107 000 francs, les échanges avec la France montent à 292 884 000 francs, soit un peu plus de 60 p. 100. La moyenne annuelle des affaires entre la colonie et la métropole ressort au chiffre de 382 millions. En 1885, par suite d'un changement dans le mode d'évaluation, les chiffres sont moins élevés, mais les proportions sont à peu près les mêmes [1]. Sur 423 950 596 francs d'affaires (commerce général), l'Algérie en a fait pour 316 627 074 avec la France; sur 226 683 882 francs de marchandises importées, la France en a expédié pour 191 127 606 francs: sur 197 266 714 francs de marchandises exportées, la France en a reçu pour 125 499 468 francs. C'est une proportion d'environ 75 p. 100 pour l'ensemble, de 89 p. 100 sur les importations, de 63 p. 100 sur les exportations. Ces chiffres méritent d'être médités par les détracteurs de l'Algérie. On a fait remarquer avee raison que l'Angleterre est loin d'occuper une place aussi prépondérante dans le commerce de ses colonies les plus productives, l'Australie et l'Inde.

Les importations de la France en Algérie consistent

1. Les documents algériens n'ont pas encore publié les chiffres du commerce avec la France pour 1885. Nous prenons les chiffres du Tableau général des douanes, qui diffèrent un peu, pour le mouvement total et pour l'ensemble des importations et des exportations, de ceux que nous avons cités plus haut.

surtout en tissus (25 908 000 francs en 1885, commerce spécial), vins, ouvrages en peaux et en cuirs, outils et ouvrages en métaux, vêtements et lingeries, peaux préparées, etc. Les exportations de l'Algérie en France comprennent comme principaux articles les bestiaux, les grains et farines, les peaux brutes, les laines, etc.

L'Angleterre figure pour 10 p. 100 environ dans le commerce général de l'Algérie. Elle y importe des tissus (5 614 000 francs en 1885), des houilles, des machines; elle en tire des grains et farines (11 868 000 francs), des halfas, des minerais de fer et de plomb. Le total des importations était en 1885 de 11 716 000 fr.; celui des exportations s'élevait pour la même année à 32 237 000 fr. L'Espagne entretient un mouvement d'affaires presque aussi considérable : 9 204 000 francs à l'importation, 26 192 000 à l'exportation en 1885. Elle envoie surtout des vins et des huiles, elle achète des grains et des farines (15 092 000 francs), des bestiaux, des halfas. Viennent ensuite la Belgique (5 122 000 francs d'affaires en 1884), l'Italie (importations en 1883 2 139 000 francs, exportations 3 613 000), la Tunisie (importations en 1885 3 052 000, exportations 1 226 000) et les autres pays barbaresques, la Suède et la Norvège, les États-Unis, la Russie, les Pays-Bas, la Turquie, les colonies françaises, l'Autriche et l'Allemagne. Il faut remarquer la place qu'occupent malgré leur éloignement la Suède et la Norvège et les États-Unis; les pays scandinaves expédient à l'Algérie des bois; la république américaine lui achète des minerais. En somme, le mouvement total d'affaires entre l'Algérie et l'étranger ne dépasse guère une centaine de millions et les exportations y figurent par les deux tiers : en 1885, elles s'élèvent à 71 767 246 francs et les importations à 35 556 276 francs.

Marchandises importées en 1886.
(*Commerce général.*)

Désignation des marchandises.		Quantités.	Valeurs officielles.
Viandes salées	Kilogr.	945.154	1.275.957 fr.
Fromages de toute sorte	—	2.083.614	3.125.421 —
Graisses (saindoux)	—	1.319.298	1.187.368 —
Poissons de mer secs, salés	—	1.727.583	1.388.923 —
Farines de toute sorte	—	7.407.841	2.296.430 —
Riz en grains	—	2.621.093	1.310.546 —
Pommes de terre	—	11.436.879	1.028.419 —
Légumes secs et leurs farines	—	4.112.510	1.151.502 —
Fruits de table frais	—	31.298	6.212 —
Fruits de table secs ou tapés	—	3.004.045	2.308.001 —
Fruits de table oléagineux	—	412.959	177.100 —
Fruits de table confits	—	205.005	384.365 —
Sucre brut ou terré	—	1.346.065	588.757 —
— raffiné	—	12.738.586	5.882.104 —
Café	—	3.970.216	5.995.026 —
Poivre et piment	—	261.073	400.969 —
Tabac en feuilles	—	1.656.730	2.070.913 —
Huiles d'olive	—	2.106.919	2.647.488 —
— de graines grasses	—	3.821.286	2.572.644 —
Bois à construire bruts ou équar.	Stères.	57.128	1.084.630 —
Bois à construire sciés	Mèt. de long.	10.180.125	5.372.630 —
Safran	Kilogr.	1.730	121.952 —
Houblon	—	26.696	36.819 —
Matériaux de toute sorte	Valeur.	—	796.304 —
Houille	Quintaux.	1.157.782	1.736.907 —
Fontes, fers et aciers	Kilogr.	31.037.394	4.584.263 —
Savons autres que ceux de parf.	—	7.998.630	3.359.425 —
Acide stéarique ouvré	—	1.360.918	2.449.652 —
Tabac fabriqué	—	442.877	2.105.602 —
Boissons vins de toute sorte	Hectol.	238.349	13.853.059 —
Boissons eaux-de-vie et esprits	—	31.419	3.919.366 —
Poterie de terre grossière	Kilogr.	1.669.656	334.931 —
Faïence, porcelaine et grès commun	—	1.311.473	707.161 —
Verres et cristaux	Valeur.	—	1.481.070 —
Tissus de coton	—	—	35.299.848 —
Tissus de chanvre	—	—	5.854.865 —
Tissus de laine	—	—	13.351.023 —
Tissus de soie	—	—	2.108.015 —
Papier et carton	Kilogr.	3.465.905	3.126.873 —
Peaux préparées et ouvrées	Valeur.	—	14.177.969 —
Cordages et filets	Kilogr.	824.878	947.806 —
Machines et mécaniques	Valeur.	—	4.640.700 —
Ouvrages en métaux	—	—	7.112.202 —
Mercerie	—	—	4.065.477 —
Ouvrages en bois de toute sorte	—	—	1.764.113 —
Meubles	—	—	1.356.386 —
Effets à usage	—	—	10.684.014 —
Autres marchandises	—	—	39.916.355 —
Total			222.167.562 fr.

MARCHANDISES EXPORTÉES EN 1886.

(*Commerce général.*)

Désignation des marchandises.		Quantités.	Valeurs officielles.
Bêtes de somme	Nombre.	3.051	1.642.050 fr.
Bêtes bovines	—	17.108	7.438.915 —
Bêtes à laine	—	578.835	24.889.885 —
Peaux brutes de toute sorte	Kilogr.	1.368.178	4.423.116 —
Laines en masses	—	1.001.633	7.254.468 —
Soies de toute sorte	—	6.467	156.134 —
Cire non ouvrée	—	48.565	145.695 —
Graisses (suif brut)	—	295.362	214.368 —
Poissons de mer secs, salés ou fumés	—	3.714.243	4.244.203 —
Corail brut	—	8.641	661.036 —
Os, sabots et cornes de bétail	—	1.121.638	305.766 —
Céréales froment	Quintaux.	1.272.718	27.503.436 —
Céréales orge	—	1.058.855	17.735.821 —
Céréales avoine	—	317.507	5.953.256 —
Céréales farines de toute sorte	—	51.626	1.673.356 —
Pain et biscuit de mer	Kilogr.	2.736	959 —
Légumes secs et leurs farines	—	2.947.097	766.245 —
Fruits de table frais	—	4.824.784	1.176.283 —
— secs ou tapés	—	4.610.021	2.642.753 —
Tabac en feuilles ou en côtes	—	3.985.745	5.221.325 —
Huile d'olive	—	2.532.098	3.139.801 —
Liège brut	—	5.216.639	3.912.477 —
Joncs et roseaux (halfa)	—	80.947.649	9.632.442 —
Lin en graines	—	1.255.020	225.903 —
Coton en laine	—	26.636	34.626 —
Feuilles de palmier nain	—	1.016	142 —
Crin végétal	—	20.975.776	2.936.609 —
Garance	—	906	280 —
Écorces à tan	—	12.943.793	1.423.817 —
Légumes verts	—	2.509.208	878.222 —
Fourrages	—	12.034.678	1.146.813 —
Drilles	Valeur.		432.982 —
Marbres en blocs ou en tranches	Kilogr.	636.100	99.233 —
Minerais de fer	Quintaux.	5.014.329	7.020.060 —
Minerais de cuivre	—	33.223	199.338 —
Minerais de plomb	—	193.316	2.513.108 —
Plomb métal brut	—	32	912 —
Tabac fabriqué	Kilogr.	449.056	2.355.350 —
Vins de toute sorte	Hectolitres.	493.684	22.215.780 —
Ouvrages en bois	Valeur.		418.309 —
Objets de collection hors commerce	—		369.142 —
Autres marchandises	—		23.400.036 —
Total			196.399.452 fr.

CHAPITRE VI

LES VOIES DE COMMUNICATION

L'Algérie ne communique guère avec le dehors que par les voies maritimes : le seul fait de l'occupation française détermina dans ses ports une circulation active ; dès 1840, elle recevait 3763 navires; en 1879, on ne relevait que l'entrée de 4046 navires; il est vrai que dans l'intervalle la navigation à vapeur s'est en partie substituée à la navigation à voiles; un nombre à peu près égal de bâtiments peut représenter un mouvement beaucoup plus considérable. En 1840, la contenance totale était de 334 369 tonnes; en 1879, elle était de 1 534 833, c'est-à-dire que l'importance réelle de la navigation avait quadruplé. Depuis lors la progression s'est un peu ralentie, mais elle a continué. En 1884, les ports de l'Algérie étaient visités par 3579 navires jaugeant 1 661 786 tonnes; en 1885, par 4385 navires jaugeant 1 921 794 tonnes; en 1886, par 4962 navires avec un tonnage total de 1 984 657. En 1885, le mouvement total de la navigation de concurrence, entrées et sorties réunies, a été de 8812 navires, jaugeant ensemble 3 887 801 tonnes. Pour ces dernières années, la part de la marine française dans les entrées a été : en 1884, de 1634 navires avec 1 018 496 tonnes; en 1885, de 1882 navires avec 1 220 682 tonnes; en 1886, de 2002 navires avec 1 171 197 tonnes. C'est pour le tonnage une proportion moyenne d'à peu près 60 p. 100.

Parmi les étrangers, le pavillon anglais tient de beaucoup le premier rang : il couvrait, en 1884, 519 navires et 413 398 tonnes; en 1885, 517 navires et 419 526 tonnes; en 1886, 580 navires et 511 009 tonnes, soit un quart environ du tonnage total. Ensuite viennent, mais avec des chiffres beaucoup plus faibles : les Espagnols, 1581 navires et 149 858 tonnes en 1886; les Italiens, 512 navires et 47 712 tonnes; les Norvégiens, 64 navires et 30 961 tonnes; les Belges, 29 navires et 25 107 tonnes; les Autrichiens, 37 navires et 15 065 tonnes.

Si l'on veut avoir une idée de l'ensemble du mouvement de la navigation, il faut aussi tenir compte du cabotage. En 1885 il avait été fait par 4311 navires, jaugeant 1 675 805 tonnes et transportant 830 000 quintaux métriques de marchandises.

Des navires de l'État firent d'abord le service de Toulon à Alger avec prolongement sur Oran et sur Bône. A partir de 1842, le transport des dépêches et des passagers du gouvernement fut adjugé à des compagnies subventionnées; toutefois les lignes de la côte continuèrent jusqu'en 1866 d'être desservies par la marine de l'État. Actuellement, des services réguliers de navigation à vapeur mettent en relation les principaux ports algériens entre eux, avec la métropole et même avec plusieurs pays étrangers. La Compagnie transatlantique, qui possède depuis 1880 l'entreprise postale, a établi un service rapide quotidien sur Alger : six fois par semaine, des paquebots à grande vitesse, effectuant le trajet en vingt-six heures quand le temps est favorable, partent de Marseille pour Alger et d'Alger pour Marseille; une fois par semaine, un paquebot part de Port-Vendres pour Alger et d'Alger pour Port-Vendres; d'autres lignes, partant de Marseille, de Cette et de Port-Vendres, aboutissent à Oran, à Philippeville, à Bône, soit directement, soit avec escale dans l'est à Ajaccio, dans l'ouest à Carthagène. Des lignes côtières desservent les ports de Mostaganem, d'Arzeu, de Nemours, de Bougie, de Djijelli, de Collo, de la Calle, relient Oran à Melilla, Malaga, Gibraltar et Tanger, Philippeville et Bône à Tunis, Malte et Tripoli. La Société générale des transports maritimes a des services de Marseille sur Alger, Bougie, Bône et Philippeville. La Compagnie de navigation mixte a trois lignes pour desservir l'Algérie, l'une sur Oran, Mostaganem et Arzeu, la seconde sur Alger, Bougie et Djijelli, la troisième sur Philippeville et Bône. La Compagnie péninsulaire fait communiquer directement les ports du nord, le Havre, Rouen, Anvers, avec Oran, Arzeu, Alger et Philippeville. Tels sont les principaux services français; il existe en outre des services espagnols, italiens, anglais; ces derniers assurent les relations directes avec le Levant, l'Égypte et l'extrême Orient.

En 1830, il n'y avait pas une seule route dans l'intérieur; on ne connaissait que les sentiers arabes, à peine assez larges pour un cavalier; les charrois n'étaient pas possibles; dans le Tell, les transports se faisaient à dos de mulet; dans le sud, les caravanes suivaient des pistes jalonnées par les puits et les points d'eau. L'autorité militaire, qui avait à faire circuler ses convois, se mit à la besogne aussitôt après la conquête; les premières routes rayonnèrent autour d'Alger, dans le Sahel et la Mitidja; elles furent l'œuvre du génie et de l'armée; le service des ponts et chaussées ne fut organisé que plus tard. En 1840, on fit un premier classement; en 1845, on détermina quatre catégories de routes : routes royales, routes stratégiques, routes provinciales, routes d'arrondissement. Depuis, des remaniements ont été opérés en 1864, en 1865 et plus récemment en 1879 [1]. On distingue, comme dans la métropole, des routes nationales, des routes départementales, des chemins de grande communication et des chemins d'intérêt commun. Le réseau des

1. Depuis, un projet de classement nouveau a été présenté par le gouvernement général de l'Algérie.

routes nationales comprend 2950 kilomètres, 1071 dans le département d'Alger, 1008 dans celui d'Oran, 871 dans celui de Constantine. Les routes départementales classées ont 743 824 mètres, les chemins de grande communication 7 010 861, les chemins d'intérêt commun 2 056 105. Il existe en outre des chemins non encore classés, dont la construction et l'entretien sont à la charge de l'État, et des routes stratégiques établies dans le Sud-Oranais au moyen de la main-d'œuvre militaire et indigène. Les chemins non classés, dont les principaux sont ceux de la Kabylie (Fort-National à Beni-Mansour par le col de Tirourda — Tizi-Ouzou à Bougie — Bougie à Beni-Mansour), ceux du Dahra et celui de Tlemcen à Rachgoun, présentaient à la fin de 1884 une longueur de 346 173 mètres. Les routes stratégiques du Sud-Oranais ont ensemble 2676 kilomètres; le développement total des routes de l'Algérie est donc de 16 860 963 mètres. Si l'on additionne les étapes énumérées dans les itinéraires romains, on n'arrive qu'à un total de 7900 kilom.

Le classement de 1879 a porté de 5 à 10 le nombre des routes nationales, dont voici le tableau :

Route n° 1, d'Alger à Laghouat, par Blida, Médéa, Boghar, Djelfa.

Route n° 2, de Merz-el-Kébir à Tlemcen, par Oran, Misserghin, Aïn-Temouchent.

Route n° 3, de Stora à Biskra, par Philippeville, Constantine, Batna.

Route n° 4, d'Alger à Oran, par Blida, Miliana, Orléansville, Relizane, Mostaganem, Arzeu.

Route n° 5, d'Alger à Constantine, par Ménerville, Bouira, Bordj-bou-Arreridj, Sétif.

Route n° 6, d'Oran à Géryville, par le Sig, Mascara, Saïda, Aïn-Sfissifa.

Route n° 7, de Relizane au Maroc, par le Sig, Sidi-bel-Abbès, Tlemcen, Lella-Maghrnia.

Route n° 8, de Maison-Carrée à Bou-Saâda, par l'Arba, Tablat, Aumale.

Route n° 9, de Bougie à Sétif, par l'oued Agrioun et le Châbet-el-Akra.

Route n° 10, de Constantine à Tébessa, par les Ouled-Ramoun et Aïn-Beïda.

Le système de ces routes consiste en une grande artère, allant parallèlement au littoral de la frontière de Tunisie à la frontière du Maroc, se soudant aux principaux points de la côte à Philippeville, Bougie, Alger,

Mostaganem, Arzeu, Oran, et détachant des lignes de pénétration vers l'intérieur jusqu'à Biskra, Bou-Sâada, Laghouat et Géryville. Sur les dix routes nationales, quatre seulement sont achevées : la route n° 2, de Merz-el-Kebir à Tlemcen; la route n° 4, d'Alger à Oran; la route n° 5, d'Alger à Constantine; la route n° 9, de Bougie à Sétif. Chacune des six autres comprend une section empierrée et une section à l'état de lacune, qui n'est le plus souvent qu'une simple piste. Sur les routes n° 3, n° 7 et n° 10, la plus grande partie du parcours est empierrée; sur les trois autres les lacunes forment au moins la moitié de la longueur totale. En somme les routes nationales sont achevées sur 2308 kilomètres, c'est-à-dire sur 76 p. 100 de leur longueur totale. On peut espérer que dans quelques années le réseau actuel sera complètement terminé ; il faut remarquer d'ailleurs que la plupart des sections en lacune se trouvent dans le sud, c'est-à-dire dans la région où les besoins de viabilité se présentent avec le moins d'urgence. Il s'en faut de beaucoup que l'exécution soit aussi avancée sur les routes départementales et les chemins. La construction des routes rencontre en Algérie de très grandes difficultés, résultant du climat, de la forme et de la composition du sol. Les montagnes n'ont qu'une élévation médiocre, mais leurs pentes sont d'une extrême raideur; on est obligé de les contourner par des lacets ou de les franchir à travers des gorges sauvages ; les rivières sont peu profondes, mais leur lit est large et leur cours instable. Les matériaux d'empierrement sont d'assez mauvaise qualité ; en été, la sécheresse les désagrège ; en hiver, sous des pluies torrentielles, les terrains s'effondrent et se dérobent. On calcule que le prix moyen d'établissement a été de 28 francs le mètre courant pour la chaussée et les ouvrages ordinaires, sans parler des travaux d'art exceptionnels qu'on a dû exécuter dans les gorges de la Chiffa pour gagner Médéa, au Châbet-el-Akra entre Sétif et

Bougie, dans la vallée de l'Isser en avant de Palestro, dans l'oued Allala sur la route départementale de Ténès à Orléansville. Les frais d'entretien vont de 1 fr. 50 à 2 francs par mètre courant.

Les obstacles naturels et l'élévation des prix de revient retarderont longtemps le développement des routes. On peut dire sans paradoxe qu'il est moins difficile d'établir un réseau complet de voies ferrées qu'un réseau complet de routes ordinaires. A la vérité, les frais d'établissement et d'entretien sont plus considérables, mais on peut espérer de les couvrir par les bénéfices de l'exploitation. La création des chemins de fer, utile en tout pays, est pour l'Algérie une nécessité de premier ordre. Les objets du commerce, produits agricoles ou minéraux, sont des marchandises encombrantes qui ont besoin de transports à bon marché; la production est forcément restreinte aux demandes de la consommation locale si elle n'est pas sollicitée par la facilité des débouchés. Le cultivateur indigène ou européen étendra ses labours s'il est sûr d'écouler sa récolte; si au contraire il lui faut supporter la dépense d'un charroi coûteux, il ensemencera le moins possible. Sans chemins de fer, la colonisation est incertaine et languissante; avec les chemins de fer, qui lui donneront la sécurité et la certitude du succès, elle se développera rapidement. Enfin l'existence des voies rapides permettra à l'autorité de tenir le pays avec des forces relativement minimes, de prévenir les révoltes ou de les réprimer d'une manière instantanée.

Le premier programme des chemins de fer algériens fut dressé officiellement en 1857, par un décret rendu sur la proposition du maréchal Vaillant[1]. Le réseau devait comprendre : 1° une ligne parallèle à la mer, reliant Alger à Constantine et à Oran; 2° des lignes partant des principaux ports et aboutissant à la précédente. Trois ans après

1. Pour l'histoire des chemins de fer algériens, voy. dans la *Revue algérienne de législation* l'excellente étude de M. Louis Hamel.

les travaux commençaient. La première ligne fut ouverte en 1862; c'était celle d'Alger à Blida, amorce de la grande ligne d'Alger à Oran, dont les autres sections furent livrées successivement de 1868 à 1871. La ligne de Philippeville à Constantine fonctionnait dès septembre 1870. L'une et l'autre appartenaient et appartiennent encore à la compagnie Paris-Lyon. A partir de 1871 d'autres compagnies se formèrent et obtinrent soit de l'État, soit des conseils généraux de l'Algérie, aux différents titres d'intérêt général, industriel ou local, des concessions de chemins de fer.

La loi du 18 juillet 1879 établit un nouveau classement, qui englobait dans le réseau d'intérêt général les lignes déjà concédées ou construites, et dressait pour les lignes à construire un plan d'ensemble beaucoup plus vaste que celui de 1857. Une grande ligne longitudinale parallèle à la côte devait aller de la frontière marocaine à la frontière de Tunisie, en détachant des transversales vers les principaux ports et en plongeant vers le sud des lignes de pénétration. Le réseau se développa dès lors avec une remarquable rapidité; la longueur totale des lignes exploitées, qui n'était que de 513 kilomètres au commencement de 1872, de 759 à la fin de 1878, atteignait à 1607 au 31 décembre 1882, à 1781 au 31 décembre 1884, à 2063 au 31 décembre 1886, à 2214 au 31 août 1887; en moins de neuf années (1878-1887) le réseau a triplé d'étendue. A la même date du 31 août 1887, 703 kilomètres étaient ou concédés ou en construction. Quand ils seront achevés, il ne s'en faudra plus de beaucoup pour que le programme de 1879 se trouve rempli. Il a été au cours de l'exécution modifié en quelques points; plusieurs des lignes qu'il avait prévues ne sont pas encore concédées ou sont ajournées pour un délai indéterminé; par contre il a été dépassé plus d'une fois, notamment dans les lignes du Sud-Oranais, et il est à prévoir que le réseau une fois terminé aura un développement très supérieur au chiffre de 3041 kilomètres arrêté en 1879, mais qu'on ne donnait pas dès lors comme définitif.

La plus grande partie du réseau actuel a été établie avec la voie normale de 1 m. 44. Lors de la création des premières lignes, la largeur à donner à la voie n'a pas même fait question. Or il résulte des expériences faites depuis que la voie étroite de 1 m. 055, si elle ne donne pas une différence très sensible dans les frais d'exploitation, permet de réaliser une économie de 40 p. 100 dans les dépenses d'établissement. Si ce type avait été adopté dès le principe et pour l'ensemble du réseau, ce qu'on aurait épargné ainsi sur le prix de revient des premières lignes aurait servi à en ouvrir d'autres, et les chemins de fer algériens se seraient développés beaucoup plus vite. Mais il y a de sérieux inconvénients à employer concurremment les deux systèmes : on détruit l'homogénéité du réseau, on condamne le commerce à des transbordements, sinon très coûteux, au moins incommodes; on rend impossibles les emprunts de matériel d'une ligne à l'autre, les locomotives et les wagons destinés à la voie normale ne pouvant circuler sur la voie étroite et vice versa. Malgré ces objections, la considération d'économie l'a emporté et plusieurs lignes à voie étroite ont été concédées. La plus ancienne est celle d'Arzeu à Saïda, qui au début devait être surtout un chemin de fer industriel; la même largeur a été adoptée pour ses prolongements sur Méchéria et Aïn-Sefra, pour la ligne en construction de Mostaganem à Tiaret, pour la ligne concédée de Blida à Berrouaguia. Les lignes de Souk-Arrhas à Tébessa et des Ouled-Ramoun à Aïn-Beïda doivent être aussi à voie étroite, mais de 1 mètre seulement.

En général l'établissement des chemins de fer est beaucoup moins coûteux en Algérie qu'en France, les frais d'expropriation étant presque nuls. Le prix de revient kilométrique, de 422 000 francs en moyenne dans la métropole, était estimé dans la colonie, en 1885, à 243 654 francs pour les chemins à voie normale, à 145 759 pour les chemins à voie étroite de 1 m. 055. Parmi les premiers, ceux qui ont nécessité les plus fortes dépenses ont été ceux de Philippeville à Constantine (588 852 francs par kilomètre) et de Souk-Arrhas à la frontière tunisienne (471 698), construits l'un et l'autre dans des régions accidentées et qui réclamaient d'importants travaux d'art. Les moins coûteux ont été ceux de Constantine à Sétif et d'El-Guerra à Batna (122 500 francs par kilomètre). La plus grande partie de ces dépenses a été faite par les compagnies auxquelles l'État accorde la concession des lignes à établir. Il leur assure ordinairement une garantie d'intérêt de 5 ou même de 6 pour 100, portant sur le capital de premier établissement évalué à forfait. Pour les deux lignes d'Alger-Oran et de Constantine-Philippeville, la compagnie Paris-Lyon a reçu en outre une subvention de 80 millions. La compagnie Franco-Algérienne a fait la ligne d'Arzeu à Mozba sans subvention ni garantie d'intérêt, mais elle a obtenu le privilège d'exploiter 300 000 hectares de terrains à halfa au sud de Saïda.

Sans parler des petites lignes industrielles de Bône à Mokta-el-Hadid, d'Arzeu aux salines d'Arzeu et de Kef-oum-Teboul à l'embouchure de la Messida, dont une seule, la première, est ouverte au public, le réseau algérien se partageait vers la fin de 1887 entre cinq compagnies : Paris-Lyon, 513 kilomètres exploités; Est-Algérien, 638 kilomètres exploités, 249 concédés; Bône-Guelma, 308 exploités, 129 concédés; Ouest-Algérien, 350 exploités, 125 concédés; Franco-Algérienne, 465 exploités, 200 concédés. Ce morcellement a bien des effets fâcheux; sans parler de l'augmentation de frais généraux qui en résulte et qui retombe en définitive ou sur l'État ou sur le public, les compagnies ne s'entendent pas pour l'exploitation des tronçons communs, pour l'installation des gares mixtes ou contiguës aux points de jonction des réseaux, ni surtout pour l'établissement de tarifs uniformes [1]. On a proposé de substituer au partage actuel une division en trois réseaux : le premier comprendrait avec les lignes de Tunisie toutes les lignes d'Algérie situées à l'est de celle de Philippeville à Constantine; le deuxième réseau engloberait avec cette dernière ligne toutes celles du centre jusqu'à la ligne de Ténès-Orléansville; le troisième réseau serait formé de celles-ci et de toutes les autres construites ou à construire jusqu'à la frontière du Maroc. Cette répartition assez rationnelle ne paraît pas plus facilement réalisable que l'unification complète. De toutes les compagnies existantes, une seule, celle de Paris-Lyon, semble disposée à se défaire de son réseau.

Les lignes parallèles au littoral ont surtout une valeur politique et stratégique. Pendant l'insurrection de 1871, on fit circuler sur la voie d'Alger à Oran les quelques compagnies qu'on avait sous la main, et on en imposa ainsi aux populations indigènes. Mais le mouvement commercial est faible; les contrées desservies se ressemblent : elles ont les mêmes produits, les mêmes besoins; elles n'ont presque rien à échanger entre elles. Au contraire, les lignes dites de pénétration introduisent dans l'intérieur les marchandises d'importation, écoulent vers le littoral les productions du pays; ce sont celles qui bénéficient de la circulation la plus active. Le réseau de Paris-Lyon comprend une ligne de pénétration et une ligne longitudinale; la ligne de pénétration de Philippeville à Constantine a donné en 1886 une recette brute de 40 237 francs par kilomètre; le chemin de fer d'Alger à Oran produisait dans la même année un peu plus des 3/8, 15 430 francs par kilomètre; encore la plus grande partie du trafic s'opère-t-il aux extrémités, d'Affreville à Alger et de Reli-

1. A la session de 1886 du Conseil supérieur, des délégués de Constantine, réclamant l'unification des tarifs, faisaient remarquer que dans leur département le transport des céréales coûtait 13 centimes par tonne et par kilomètre, tandis que dans ceux d'Alger et Oran on arrivait pour les grandes distances à un tarif de 5 centimes.

zane à Oran, c'est-à-dire de l'intérieur vers les ports d'embarquement.

Les recettes des chemins de fer algériens vont naturellement en augmentant à mesure que le réseau se développe. En 1878 elles étaient de 7 007 749 francs, en 1880 de 11 776 352 francs, en 1884 de 17 340 534, en 1886 de 20 070 323; le premier semestre de 1887 donne un chiffre de 9 214 315, en augmentation de 882 800 francs sur la période correspondante de 1886. La progression de la recette moyenne par kilomètre n'est pas aussi constante, parce que les longueurs qui s'ajoutent au réseau sont formées soit de tronçons, soit de lignes nouvelles, forcément moins productives pendant les premières années. De 10 418 francs en 1878, la moyenne kilométrique était de 11 324 francs en 1880, de 10 287 en 1884, de 12 203 en 1885; elle redescendait à 10 508 en 1886; elle était pour les six premiers mois de 1887 de 4517 francs, en augmentation de 43 francs sur la période correspondante de 1886. Le coût moyen des frais d'exploitation étant de 6000 à 7000 francs par kilomètre, la recette nette ressort à 3000 ou 4000 francs. C'est encore trop peu pour assurer l'amortissement du capital engagé. A part la compagnie Paris-Lyon, qui a commencé à rembourser en 1885, toutes les autres font appel à la garantie d'intérêts. Pour 1886, elles réclamaient 11 925 000 francs et l'on estimait que, vérifications faites, les sommes à payer monteraient à 11 700 000. Il n'est pas à prévoir que le chiffre soit moindre pour les prochains exercices. Il sera même plus considérable, parce qu'une plus grande longueur aura été exploitée; il ira sans doute grossissant, jusqu'à ce que le réseau soit achevé et toutes les lignes qu'il doit comprendre en pleine activité et en plein rendement. C'est là pour les finances françaises une lourde charge. Mais si l'on considère que toute construction de chemin de fer crée une richesse qui fera retour à l'État, que les sommes versées au titre de la garantie d'intérêts forment une simple avance remboursable avec un intérêt de 4 1/2 p. 100 avant le terme de la concession, on ne peut nier que, sans parler de l'utilité politique, stratégique, économique des voies ferrées, l'État ne fasse en payant les garanties une affaire avantageuse et un véritable placement d'avenir.

RECETTES DES CHEMINS DE FER ALGÉRIENS EN 1886

COMPAGNIES ET LIGNES	LONGUEUR		RECETTES TOTALES	RECETTES PAR KILOMÈTRE
	TOTALE EXPLOITÉE AU 31 DÉCEMBRE	MOYENNE EXPLOITÉE PENDANT L'ANNÉE		
Paris-Lyon-Méditerranée.				
Alger à Oran	426	426	6.572.985	15.430
Philippeville à Constantine	87	87	3.500.629	40.237
Ensemble	513	513	10.073.614	19.637
Est-Algérien.				
Alger à Maison-Carrée	11	11	137.437	12.494
Maison-Carrée à Constantine	452	382	3.102.306	8.121
Ménerville à Bordj-Ménaïel	15	6	40.572	6.762
El-Guerra à Batna	80	80	605.797	7.572
Batna à Aïn-Touta	33	14	45.196	3.228
Ensemble	591	493	3.931.308	7.974
Bône-Guelma et prolongements.				
Bône à Guelma	88	88	1.016.536	11.552
Guelma au Kroubs	115	115	530.694	4.615
Duvivier à Sidi-el-Hemessi	105	105	580.342	5.527
Ensemble	308	308	2.127.572	6.908
Ouest-Algérien.				
Sainte-Barbe-du-Tlélat à Bel-Abbès	51	51	979.656	19.209
Bel-Abbès à Ras-el-Mâ	100	100	676.898	6.769
Oran à Aïn-Temouchent	75	75	437.420	5.832
Ensemble	226	226	2.093.974	9.265
Franco-Algérienne.				
Arzeu à Kralfalla	214	214	1.504.528	7.031
Kralfalla à Mécheria	138	138	270.549	1.961
Thizy à Mascara	12	1	6.517	6.517
Ensemble	364	353	1.781.594	5.047
Mokta-el-Hadid.				
Bône à Aïn-Mokra	33	33	62.261	1.887
Totaux et moyennes	2.019	1.910	20.070.323	10.508

CHAPITRE VII

LES VOIES DE COMMUNICATION (SUITE)

Alger est le centre naturel d'où doivent partir les branches maîtresses du réseau : à l'ouest une ligne longitudinale courant vers le Maroc; à l'est une ligne également parallèle au littoral et dirigée sur la Tunisie; au sud la grande ligne médiane de pénétration traversant le Tell et les hauts plateaux pour gagner la frontière saharienne. De ces trois lignes, la première est faite en grande partie, la seconde est entièrement achevée et toutes deux se ramifient par des transversales qui les raccordent à la mer ou par des voies pénétrantes qui plongent dans l'intérieur. On commence seulement à construire la troisième.

La ligne d'Alger à Oran contourne d'abord le massif du Sahel, traverse la Mitidja du nord-est au sud-ouest en passant à Boufarick et à Blida, s'engage dans les montagnes à El-Affroun, remonte l'étroite vallée de l'oued Djer et descend à Affreville, au bas de Miliana, dans la plaine du Chélif. Elle suit la vallée du Chélif en touchant à Orléansville et, par Relizane, Perrégaux, Saint-Denis-du-Sig, Sainte-Barbe-du-Tlélat, coupe les plaines de la Mina, de l'Habra et du Sig. Elle se coude ensuite vers le nord pour atteindre Oran. A 5 kilomètres en avant de cette ville, à la Sénia, commence une autre ligne, prolongement naturel et encore incomplet de la précédente. Elle contourne par Misserghin et Lourmel la sebkha d'Oran, s'incline au sud-ouest et aboutit après un parcours de 70 kilomètres à Aïn-Temouchent. D'après le classement de 1879 elle devait se continuer par l'Isser occidental sur Tlemcen, tourner à l'ouest pour gagner Lella Maghrnia et venir, après une légère déviation au sud-ouest, toucher la frontière marocaine dans le voisinage d'Ouchda. On a renoncé pour le moment à construire la ligne de Témouchent à Tlemcen; les lignes projetées de Tlemcen au Maroc et de Tlemcen à Sebdou se trouvent également ajournées. Enfin on n'a pas concédé la ligne qui devait rejoindre au chemin de fer de la Sénia-Témouchent le massif minier du Rio Salado, le port de Beni-Saf paraissant suffire aux besoins de l'exploitation.

Orléansville, Relizane, Perrégaux et le Tlélat sont les points de croisement où la grande ligne de l'ouest remonte les transversales qui s'en détachent ou qui la coupent. Le chemin de fer d'Orléansville à Ténès, qui doit donner un débouché direct sur la mer à la vallée du moyen Chélif et au Dahra, est classé depuis 1879, mais n'a pas encore été concédé. A Relizane passe la ligne de Mostaganem à Tiaret, qui s'élèvera par la vallée de la Mina sur les plateaux du Sersou, abondants en eaux et en pâturages. Concédée en avril 1885, elle est actuellement en cours d'exécution. La première section entre Mostaganem et Relizane va s'ouvrir à bref délai. La ligne d'Arzeu à Aïn-Sefra, qui croise à Perrégaux, est la plus longue des voies de pénétration actuellement existantes. Au sortir d'Arzeu, elle borde la baie jusqu'à l'embouchure de l'Habra, remonte cette rivière, puis l'oued el Hammam, détache à Thizy un embranchement de 12 kilomètres sur Mascara et emprunte plusieurs vallées successives qui la conduisent à Saïda. Elle s'élève ensuite par des rampes jusque sur les hauts plateaux, qu'elle coupe du nord au sud, traverse le chott Chergui au Kreider et, obliquant légèrement au sud-ouest, atteint Mécheria, puis Aïn-Sefra, à 454 kilomètres du littoral. Concédée d'abord d'Arzeu à Saïda avec prolongement sur les plateaux, elle était destinée surtout au transport des halfas. L'insurrection de 1881 lui valut des développements inattendus : 115 kilomètres de Mozba à Mécheria furent posés en 239 jours et ce chemin de fer improvisé aida puissamment à la répression. La section nouvelle de Mécheria à Aïn-Sefra, ouverte en 1887, ne répond guère pour le moment qu'à des besoins stratégiques et politiques. Mais Aïn-Sefra n'est qu'un terminus provisoire, une étape dans la marche du railway vers le sud. Quand il atteindra la région relativement productive qui avoisine Figuig, on pourra espérer une certaine augmentation du trafic, qui jusqu'à présent n'a eu d'importance que dans la partie tellienne de la ligne. Le chemin de fer du Tlélat à Ras-el-Ma se développe parallèlement au précédent, mais sur une longueur beaucoup moindre. Il remonte la vallée de l'oued Tlélat en décrivant une large courbe autour du Djebel Tafaraoui, atteint la vallée de la Mékerra, touche au cinquante et unième kilomètre à Sidi-bel-Abbès et par Tabia, Chanzy, Magenta, Ras-el-Ma s'élève jusqu'à la tête de la Mékerra supérieure, à 152 kilomètres de son point de départ. La première section et la plus ancienne, du Tlélat à Bel-Abbès, a eu, aussitôt établie, un trafic important, alimenté par l'opulente région agricole qui entoure Bel-Abbès; après la ligne Philippeville-Constantine, elle est la plus productive qu'il y ait en Algérie. A 23 kilomètres au sud de Bel-Abbès, à Tabia, se soude l'embranchement destiné à desservir Tlemcen et qui doit être achevé dans le courant de 1888.

La ligne longitudinale de l'Est se détache de celle d'Oran à Maison-Carrée, à 11 kilomètres d'Alger. Jusqu'à l'Alma elle traverse la partie orientale de la Mitidja. Par Ménerville, Palestro, Bouira, Beni-Mansour, en longeant l'Isser, puis l'oued Sahel, elle contourne l'énorme Djurjura. Après avoir franchi le défilé des Bibans, elle sort des montagnes. A partir de Bordj-bou-Arreridj, elle court presque directement d'ouest en est par les plaines ou les plateaux largement ondulés au milieu desquels est situé Sétif. A El-Guerra, elle s'infléchit au nord pour gagner Constantine par la vallée de l'oued Merzoug. Au Kroubs, entre El-Guerra et Constantine, se trouve le point d'attache du réseau de Bône-Guelma, qui développe par l'Oued Zenati, Hammam-Meskoutine, Guelma, Duvivier, Souk-Arrhas, Sidi-el-Hemessi, une longueur de 249 kilomètres jusqu'à la frontière tunisienne. En additionnant les parcours des lignes d'Alger à Oran, de la Sénia à Témouchent, de Maison-Carrée au Kroubs, du Kroubs à Sidi-el-Hemessi, on trouve que le grand central algérien présente à l'heure actuelle un développement de 1187 kilomètres. Si l'on ajoute à ce chiffre la ligne tunisienne de la Medjerda, on obtient une voie ferrée de 1385 kilomètres, allant sans interruption de Tunis jusqu'à une petite distance de la frontière du Maroc.

En aucun point la ligne de l'Est ne touche au littoral. Elle s'y raccorde par plusieurs transversales. A Beni-Mansour se détache la ligne qui doit gagner Bougie par la vallée inférieure de l'oued Sahel. Concédée en 1884, elle est actuellement en construction. Une seconde ligne, projetée par l'oued Bou-Sellam et l'oued Amassine et qui aurait l'avantage de relier Bougie au point de l'Oued Tixter, en pleine Medjana et tout près de Sétif, est pour le moment ajournée. La ligne de Constantine à Philippeville traverse des plateaux accidentés jusqu'au col des Oliviers et descend ensuite vers la mer par la vallée de la Saf-Saf. La nature du terrain, la multiplicité des ouvrages d'art qu'elle imposait ont fait de cette voie une des plus pittoresques de l'Algérie et la plus coûteuse à établir. Mais elle est aussi de beaucoup la plus productive. Ses recettes kilométriques, de 20 000 fr. entre 1878 et 1882, de 25 à 30 000 fr. entre 1882 et 1885, ont dépassé pour chacune des deux dernières années le chiffre énorme de 40 000 fr. On peut considérer comme une ligne de jonction avec le littoral la partie de la ligne Bône-Guelma comprise entre

Duvivier et Bône. De Bône part la petite ligne d'Aïn-Mokra, qui dessert les mines de Mokta-el-Hadid.

Au nombre des voies pénétrantes que la ligne orientale projette vers l'intérieur, nous plaçons le chemin de fer de Ménerville à Tizi-Ouzou, bien qu'il ne soit pas dirigé vers le sud. Cette ligne, inaugurée au mois de juin 1888, n'attendra pas longtemps un trafic rémunérateur, que lui assurent et les centres de colonisation placés sur son parcours et dans le Sébaou et l'extrême densité des populations kabyles. Les autres lignes de pénétration plongent vers le sud. La première et la plus importante part d'El-Guerra, gagne Batna, s'engage presque au sortir de cette ville dans les gorges de l'Aurès et en débouche à El-Kantara pour marcher sur Biskra. Elle y arrivera dans le courant de 1888, pour le moment elle s'arrête à El-Kantara. Quand elle sera terminée, le centre le plus important de notre Sahara oriental se trouvera relié à Constantine et à Philippeville, et l'on aura constitué de ce côté, de la mer au désert, une ligne ferrée de 326 kilomètres de longueur. Plus loin à l'est, la ligne en construction des Ouled-Ramoun à Aïn-Beïda (91 kilomètres) et la ligne récemment ouverte de Souk-Arrhas à Tébessa (129 kilomètres) sont des voies étroites de 1 mètre.

Des trois départements, celui d'Alger est jusqu'ici le moins bien pourvu. La grande ligne de pénétration médiane vers Laghouat est depuis longtemps à l'étude. Son premier tronçon, de Blida à Berrouaguia avec embranchement sur Médéa, a été concédé seulement en juillet 1886. Il sera à voie étroite de 1 m. 055 et aura une longueur de 84 kilomètres. A Berrouaguia il croise une autre ligne projetée, comprise dans le classement de 1879, et qui doit aller d'Affreville à Bouira, de manière à doubler le Grand Central en évitant le circuit d'Alger. Au delà de Berrouaguia la ligne est concédée éventuellement jusqu'à Boghari. Il y aurait le plus grand intérêt à la pousser rapidement sur Laghouat et même au delà. Sans doute on ne peut compter que ce chemin de fer, au moins dans sa partie méridionale, soit de longtemps productif, mais sur les hauts plateaux et dans le Sahara, les différents tracés proposés ne rencontrent aucun obstacle sérieux et n'ont pas à prévoir d'ouvrages d'art importants. L'emploi de la voie étroite réduit dans une forte proportion les frais d'établissement. Les sacrifices qu'entraînera pour l'État le jeu de la garantie d'intérêts seront amplement compensés par les bénéfices qu'il réalisera sur les convois, les transports administratifs et militaires et surtout par les avantages politiques qu'il est certain de recueillir : « Ni progrès, ni extension, ni sécurité intérieure ou extérieure sans l'occupation pacifique de la totalité du Sahara algérien. Pas d'occupation pacifique et productive du Sahara sans des chemins de fer nous éclairant en avant et nous gardant en arrière. » Ainsi s'exprime un des hommes les plus autorisés en fait de politique saharienne, le commandant Rinn. Partant de ce principe, il réclame comme urgente la construction de lignes stratégiques prolongeant jusque dans l'extrême sud le réseau algérien. Au centre, une ligne de Laghouat sur Ghardaïa et Metlili; à l'est, une ligne de 380 kilomètres allant de Biskra sur Tuggurt et Ouargla; à l'ouest, une prolongation de la ligne d'Aïn-Sefra jusqu'à Djenan-Bou-Rezg en face de Figuig, et plus tard jusqu'à Igli, qui commande l'entrée de l'oued Messaoura et la route du Touât. C'est un total d'environ 900 kilomètres de chemins de fer à créer, ce qui donnerait, avec le prix de revient des chemins à voie étroite, une dépense d'établissement de 130 millions environ, pour lesquels la garantie de l'État irait à 6 millions 1/2 par an. Quant aux frais d'exploitation, ils seraient couverts dès le début par le trafic fourni par l'oued Rir, le Mzab, le pays de Figuig, le Touât.

En 1879, la commission sénatoriale chargée d'examiner le programme des chemins de fer algériens adoptait le classement d'une ligne partant « d'un point à déterminer sur le grand central vers le Sahara dans la direction du sud ». Le projet d'un chemin de fer transsaharien était alors en faveur; le gouvernement, d'accord avec l'opinion publique, instituait sous la présidence de M. de Freycinet une grande commission d'études. En ce siècle d'entreprises hardies et de miracles scientifiques, cette conception séduisait les esprits par son audace même. Pousser le railway au cœur de l'Afrique, envahir à toute vapeur le vieux désert mystérieux, quelle conquête pour la civilisation, quel triomphe pour le génie humain! Du même coup on procurait à l'influence française une extension formidable; le Soudan, cette Inde de l'Afrique, s'ouvrait à nos produits, notre marine marchande se réveillait, tous les malheurs passés, depuis la perte de l'Hindoustan et du Canada jusqu'à celle de l'Alsace, se trouvaient réparés. Les objections ne manquaient pas; mais on avait réponse à toutes. Le climat? les Anglais n'ont-ils pas établi des voies ferrées dans l'Inde? ne peut-on pas, comme eux, employer des indigènes? Le manque d'eau? il existe des moyens pour y suppléer; d'ailleurs, il n'est pas à craindre sur certains parcours. Les 2000 à 2500 kilomètres à parcourir? les Américains n'ont-ils pas franchi un continent pour faire leur chemin du Pacifique? L'humeur sauvage des populations? il est facile de les contenir, il n'est pas impossible d'en faire des auxiliaires.

A peine posée, la question parut résolue en principe; on en vint presque aussitôt à la discussion des tracés proposés. M. Duponchel, auteur du livre qui avait déterminé le mouvement, indiquait comme points de départ Alger et Affreville ; la ligne devait s'enfoncer au sud par Boghar et Laghouat, s'incliner au sud-ouest vers El-Maïa et El-Goléa, pour aller ensuite atteindre le Touât. Un tracé plus goûté des habitants de la province de l'est empruntait de Philippeville à Biskra le réseau classé des chemins de fer algériens, suivait l'oued Rir jusqu'à Tuggurt, gagnait Ouargla et par l'oued Mia rejoignait El-Goléa. Le département de l'ouest opposait le projet de la Société de géographie d'Oran : une ligne se confondant avec celle de Bel-Abbès jusqu'à Ras-el-Ma, prolongeant la haute vallée de la Mékerra, pour passer ensuite entre les chotts et atteindre l'oued Zousfana et l'oued Messaoura, qui conduisent au Touât. Le général Colonieu proposait comme moins rapprochée du Maroc la voie de Relizane, Tiaret, El-Maïa, El-Goléa. Un cinquième tracé, recommandé par le colonel Flatters, partait de Biskra, atteignait Ouargla par Tuggurt et se dirigeait presque droit au sud sur Temassanin, les salines d'Amadghor et le pays d'Aïr. Chacun tenait pour son système; on faisait des devis et des estimations de dépenses. M. Duponchel indiquait le chiffre de 370 millions, M. Pouyanne celui de 350. D'après des calculs encore plus hypothétiques, le transit devait être de 280 000 tonnes, représentant une valeur de plus de 40 millions, constituant un revenu net de plus de 20 millions.

Tous les arguments mis en avant par les partisans du Transsaharien peuvent se ramener à deux : 1° utilité pour la France de s'assurer un vaste marché dans le Soudan; 2° extension en Afrique de l'influence nationale. A considérer l'intérêt commercial, on ne voit pas quelle nécessité il y a d'aborder le Soudan par le nord. La création d'une voie ferrée entre le Sénégal et le Niger résout parfaitement le problème; si coûteuse et si difficile qu'elle doive être, elle exige des dépenses moins considérables, des efforts moins gigantesques que la traversée du Sahara; la ligne qu'on établira de ce côté pourra devenir rapidement productive; on n'en peut dire autant du Transsaharien, qui devra traverser avant d'atteindre le Soudan toute la largeur du désert. Quant à notre influence sur les populations du grand Sahara, il n'est pas question pour le moment de la développer par une grande entreprise civilisatrice. Il faudrait d'abord l'établir. Il est certain qu'aujourd'hui elles n'ont pour nous que de la défiance ou de la haine. La commission officielle de 1879 se faisait à cet égard des illusions qu'a dû dissiper une cruelle expérience. Des trois missions envoyées en reconnaissance, une seule a réussi : c'est celle de M. Choisy, qui n'a opéré que d'Ouargla à El-Goléa et d'El-Goléa à Laghouat, c'est-à-dire en territoire algérien ; la mission Pouyanne, dirigée vers le sud-ouest pour étudier la route du Touât par l'oued Namous et l'oued Zousfana, a dû rétrograder devant des démonstrations menaçantes; enfin le colonel Flatters et ses compagnons, après avoir presque effectué la difficile traversée du Hoggar, ont été surpris et massacrés par les Touareg. En 1886, un explorateur isolé, le lieutenant Marcel Palat, éprouvait le même sort. Ces faits sont tristement concluants. En l'état actuel des choses, nous ne pouvons aller dans le grand Sahara que les armes à la main. Avant de songer à y pénétrer ou tout au moins à modifier en notre faveur les dispositions malveillantes de presque tous ses habitants, il faut d'abord nous installer solidement chez nous, c'est-à-dire au nord de la frontière naturelle des Areg. C'est là qu'il nous faut établir des chemins de fer. Quand nous aurons complété par les lignes stratégiques de l'extrême sud le réseau algérien, quand notre influence, gagnant de proche en proche, aura déterminé chez les populations sédentaires et laborieuses des oasis une réaction qui se fera peut-être longtemps attendre, alors on pourra essayer, non pas encore de construire le Transsaharien, mais de conduire jusqu'au Touât nos voies ferrées du sud-ouest. Il se peut que, par étapes successives, cette ligne se prolonge ensuite jusqu'au Niger. Mais si jamais le Transsaharien s'exécute, il ne sera pas l'œuvre de la présente génération. Nous avons, dans l'Afrique du nord, d'autres soucis plus pressants, d'autres tâches à accomplir, dont les difficultés sont moindres et l'utilité mieux démontrée.

CHAPITRE VIII

LE CRÉDIT

Avec les moyens de communication, ce qu'il faut surtout à un pays nouveau, c'est le crédit; longtemps l'Algérie a manqué de l'un comme des autres. L'argent était rare et par conséquent était cher. Il y a quelques années seulement que le taux légal en matière civile a été ramené à 6 p. 100[1]; en 1835, on l'avait fixé à 10, en laissant d'ailleurs toute liberté à l'intérêt conventionnel. Pendant les vingt premières années qui suivirent la conquête, il n'y eut pas d'industrie plus lucrative que la petite banque : on prêtait à 15 ou 20 p. 100 sur hypothèque, à 20 ou 25 sur billet. En 1867, l'enquête du comte Lehon constata encore que, dans les trois provinces, les agriculteurs payaient avec hypothèque de 8 à 12 pour 100, de 10 à 18 avec billet. Quant aux Arabes, on leur demandait 4 ou 5 par mois, ce qui constituait un taux monstrueux de 50 à 60 pour 100.

Dès 1849, le gouvernement se préoccupa d'arracher la colonie à cette ruineuse exploitation; il patronna un comptoir d'escompte; deux ans plus tard, une loi créait la Banque de l'Algérie; elle était autorisée à émettre des billets ayant cours légal[2], à recevoir des dépôts, à faire des prêts sur titres, à escompter le papier de commerce. On

1. En 1881.
2. La limite d'émission des billets, fixée d'abord à 18 millions, a été portée par des augmentations successives à 42 millions.

peut regretter que cet établissement n'ait pas été dès le début une succursale de la Banque de France et qu'on n'ait pas profité récemment de l'expiration de son privilège pour opérer une fusion réclamée par l'opinion publique. Mais, il faut le reconnaître, la Banque de l'Algérie telle qu'elle est a rendu et rend encore d'inappréciables services. Mieux que tous les raisonnements, la rapidité avec laquelle elle s'est développée montre à quels besoins réels sa fondation répondait. Son capital primitif était de 3 millions; il a été porté successivement à 10, puis à 20; son escompte, après avoir été à 6, puis à 5 et même à 4 p. 100, est remonté à 5 [1], et suit généralement les fluctuations du marché. Par ses succursales d'Oran et de Tlemcen, de Philippeville, de Constantine et de Bône, elle étend ses opérations à toutes les parties de l'Algérie. La première année de son existence, en 1851-1852, elle escomptait pour 8 700 000 francs de papier, la circulation de ses billets représentait une moyenne de 341 000 francs. En 1859-1860, l'escompte est déjà de 53 millions, la circulation dépasse 4 millions; dix ans plus tard, en 1869-1870, l'escompte atteignait à 153 millions, la circulation à 15 800 000 francs; en 1879-1880, les opérations d'escompte avaient porté sur 423 535 effets, valant ensemble 351 millions, la circulation arrivait presque à 60 millions; en 1884-1885, le nombre des effets escomptés était de 538 851, représentant une valeur de 526 333 457 fr.; en 1885-1886, de 512 971, représentant une valeur de 525 332 167 fr.; la circulation pendant chacune de ces deux années a été un peu supérieure à 60 millions. Ce mouvement paraîtra considérable, si l'on remarque que pendant l'année 1886 le chiffre des escomptes de la banque de France n'a pas dépassé 8 300 000 000 de francs. Au reste la situation de la Banque d'Algérie, bien que moins brillante qu'en 1883, où elle pouvait distribuer à chacune de ses actions émises

1. Ce taux d'escompte est supérieur de 2 1/2 pour 100 à celui de la Banque de France, qui est de 2 1/2.

à 500 fr. un dividende de 103 fr., soit un peu plus de 20 p. 100, peut être encore considérée comme prospère, puisque le dividende pour l'exercice 1885-1886 s'est élevé à 82 fr. 47 ou 16 p. 100 nets d'impôs.

En 1866, le gouvernement impérial favorisa la formation d'une Société générale algérienne, à la fois industrielle et financière. Elle devait employer à des entreprises telles que travaux publics, exploitation de mines, de terres, de forêts, création d'usines, un capital de 100 millions; elle s'engageait en outre à faire à l'État l'avance d'une somme égale; en retour, on lui donnait au prix de 1 franc de rente par hectare 100 000 hectares de terre, pour y créer des centres européens ou des exploitations agricoles. La Société reçut ses 100 000 hectares, mais ne remplit qu'imparfaitement les conditions de son contrat : elle avança ses fonds à l'État, mais elle ne réalisa jamais le capital de 100 millions qu'elle devait employer dans la colonie en entreprises industrielles et agricoles; même sous le rapport financier, elle fut d'une utilité médiocre. Engagée dans des spéculations étrangères à l'objet pour lequel elle s'était constituée, elle subit des pertes qui amenèrent une liquidation en décembre 1877. La Compagnie algérienne a recueilli sa succession; elle se livre à différentes opérations de banque : avances sur hypothèque, sur nantissement, sur dépôt, souscription ou émission d'emprunts. Elle a fait l'acquisition des 100 000 hectares (exactement 96 000), qu'elle a en partie aliénés, en partie utilisés en les louant ou en les exploitant elle-même. L'État s'est ainsi dessaisi à des conditions ridiculement désavantageuses d'un vaste domaine de colonisation; l'avance de 87 millions qui lui a été faite de 1866 à 1878, et qui est remboursable au moyen d'annuités calculées au taux de 5,25, est une compensation insuffisante.

Le Crédit foncier de France avait depuis longtemps étendu son action à l'Algérie et y faisait des prêts aux communes et aux propriétaires. L'idée devait naître tout naturellement de créer un établissement du même genre spécial à l'Algérie. Le Crédit foncier et agricole d'Algérie a son siège à Alger, des succursales à Oran et à Constantine, des agences à Bône et à Bougie. Son objet est double : comme crédit foncier, il doit prêter sur hypothèque aux propriétaires d'immeubles, aux établissements publics, aux syndicats d'irrigation, aux douars, aux communes, aux départements, et négocier les obligations émises par ces dernières collectivités; comme crédit agricole, il devait ouvrir des magasins généraux, prêter sur warrants, connaissements, chargements et même sur récoltes pendantes. Le capital est de 60 millions, mais il est destiné exclusivement à la deuxième catégorie d'opérations; pour les prêts à long terme, les fonds sont fournis par le Crédit foncier de France. Le taux des prêts hypothécaires varie entre 6 et 7 pour 100. Pour les opérations faites avec le concours du Crédit foncier de France, les prêts communaux, départementaux, etc., ont été en 1886 au nombre de 21, représentant une somme de 1 887 683 francs, les prêts fonciers au nombre de 522, représentant une valeur de 9 700 000 francs. Avec le report des précédents exercices et déduction faite des remboursements, le total des prêts à des collectivités s'élève, au 31 décembre 1886, à 18 002 137 francs, le total des prêts fonciers à 55 941 091 francs. Quant aux prêts sur gages hypothécaires consentis par le Crédit foncier et agricole sur son capital social, ils étaient à la même date au nombre de 146, se décomposant en 32 prêts à court terme, 107 prêts par ouverture de crédit, 7 créances acquises, et représentant une valeur de 5 513 117 francs. Le Crédit foncier et agricole se livre aussi à des opérations de banque, reçoit des dépôts, escompte des effets. A ce titre et comme établissement hypothécaire, il rend assurément d'utiles services, mais on estime qu'il n'a pas assez fait pour organiser le crédit agricole et pour répondre à la seconde partie de son programme.

Le Crédit foncier et agricole n'est pas le seul établissement financier qui se soit, ces derniers temps, installé en Algérie. Le Crédit algérien, constitué au capital de 20 millions, la Compagnie franco-algérienne, la Compagnie algérienne, le Crédit lyonnais, qui dans ses deux agences d'Alger et d'Oran escomptait en 1886 pour 132 528 531 francs de valeurs, ont contribué à faciliter les affaires et à maintenir l'escompte à un taux relativement assez bas. On peut dire qu'actuellement le crédit commercial est constitué d'une manière à peu près satisfaisante : les négociants avec deux signatures escomptent leur papier à 5 pour 100. D'autre part, les prêts à long terme sur hypothèque se font, au moins dans les villes, à des conditions qui ne sont pas excessives. Les départements et les communes trouvent des fonds à bas prix avec la faculté de se libérer par amortissement.

La situation est loin d'être aussi bonne pour les colons cultivateurs et pour les indigènes. Ces derniers ne bénéficient encore du crédit que sous la forme collective, des prêts hypothécaires pouvant être consentis aux communes mixtes et aux douars communes ; quant aux particuliers qui ont besoin d'avances, ils sont la proie de l'usure. En ce qui les concerne, l'unique remède est dans la prompte constitution de la propriété individuelle et de l'état civil. Du jour où ils pourront présenter les mêmes garanties que les Européens, ce crédit s'offrira à eux à des conditions égales.

En Algérie comme partout ailleurs, la création du crédit agricole présente de sérieuses difficultés. Le cultivateur n'est pas un commerçant et ne peut négocier directement son papier ; l'emprunt sur hypothèque lui impose des formalités coûteuses, des frais d'inscription qui se cumulent avec les intérêts ; il n'est pas certain de pouvoir rembourser en temps voulu. Ce qu'il lui faut, ce n'est pas tant une somme prêtée à long terme, mais une avance de saison lui permettant d'entreprendre sa campagne et d'attendre la récolte. Les comptoirs d'escompte locaux essayent de répondre à ces besoins. Dans un centre agricole, un certain nombre de propriétaires ou de commerçants se réunissent et constituent une société anonyme à capital peu élevé. La société se livre aux diverses opérations de banque, escompte, réescompte, prêt sur billet, prêt sur hypothèque ou sur nantissement. Les hypothèques peuvent être à compte courant : ce sont alors comme des ouvertures de crédit, autorisant des emprunts ou des remboursements partiels, des libérations antérieures au terme de l'inscription. La zone d'action étant peu étendue, les administrateurs connaissent la place et sont exactement renseignés sur la solvabilité de chacun. Il leur est loisible de considérer comme nantissement des valeurs en nature, des récoltes sur pied; ils peuvent sans courir de risques prêter sur une seule signature; leur endos fait du billet souscrit par l'agriculteur un papier de commerce négociable. Ces comptoirs se sont multipliés depuis quelques années; le plus ancien est celui de Saint-Denis-du-Sig, qui date de 1871; le plus récent est celui d'Aïn-Beïda, fondé en juin 1886. Ils sont en tout au nombre de 19 : 6 dans le département d'Alger, à Marengo, l'Arba, Orléansville, Médéa, Tizi-Ouzou, Coléa; 5 dans celui de Constantine, à Souk-Arrhas, Philippeville, Mila, Aïn-Beïda, Guelma; 8 dans celui d'Oran, à Saint-Denis-du-Sig, Relizane, Sidi-bel-Abbès, Mascara, Aïn-Temouchent, Saint-Cloud, Tlemcen, Arzeu. Il y a en plus une caisse agricole à Mascara. Le capital est pour la plupart de 3 à 400 000 francs; à Coléa il est seulement de 84 000 francs, à Tlemcen il s'élève à un million. Sauf à Saint-Denis-du-Sig, un quart seulement du capital a été versé. Tous ensemble ont un capital nominal de 6 809 000 fr., un capital versé de 1 801 050 fr., et des réserves qui montent à 1 689 010 fr., soit un capital disponible d'environ 3 millions et demi. Ces faibles ressources seraient insuffisantes si la Banque et les autres grands établissements ne prêtaient leur appui et ne permettaient ainsi de développer les opérations. En 1886, le montant des effets escomptés a été de 16 239 691 francs à Tlemcen, de 17 015 218 francs à Bel-Abbès, de 13 531 198 à Philippeville; les chiffres les plus faibles sont de 700 000 francs à Mila et de 641 837 à Coléa. L'importance relative des réserves semble indiquer une gestion prudente. Quelques-uns des comptoirs réalisent des bénéfices : en 1886, Souk-Arrhas a donné 10 francs de dividende par action de 125 francs; Médéa la même année a gagné 8899 francs avec 100 000 francs de versés et 73 585 francs de réserve; Relizane, 6000 francs avec 75 000 francs de versés et 68 900 francs de réserve; Saint-Denis-du-Sig, au lieu de 20 000 francs en 1885, seulement 12 000 pour un capital de 200 000 francs et une réserve à peu près égale.

Le côté faible de ces utiles établissements est la cherté de leur escompte. Obligés de payer eux-mêmes l'argent 5 pour 100 à la Banque de l'Algérie ou aux sociétés de crédit, d'assurer leurs frais généraux, de couvrir leurs risques, ils en arrivent à prélever sur leur clientèle 7, 8 et même jusqu'à 10 pour 100. La fusion de la Banque de France avec celle de l'Algérie, encore réalisable en 1897, à l'expiration du privilège de l'une et de l'autre, aurait entre autres avantages celui d'abaisser à 2 1/2 pour 100 le taux de l'escompte commercial et permettrait par contre-coup aux comptoirs agricoles d'abaisser le leur à 5. M. Leroy-Beaulieu[1] préférerait voir introduire en Algérie la liberté des banques d'émission. Peut-être l'Algérie n'est-elle pas le terrain le plus propice à l'expérience de ce régime, qui a passé dans les mœurs financières en Angleterre et en Amérique, mais qui n'est point dans les nôtres. Le système de la commandite agricole, conseillé par le même économiste, nous paraît d'application plus facile, parce

1. *L'Algérie et la Tunisie*, chapitre XI.

qu'il peut s'établir peu à peu, par des arrangements individuels. Il consiste à garantir au commanditaire, avançant son capital sur première hypothèque, un intérêt privilégié de 4 pour 100; une fois cet intérêt payé, le propriétaire prélèverait à son tour l'intérêt à 4 pour 100 de son propre capital, et le surplus des bénéfices serait partagé proportionnellement à la mise de fonds entre le prêteur et l'emprunteur. Il y aurait lieu, pour que le contrat fût équitable, de tenir compte à ce dernier dans le départ des bénéfices, non seulement de son capital, mais de l'apport représenté par son travail et ses soins. Cette sorte d'association, moins onéreuse pour le colon que les emprunts au taux actuel, offrirait des garanties et des chances de gain suffisantes pour tenter les capitalistes français.

Mais le moyen le plus efficace d'attirer les capitaux, de déterminer, par leur affluence même, un abaissement du taux de leur loyer, ce serait l'adoption du projet de loi préparé par le gouvernement général et tendant à introduire en Algérie un nouveau régime foncier à peu près analogue à celui qu'a institué en Australie l'*act Torrens*. Entre autres dispositions, le projet comporte la création de bons hypothécaires, pouvant être établis au bénéfice soit d'un créancier inscrit, soit du propriétaire lui-même, et transmissibles par voie d'endossement nominatif et à ordre. Comme le dit excellemment le rapporteur de la commission algérienne qui a dressé le projet de loi [1], « une des causes qui détournent les capitaux des prêts hypothécaires, c'est la difficulté de réaliser le gage et l'immobilisation des sommes engagées. Permettre au détenteur d'une créance hypothécaire de battre monnaie avec son titre, sans exproprier l'immeuble ou sans attendre l'échéance, c'est donner au crédit foncier la souplesse et les facilités du crédit commercial, c'est le rendre accessible à tous ceux qui ne peuvent prêter à long terme; en élargissant le nombre des

1. M. Alfred Dain, professeur à l'École de droit d'Alger.

prêteurs, on diminue, par le jeu naturel de la loi de l'offre et de la demande, le loyer des capitaux [1]. »

1. C'est là en effet le point capital. Le prêt hypothécaire se pratique en Algérie et largement. Au 1er mars 1887, la valeur des hypothèques grevant la propriété bâtie et non bâtie s'élevait à 707 693 358 francs, dont 603 786 954 en hypothèques conventionnelles et 103 906 404 francs en hypothèques judiciaires. Il s'agit moins d'en généraliser l'usage que d'en diminuer le taux en provoquant la concurrence des capitaux.

FIN

TABLE DES MATIÈRES

LIVRE PREMIER

LE SOL

LIVRE II

L'ALGÉRIE DANS LE PASSÉ

LIVRE III

LA CONQUÊTE FRANÇAISE

LIVRE IV

LES HABITANTS

LIVRE V

LA POLITIQUE

LIVRE VI

LES FORCES PRODUCTIVES

Coulommiers. — Imp. P. BRODARD et GALLOIS.

ANCIENNE LIBRAIRIE GERMER BAILLIÈRE ET Cie
FÉLIX ALCAN, ÉDITEUR

CATALOGUE
DES
LIVRES DE FONDS
(PHILOSOPHIE — HISTOIRE)

TABLE DES MATIÈRES

On peut se procurer tous les ouvrages qui se trouvent dans ce Catalogue par l'intermédiaire des libraires de France et de l'Étranger.

On peut également les recevoir *franco* par la poste, sans augmentation des prix désignés, en joignant à la demande des TIMBRES-POSTE FRANÇAIS ou un MANDAT sur Paris.

PARIS
108, BOULEVARD SAINT-GERMAIN, 108
Au coin de la rue Hautefeuille.

SEPTEMBRE 1887

Les titres précédés d'une *astérisque* sont recommandés par le Ministère de l'Instruction publique pour les Bibliothèques et pour les distributions des prix des lycées et collèges. — Les lettres V. P. indiquent les volumes adoptés pour les distributions de prix et les Bibliothèques de la Ville de Paris.

BIBLIOTHÈQUE DE PHILOSOPHIE CONTEMPORAINE

Volumes in-12 brochés à 2 fr. 50.

Cartonnés toile. 3 francs. — En demi-reliure, plats papier. 4 francs.

Quelques-uns de ces volumes sont épuisés et il n'en reste que peu d'exemplaires imprimés sur papier vélin; ces volumes sont annoncés au prix de 5 francs.

ALAUX, professeur à la Faculté des lettres d'Alger. **Philosophie de M. Cousin.**

AUBER (Ed.). **Philosophie de la médecine.**

BALLET (G.), professeur agrégé à la Faculté de médecine. **Le Langage intérieur** et les diverses formes de l'aphasie. 1 vol. avec figures dans le texte.

* BARTHÉLEMY SAINT-HILAIRE, de l'Institut. **De la Métaphysique.**

* BEAUSSIRE, de l'Institut. **Antécédents de l'hégélianisme dans la philosophie française.**

* BERSOT (Ernest), de l'Institut. **Libre Philosophie.** (V. P.)

* BERTAULD, de l'Institut. **L'Ordre social et l'Ordre moral.**

— **De la Philosophie sociale.**

BINET (A.). **La Psychologie du raisonnement,** expériences par l'hypnotisme.

BOST. **Le Protestantisme libéral.**

BOUILLIER. **Plaisir et Douleur.** Papier vélin. 5 fr.

* BOUTMY (E.), de l'Institut. **Philosophie de l'architecture en Grèce.** (V. P.)

* CHALLEMEL-LACOUR. **La Philosophie individualiste,** étude sur G. de Humboldt. (V. P.)

COIGNET (Mme C.). **La Morale indépendante.**

COQUEREL FILS (Ath.). **Transformations historiques du Christianisme.**

— **La Conscience et la Foi.**

— **Histoire du Credo.**

COSTE (Ad.). **Les Conditions sociales du bonheur et de la force.** (V. P.)

DELBŒUF (J.). **La Matière brute et la matière vivante.** Étude sur l'origine de la vie et de la mort.

* ESPINAS (A.), professeur à la Faculté des lettres de Bordeaux. **La Philosophie expérimentale en Italie.**

FAIVRE (E.), professeur à la Faculté des sciences de Lyon. **De la Variabilité des espèces.**

FÉRÉ (Ch.). **Sensation et mouvement.** Étude de psycho-mécanique, avec figures.

FONTANÈS. **Le Christianisme moderne.**

FONVIELLE (W. de). **L'Astronomie moderne.**

* FRANCK (Ad.), de l'Institut. **Philosophie du droit pénal.** 2e édit.

— **Des Rapports de la Religion et de l'Etat.** 2e édit.

— **La Philosophie mystique en France au XVIIIe siècle.**

* GARNIER. **De la Morale dans l'antiquité.** Papier vélin.

GAUCKLER. **Le Beau et son histoire.**

HAECKEL, prof. à l'Université d'Iéna. **Les Preuves du transformisme.** 2e édit.

— **La Psychologie cellulaire.**

HARTMANN (E. de). **La Religion de l'avenir.** 2e édit.

— **Le Darwinisme,** ce qu'il y a de vrai et de faux dans cette doctrine. 3e édit.

* HERBERT SPENCER. **Classification des sciences,** trad. de M. Cazelles. 2e édit.

— **L'Individu contre l'État,** traduit par M. Gerschel. 2e édit.

* JANET (Paul), de l'Institut. **Le Matérialisme contemporain.** 4e édit.

— * **La Crise philosophique.** Taine, Renan, Vacherot, Littré.

* JANET (Paul). **Philosophie de la Révolution française.** 3e édit. (V. P.)
— * **Saint-Simon et le Saint-Simonisme.**
— **Les Origines du Socialisme contemporain.**
* LAUGEL (Auguste). **L'Optique et les Arts.** (V. P.)
— * **Les Problèmes de la nature.**
— * **Les Problèmes de la vie.**
— * **Les Problèmes de l'âme.**
— * **La Voix, l'Oreille et la Musique.** Papier vélin. 5 fr.
LEBLAIS. **Matérialisme et Spiritualisme.**
* LEMOINE (Albert), maître de conférences à l'Ecole normale. **Le Vitalisme et l'Animisme.**
— * **De la Physionomie et de la Parole.**
— * **L'Habitude et l'Instinct.**
LEOPARDI. **Opuscules et Pensées,** traduit par M. Aug. Dapples.
LEVALLOIS (Jules). **Déisme et Christianisme.**
* LÉVÊQUE (Charles), de l'Institut. **Le Spiritualisme dans l'art.**
— * **La Science de l'invisible.**
LÉVY (Antoine). **Morceaux choisis des philosophes allemands.**
* LIARD, directeur de l'Enseignement supérieur. **Les Logiciens anglais contemporains.** 2e édit.
— * **Des définitions géométriques.** 2e édit.
* LOTZE (H.). **Psychologie physiologique,** traduit par M. Penjon.
MARIANO. **La Philosophie contemporaine en Italie.**
* MARION, professeur à la Faculté des lettres de Paris. **J. Locke, sa vie, son œuvre.**
* MILSAND. **L'Esthétique anglaise,** étude sur John Ruskin.
MOSSO. **La peur.** Étude psycho-physiologique, trad. de l'italien par F. Hément (avec figures).
ODYSSE BAROT. **Philosophie de l'histoire.**
PAULHAN. **Les Phénomènes affectifs et les lois de leur apparition.** Essai de psychologie générale.
PI Y MARGALL. **Les Nationalités,** traduit par M. L. X. de Ricard.
* RÉMUSAT (Charles de), de l'Académie française. **Philosophie religieuse.**
RÉVILLE (A.), professeur au Collège de France. **Histoire du dogme de la divinité de Jésus-Christ.**
RIBOT (Th.), direct. de la *Revue philos.* **La Philosophie de Schopenhauer.** 2e édit.
— * **Les Maladies de la mémoire.** 4e édit.
— **Les Maladies de la volonté.** 4e édit.
— **Les Maladies de la personnalité.**
RICHET (Ch.), professeur à la Faculté de médecine. **Essai de psychologie générale** (avec figures).
ROISEL. **De la Substance.**
SAIGEY. **La Physique moderne.** 2e tirage. (V. P.)
* SAISSET (Emile), de l'Institut. **L'Ame et la Vie.**
— * **Critique et Histoire de la philosophie** (fragm. et disc.).
SCHMIDT (O.). **Les Sciences naturelles et la Philosophie de l'inconscient.**
SCHŒBEL. **Philosophie de la raison pure.**
* SCHOPENHAUER. **Le Libre arbitre,** traduit par M. Salomon Reinach. 3e édit.
— * **Le Fondement de la morale,** traduit par M. A. Burdeau. 2e édit.
— **Pensées et Fragments,** avec intr. par M. J. Bourdeau. 6e édit.
SELDEN (Camille). **La Musique en Allemagne,** étude sur Mendelssohn. (V. P.)
SICILIANI (P.). **La Psychogénie moderne.**
STRICKER. **Le Langage et la Musique,** traduit par M. Schwiedland.
* STUART MILL. **Auguste Comte et la Philosophie positive,** traduit par M. Clémenceau. 2e édit. (V. P.)
— **L'Utilitarisme,** traduit par M. Le Monnier.

TAINE (H.), de l'Académie française. **L'Idéalisme anglais**, étude sur Carlyle.
— * **Philosophie de l'art dans les Pays-Bas.** 2e édit. (V. P.)
— * **Philosophie de l'art en Grèce.** 2e édit. (V. P.)
— * **De l'Idéal dans l'art.** Papier vélin. 5 fr.
— * **Philosophie de l'art en Italie.** Papier vélin. 5 fr.
— * **Philosophie de l'art.** Papier vélin. 5 fr.
TARDE. **La Criminalité comparée.**
TISSANDIER. **Des Sciences occultes et du Spiritisme.** Pap. vélin. 5 fr.
* VACHEROT (Et.), de l'Institut. **La Science et la Conscience.**
VÉRA (A.), professeur à l'Université de Naples. **Philosophie hégélienne.**
VIANNA DE LIMA. **L'homme selon le transformisme.**
ZELLER. **Christian Baur et l'École de Tubingue**, traduit par M. Ritter.

BIBLIOTHÈQUE DE PHILOSOPHIE CONTEMPORAINE

Volumes in-8.

Brochés à 5 fr., 7 fr. 50 et 10 fr.—Cart. anglais, 1 fr. en plus par volume.
Demi-reliure........................ 2 francs.

* AGASSIZ. **De l'Espèce et des Classifications.** 1 vol. 5 fr.
BAIN (Alex.) *. **La Logique inductive et déductive.** Traduit de l'anglais par M. G. Compayré. 2 vol. 2e édit. 20 fr.
— * **Les Sens et l'Intelligence.** 1 vol. Traduit par M. Cazelles. 10 fr.
— * **L'Esprit et le Corps.** 1 vol. 4e édit. 6 fr.
— **La Science de l'Éducation.** 1 vol. 6e édit. 6 fr.
— **Les Émotions et la Volonté.** Trad. par M. Le Monnier. 1 vol. 10 fr.
* BARDOUX, sénateur. **Les Légistes, leur influence sur la société française.** 1 vol. 5 fr.
* BARNI (Jules). **La Morale dans la démocratie.** 1 vol. 2e édit. précédée d'une préface de M. D. NOLEN, recteur de l'académie de Douai. (V. P.) 5 fr.
BEAUSSIRE (Émile), de l'Institut. **Les Principes de la morale.** 1 vol. 5 fr.
BERTRAND (A.), professeur à la Faculté des lettres de Lyon. **L'Aperception du corps humain par la conscience.** 1 vol. 5 fr.
BÜCHNER. **Nature et Science.** 1 vol. 2e édit. Traduit par M. Lauth. 7 fr. 50
CLAY (R.). **L'Alternative, contribution à la psychologie.** 1 vol. Traduit de l'anglais par M. A. Burdeau, député, ancien prof. au lycée Louis-le-Grand. 10 fr.
EGGER (V.), professeur à la Faculté des lettres de Nancy. **La Parole intérieure.** 1 vol. 5 fr.
ESPINAS (Alf.), professeur à la Faculté des lettres de Bordeaux. **Des Sociétés animales.** 1 vol. 2e édit. 7 fr. 50
FERRI (Louis), correspondant de l'Institut. **La Psychologie de l'association**, depuis Hobbes jusqu'à nos jours. 1 vol. 7 fr. 50
* FLINT, professeur à l'Université d'Edimbourg. **La Philosophie de l'histoire en France.** Traduit de l'anglais par M. Ludovic Carrau, directeur des conférences de philosophie à la Sorbonne. 1 vol. 7 fr. 50
— * **La Philosophie de l'histoire en Allemagne.** Trad. de l'angl. par M. Ludovic Carrau. 1 vol. 7 fr. 50
FONSEGRIVES. **Essai sur le libre arbitre.** Sa théorie, son histoire. 1 vol. 10 fr.
* FOUILLÉE (Alf.), ancien maître de conférences à l'École normale supérieure. **La Liberté et le Déterminisme.** 1 vol. 2e édit. 7 fr. 50
— **Critique des systèmes de morale contemporains.** 1 vol. 2e édit. 7 fr. 50
FRANCK (A.), de l'Institut. **Philosophie du droit civil.** 1 vol. 5 fr.
GAROFALO. **La Criminologie.** 1 vol. (*Sous presse.*)
* GUYAU. **La Morale anglaise contemporaine.** 1 vol. 2e édit. 7 fr. 50
— **Les Problèmes de l'esthétique contemporaine.** 1 vol. 5 fr.
— **Esquisse d'une morale sans obligation ni sanction.** 1 vol. 5 fr.
— **L'Irréligion de l'avenir**, étude de sociologie. 1 vol. 2e édit. 7 fr. 50

HERBERT SPENCER *. **Les premiers Principes.** Traduit par M. Cazelles. 1 fort volume. 10 fr.

— **Principes de biologie.** Traduit par M. Cazelles. 2 vol. 20 fr.

— * **Principes de psychologie.** Trad. par MM. Ribot et Espinas. 2 vol. 20 fr.

— * **Principes de sociologie :**

Tome I. Traduit par M. Cazelles. 1 vol. 10 fr.

Tome II. Traduit par MM. Cazelles et Gerschel. 1 vol. 7 fr. 50

Tome III. Traduit par M. Cazelles. 1 vol. 15 fr.

Tome IV. Traduit par M. Cazelles. 1 vol. 3 fr. 75

— * **Essais sur le progrès.** Traduit par M. A. Burdeau. 1 vol. 2e éd. 7 fr. 50

— **Essais de politique.** Traduit par M. A. Burdeau. 1 vol. 2e édit. 7 fr. 50

— **Essais scientifiques.** Traduit par M. A. Burdeau. 1 vol. 7 fr. 50

* **De l'Education physique, intellectuelle et morale.** 1 vol. 5e édit. 5 fr.

— * **Introduction à la science sociale.** 1 vol. 6e édit. 6 fr.

— **Les Bases de la morale évolutionniste.** 1 vol. 3e édit. 6 fr.

— * **Classification des sciences.** 1 vol. in-18. 2e édit. 2 fr. 50

— **L'Individu contre l'État.** Traduit par M. Gerschel. 1 vol. in-18. 2e édit. 2 fr. 50

— **Descriptive Sociology,** or Groups of sociological facts. French compiled by James COLLIER. 1 vol. in-folio. 50 fr.

* HUXLEY, de la Société royale de Londres. **Hume, sa vie, sa philosophie.** Traduit de l'anglais et précédé d'une Introduction par G. COMPAYRÉ. 1 vol. 5 fr.

* JANET (Paul), de l'Institut. **Les Causes finales.** 1 vol. 2e édit. 10 fr.

— * **Histoire de la science politique dans ses rapports avec la morale.** 2 forts vol. in-8. 3e édit., revue, remaniée et considérablement augmentée. 20 fr.

* LAUGEL (Auguste). **Les Problèmes** (Problèmes de la nature, problèmes de la vie, problèmes de l'âme). 1 vol. 7 fr. 50

* LAVELEYE (de), correspondant de l'Institut. **De la Propriété et de ses formes primitives.** 1 vol. 4e édit. (*Sous presse.*)

* LIARD, directeur de l'enseignement supérieur. **La Science positive et la Métaphysique.** 1 vol. 2e édit. 7 fr. 50

— **Descartes.** 1 vol. 5 fr.

LOMBROSO. **L'Homme criminel** (criminel-né, fou-moral, épileptique). Étude anthropologique et médico-légale, précédée d'une préface de M. le docteur LETOURNEAU. 1 vol. in-8. 10 fr.

— **Atlas** de 32 planches, contenant de nombreux portraits, fac-similés d'écritures et de dessins, tableaux et courbes statistiques pour accompagner ledit ouvrage. 8 fr.

MARION (H.), professeur à la Faculté des lettres de Paris. **De la Solidarité morale.** Essai de psychologie appliquée. 1 vol. 2e édit. (V. P.) 5 fr.

MATTHEW ARNOLD. **La Crise religieuse.** 1 vol. 7 fr. 50

MAUDSLEY. **La Pathologie de l'esprit.** 1 vol. Trad. par M. Germont. 10 fr.

* NAVILLE (E.), correspond. de l'Institut. **La Logique de l'hypothèse.** 1 vol. 5 fr.

PÉREZ (Bernard). **Les trois premières années de l'enfant.** 1 fort vol. 3e édit. 5 fr.

— **L'Enfant de trois à sept ans.** 1 vol. 5 fr.

— **L'Éducation morale dès le berceau.** 1 vol. 2e édit. 5 fr.

PIDERIT. **La Mimique et la Physiognomonie.** Trad. de l'allemand par M. Girot. 1 vol. in-8 avec 95 figures. (*Sous presse.*)

PREYER, professeur à la Faculté d'Iéna. **Éléments de physiologie.** Traduit de l'allemand par M. J. Soury. 1 vol. 5 fr.

— **L'Ame de l'enfant.** Observations sur le développement psychique des premières années. 1 vol., traduit de l'allemand par M. H. C. de Varigny. 10 fr.

* QUATREFAGES (De), de l'Institut. **Ch. Darwin et ses précurseurs français.** 1 vol. 5 fr.

RIBOT (Th.), directeur de la *Revue philosophique*. **L'Hérédité psychologique.** 1 vol. 3e édit. 7 fr. 50

— * **La Psychologie anglaise contemporaine.** 1 vol. 3e édit. 7 fr. 50

— * **La Psychologie allemande contemporaine.** 1 vol. 2e édit. 7 fr. 50

RICHET (Ch.), professeur à la Faculté de médecine de Paris. **L'Homme et l'Intelligence.** Fragments de psychologie et de physiologie. 1 vol. 2e édit. 10 fr.

ROBERTY (E. de). **L'Ancienne et la Nouvelle philosophie.** 1 vol. 7 fr. 50

SAIGEY (Emile). **Les Sciences au XVIIIe siècle.** La physique de Voltaire 1 vol. 5 fr.

SCHOPENHAUER. **Aphorismes sur la sagesse dans la vie.** 3e édit. Traduit par M. Cantacuzène. 1 vol. 5 fr.

— **De la quadruple racine du principe de la raison suffisante,** suivi d'une *Histoire de la doctrine de l'idéal et du réel.* Trad. par M. Cantacuzène. 1 vol. 5 fr.

— **Le monde comme volonté et représentation.** Traduit de l'allemand par M. A. Burdeau. 3 vol. Tome I. 1 vol. 7 fr. 50

Les tomes II et III paraîtront dans le courant de l'année 1888.

SÉAILLES, maître de conférences à la Faculté des lettres de Paris. **Essai sur le génie dans l'art.** 1 vol. 5 fr.

SERGI, professeur à l'Université de Rome. **La Psychologie physiologique,** traduite de l'italien par M. Mouton. 1 vol. avec figures. 1888. 10 fr.

* STUART MILL. **La Philosophie de Hamilton.** 1 vol. 10 fr.

— * **Mes Mémoires.** Histoire de ma vie et de mes idées. Traduit de l'anglais par M. E. Cazelles. 1 vol. 5 fr.

— * **Système de logique déductive et inductive.** Trad. de l'anglais par M. Louis Peisse. 2 vol. 20 fr.

— * **Essais sur la Religion.** 2e édit. 1 vol. 5 fr.

SULLY (James). **Le Pessimisme.** Trad. par MM. Bertrand et Gérard. 1 vol. 7 fr. 50

VACHEROT (Et.), de l'Institut. **Essais de philosophie critique.** 1 vol. 7 fr. 50

— **La Religion.** 1 vol. 7 fr. 50

WUNDT. **Éléments de psychologie physiologique.** 2 vol. avec figures, trad. de l'allem. par le Dr Élie Rouvier, et précédés d'une préface de M. D. Nolen. 20 fr.

CARRAU (Ludovic), directeur des conférences de philosophie à la Sorbonne. **La Philosophie religieuse en Angleterre.** 1 vol. (*Sous presse.*)

ÉDITIONS ÉTRANGÈRES

Éditions anglaises.

AUGUSTE LAUGEL. The United States during the war. In-8. 7 shill. 6 p.

ALBERT RÉVILLE. History of the doctrine of the deity of Jesus-Christ. 3 sh. 6 p.

H. TAINE. Italy (Naples et Rome). 7 sh. 6 p.

H. TAINE. The Philosophy of Art. 3 sh.

Éditions allemandes.

PAUL JANET. The Materialism of present day. 1 vol. in-18, rel. 3 shill.

JULES BARNI. Napoléon Ier. In-18. 3 m.

PAUL JANET. Der Materialismus unsere Zeit. 1 vol. in-18. 3 m.

H. TAINE. Philosophie der Kunst. 1 volume in-18. 3 m.

COLLECTION HISTORIQUE DES GRANDS PHILOSOPHES

PHILOSOPHIE ANCIENNE

ARISTOTE (Œuvres d'), traduction de M. BARTHÉLEMY SAINT-HILAIRE.

— **Psychologie** (Opuscules), avec notes. 1 vol. in-8 .... 10 fr.

— **Rhétorique,** avec notes. 1870. 2 vol. in-8 .... 16 fr.

— **Politique,** 1868, 1 v. in-8. 10 fr.

— **Traité du ciel,** 1866. 1 fort vol. grand in-8........... 10 fr.

— **La Métaphysique d'Aristote.** 3 vol. in-8, 1879 .... 30 fr.

— **Traité de la production et de la destruction des choses,** avec notes. 1866. 1 v. gr. in-8.... 10 fr.

— **De la Logique d'Aristote,** par M. BARTHÉLEMY SAINT-HILAIRE. 2 vol. in-8 .... 10 fr.

* SOCRATE. **La Philosophie de Socrate,** par M. Alf. FOUILLÉE. 2 vol. in-8 .... 16 fr.

* PLATON. **La Philosophie de Platon,** par M. Alfred FOUILLÉE. 2 vol. in-8 .... 16 fr.

* — **Études sur la Dialectique dans Platon et dans Hegel,** par M. Paul JANET. 1 vol. in-8. 6 fr.

* ÉPICURE. **La Morale d'Épicure** et ses rapports avec les doctrines contemporaines, par M. GUYAU. 1 vol. in-8. 3e édit.... 7 fr. 50

* ÉCOLE D'ALEXANDRIE. **Histoire de l'École d'Alexandrie,** par M. BARTHÉLEMY SAINT-HILAIRE. 1 v. in-8.................. 6 fr.

MARC-AURÈLE. **Pensées de Marc-Aurèle,** traduites et annotées par M. BARTHÉLEMY SAINT-HILAIRE. 1 vol. in-18.............. 4 fr. 50

BÉNARD. **La Philosophie ancienne**, histoire de ses systèmes. Première partie : *La Philosophie et la sagesse orientales. — La Philosophie grecque avant Socrate. — Socrate et les socratiques. — Etudes sur les sophistes grecs.* 1 vol. in-8. 1885......... 9 fr.

* FABRE (Joseph). **Histoire de la philosophie, antiquité et moyen âge.** 1 vol. in-18. .... 3 fr. 50

OGEREAU. **Essai sur le système philosophique des Stoïciens.** 1 vol. in-8. 1885......... 5 fr.

FAVRE (Mme Jules), née VELTEN. **La Morale des Stoïciens.** 1 volume in-18. 1888.......... 3 fr. 50

PHILOSOPHIE MODERNE

* LEIBNIZ. **Œuvres philosophiques**, avec Introduction et notes par M. Paul JANET. 2 vol. in-8. 16 fr.

— **Leibniz et Pierre le Grand**, par FOUCHER DE CAREIL. 1 v. in-8. 2 fr.

— **Leibniz et les deux Sophie**, par FOUCHER DE CAREIL. In-8. 2 fr.

DESCARTES, par Louis LIARD. 1 vol. in-8.................. 5 fr.

— **Essai sur l'Esthétique de Descartes**, par KRANTZ. 1 v. in-8. 6 fr.

* SPINOZA. **Dieu, l'homme et la béatitude**, trad. et précédé d'une Introd. de P. JANET. In-18. 2 fr. 50

— **Benedicti de Spinoza opera** quotquot reperta sunt, recognoverunt J. Van Vloten et J.-P.-N. Land. 2 forts vol. in-8 sur papier de Hollande............... 45 fr.

* LOCKE. **Sa vie et ses œuvres**, par M. MARION. 1 vol. in-18. 2 fr. 50

* MALEBRANCHE. **La Philosophie de Malebranche**, par M. OLLÉ-LAPRUNE. 2 vol. in-8...... 16 fr.

PASCAL. **Etudes sur le scepticisme de Pascal**, par M. DROZ, 1 vol. in-8.............. 6 fr.

* VOLTAIRE. **Les Sciences au XVIIIe siècle.** Voltaire physicien, par M. Em. SAIGEY. 1 vol. in-8. 5 fr.

FRANCK (Ad.). **La Philosophie mystique en France au XVIIIe siècle.** 1 vol. in-18... 2 fr. 50

* DAMIRON. **Mémoires pour servir à l'histoire de la philosophie au XVIIIe siècle.** 3 vol. in-8. 15 fr.

PHILOSOPHIE ÉCOSSAISE

* DUGALD STEWART. **Éléments de la philosophie de l'esprit humain**, traduits de l'anglais par L. PEISSE. 3 vol. in-12... 9 fr.

* HAMILTON. **La Philosophie de Hamilton**, par J. STUART MILL, 1 vol. in-8............. 10 fr.

* HUME. **Sa vie et sa philosophie.** par Th. HUXLEY, trad. de l'angl. par M. G. COMPAYRÉ. 1 vol. in-8. 5 fr.

PHILOSOPHIE ALLEMANDE

KANT. **Critique de la raison pure**, trad. par M. TISSOT. 2 v. in-8. 16 fr.

— Même ouvrage, traduction par M. Jules BARNI. 2 vol. in-8. . 16 fr.

* — **Éclaircissements sur la Critique de la raison pure**, trad. par M. J. TISSOT. 1 vol. in-8... 6 fr.

— **Principes métaphysiques de la morale**, augmentés des *Fondements de la métaphysique des mœurs*, traduct. par M. TISSOT. 1 v. in-8. 8 fr.

— Même ouvrage, traduction par M. Jules BARNI. 1 vol. in-8... 8 fr.

* — **La Logique**, traduction par M. TISSOT. 1 vol. in-8..... 4 fr.

* — **Mélanges de logique**, traduction par M. TISSOT. 1 v. in-8. 6 fr.

* — **Prolégomènes à toute métaphysique future** qui se présentera comme science, traduction de M. TISSOT. 1 vol. in-8... 6 fr.

* KANT. **Anthropologie**, suivie de divers fragments relatifs aux rapports du physique et du moral de l'homme, et du commerce des esprits d'un monde à l'autre, traduction par M. TISSOT. 1 vol. in-8..... 6 fr.

— **Traité de pédagogie**, trad. J. BARNI; préface par M. Raymond THAMIN. 1 vol. in-12. 2 fr.

* FICHTE. **Méthode pour arriver à la vie bienheureuse**, trad. par M. Fr. BOUILLIER. 1 vol. in-8. 8 fr.

— **Destination du savant et de l'homme de lettres**, traduit par M. NICOLAS. 1 vol. in-8. 3 fr.

* — **Doctrines de la science.** Principes fondamentaux de la science de la connaissance. 1 vol. in-8. 9 fr.

SCHELLING. **Bruno, ou du principe** divin, traduit par M. Cl. HUSSON. 1 vol. in-8............ 3 fr. 50

— **Écrits philosophiques** et morceaux propres à donner une idée de son système, trad. par M. Ch. BÉNARD. 1 vol. in-8.......... 9 fr.

HEGEL. * **Logique.** 2e édit. 2 vol. in-8.................. 14 fr.

* — **Philosophie de la nature.** 3 vol. in-8............. 25 fr.

* — **Philosophie de l'esprit.** 2 vol. in-8............. 18 fr.

* — **Philosophie de la religion.** 2 vol. in-8............ 20 fr.

— **Essais de philosophie hégélienne**, par A. VÉRA. 1 vol. 2 fr. 50

— **La Poétique**, trad. par M. Ch. BÉNARD. Extraits de Schiller, Gœthe Jean, Paul, etc., et sur divers sujets relatifs à la poésie. 2 v. in-8. 12 fr.

HEGEL. **Esthétique.** 2 vol. in-8, traduit par M. BÉNARD....... 16 fr.

— **Antécédents de l'Hegelianisme dans la philosophie française**, par M. BEAUSSIRE. 1 vol. in-18.......... 2 fr. 50

* — **La Dialectique dans Hegel et dans Platon**, par M. Paul JANET. 1 vol. in-8............ 6 fr.

HUMBOLDT (G. de). **Essai sur les limites de l'action de l'État.** 1 vol. in-18........... 3 fr. 50

—* **La Philosophie individualiste**, étude sur G. de HUMBOLDT, par M. CHALLEMEL-LACOUR. 1 v. in-18. 2 fr. 50

* STAHL. **Le Vitalisme et l'Animisme de Stahl**, par M. Albert LEMOINE. 1 vol. in-18..... 2 fr. 50

LESSING. **Le Christianisme moderne.** Étude sur Lessing, par M. FONTANÈS. 1 vol. in-18. 2 fr. 50

PHILOSOPHIE ALLEMANDE CONTEMPORAINE

L. BUCHNER. **Nature et Science.** 1 vol. in-8. 2e édit....... 7 fr. 50

— * **Le Matérialisme contemporain**, par M. P. JANET. 4e édit. 1 vol. in-18......... 2 fr. 50

CHRISTIAN BAUR **et l'École de Tubingue**, par M. Ed. ZELLER. 1 vol. in-18........... 2 fr. 50

HARTMANN (E. de). **La Religion de l'avenir.** 1 vol. in-18.. 2 fr. 50

— **Le Darwinisme**, ce qu'il y a de vrai et de faux dans cette doctrine. 1 vol. in-18. 3e édition.. 2 fr. 50

HAECKEL. **Les Preuves du transformisme.** 1 vol. in-18. 2 fr. 50

— **Essais de psychologie cellulaire.** 1 vol. in-18... 2 fr. 50

O. SCHMIDT. **Les Sciences naturelles et la philosophie de l'inconscient.** 1 v. in-18. 2 fr. 50

LOTZE (H.). **Principes généraux de psychologie physiologique.** 1 vol. in-18........... 2 fr. 50

PREYER. **Éléments de physiologie.** 1 vol. in-8........ 5 fr.

— **L'Ame de l'enfant.** Observations sur le développement psychique des premières années. 1 vol. in-8. 10 fr.

SCHOPENHAUER. **Essai sur le libre arbitre.** 1 vol. in-18. 3e éd. 2 fr. 50

— **Le Fondement de la morale.** 1 vol. in-18........... 2 fr. 50

— **Essais et fragments**, traduit et précédé d'une Vie de Schopenhauer, par M. BOURDEAU. 1 vol. in-18. 6e édit......... 2 fr. 50

— **Aphorismes sur la sagesse dans la vie.** 1 vol. in-8. 3e éd. 5 fr.

— **De la quadruple racine du principe de la raison suffisante.** 1 vol. in-8....... 5 fr.

— **Le Monde comme volonté et représentation.** Tome I. 1 vol. in-8................ 7 fr. 50

— **Schopenhauer et les origines de sa métaphysique**, par M. L. DUCROS. 1 vol. in-8..... 3 fr. 50

— **La Philosophie de Schopenhauer**, par M. Th. RIBOT. 1 vol. in-18. 2e édit.......... 2 fr. 50

RIBOT (Th.). **La Psychologie allemande contemporaine.** 1 vol. in-8. 2e édit......... 7 fr. 50

STRICKER. **Le Langage et la Musique.** 1 vol. in-18....... 2 fr. 50

WUNDT. **Psychologie physiologique.** 2 vol. in-8 avec fig. 20 fr.

PHILOSOPHIE ANGLAISE CONTEMPORAINE

STUART MILL *. **La Philosophie de Hamilton.** 1 fort vol. in-8. 10 fr.

—* **Mes Mémoires.** Histoire de ma vie et de mes idées. 1 v. in-8. 5 fr.

— * **Système de logique** déductive et inductive. 2 v. in-8. 20 fr.

STUART MILL *. **Auguste Comte** et la philosophie positive. 1 volume in-18. 2 fr. 50

— **L'Utilitarisme.** 1 v. in-18. 2 fr. 50

— **Essais sur la Religion.** 1 vol. in-8. 2e édit............. 5 fr.

HERBERT SPENCER *. **Les premiers Principes.** 1 fort volume in-8.................. 10 fr.

— * **Principes de biologie.** 2 forts vol. in-8.............. 20 fr.

— * **Principes de psychologie.** 2 vol. in-8........... 20 fr.

— * **Introduction à la Science sociale.** 1 v. in-8 cart. 6e édit. 6 fr.

— * **Principes de sociologie.** 4 vol. in-8.............. 36 fr. 25

— * **Classification des sciences.** 1 vol. in-18, 2e édition. 2 fr. 50

— * **De l'éducation intellectuelle, morale et physique.** 1 vol. in-8, 5e édit............ 5 fr.

— * **Essais sur le progrès.** 1 vol. in-8. 2e édit.......... 7 fr. 50

— **Essais de politique.** 1 vol. in-8. 2e édit......... 7 fr. 50

— **Essais scientifiques.** 1 vol. in-8................. 7 fr. 50

— * **Les bases de la morale évolutionniste.** 1 vol. in-8. 3e édit. 6 fr.

— **L'Individu contre l'Etat.** 1 vol. in-18. 2e édit......... 2 fr. 50

BAIN *. **Des sens et de l'intelligence.** 1 vol. in-8.... 10 fr.

— **Les Émotions et la volonté.** 1 vol. in-8............. 10 fr.

— * **La Logique inductive et déductive.** 2 vol. in-8. 2e édit. 20 fr.

— * **L'Esprit et le corps.** 1 vol. in-8, cartonné, 4e édit .... 6 fr.

— * **La Science de l'éducation.** 1 vol. in-8, cartonné. 6e édit. 6 fr.

DARWIN *. **Ch. Darwin et ses précurseurs français**, par M. de QUATREFAGES. 1 vol. in-8.. 5 fr.

— *. **Descendance et Darwinisme**, par Oscar SCHMIDT. 1 vol. in-8 cart. 5e édit........ 6 fr.

DARWIN. **Le Darwinisme**, par E. DE HARTMANN. 1 vol. in-18.. 2 fr. 50

FERRIER. **Les fonctions du cerveau.** 1 vol. in-8....... 10 fr.

CHARLTON BASTIAN. **Le cerveau**, organe de la pensée chez l'homme et les animaux. 2 vol. in-8. 12 fr.

CARLYLE. **L'Idéalisme anglais**, étude sur Carlyle, par H. TAINE. 1 vol. in-18........... 2 fr. 50

BAGEHOT *. **Lois scientifiques du développement des nations.** 1 vol. in-8, cart. 4e édit..... 6 fr.

DRAPER. **Les conflits de la science et de la religion.** 1 volume in-8. 7e édit................ 6 fr.

RUSKIN (JOHN) *. **L'Esthétique anglaise**, étude sur J. Ruskin, par MILSAND. 1 vol. in-18 ... 2 fr. 50

MATTHEW ARNOLD. **La Crise religieuse.** 1 vol. in-8.... 7 fr. 50

MAUDSLEY *. **Le Crime et la folie.** 1 vol. in-8. cart. 5e édit... 6 fr.

— **La Pathologie de l'esprit.** 1 vol in-8............. 10 fr.

FLINT *. **La Philosophie de l'histoire en France et en Allemagne.** 2 vol in-8..... 15 fr.

RIBOT (Th.). **La Psychologie anglaise contemporaine.** 3e édit. 1 vol. in-8.......... 7 fr. 50

LIARD *. **Les Logiciens anglais contemporains.** 1 vol. in-18. 2e édit............. 2 fr. 50

GUYAU *. **La Morale anglaise contemporaine.** 1 v. in-8. 2e éd. 7 fr. 50

HUXLEY *. **Hume, sa vie, sa philosophie.** 1 vol. in-8...... 5 fr.

JAMES SULLY. **Le Pessimisme.** 1 vol. in-8........... 7 fr. 50

— **Les Illusions des sens et de l'esprit.** 1 vol. in-8, cart.. 6 fr.

PHILOSOPHIE ITALIENNE CONTEMPORAINE

SICILIANI. **La psychogénie moderne.** 1 vol. in-18..... 2 fr. 50

ESPINAS *. **La philosophie expérimentale en Italie**, origines, état actuel. 1 vol. in-18. 2 fr. 50

MARIANO. **La philosophie contemporaine en Italie**, essais de philos. hégélienne. 1 v. in-18. 2 fr. 50

FERRI (Louis). **Essai sur l'histoire de la philosophie en Italie au XIXe siècle.** 2 vol. in-8. 12 fr.

FERRI (Louis). **La philosophie de l'association depuis Hobbes jusqu'à nos jours.** In-8. 7 fr. 50

MINGHETTI. **L'État et l'Église.** 1 vol. in-8.................. 5 fr.

LEOPARDI. **Opuscules et pensées.** 1 vol. in-18.......... 2 fr. 50

MOSSO. **La Peur.** 1 vol. in-18. 2 fr. 50

LOMBROSO. **L'Homme criminel.** 1 vol. in-8............ 10 fr.

MANTEGAZZA. **La physionomie et l'expression des sentiments.** 1 vol. in-8 cart.......... 6 fr.

SERGI. **La psychologie physiologique.** 1 vol. in-8... 7 fr. 50

*

BIBLIOTHÈQUE D'HISTOIRE CONTEMPORAINE

Volumes in-18 brochés à 3 fr. 50. — Volumes in-8 brochés à 5 et 7 francs.

Cartonnage anglais, 50 cent. par vol. in-18; 1 fr. par vol. in-8.

Demi-reliure, 1 fr. 50 par vol. in-18; 2 fr. par vol. in-8.

EUROPE

* SYBEL (H. de). **Histoire de l'Europe pendant la Révolution française**, traduit de l'allemand par Mlle Dosquet. Ouvrage complet en 6 vol. in-8. 42 fr.
Chaque volume séparément. 7 fr.

FRANCE

BLANC (Louis). **Histoire de Dix ans.** 5 vol. in-8. (V. P.) 25 fr.
Chaque volume séparément. 5 fr.

— 25 pl. en taille-douce. Illustrations pour l'*Histoire de Dix ans*. 6 fr.

* BOERT. **La Guerre de 1870-1871**, d'après le colonel fédéral suisse Rustow. 1 vol. in-18. (V. P.) 3 fr. 50

CARLYLE. **Histoire de la Révolution française.** Traduit de l'anglais. 3 vol. in-18. Chaque volume. 3 fr. 50

* CARNOT (H.), sénateur. **La Révolution française**, résumé historique. 1 volume in-18. Nouvelle édit. (V. P.) 3 fr. 50

ÉLIAS REGNAULT. **Histoire de Huit ans** (1840-1848). 3 vol. in-8. 15 fr.
Chaque volume séparément. 5 fr.

— 14 planches en taille-douce, illustrations pour l'*Histoire de Huit ans*. 4 fr.

* GAFFAREL (P.), professeur à la Faculté des lettres de Dijon. **Les Colonies françaises.** 1 vol. in-8. 3e édit. (V. P.) 5 fr.

* LAUGEL (A.). **La France politique et sociale.** 1 vol. in-8. 5 fr.

ROCHAU (de). **Histoire de la Restauration.** 1 vol. in-18. 3 fr. 50

* TAXILE DELORD. **Histoire du second Empire** (1848-1870). 6 vol. in-8. 42 fr.
Chaque volume séparément. 7 fr.

WAHL, professeur au lycée Lakanal. **L'Algérie.** 1 vol. in-8. (V. P.) 5 fr.

LANESSAN (de), député. **L'Expansion coloniale de la France.** Étude économique, politique et géographique sur les établissements français d'outre-mer. 1 fort vol. in-8, avec cartes. 1886. 12 fr.

— **La Tunisie.** 1 vol. in-8 avec une carte en couleurs (1887). 5 fr.

ANGLETERRE

* BAGEHOT (W.). **La Constitution anglaise.** Traduit de l'anglais. 1 volume in-18. (V. P.) 3 fr. 50

— * **Lombard-street.** Le marché financier en Angleterre. 1 vol. in-18. 3 fr. 50

GLADSTONE (E. W.). **Questions constitutionnelles** (1873-1878). — Le prince-époux. — Le droit électoral. Traduit de l'anglais, et précédé d'une Introduction, par Albert Gigot. 1 vol. in-8. 5 fr.

* LAUGEL (Aug.). **Lord Palmerston et lord Russel.** 1 vol. in-18. 3 fr. 50

* SIR CORNEWAL LEWIS. **Histoire gouvernementale de l'Angleterre depuis 1770 jusqu'à 1830.** Traduit de l'anglais. 1 vol. in-8. 7 fr.

* REYNALD (H.), doyen de la Faculté des lettres d'Aix. **Histoire de l'Angleterre** depuis la reine Anne jusqu'à nos jours. 1 vol. in-18. 2e édit. (V. P.) 3 fr. 50

* THACKERAY. **Les Quatre George.** Traduit de l'anglais par Lefoyer. 1 vol. in-18. (V. P.) 3 fr. 50

ALLEMAGNE

* BOURLOTON (Ed.). **L'Allemagne contemporaine.** 1 vol. in-18. 3 fr. 50

* VÉRON (Eug.). **Histoire de la Prusse,** depuis la mort de Frédéric II jusqu'à la bataille de Sadowa. 1 vol. in-18. 4ᵉ édit. (V. P.) 3 fr. 50

— * **Histoire de l'Allemagne,** depuis la bataille de Sadowa jusqu'à nos jours. 1 vol. in-18. 2ᵉ édit. (V. P.) 3 fr. 50

AUTRICHE-HONGRIE

* ASSELINE (L.). **Histoire de l'Autriche,** depuis la mort de Marie-Thérèse jusqu'à nos jours. 1 vol. in-18. 3ᵉ édit. (V. P.) 3 fr. 50

SAYOUS (Ed.), professeur à la Faculté des lettres de Toulouse. **Histoire des Hongrois** et de leur littérature politique, de 1790 à 1815. 1 vol. in-18. 3 fr. 50

ITALIE

SORIN (Élie). **Histoire contemporaine de l'Italie.** 1 vol. in-18. 3 fr. 50

ESPAGNE

* REYNALD (H.). **Histoire de l'Espagne** depuis la mort de Charles III jusqu'à nos jours. 1 vol. in-18. (V. P.) 3 fr. 50

RUSSIE

HERBERT BARRY. **La Russie contemporaine.** Traduit de l'anglais. 1 vol. in-18. (V. P.) 3 fr. 50

CRÉHANGE (M.). **Histoire contemporaine de la Russie.** 1 vol. in-18. (V. P.) 3 fr. 50

SUISSE

* DAENDLIKER. **Histoire du peuple suisse.** Trad. de l'allem. par Mme Jules FAVRE, et précédé d'une Introduction de M. Jules FAVRE. 1 vol. in-8. (V. P.) 5 fr.

DIXON (H.). **La Suisse contemporaine.** 1 vol. in-18, trad. de l'angl. (V. P.) 3 fr. 50

AMÉRIQUE

DEBERLE (Alf.). **Histoire de l'Amérique du Sud,** depuis sa conquête jusqu'à nos jours. 1 vol. in-18. 2ᵉ édit. (V. P.) 3 fr. 50

* LAUGEL (Aug.). **Les États-Unis pendant la guerre.** 1861-1864. Souvenirs personnels. 1 vol. in-18. 3 fr. 50

---

* BARNI (Jules). **Histoire des idées morales et politiques en France au dix-huitième siècle.** 2 vol. in-18. (V. P.) Chaque volume. 3 fr. 50

— * **Les Moralistes français au dix-huitième siècle.** 1 vol. in-18 faisant suite aux deux précédents. (V. P.) 3 fr. 50

BEAUSSIRE (Émile), de l'Institut. **La Guerre étrangère et la Guerre civile.** 1 vol. in-18. 3 fr. 50

* DESPOIS (Eug.). **Le Vandalisme révolutionnaire.** Fondations littéraires, scientifiques et artistiques de la Convention. 2ᵉ édition, précédée d'une notice sur l'auteur par M. Charles BIGOT. 1 vol. in-18. (V. P.) 3 fr. 50

* CLAMAGERAN (J.), sénateur. **La France républicaine.** 1 vol. in-18. (V. P.) 3 fr. 50

LAVELEYE (E. de), correspondant de l'Institut. **Le Socialisme contemporain.** 1 vol. in-18. 3ᵉ édit. 3 fr. 50

MARCELLIN PELLET, ancien député. **Variétés révolutionnaires.** 2 vol. in-18, précédés d'une Préface de A. RANC. Chaque volume séparément. 3 fr. 50

SPULLER (E.), député, ministre de l'Instruction publique. **Figures disparues,** portraits contemporains, littéraires et politiques. 1 vol. in-18. 3 fr. 50

BIBLIOTHÈQUE HISTORIQUE ET POLITIQUE

Volumes in-8.

* ALBANY DE FONBLANQUE. **L'Angleterre, son gouvernement, ses institutions**. Traduit de l'anglais sur la 14e édition par M. F. C. DREYFUS, avec Introduction par M. H. BRISSON. 1 vol. 5 fr.

BENLOEW. **Les Lois de l'Histoire**. 1 vol. 5 fr.

* DESCHANEL (E.). **Le Peuple et la Bourgeoisie**. 1 vol. 5 fr.

DU CASSE. **Les Rois frères de Napoléon Ier**. 1 vol. 10 fr.

MINGHETTI. **L'État et l'Église**. 1 vol. 5 fr.

LOUIS BLANC. **Discours politiques** (1848-1881). 1 vol. 7 fr. 50

PHILIPPSON. **La Contre-révolution religieuse au XVIe siècle**. 1 vol. 10 fr.

HENRARD (P.). **Henri IV et la princesse de Condé**. 1 vol. 6 fr.

NOVICOW. **La Politique internationale**, précédé d'une Préface de M. Eugène VÉRON. 1 fort vol. 7 fr.

DREYFUS (F. C.). **La France, son gouvernement, ses institutions**. 1 vol. (*Sous presse.*)

RECUEIL DES INSTRUCTIONS

DONNÉES

AUX AMBASSADEURS ET MINISTRES DE FRANCE

DEPUIS LES TRAITÉS DE WESTPHALIE JUSQU'A LA RÉVOLUTION FRANÇAISE

Publié sous les auspices de la Commission des archives diplomatiques au Ministère des affaires étrangères.

Beaux volumes in-8 cavalier, imprimés sur papier de Hollande :

I. — **AUTRICHE**, avec Introduction et notes, par M. Albert SOREL. 20 fr.

II. — **SUÈDE**, avec Introduction et notes, par M. A. GEFFROY, membre de l'Institut.. 20 fr.

III. — **PORTUGAL**, avec Introduction et notes, par le vicomte DE CAIX DE SAINT-AYMOUR.. 20 fr.

La publication se continuera par les volumes suivants :

POLOGNE, par M. Louis Farges.
ANGLETERRE, par M. Jusserand.
PRUSSE, par M. E. Lavisse.
RUSSIE, par M. A. Rambaud.
TURQUIE, par M. Girard de Rialle.
ROME, par M. Hanotaux.
HOLLANDE, par M. H. Maze.
ESPAGNE, par M. Morel Fatio.
DANEMARK, par M. Geffroy.
SAVOIE ET MANTOUE, par M. Armingaud.
BAVIÈRE ET PALATINAT, par M. Lebon.
NAPLES ET PARME, par M. Joseph Reinach.
DIÈTE GERMANIQUE, par M. Chuquet.
VENISE, par M. Jean Kaulek.

INVENTAIRE ANALYTIQUE
DES ARCHIVES DU MINISTÈRE DES AFFAIRES ÉTRANGÈRES

Publié sous les auspices de la Commission des archives diplomatiques

I. — **Correspondance politique de MM. de CASTILLON et de MARILLAC, ambassadeurs de France en Angleterre (1538. 1540)**, par M. JEAN KAULEK, avec la collaboration de MM. Louis Farges et Germain Lefèvre-Pontalis. 1 beau volume in-8 raisin sur papier fort.. 15 francs.

II. — **Papiers de BARTHÉLEMY**, ambassadeur de France en Suisse, de 1792 à 1797. Année 1792, par M. Jean KAULEK. 1 beau vol. in-8 raisin sur papier fort.................................. 15 fr.

Volumes en préparation :

Angleterre, 1546-1549. AMBASSADE DE M. DE SELVE, par M. G. Lefèvre-Pontalis.

Papiers de BARTHÉLEMY; année 1793, par M. J. Kaulek.

PUBLICATIONS HISTORIQUES ILLUSTRÉES

HISTOIRE ILLUSTRÉE DU SECOND EMPIRE, par Taxile DELORD. 6 vol. in-8 colombier avec 500 gravures.

Chaque vol. broché, 8 fr. — Cart. doré, tr. dorées. **11 fr. 50**

HISTOIRE POPULAIRE DE LA FRANCE, depuis les origines jusqu'en 1815. — Nouvelle édition. — 4 vol. in-8 colombier avec 1323 gravures sur bois dans le texte.

Chaque vol., avec gravures, broché, 7 fr. 50 — Cart. doré, tranches dorées.. 11 fr.

ANTHROPOLOGIE ET ETHNOLOGIE

EVANS (John). **Les âges de la pierre.** 1 vol. grand in-8, avec 467 figures dans le texte. 15 fr. — En demi-reliure. **18 fr.**

EVANS (John). **L'âge du bronze.** 1 vol. grand in-8, avec 540 figures dans le texte, broché, 15 fr. — En demi-reliure. 18 fr.

GIRARD DE RIALLE. **Les peuples de l'Afrique et de l'Amérique.** 1 vol. petit in-18. 60 cent.

GIRARD DE RIALLE. **Les Peuples de l'Asie et de l'Europe.** 1 vol. petit in-18. 60 c.

HARTMANN (R.). **Les peuples de l'Afrique.** 1 vol. in-8, avec fig. 6 fr.

HARTMANN (R.). **Les singes anthropoïdes.** 1 vol. in-8 avec fig. 6 fr.

JOLY (N.). **L'homme avant les métaux.** 1 vol. in-8 avec 150 figures dans le texte et un frontispice. 4e édit. 6 fr.

LUBBOCK (Sir John). **Les origines de la civilisation.** État primitif de l'homme et mœurs des sauvages modernes. 1877. 1 vol. gr. in-8, avec figures et planches hors texte. Trad. de l'anglais par M. Ed. BARBIER. 2e édit. 1877. 15 fr. — Relié en demi-maroquin, avec tr. dorées. 18 fr.

PIÉTREMENT. **Les chevaux dans les temps préhistoriques et historiques.** 1 fort vol. gr. in-8. 15 fr.

DE QUATREFAGES. **L'espèce humaine.** 1 vol. in-8. 6e édit. 6 fr.

WHITNEY. **La vie du langage.** 1 vol. in-8. 3e édit. 6 fr.

CARETTE (le colonel). **Études sur les temps antéhistoriques.** Première étude : *Le langage*. 1 vol. in-8. 1878. 8 fr.

REVUE PHILOSOPHIQUE

DE LA FRANCE ET DE L'ÉTRANGER

Dirigée par TH. RIBOT
Chargé du *cours de psychologie* à la Sorbonne.

(13e *année*, 1888.)

La REVUE PHILOSOPHIQUE paraît tous les mois, par livraisons de 6 ou 7 feuilles grand in-8, et forme ainsi à la fin de chaque année deux forts volumes d'environ 680 pages chacun.

CHAQUE NUMÉRO DE LA *REVUE* CONTIENT :

1° Plusieurs articles de fond; 2° des analyses et comptes rendus des nouveaux ouvrages philosophiques français et étrangers; 3° un compte rendu aussi complet que possible des *publications périodiques* de l'étranger pour tout ce qui concerne la philosophie; 4° des notes, documents, observations, pouvant servir de matériaux ou donner lieu à des vues nouvelles.

Prix d'abonnement :

Un an, pour Paris, 30 fr. — Pour les départements et l'étranger, 33 fr.
La livraison........................ 3 fr.

Les années écoulées se vendent séparément 30 francs, et par livraisons de 3 francs.

REVUE HISTORIQUE

Dirigée par G. MONOD
Maître de conférences à l'École normale, directeur à l'École des hautes études.

(13e *année*, 1888.)

La REVUE HISTORIQUE paraît tous les deux mois, par livraisons grand in-8 de 15 ou 16 feuilles, de manière à former à la fin de l'année trois beaux volumes de 500 pages chacun.

CHAQUE LIVRAISON CONTIENT :

I. Plusieurs *articles de fond*, comprenant chacun, s'il est possible, un travail complet. — II. Des *Mélanges et Variétés*, composés de documents inédits d'une étendue restreinte et de courtes notices sur des points d'histoire curieux ou mal connus. — III. Un *Bulletin historique* de la France et de l'étranger, fournissant des renseignements aussi complets que possible sur tout ce qui touche aux études historiques. — IV. Une *analyse des publications périodiques* de la France et de l'étranger, au point de vue des études historiques. — V. Des *Comptes rendus critiques* des livres d'histoire nouveaux.

Prix d'abonnement :

Un an, pour Paris, 30 fr. — Pour les départements et l'étranger, 33 fr.
La livraison.................... 6 fr.

Les années écoulées se vendent séparément 30 francs, et par fascicules de 6 francs. Les fascicules de la 1re année se vendent 9 francs.

Table des matières contenues dans les cinq premières années de la Revue historique (1876 à 1880), par CHARLES BÉMONT. 1 vol. in-8, 3 fr. (pour les abonnés de la *Revue*, 1 fr. 50).

ANNALES DE L'ÉCOLE LIBRE
DES
SCIENCES POLITIQUES

RECUEIL TRIMESTRIEL

Publié avec la collaboration des professeurs et des anciens élèves de l'école

TROISIÈME ANNÉE, 1888

COMITÉ DE RÉDACTION :

La première livraison des **Annales de l'École libre des sciences politiques** a paru le 15 janvier 1886.

Les sujets traités embrassent tout le champ couvert par le programme d'enseignement de l'Ecole : *Economie politique, finances, statistique, histoire constitutionnelle, droit international, public et privé, droit administratif, législations civile et commerciale privées, histoire législative et parlementaire, histoire diplomatique, géographie économique, ethnographie, etc.*

La direction du Recueil ne néglige aucune des questions qui présentent, tant en France qu'à l'étranger, un intérêt pratique et actuel. L'esprit et la méthode en sont strictement scientifiques.

Les *Annales* contiennent en outre des notices bibliographiques et des correspondances de l'étranger.

Cette publication présente donc un intérêt considérable pour toutes les personnes qui s'adonnent à l'étude des sciences politiques. Sa place est marquée dans toutes les Bibliothèques des Facultés, des Universités et des grands corps délibérants.

MODE DE PUBLICATION ET CONDITIONS D'ABONNEMENT

Les *Annales de l'Ecole libre des sciences politiques* paraissent tous les trois mois (15 janvier, 15 avril, 15 juillet et 15 octobre), par fascicules gr. in-8, de 160 pages chacun.

Les conditions d'abonnement sont les suivantes :

Un an (du 15 janvier)	Paris	16	francs.
	Départements et étranger.	17	—
	La livraison.	5	—

BIBLIOTHÈQUE SCIENTIFIQUE INTERNATIONALE

Publiée sous la direction de M. Émile ALGLAVE

La *Bibliothèque scientifique internationale* est une œuvre dirigée par les auteurs mêmes, en vue des intérêts de la science, pour la populariser sous toutes ses formes, et faire connaître immédiatement dans le monde entier les idées originales, les directions nouvelles, les découvertes importantes qui se font chaque jour dans tous les pays. Chaque savant expose les idées qu'il a introduites dans la science, et condense pour ainsi dire ses doctrines les plus originales.

On peut ainsi, sans quitter la France, assister et participer au mouvement des esprits en Angleterre, en Allemagne, en Amérique, en Italie, tout aussi bien que les savants mêmes de chacun de ces pays.

La *Bibliothèque scientifique internationale* ne comprend pas seulement des ouvrages consacrés aux sciences physiques et naturelles; elle aborde aussi les sciences morales, comme la philosophie, l'histoire, la politique et l'économie sociale, la haute législation, etc.; mais les livres traitant des sujets de ce genre se rattachent encore aux sciences naturelles, en leur empruntant les méthodes d'observation et d'expérience qui les ont rendues si fécondes depuis deux siècles.

Cette collection paraît à la fois en français, en anglais, en allemand et en italien : à Paris, chez Félix Alcan; à Londres, chez C. Kegan, Paul et Cie; à New-York, chez Appleton; à Leipzig, chez Brockhaus; et à Milan, chez Dumolard frères.

LISTE DES OUVRAGES PAR ORDRE D'APPARITION

VOLUMES IN-8, CARTONNÉS A L'ANGLAISE, A 6 FRANCS.

Les mêmes en demi-reliure veau, avec coins, tranche supér. dorée, non rognés .... 10 francs.

* 1. J. TYNDALL. **Les glaciers et les transformations de l'eau,** avec figures. 1 vol. in-8. 5e édition. (V. P.) 6 fr.

* 2. BAGEHOT. **Lois scientifiques du développement des nations** dans leurs rapports avec les principes de la sélection naturelle et de l'hérédité. 1 vol. in-8. 4e édition. 6 fr.

* 3. MAREY. **La machine animale,** locomotion terrestre et aérienne, avec de nombreuses fig. 1 vol. in-8. 4e édit. augmentée. (V. P.) 6 fr.

4. BAIN. **L'esprit et le corps.** 1 vol. in-8. 4e édition. (V. P.) 6 fr.

* 5. PETTIGREW. **La locomotion chez les animaux,** marche, natation. 1 vol. in-8, avec figures. 2e édit. 6 fr.

* 6. HERBERT SPENCER. **La science sociale.** 1 v. in-8. 8e édit. 6 fr.

* 7. SCHMIDT (O.). **La descendance de l'homme et le darwinisme.** 1 vol. in-8, avec fig. 5e édition. 6 fr.

8. MAUDSLEY. **Le crime et la folie.** 1 vol. in-8. 5e édit. 6 fr.

* 9. VAN BENEDEN. **Les commensaux et les parasites dans le règne animal.** 1 vol. in-8, avec figures. 3e édit. (V. P.) 6 fr.

* 10. BALFOUR STEWART. **La conservation de l'énergie**, suivi d'une Étude sur la *nature de la force*, par *M. P. de Saint-Robert*, avec figures. 1 vol. in-8. 4e édition. 6 fr.

11. DRAPER. **Les conflits de la science et de la religion.** 1 vol. in-8. 7e édition. 6 fr.

12. L. DUMONT. **Théorie scientifique de la sensibilité.** 1 vol. in-8. 3e édition. 6 fr.

* 13. SCHUTZENBERGER. **Les fermentations.** 1 vol. in-8, avec fig. 4e édition. 6 fr.

* 14. WHITNEY. **La vie du langage.** 1 vol. in-8. 3e édit. (V. P.) 6 fr.

15. COOKE et BERKELEY. **Les champignons.** 1 vol. in-8, avec figures. 3e édition. 6 fr.

16. BERNSTEIN. **Les sens.** 1 vol. in-8, avec 91 fig. 4e édit. (V. P.) 6 fr.

* 17. BERTHELOT. **La synthèse chimique.** 1 vol. in-8. 6e édit. 6 fr.

* 18. VOGEL. **La photographie et la chimie de la lumière**, avec 95 figures. 1 vol. in-8. 4e édition. (V. P.) 6 fr.

* 19. LUYS. **Le cerveau et ses fonctions**, avec figures. 1 vol. in-8. 5e édition. (V. P.) 6 fr.

* 20. STANLEY JEVONS. **La monnaie et le mécanisme de l'échange.** 1 vol. in-8. 4e édition. 6 fr.

21. FUCHS. **Les volcans et les tremblements de terre.** 1 vol. in-8, avec figures et une carte en couleur. 5e édition. (V. P.) 6 fr.

* 22. GÉNÉRAL BRIALMONT. **Les camps retranchés et leur rôle dans la défense des États.** 1 vol. in-8 avec fig. dans le texte et 2 planches hors texte. 3e édit. 6 fr.

* 23. DE QUATREFAGES. **L'espèce humaine.** 1 vol. in-8. 9e édition. (V. P.) 6 fr.

* 24. BLASERNA et HELMHOLTZ. **Le son et la musique.** 1 vol. in-8, avec figures. 4e édition. (V. P.) 6 fr.

* 25. ROSENTHAL. **Les nerfs et les muscles.** 1 vol. in-8, avec 75 figures. 3e édition. (V. P.) 6 fr.

* 26. BRUCKE et HELMHOLTZ. **Principes scientifiques des beaux-arts.** 1 vol. in-8, avec 39 figures. 3e édition. (V. P.) 6 fr.

* 27. WURTZ. **La théorie atomique.** 1 vol. in-8. 4e édition. 6 fr.

* 28-29. SECCHI (le Père). **Les étoiles.** 2 vol. in-8, avec 63 figures dans le texte et 17 planches en noir et en couleur hors texte. 2e édition. (V. P.) 12 fr.

30. JOLY. **L'homme avant les métaux.** 1 vol. in-8, avec figures. 4e édition. (V. P.) 6 fr.

* 31. A. BAIN. **La science de l'éducation.** 1 vol. in-8. 6e édition. 6 fr.

32-33. THURSTON (R.). **Histoire de la machine à vapeur**, précédée d'une Introduction par M. Hirsch. 2 vol. in-8, avec 140 figures dans le texte et 16 planches hors texte. 2e édition. (V. P.) 12 fr.

34. HARTMANN (R.). **Les peuples de l'Afrique.** 1 vol. in-8, avec figures. 2e édition. (V. P.) 6 fr.

* 35. HERBERT SPENCER. **Les bases de la morale évolutionniste.** 1 vol. in-8. 3e édition. 6 fr.

36. HUXLEY. **L'écrevisse**, introduction à l'étude de la zoologie. 1 vol. in-8, avec figures. 6 fr.

37. DE ROBERTY. **De la sociologie.** 1 vol. in-8. 2e édition. (V. P.) 6 fr.

* 38. ROOD. **Théorie scientifique des couleurs.** 1 vol. in-8, avec figures et une planche en couleur hors texte. (V. P.) 6 fr.

39. DE SAPORTA et MARION. **L'évolution du règne végétal** (les Cryptogames). 1 vol. in-8 avec figures. 6 fr.

40-41. CHARLTON BASTIAN. **Le cerveau, organe de la pensée chez l'homme et chez les animaux.** 2 vol. in-8, avec figures. 12 fr.

42. JAMES SULLY. **Les illusions des sens et de l'esprit.** 1 vol. in-8, avec figures. (V. P.) 6 fr.

43. YOUNG. **Le Soleil.** 1 vol. in-8, avec figures. (V. P.) 6 fr.

44. DE CANDOLLE. **L'origine des plantes cultivées.** 3e édition. 1 vol. in-8. 6 fr.

45-46. SIR JOHN LUBBOCK. **Fourmis, abeilles et guêpes.** Études expérimentales sur l'organisation et les mœurs des sociétés d'insectes hyménoptères. 2 vol. in-8, avec 65 figures dans le texte et 13 planches hors texte, dont 5 coloriées. 12 fr.

47. PERRIER (Edm.). **La philosophie zoologique avant Darwin.** 1 vol. in-8. 2e édition. (R .P.) 6 fr.

48. STALLO. **La matière et la physique moderne.** 1 vol. in-8, précédé d'une Introduction par M. Ch. FRIEDEL. 6 fr.

49. MANTEGAZZA. **La physionomie et l'expression des sentiments.** 1 vol. in-8 avec huit planches hors texte. 6 fr.

50. DE MEYER. **Les organes de la parole et leur emploi pour la formation des sons du langage.** 1 vol. in-8 avec 51 figures, traduit de l'allemand et précédé d'une Introduction par M. O. CLAVEAU. 6 fr.

51. DE LANESSAN. **Introduction à l'étude de la botanique** (le Sapin). 1 vol. in-8, avec 143 figures dans le texte. (V. P.) 6 fr.

52-53. DE SAPORTA et MARION. **L'évolution du règne végétal** (les Phanérogames). 2 vol. in-8, avec 136 figures. 12 fr.

54. TROUESSART. **Les microbes, les ferments et les moisissures.** 1 vol. in-8, avec 107 figures dans le texte. (V. P.) 6 fr.

55. HARTMANN (R.). **Les singes anthropoïdes, et leur organisation comparée à celle de l'homme.** 1 vol. in-8, avec 63 figures dans le texte. 6 fr.

56. SCHMIDT (O.). **Les mammifères dans leurs rapports avec leurs ancêtres géologiques.** 1 vol. in-8 avec figures. 6 fr.

57. BINET et FÉRÉ. **Le magnétisme animal.** 1 vol. in-8 avec fig. 6 fr.

58-59. ROMANES. **L'intelligence des animaux.** 2 vol. in-8 précédés d'une préface de M. Edm. PERRIER. 12 fr.

60. DREYFUS (Camille). **La théorie de l'évolution.** 1 vol. in-8. 6 fr.

OUVRAGES SUR LE POINT DE PARAITRE :

BERTHELOT. **La philosophie chimique.** 1 vol.

BEAUNIS. **Les sensations internes.** 1 vol. avec figures.

CARTAILHAC. **La France préhistorique.** 1 vol. avec figures.

DURAND-CLAYE (A.). **L'hygiène des villes.** 1 vol. avec figures.

MORTILLET (de). **L'origine de l'homme.** 1 vol. avec figures.

OUSTALET (E.). **L'origine des animaux domestiques.** 1 vol. avec figures.

PERRIER (E.). **L'embryogénie générale.** 1 vol. avec figures.

POUCHET (G.). **La vie du sang.** 1 vol. avec figures.

LISTE DES OUVRAGES

DE LA

BIBLIOTHÈQUE SCIENTIFIQUE INTERNATIONALE

PAR ORDRE DE MATIÈRES.

Chaque volume in-8, cartonné à l'anglaise......... **6** francs.
En demi-rel. veau avec coins, tranche supérieure dorée, non rogné. **10** fr.

SCIENCES SOCIALES

* **Introduction à la science sociale**, par HERBERT SPENCER. 1 vol. in-8, 7° édit. 6 fr.

* **Les Bases de la morale évolutionniste**, par HERBERT SPENCER. 1 vol. in-8, 3° édit. 6 fr.

Les Conflits de la science et de la religion, par DRAPER, professeur à l'Université de New-York. 1 vol. in-8, 7° édit. 6 fr.

Le Crime et la Folie, par H. MAUDSLEY, professeur de médecine légale à l'Université de Londres. 1 vol. in-8, 5° édit. 6 fr.

* **La Défense des États et les camps retranchés**, par le général A. BRIALMONT, inspecteur général des fortifications et du corps du génie de Belgique. 1 vol. in-8 avec nombreuses figures dans le texte et 2 pl. hors texte, 3° édit. 6 fr.

* **La Monnaie et le mécanisme de l'échange**, par W. STANLEY JEVONS, professeur d'économie politique à l'Université de Londres. 1 vol. in-8, 4° édit. (V. P.) 6 fr.

La Sociologie, par DE ROBERTY. 1 vol. in-8, 2° édit. (V. P.) 6 fr.

* **La Science de l'éducation**, par Alex. BAIN, professeur à l'Université d'Aberdeen (Écosse). 1 vol. in-8, 6° édit. (V. P.) 6 fr.

* **Lois scientifiques du développement des nations** dans leurs rapports avec les principes de l'hérédité et de la sélection naturelle, par W. BAGEHOT. 1 vol. in-8, 5° édit. 6 fr.

* **La Vie du langage**, par D. WHITNEY, professeur de philologie comparée à Yale-College de Boston (États-Unis). 1 vol. in-8, 3° édit. (V. P.) 6 fr.

PHYSIOLOGIE

Les Illusions des sens et de l'esprit, par James SULLY. 1 vol. in-8. (V. P.) 6 fr.

* **La Locomotion chez les animaux** (marche, natation et vol), suivie d'une étude sur l'*Histoire de la navigation aérienne*, par J.-B. PETTIGREW, professeur au Collège royal de chirurgie d'Édimbourg (Écosse). 1 vol. in-8 avec 140 figures dans le texte. 2° édit. 6 fr.

* **Les Nerfs et les Muscles**, par J. ROSENTHAL, professeur de physiologie à l'Université d'Erlangen (Bavière). 1 vol. in-8 avec 75 figures dans le texte, 3° édit. (V. P.) 6 fr.

* **La Machine animale**, par E.-J. MAREY, membre de l'Institut, professeur au Collège de France. 1 vol. in-8 avec 117 figures dans le texte, 4° édit. (V. P.) 6 fr.

* **Les Sens**, par BERNSTEIN, professeur de physiologie à l'Université de Halle (Prusse). 1 vol. in-8 avec 91 figures dans le texte, 4° édit. (V. P.) 6 fr.

Les Organes de la parole, par H. DE MEYER, professeur à l'Université de Zurich, traduit de l'allemand et précédé d'une introduction sur l'*Enseignement de la parole aux sourds-muets*, par O. CLAVEAU, inspecteur général des établissements de bienfaisance. 1 vol. in-8 avec 51 figures dans le texte. 6 fr.

La Physionomie et l'expression des sentiments, par P. MANTEGAZZA, professeur au Muséum d'histoire naturelle de Florence. 1 vol. in-8 avec figures et 8 planches hors texte, d'après les dessins originaux d'Edouard Ximenès. 6 fr.

PHILOSOPHIE SCIENTIFIQUE

* **Le Cerveau et ses fonctions**, par J. Luys, membre de l'Académie de médecine, médecin de la Salpêtrière. 1 vol. in-8 avec fig. 5ᵉ édit. (V. P.) 6 fr.

Le Cerveau et la Pensée chez l'homme et les animaux, par Charlton Bastian, professeur à l'Université de Londres. 2 vol. in-8 avec 184 fig. dans le texte. 12 fr.

Le Crime et la Folie, par H. Maudsley, professeur à l'Université de Londres. 1 vol. in-8, 5ᵉ édit. 6 fr.

L'Esprit et le Corps, considérés au point de vue de leurs relations, suivi d'études sur les *Erreurs généralement répandues au sujet de l'esprit*, par Alex. Bain, professeur à l'Université d'Aberdeen (Écosse). 1 vol. in-8, 4ᵉ édit. (V. P.) 6 fr.

* **Théorie scientifique de la sensibilité** : *le Plaisir et la Peine*, par Léon Dumont. 1 vol. in-8, 3ᵉ édit. 6 fr.

La Matière et la Physique moderne, par Stallo, précédé d'une préface par M. Ch. Friedel, de l'Institut. 1 vol. in-8. 6 fr.

Le Magnétisme animal, par A. Binet et Ch. Féré. 1 vol. in-8, avec figures dans le texte. 6 fr.

L'Intelligence des animaux, par Romanes. 2 vol. in-8, précédés d'une préface de M. E. Perrier, professeur au Muséum d'histoire naturelle. 12 fr.

La Théorie de l'évolution, par C. Dreyfus, député de la Seine. 1 vol. in-8. 6 fr.

ANTHROPOLOGIE

* **L'Espèce humaine**, par A. de Quatrefages, membre de l'Institut, professeur d'anthropologie au Muséum d'histoire naturelle de Paris. 1 vol. in-8, 9ᵉ édit. (V. P.) 6 fr.

* **L'Homme avant les métaux**, par N. Joly, correspondant de l'Institut, professeur à la Faculté des sciences de Toulouse 1 vol. in-8 avec 150 figures dans le texte et un frontispice, 4ᵉ édit. (V. P.) 6 fr.

* **Les Peuples de l'Afrique**, par R. Hartmann, professeur à l'Université de Berlin. 1 vol. in-8 avec 93 figures dans le texte, 2ᵉ édit. (V. P.) 6 fr.

Les Singes anthropoïdes, et leur organisation comparée à celle de l'homme, par R. Hartmann, professeur à l'Université de Berlin. 1 vol. in-8 avec 63 figures gravées sur bois. 6 fr.

ZOOLOGIE

* **Descendance et Darwinisme**, par O. Schmidt, professeur à l'Université de Strasbourg. 1 vol. in-8 avec figures, 5ᵉ édit. 6 fr.

Les Mammifères dans leurs rapports avec leurs ancêtres géologiques, par O. Schmidt. 1 vol. in-8 avec 51 figures dans le texte. 6 fr.

Fourmis, Abeilles et Guêpes, par sir John Lubbock, membre de la Société royale de Londres. 2 vol. in-8 avec figures dans le texte et 13 planches hors texte, dont 5 coloriées. (V. P.) 12 fr.

L'Écrevisse, introduction à l'étude de la zoologie, par Th.-H. Huxley, membre de la Société royale de Londres et de l'Institut de France, professeur d'histoire naturelle à l'École royale des mines de Londres. 1 vol. in-8 avec 82 figures. 6 fr.

* **Les Commensaux et les Parasites** dans le règne animal, par P.-J. Van Beneden, professeur à l'Université de Louvain (Belgique). 1 vol. in-8 avec 82 figures dans le texte. 3ᵉ édit. (V. P.) 6 fr.

La Philosophie zoologique avant Darwin, par Edmond Perrier, professeur au Muséum d'histoire naturelle de Paris. 1 vol. in-8, 2ᵉ édit. (V. P.) 6 fr

BOTANIQUE — GÉOLOGIE

Les Champignons, par Cooke et Berkeley. 1 vol. in-8 avec 110 figures. 3ᵉ édition. 6 fr.

L'Évolution du règne végétal, par G. de Saporta, correspondant de l'Institut, et Marion, correspondant de l'Institut, professeur à la Faculté des sciences de Marseille.

I. *Les Cryptogames*. 1 vol. in-8 avec 85 figures dans le texte. 6 fr.
II. *Les Phanérogames*. 2 vol. in-8 avec 136 figures dans le texte. 12 fr.

* **Les Volcans et les Tremblements de terre**, par Fuchs, professeur à l'Université de Heidelberg. 1 vol. in-8 avec 36 figures et une carte en couleur, 5ᵉ édition. (V. P.) 6 fr.

L'Origine des plantes cultivées, par A. DE CANDOLLE, correspondant de l'Institut. 1 vol. in-8, 3e édit. 6 fr.

Introduction à l'étude de la botanique (le Sapin), par J. DE LANESSAN, professeur agrégé à la Faculté de médecine de Paris. 1 vol. in-8 avec figures dans le texte. (V. P.) 6 fr.

Microbes, Ferments et Moisissures, par le docteur L. TROUESSART. 1 vol. in-8 avec 108 figures dans le texte. (V. P.) 6 fr.

CHIMIE

Les Fermentations, par P. SCHUTZENBERGER, membre de l'Académie de médecine, professeur de chimie au Collège de France. 1 vol. in-8 avec figures, 4e édit. 6 fr.

* **La Synthèse chimique**, par M. BERTHELOT, membre de l'Institut, professeur de chimie organique au Collège de France. 1 vol. in-8, 6e édit. 6 fr.

* **La Théorie atomique**, par Ad. WURTZ, membre de l'Institut, professeur à la Faculté des sciences et à la Faculté de médecine de Paris. 1 vol. in-8, 4e édit., précédée d'une introduction sur la *Vie et les travaux* de l'auteur, par M. CH. FRIEDEL, de l'Institut. 6 fr.

ASTRONOMIE — MÉCANIQUE

* **Histoire de la Machine à vapeur, de la Locomotive et des Bateaux à vapeur**, par R. THURSTON, professeur de mécanique à l'Institut technique de Hoboken, près de New-York, revue, annotée et augmentée d'une Introduction par M. HIRSCH, professeur de machines à vapeur à l'École des ponts et chaussées de Paris. 2 vol. in-8 avec 160 figures dans le texte et 16 planches tirées à part. (V. P.) 12 fr.

* **Les Étoiles**, notions d'astronomie sidérale, par le P. A. SECCHI, directeur de l'Observatoire du Collège Romain. 2 vol. in-8 avec 68 figures dans le texte et 16 planches en noir et en couleurs, 2e édit. (V. P.) 12 fr.

Le Soleil, par C.-A. YOUNG, professeur d'astronomie au Collège de New-Jersey. 1 vol. in-8 avec 87 figures. (V. P.) 6 fr.

PHYSIQUE

La Conservation de l'énergie, par BALFOUR STEWART, professeur de physique au collège Owens de Manchester (Angleterre), suivi d'une étude sur la *Nature de la force*, par P. DE SAINT-ROBERT (de Turin). 1 vol. in-8 avec figures, 4e édit. 6 fr.

* **Les Glaciers et les Transformations** de l'eau, par J. TYNDALL, professeur de chimie à l'Institution royale de Londres, suivi d'une étude sur le même sujet, par HELMHOLTZ, professeur à l'Université de Berlin. 1 vol. in-8 avec nombreuses figures dans le texte et 8 planches tirées à part sur papier teinté, 5e édit. (V. P.) 6 fr.

* **La Photographie et la Chimie de la lumière**, par VOGEL, professeur à l'Académie polytechnique de Berlin. 1 vol. in-8 avec 95 figures dans le texte et une planche en photoglyptie, 4e édit. (V. P.) 6 fr.

La Matière et la Physique moderne, par STALLO. 1 vol. in-8. 6 fr.

THÉORIE DES BEAUX-ARTS

* **Le Son et la Musique**, par P. BLASERNA, professeur à l'Université de Rome, suivi des *Causes physiologiques de l'harmonie musicale*, par H. HELMHOLTZ, professeur à l'Université de Berlin. 1 vol. in-8 avec 41 figures, 3e édit. (V. P.) 6 fr.

Principes scientifiques des Beaux-Arts, par E. BRUCKE, professeur à l'Université de Vienne, suivi de l'*Optique et les Arts*, par HELMHOLTZ, professeur à l'Université de Berlin. 1 vol. in-8 avec figures, 3e édit. (V. P.) 6 fr.

* **Théorie scientifique des couleurs** et leurs applications aux arts et à l'industrie, par O. N. ROOD, professeur de physique à Colombia-College de New-York (Etats-Unis). 1 vol. in-8 avec 130 figures dans le texte et une planche en couleurs. (V. P.) 6 fr.

PUBLICATIONS

HISTORIQUES, PHILOSOPHIQUES ET SCIENTIFIQUES
qui ne se trouvent pas dans les Bibliothèques précédentes.

ALAUX. **La religion progressive.** 1 vol. in-18. 3 fr. 50

ALGLAVE. **Des Juridictions civiles chez les Romains.** 1 volume in-8. 2 fr. 50

ALTMEYER (J. J.). **Les précurseurs de la réforme aux Pays-Bas.** 2 forts volumes in-8°. 12 fr.

ARRÉAT. **Une éducation intellectuelle.** 1 vol. in-18. 2 fr. 50

ARRÉAT. **La morale dans le drame, l'épopée et le roman.** 1 vol. in-18. 1883. 2 fr. 50

ARRÉAT. **Journal d'un philosophe.** 1 vol. in-18. 1887. 3 fr. 50

AZAM. **Le caractère dans la santé et dans la maladie.** 1 vol. in-8, précédé d'une préface de Th. RIBOT. (*Sous presse.*)

BALFOUR STEWART et TAIT. **L'univers invisible.** 1 vol. in-8, traduit de l'anglais. 7 fr.

BARNI. Voy. KANT, pages 4, 7, 11 et 30.

BARNI. **Les martyrs de la libre pensée.** 1 vol. in-18. 2e édit. 3 fr. 50

BARNI. **Napoléon Ier.** 1 vol. in-18, édition populaire. 1 fr.

BARTHÉLEMY SAINT-HILAIRE. Voy. pages 2 et 6, ARISTOTE.

BAUTAIN. **La philosophie morale.** 2 vol. in-8. 12 fr.

BEAUNIS (H.). **Impressions de campagne** (1870-1871). 1 volume in-18. 3 fr. 50

BÉNARD (Ch.). **De la philosophie dans l'éducation classique.** 1862. 1 fort vol. in-8. 6 fr.

BÉNARD. Voy. page 6 et page 8, SCHELLING et HÉGEL.

BERTAUT. **J. Saurin**, et la prédication protestante jusqu'à la fin du règne de Louis XIV. 1 vol. in-8. 5 fr.

BERTAULD (P.-A.). **Introduction à la recherche des causes premières. — De la méthode.** 3 vol. in-18. Chaque volume, 3 fr. 50

BLACKWELL (Dr Elisabeth). **Conseils aux parents** sur l'éducation de leurs enfants au point de vue sexuel. In-18. 2 fr.

BLANQUI. **L'éternité par les astres.** In-8. 2 fr.

BLANQUI. **Critique sociale**, capital et travail. Fragments et notes. 2 vol. in-18. 1885. 7 fr.

BOUCHARDAT. **Le travail**, son influence sur la santé (conférences faites aux ouvriers). 1 vol. in-18. 2 fr. 50

BOUILLET (Ad.). **Les Bourgeois gentilshommes. — L'armée de Henri V.** 1 vol. in-18. 3 fr. 50

BOUILLET (Ad.). **Types nouveaux.** 1 vol. in-18. 1 fr. 50

BOUILLET (Ad.). **L'arrière-ban de l'ordre moral.** 1 vol. in-18. 3 fr. 50

BOURBON DEL MONTE. **L'homme et les animaux.** 1 vol. in-8. 5 fr.

BOURDEAU (Louis). **Théorie des sciences**, plan de science intégrale. 2 vol. in-8. 20 fr.

BOURDEAU (Louis). **Les forces de l'industrie**, progrès de la puissance humaine. 1 vol. in-8. 1884. 5 fr.

BOURDEAU (L.). **La conquête du monde animal.** 1 vol. in-8. 1885. 5 fr.

BOURDET (Eug.). **Principes d'éducation positive**, précédé d'une préface de M. Ch. ROBIN. 1 vol. in-18. 3 fr. 50

BOURDET. **Vocabulaire des principaux termes de la philosophie positive.** 1 vol. in-18. 3 fr. 50

BOURLOTON (Edg.) et ROBERT (Edmond). **La Commune et ses idées à travers l'histoire.** 1 vol. in-18. 3 fr. 50

BROCHARD (V.). **De l'Erreur.** 1 vol. in-8. 3 fr. 50

BUCHNER. **Essai biographique sur Léon Dumont.** 1 vol. in-18 (1884). 2 fr.

Bulletins de la Société de psychologie physiologique. 1re année 1885. 1 broch. in-8, 1 fr. 50. — 2e année 1886, 1 broch. in-8. 1 fr. 50

BUSQUET. **Représailles**, poésies. 1 vol. in-18. 3 fr.

CAIX DE SAINT-AYMOUR (le vicomte de). **Recueil des instructions données aux Ambassadeurs et Ministres de France en Portugal**, depuis les traités de Westphalie jusqu'à la Révolution française. 1 fort vol. in-8 sur papier de Hollande. 20 fr.

CADET. **Hygiène, inhumation, crémation**. In-18. 2 fr.

CHASSERIAU (Jean). **Du principe autoritaire et du principe rationnel** 1 vol. in-18. 3 fr. 50

CLAMAGERAN. **L'Algérie**, impressions de voyage. 3e édit. 1 vol. in-18. 1884. 3 fr. 50

CLOOD. **L'enfance du monde**, simple histoire de l'homme des premiers temps. In-12. 1 fr.

CONTA. **Théorie du fatalisme**. 1 vol. in-18. 4 fr.

CONTA. **Introduction à la métaphysique**. 1 vol. in-18. 3 fr.

COQUEREL (Charles). **Lettres d'un marin à sa famille**. 1 vol. in-18. 3 fr. 50

COQUEREL fils (Athanase). **Libres études** (religion, critique, histoire, beaux-arts). 1 vol. in-8. 5 fr.

CORLIEU (le docteur). **La mort des rois de France**, depuis François Ier jusqu'à la Révolution française, études médicales et historiques. 1 vol. in-18. 3 fr. 50

CORTAMBERT (Louis). **La religion du progrès**. In-18. 3 fr. 50

COSTE (Adolphe). **Hygiène sociale contre le paupérisme** (prix de 5000 fr. au concours Pereire). 1 vol. in-8. 6 fr.

COSTE (Adolphe). **Les questions sociales contemporaines**, comptes rendus du concours Pereire, et études nouvelles sur le *paupérisme*, *la prévoyance*, *l'impôt*, *le crédit*, *les monopoles*, *l'enseignement*, avec la collaboration de MM. A. BURDEAU et ARRÉAT pour la partie relative à l'enseignement. 1 fort. vol. in-8. 10 fr.

DANICOURT (Léon). **La patrie et la république**. In-18. 2 fr. 50

DANOVER. **De l'esprit moderne**. 1 vol. in-18. 1 fr. 50

DAURIAC. **Psychologie et pédagogie**. 1 br. in-8. 1884. 1 fr.

DAVY. **Les conventionnels de l'Eure**. 2 forts vol. in-8. 18 fr.

DELBŒUF. **Psychophysique**, mesure des sensations de lumière et de fatigue; théorie générale de la sensibilité. 1 vol. in-18. 3 fr. 50

DELBŒUF. **Examen critique de la loi psychophysique**, sa base et sa signification. 1 vol. in-18. 1883. 3 fr. 50

DELBŒUF. **Le sommeil et les rêves**, considérés principalement dans leurs rapports avec les théories de la certitude et de la mémoire. 1 vol. in-18. 3 fr. 50

DELBŒUF. **De l'origine des effets curatifs de l'hypnotisme**. Étude de psychologie expérimentale. 1887. In-8. 1 fr. 50

DESTREM (J.). **Les déportations du Consulat**. 1 br. in-8. 1 fr. 50

DOLLFUS (Ch.). **De la nature humaine**. 1868. 1 vol. in-8. 5 fr.

DOLLFUS (Ch.). **Lettres philosophiques**. In-18. 3 fr.

DOLLFUS (Ch.). **Considérations sur l'histoire**. Le monde antique. 1 vol. in-8. 7 fr. 50

DOLLFUS (Ch.). **L'âme dans les phénomènes de conscience**. 1 vol. in-18. 3 fr. 50

DROZ (Ed.). **Étude sur le scepticisme de Pascal**, considéré dans le livre des pensées. 1 vol. in-8. 6 fr.

DUBOST (Antonin). **Des conditions de gouvernement en France**. 1 vol. in-8. 7 fr. 50

DUCROS. **Schopenhauer et les origines de sa métaphysique**, ou les Origines de la transformation de la chose en soi, de Kant à Schopenhauer. 1 vol. in-8. 1883. 3 fr. 50

DUFAY. **Etudes sur la destinée**. 1 vol. in-18. 1876. 3 fr.

DUMONT (Léon). **Le sentiment du gracieux.** 1 vol. in-8. 3 fr.

DUNAN. **Essai sur les formes à priori de la sensibilité.** 1 vol. in-8. 1884. 5 fr.

DUNAN. **Les arguments de Zénon d'Elée contre le mouvement.** 1 br. in-8. 1884. 1 fr. 50

DU POTET. **Manuel de l'étudiant magnétiseur.** Nouvelle édition. 1 vol. in-18. 3 fr. 50

DU POTET. **Traité complet de magnétisme,** cours en douze leçons. 4e édition. 1 vol. in-8 de 634 pages. 8 fr.

DURAND-DÉSORMEAUX. **Réflexions et pensées,** précédées d'une Notice sur la vie, le caractère et les écrits de l'auteur, par Ch. YRIARTE. 1 vol. in-8. 1884. 2 fr. 50

DURAND-DESORMEAUX. **Études philosophiques,** théorie de l'action, théorie de la connaissance. 2 vol. in-8. 1884. 15 fr.

DUTASTA. **Le Capitaine Vallé,** ou l'Armée sous la Restauration. 1 vol. in-18. 1883. 3 fr. 50

DUVAL-JOUVE. **Traité de Logique.** 1 vol. in-8. 6 fr.

DUVERGIER DE HAURANNE (Mme E.). **Histoire populaire de la Révolution française.** 1 vol. in-18. 3e édit. 3 fr. 50

Éléments de science sociale. Religion physique, sexuelle et naturelle. 1 vol. in-18. 4e édit. 1885. 3 fr. 50

ÉLIPHAS LÉVI. **Dogme et rituel de la haute magie.** 2e édit., 2 vol. in-8, avec 24 fig. 18 fr.

ÉLIPHAS LÉVI. **Histoire de la magie.** 1 vol. in-8, avec fig. 12 fr.

ÉLIPHAS LÉVI. **Clef des grands mystères.** 1 vol. in-8. 12 fr.

ÉLIPHAS LÉVI. **La science des esprits.** 1 vol. in-8. 7 fr.

ESPINAS. **Idée générale de la pédagogie.** 1 br. in-8. 1884. 1 fr.

ESPINAS. **Du sommeil provoqué chez les hystériques.** Essai d'explication psychologique de sa cause et de ses effets. 1 brochure in-8. 1 fr.

ÉVELLIN. **Infini et quantité.** Étude sur le concept de l'infini dans la philosophie et dans les sciences. 1 vol. in-8. 2e édit. (*Sous presse.*)

FABRE (Joseph). **Histoire de la philosophie.** Première partie : Antiquité et moyen âge. 1 vol. in-12. 3 fr. 50

FAU. **Anatomie des formes du corps humain,** à l'usage des peintres et des sculpteurs. 1 atlas de 25 planches avec texte. 2e édition. Prix, figures noires. 15 fr. ; fig. coloriées. 30 fr.

FAUCONNIER. **Protection et libre échange.** In-8. 2 fr.

FAUCONNIER. **La morale et la religion dans l'enseignement.** in-8. 75 c.

FAUCONNIER. **L'or et l'argent.** In-8. 2 fr. 50

FAVRE (Mme Jules), née VELTEN. **La morale des stoïciens.** 1 vol. in-18. 1888. 3 fr. 50

FERBUS (N.). **La science positive du bonheur.** 1 vol. in-18. 3 fr.

FERRIÈRE (Em.). **Les apôtres,** essai d'histoire religieuse, d'après la méthode des sciences naturelles. 1 vol. in-12. 4 fr. 50

FERRIÈRE (Em.). **L'âme est la fonction du cerveau.** 2 volumes in-18. 1883. 7 fr.

FERRIÈRE (Em.). **Le paganisme des Hébreux jusqu'à la captivité de Babylone.** 1 vol. in-18. 1884. 3 fr. 50

FERRIÈRE (Em.). **La Matière et l'énergie.** 1 vol. in-18. 1887. 4 fr. 50

FERRON (de). **Institutions municipales et provinciales** dans les différents États de l'Europe. Comparaison. Réformes. 1 vol. in-8. 1883. 8 fr.

FERRON (de). **Théorie du progrès.** 2 vol. in-18. 7 fr.

FERRON (de). **De la division du pouvoir législatif en deux chambres,** histoire et théorie du Sénat. 1 vol. in-8. 8 fr.

FONCIN. **Essai sur le ministère Turgot.** 1 fort vol. gr. in-8. 2e édit. (*Sous presse.*)

FOX (W.-J.). **Des idées religieuses.** In-8. 3 fr.

FRIBOURG (E.). **Le paupérisme parisien.** 1 vol. in-12. 1 fr. 25

GALTIER-BOISSIÈRE. **Sématotechnie**, ou Nouveaux signes phonographiques. 1 vol. in-8 avec figures. 3 fr. 50

GASTINEAU. **Voltaire en exil.** 1 vol. in-18. 3 fr.

GAYTE (Claude). **Essai sur la croyance.** 1 vol. in-8. 3 fr.

GEFFROY. **Recueil des instructions données aux ministres et ambassadeurs de France en Suède**, depuis les traités de Westphalie jusqu'à la Révolution française. 1 fort vol. in-8 raisin sur papier de Hollande. 20 fr.

GILLIOT (Alph.). **Études sur les religions et institutions comparées.** 2 vol. in-12, tome Ier. 3 fr. — Tome II. 5 fr.

GOBLET D'ALVIELLA. **L'évolution religieuse** chez les Anglais, les Américains, les Indous, etc. 1 vol. in-8. 1883. 7 fr. 50

GRESLAND. **Le génie de l'homme**, libre philosophie. 1 fort vol. gr. in-8. 1883. 7 fr.

GUILLAUME (de Moissey). **Nouveau traité des sensations.** 2 vol. in-8. 12 fr.

GUILLY. **La nature et la morale.** 1 vol. in-18. 2e édit. 2 fr. 50

GUYAU. **Vers d'un philosophe.** 1 vol. in-18. 3 fr. 50

HAYEM (Armand). **L'être social.** 1 vol. in-18. 2e édit. 3 fr. 50

HERZEN. **Récits et Nouvelles.** 1 vol. in-18. 3 fr. 50

HERZEN. **De l'autre rive.** 1 vol. in-18. 3 fr. 50

HERZEN. **Lettres de France et d'Italie.** In-18. 3 fr. 50

HUXLEY. **La physiographie**, introduction à l'étude de la nature, traduit et adapté par M. G. Lamy. 1 vol. in-8 avec figures dans le texte et 2 planches en couleurs, broché, 8 fr. — En demi-reliure, tranches dorées. 11 fr.

ISSAURAT. **Moments perdus de Pierre-Jean.** 1 vol. in-18. 3 fr.

ISSAURAT. **Les alarmes d'un père de famille.** In-8. 1 fr.

JACOBY. **Études sur la sélection dans ses rapports avec l'hérédité chez l'homme.** 1 vol. gr. in-8. 14 fr.

JANET (Paul). **Le médiateur plastique de Cudworth.** 1 vol. in-8. 1 fr.

JEANMAIRE. **L'idée de la personnalité dans la psychologie moderne.** 1 vol. in-8. 1883. 5 fr.

JOIRE. **La population, richesse nationale; le travail, richesse du peuple.** 1 vol. in-8. 1886. 5 fr.

JOYAU. **De l'invention dans les arts et dans les sciences.** 1 vol. in-8. 5 fr.

JOZON (Paul). **De l'écriture phonétique.** In-18. 3 fr. 50

KAULEK (Jean). **Correspondance politique de MM. de Castillon et de Marillac**, ambassadeurs de France en Angleterre (1538-1542). 1 fort vol. gr. in-8. 15 fr.

KAULEK (Jean). **Papiers de Barthélemy**, ambassadeur de France en Suisse de 1792 à 1797. — I, année 1792. 1 vol. gr. in-8. 15 fr.

KRANTZ (Emile). **Essai sur l'Esthétique de Descartes**, rapports de la doctrine cartésienne avec la littérature classique du XVIe siècle. 1 vol. in-8. 1882. 6 fr.

LABORDE. **Les hommes et les actes de l'insurrection de Paris** devant la psychologie morbide. 1 vol. in-18. 2 fr. 50

LACHELIER. **Le fondement de l'induction.** 1 vol. in-8. 3 fr. 50

LACOMBE. **Mes droits.** 1 vol. in-12. 2 fr. 50

LAFONTAINE. **L'art de magnétiser** ou le Magnétisme vital, considéré au point de vue théorique, pratique et thérapeutique. 5e édition, 1886. 1 vol. in-8. 5 fr.

LAGGROND. **L'Univers, la force et la vie.** 1 vol. in-8. 1884. 2 fr. 50

LA LANDELLE (de). **Alphabet phonétique.** In-18. 2 fr. 50

LANGLOIS. **L'homme et la Révolution.** 2 vol. in-18. 7 fr.

LAURET (Henri). **Philosophie de Stuart Mill.** 1 vol. in-8. 6 fr.

LAURET (Henri). **Critique d'une morale sans obligation ni sanction.** In-8. 1 fr. 50

LAUSSEDAT. **La Suisse.** Études méd. et sociales. In-18. 3 fr. 50

LAVELEYE (Em. de). **De l'avenir des peuples catholiques.** In-8. 21e édit. 25 c.

LAVELEYE (Em. de). **Lettres sur l'Italie** (1878-1879). 1 volume in-18. 3 fr. 50

LAVELEYE (Em. de). **Nouvelles lettres d'Italie.** 1 vol. in-8. 1884. 3 fr.

LAVELEYE (Em. de). **L'Afrique centrale.** 1 vol. in-12. 3 fr.

LAVELEYE (Em. de). **La péninsule des Balkans** (Vienne, Croatie, Bosnie, Serbie, Bulgarie, Roumélie, Turquie, Roumanie). 2 vol. in-12. 1886. 10 fr.

LAVELEYE (Em. de). **La propriété collective du sol en différents pays.** In-8. 2 fr.

LAVELEYE (Em. de) et HERBERT SPENCER. **L'état et l'individu, ou Darwinisme social et Christianisme.** In-8. 1 fr.

LAVERGNE (Bernard). **L'ultramontanisme et l'État.** In-8. 1 fr. 50

LEDRU-ROLLIN. **Discours politiques et écrits divers.** 2 vol. in-8 cavalier. 12 fr.

LEGOYT. **Le suicide.** 1 vol. in-8. 8 fr.

LELORRAIN. **De l'aliéné au point de vue de la responsabilité pénale.** In-8. 2 fr.

LEMER (Julien). **Dossier des jésuites et des libertés de l'Église gallicane.** 1 vol. in-18. 3 fr. 50

LITTRÉ. **De l'établissement de la troisième république.** 1 vol. gr. in-8. 1881. 9 fr.

LOURDEAU. **Le Sénat et la magistrature dans la démocratie française.** 1 vol. in-18. 3 fr. 50

MAGY. **De la science et de la nature.** 1 vol. in-8. 6 fr.

MARAIS. **Garibaldi et l'armée des Vosges.** In-18. (V. P.) 1 fr. 50

MASSERON (I.). **Danger et nécessité du socialisme.** 1 vol. in-18 1883. 3 fr. 50

MAURICE (Fernand). **La politique extérieure de la République française.** 1 vol. in-12. 3 fr. 50

MAZZINI. **Lettres de Joseph Mazzini** à Daniel Stern (1864-1872), avec une lettre autographiée. 1 vol. in-18. 3 fr. 50

MENIÈRE. **Cicéron médecin.** 1 vol. in-18. 4 fr. 50

MENIÈRE. **Les consultations de Mme de Sévigné,** étude médico-littéraire. 1884. 1 vol. in-8. 3 fr.

MESMER. **Mémoires et aphorismes,** suivis des procédés de d'Eslon. In-18. 2 fr. 50

MICHAUT (N.). **De l'imagination.** 1 vol. in-8. 5 fr.

MILSAND. **Les études classiques** et l'enseignement public. 1 vol. in-18. 3 fr. 50

MILSAND. **Le code et la liberté.** In-8. 2 fr.

MORIN (Miron). **De la séparation du temporel et du spirituel.** In-8. 3 fr. 50

MORIN (Miron). **Essais de critique religieuse.** 1 fort vol. in-8. 1885. 5 fr.

MORIN. **Magnétisme et sciences occultes.** 1 vol. in-8. 6 fr.

MORIN (Frédéric). **Politique et philosophie.** 1 vol. in-18. 3 fr. 50

MUNARET. **Le médecin des villes et des campagnes.** 4e édition. 1 vol. grand in-18. 4 fr. 50

NOEL (E.). **Mémoires d'un imbécile,** précédé d'une préface de *M. Littré.* 1 vol. in-18. 3e édition. 3 fr. 50

OGER. **Les Bonaparte** et les frontières de la France. In-18. 50 c.

OGER. **La République.** In-8. 50 c.

OLECHNOWICZ. **Histoire de la civilisation de l'humanité,** d'après la méthode brahmanique. 1 vol. in-12. 3 fr. 50

PARIS (le colonel). **Le feu à Paris et en Amérique.** 1 volume in-18. 3 fr. 50

PARIS (comte de). **Les associations ouvrières en Angleterre** (Trades-unions). 1 vol. in-18. 7e édit. 1 fr.

Édition sur papier fort, 2 fr. 50. — Sur papier de Chine, broché, 12 fr. — Rel. de luxe. 20 fr.

PELLETAN (Eugène). **La naissance d'une ville** (Royan). 1 vol. in-18, cart. 1 fr. 40

PELLETAN (Eug.). **Jarousseau, le pasteur du désert.** 1 vol. in-18 (couronné par l'Académie française), toile, tr. jaspées. 2 fr. 50

PELLETAN (Eug.). **Élisée, voyage d'un homme à la recherche de lui-même.** 1 vol. in-18. 3 fr. 50

PELLETAN (Eug.). **Un roi philosophe, Frédéric le Grand.** 1 vol. in-18. 3 fr. 50

PELLETAN (Eug.). **Le monde marche** (la loi du progrès). In-18. 3 fr. 50

PELLETAN (Eug.). **Droits de l'homme.** 1 vol. in-12. 3 fr. 50

PELLETAN (Eug.). **Profession de foi du XIXe siècle.** 1 vol. in-12. 3 fr. 50

PELLETAN (Eug.). **Dieu est-il mort?** 1 vol. in-12. 3 fr. 50

PELLETAN (Eug.). **La mère.** 1 vol. in-8, toile, tr. dorées. 4 fr. 25

PELLETAN (Eug.). **Les rois philosophes.** 1 vol. in-8, toile, tranches dorées. 4 fr. 25

PELLETAN (Eug.). **La nouvelle Babylone.** 1 vol. in-12. 3 fr. 50

PÉNY (le major). **La France par rapport à l'Allemagne.** Étude de géographie militaire. 1 vol. in-8. 2e édit. 6 fr.

PEREZ (Bernard). **Thiery Tiedmann. — Mes deux chats.** 1 brochure in-12. 2 fr.

PEREZ (Bernard). **Jacotot et sa méthode d'émancipation intellectuelle.** 1 vol. in-18. 3 fr.

PEREZ (Bernard). — Voyez page 5.

PETROZ (P.). **L'art et la critique en France** depuis 1822. 1 vol. in-18. 3 fr. 50

PETROZ. **Un critique d'art au XIXe siècle.** In-18. 1 fr. 50

PHILBERT (Louis). **Le rire,** essai littéraire, moral et psychologique. 1 vol. in-8. (Ouvrage couronné par l'Académie française, prix Monthyon.) 7 fr. 50

POEY. **Le positivisme.** 1 fort vol. in-12. 4 fr. 50

POEY. **M. Littré et Auguste Comte.** 1 vol. in-18. 3 fr. 50

POULLET. **La campagne de l'Est** (1870-1871). 1 vol. in-8 avec 2 cartes, et pièces justificatives. 7 fr.

QUINET (Edgar). **Œuvres complètes.** 30 volumes in-18. Chaque volume.. 3 fr. 50

Chaque ouvrage se vend séparément :

1. Génie des Religions. 6e édition.
2. Les Jésuites. — L'Ultramontanisme. 11e édition.
3. Le Christianisme et la Révolution française. 6e édition.

4-5. Les Révolutions d'Italie. 5e édition. 2 vol.

6. Marnix de Sainte-Aldegonde. — Philosophie de l'Histoire de France. 4e édition.
7. Les Roumains. — Allemagne et Italie. 3e édition.

8. Premiers travaux : Introduction à la Philosophie de l'histoire. — Essai sur Herder. — Examen de la Vie de Jésus. — Origine des dieux. — l'Église de Brou. 3e édition.
9. La Grèce moderne. — Histoire de la poésie. 3e édition.
10. Mes Vacances en Espagne. 5e édition.
11. Ahasverus. — Tablettes du Juif errant. 5e édition.
12. Prométhée. — Les Esclaves. 4e édition.
13. Napoléon (poème). (*Epuisé.*)
14. L'Enseignement du Peuple. — Œuvres politiques avant l'exil. 8e édition
15. Histoire de mes Idées (Autobiographie). 4e édition.
16-17. Merlin l'Enchanteur. 2e édition. 2 vol.
18-19-20. La Révolution. 10e édition. 3 vol.
21. Campagne de 1815. 7e édition.
22-23. La Création. 3e édition. 2 vol.
24. Le Livre de l'exilé. — La Révolution religieuse au XIXe siècle. — Œuvres politiques pendant l'exil. 2e édition.
25. Le Siège de Paris. — Œuvres politiques après l'exil. 2e édition.
26. La République. Conditions de régénération de la France. 2e édition.
27. L'Esprit nouveau. 5e édition.
28. Le Génie grec. 1re édition.
29-30. Correspondance. Lettres à sa mère. 1re édition. 2 vol.

RÉGAMEY (Guillaume). **Anatomie des formes du cheval**, à l'usage des peintres et des sculpteurs. 6 planches en chromolithographie, publiées sous la direction de FÉLIX RÉGAMEY, avec texte par le Dr KUHFF. 8 fr.

RIBERT (Léonce). **Esprit de la Constitution** du 25 février 1875. 1 vol. in-18. 3 fr. 50

RIBOT (Paul). **Spiritualisme et matérialisme.** Étude sur les limites de nos connaissances. 2e édit. 1887. 1 vol. in-8. 6 fr.

ROBERT (Edmond). **Les domestiques.** 1 vol. in-18. 3 fr. 50

SANDERVAL (Olivier de). **De l'absolu.** La loi de vie. 1887. 1 volume in-8. 5 fr.

SECRÉTAN. **Philosophie de la liberté.** 2 vol. in-8. 10 fr.

SECRÉTAN. **Le droit de la femme.** In-12. 1 fr. 20

SIEGFRIED (Jules). **La misère, son histoire, ses causes, ses remèdes.** 1 vol. grand in-18. 3e édition. 1879. 2 fr. 50

SIÈREBOIS. **Psychologie réaliste.** Étude sur les éléments réels de l'âme et de la pensée. 1876. 1 vol. in-18. 2 fr. 50

SMEE. **Mon jardin.** Géologie, botanique, histoire naturelle. 1 magnifique vol. gr. in-8, orné de 1300 gr. et 25 pl. hors texte. Demi-rel., tranches dorées. 18 fr.

SOREL (Albert). **Le traité de Paris du 20 novembre 1815.** 1 vol. in-8. 4 fr. 50

SOREL (Albert). **Recueil des instructions données aux ambassadeurs et ministres de France en Autriche**, depuis les traités de Westphalie jusqu'à la Révolution française. 1 fort vol. gr. in-8, sur papier de Hollande. 20 fr

SPIR (A.). **Esquisses de philosophie critique**, précédées d'une préface de M. A. PENJON. 1 vol. in-18. 1887. 2 fr. 50

STUART MILL (J.). **La République de 1848,** traduit de l'anglais, avec préface par Sadi Carnot. 1 vol. in-18. 3 fr. 50

TANNERY (G.). **Pour l'histoire de la science hellène** (de Thalès à Empédocle). 1 vol. in-8. (*Sous presse.*)

TÉNOT (Eugène). **Paris et ses fortifications** (1870-1880). 1 vol. in-8. 5 fr.

TÉNOT (Eugène). **La frontière** (1870-1881). 1 fort vol. grand in-8. 8 fr.

THIERS (Édouard). **La puissance de l'armée par la réduction du service.** In-8. 1 fr. 50

THULIÉ. **La folie et la loi.** 2e édit. 1 vol. in-8. 3 fr. 50

THULIÉ. **La manie raisonnante du docteur Campagne.** In-8. 2 fr.

TIBERGHIEN. **Les commandements de l'humanité.** 1 vol. in-18. 3 fr.

TIBERGHIEN. **Enseignement et philosophie.** 1 vol. in-18. 4 fr.

TIBERGHIEN. **Introduction à la philosophie.** 1 vol. in-18. 6 fr.

TIBERGHIEN. **La science de l'âme.** 1 vol. in-12. 3e édit. 6 fr.

TIBERGHIEN. **Éléments de morale universelle.** In-12. 2 fr.

TISSANDIER. **Études de Théodicée.** 1 vol. in-8. 4 fr.

TISSOT. **Principes de morale.** 1 vol. in-8. 6 fr.

TISSOT. — Voy. Kant, page 7.

TISSOT (J.). **Essai de philosophie naturelle.** Tome Ier. 1 vol. in-8. 12 fr.

VACHEROT. **La science et la métaphysique.** 3 vol. in-18. 10 fr. 50

VACHEROT. — Voy. pages 4 et 6.

VALLIER. **De l'intention morale.** 1 vol. in-8. 3 fr. 50

VAN DER REST. **Platon et Aristote.** 1 vol. in-8. 10 fr.

VAN ENDE (U.). **Histoire naturelle de la croyance,** *première partie* : l'Animal. 1887. 1 vol. in-8. 5 fr.

VÉRA. **Introduction à la philosophie de Hegel.** 1 vol. in-8, 2e édition. 6 fr. 50

VERNIAL. **Origine de l'homme,** d'après les lois de l'évolution naturelle. 1 vol. in-8. 3 fr.

VILLIAUMÉ. **La politique moderne.** 1 vol. in-8. 6 fr.

VOITURON (P.). **Le libéralisme et les idées religieuses.** 1 volume in-12. 4 fr.

WEILL (Alexandre). **Le Pentateuque selon Moïse et le Pentateuque selon Esra,** avec *vie, doctrine et gouvernement authentique de Moïse.* 1 fort vol. in-8. 7 fr. 50

WEILL (Alexandre). **Vie, doctrine et gouvernement authentique de Moïse,** d'après des textes hébraïques de la Bible jusqu'à ce jour incompris. 1 vol. in-8. 3 fr.

YUNG (Eugène). **Henri IV écrivain.** 1 vol. in-8. 5 fr.

BIBLIOTHÈQUE UTILE

99 VOLUMES PARUS.

Le volume de 190 pages, broché, 60 centimes.

Cartonné à l'anglaise ou cartonnage toile dorée, 1 fr.

Le titre de cette collection est justifié par les services qu'elle rend et la part pour laquelle elle contribue à l'instruction populaire.

Elle embrasse l'*histoire*, la *philosophie*, le *droit*, les *sciences*, l'*économie politique* et les *arts*, c'est-à-dire qu'elle traite toutes les questions qu'il est aujourd'hui indispensable de connaître. Son esprit est essentiellement démocratique. La plupart de ses volumes sont adoptés pour les Bibliothèques par le *Ministère de l'Instruction publique, le Ministère de la guerre, la Ville de Paris, la Ligue de l'enseignement*, etc.

HISTOIRE DE FRANCE.

* **Les Mérovingiens**, par BUCHEZ, anc. présid. de l'Assemblée constituante.

* **Les Carlovingiens**, par BUCHEZ.

Les Luttes religieuses des premiers siècles, par J. BASTIDE, 4e édit.

Les Guerres de la Réforme, par J. BASTIDE. 4e édit.

La France au moyen âge, par F. MORIN.

* **Jeanne d'Arc**, par Fréd. LOCK.

Décadence de la monarchie française, par Eug. PELLETAN. 4e édit.

* **La Révolution française**, par CARNOT, sénateur (2 volumes).

* **La Défense nationale en 1792**, par P. GAFFAREL.

* **Napoléon Ier**, par Jules BARNI.

* **Histoire de la Restauration**, par Fréd. LOCK. 3e édit.

* **Histoire de la marine française**, par Alfr. DONEAUD. 2e édit.

* **Histoire de Louis-Philippe**, par Edgar ZEVORT. 2e édit.

Mœurs et Institutions de la France, par P. BONDOIS. 2 volumes.

Léon Gambetta, par J. REINACH.

PAYS ÉTRANGERS.

* **L'Espagne et le Portugal**, par E. RAYMOND. 2e édition.

Histoire de l'empire ottoman, par L. COLLAS. 2e édit.

* **Les Révolutions d'Angleterre**, par Eug. DESPOIS. 3e édit.

Histoire de la maison d'Autriche, par Ch. ROLLAND. 2e édit.

L'Europe contemporaine (1789-1879), par P. BONDOIS.

Histoire contemporaine de la Prusse, par Alfr. DONEAUD.

Histoire contemporaine de l'Italie, par Félix HENNEGUY.

Histoire contemporaine de l'Angleterre, par A. REGNARD.

HISTOIRE ANCIENNE.

La Grèce ancienne, par L. COMBES, conseiller municipal de Paris. 2e éd.

L'Asie occidentale et l'Égypte, par A. OTT. 2e édit.

L'Inde et la Chine, par A. OTT.

Histoire romaine, par CREIGHTON.

L'Antiquité romaine, par WILKINS (avec gravures).

GÉOGRAPHIE.

* **Torrents, fleuves et canaux de a France**, par H. BLERZY.

* **Les Colonies anglaises**, par le même.

Les Iles du Pacifique, par le capitaine de vaisseau JOUAN (avec 1 carte).

* **Les Peuples de l'Afrique et de l'Amérique**, par GIRARD DE RIALLE.

* **Les Peuples de l'Asie et de l'Europe**, par le même.

L'Indo-Chine française, par FAQUE.

* **Géographie physique**, par GEIKIE, prof. à l'Univ. d'Edimbourg (avec fig.).

* **Continents et Océans**, par GROVE (avec figures).

Les Frontières de la France, par P. GAFFAREL.

COSMOGRAPHIE.

* **Les Entretiens de Fontenelle sur la pluralité des mondes**, mis au courant de la science par BOILLOT.

* **Le Soleil et les Étoiles**, par le P. SECCHI, BRIOT, WOLF et DELAUNAY. 2e édit. (avec figures).

* **Les Phénomènes célestes**, par ZURCHER et MARGOLLÉ.

A travers le ciel, par AMIGUES.

Origines et Fin des mondes, par Ch. RICHARD. 3e édit.

* **Notions d'astronomie**, par L. CATALAN, prof. à l'Université de Liège. 4e édit.

SCIENCES APPLIQUÉES.

* **Le Génie de la science et de l'industrie**, par B. GASTINEAU.

* **Causeries sur la mécanique**, par BROTHIER. 2e édit.

Médecine populaire, par le docteur TURCK. 4e édit.

La Médecine des accidents, par le docteur BROQUÈRE.

Les Maladies épidémiques (Hygiène et Préservation), par le docteur L. MONIN.

* **Hygiène générale**, par le docteur L. CRUVEILHIER. 6e édit.

Petit Dictionnaire des falsifications, avec moyens faciles pour les reconnaître, par DUFOUR.

Les Mines de la France et de ses colonies, par P. MAIGNE.

Les Matières premières et leur emploi dans les divers usages de la vie, par H. GENEVOIX.

La Machine à vapeur, par H. GOSSIN, avec figures.

La Photographie, par le même, avec figures.

La Navigation aérienne, par G. DALLET (avec figures).

L'Agriculture française, par A. LARBALÉTRIER, avec figures.

SCIENCES PHYSIQUES ET NATURELLES.

Télescope et Microscope, par ZURCHER et MARGOLLÉ.

* **Les Phénomènes de l'atmosphère**, par ZURCHER. 4e édit.

* **Histoire de l'air**, par Albert LÉVY.

* **Histoire de la terre**, par le même.

* **Principaux faits de la chimie**, par SAMSON, prof. à l'Éc. d'Alfort. 5e édit.

Les Phénomènes de la mer, par E. MARGOLLÉ. 5e édit.

* **L'Homme préhistorique**, par L. ZABOROWSKI. 2e édit.

* **Les grands Singes**, par le même.

Histoire de l'eau, par BOUANT.

* **Introduction à l'étude des sciences physiques**, par MORAND. 5e édit.

* **Le Darwinisme**, par E. FERRIÈRE.

* **Géologie**, par GEIKIE (avec fig.).

* **Les Migrations des animaux et le Pigeon voyageur**, par ZABOROWSKI.

* **Premières notions sur les sciences**, par Th. HUXLEY.

La Chasse et la Pêche des animaux marins, par le capitaine de vaisseau JOUAN.

Les Mondes disparus, par L. ZABOROWSKI (avec figures).

Zoologie générale, par H. BEAUREGARD, aide-naturaliste au Muséum (avec figures).

PHILOSOPHIE.

La Vie éternelle, par ENFANTIN. 2e éd.

Voltaire et Rousseau, par Eug NOEL. 3e édit.

* **Histoire populaire de la philosophie**, par L. BROTHIER. 3e édit.

* **La Philosophie zoologique**, par Victor MEUNIER. 2e édit.

* **L'Origine du langage**, par L. ZABOROWSKI.

Physiologie de l'esprit, par PAULHAN (avec figures).

L'Homme est-il libre? par RENARD. 2e édition.

La Philosophie positive, par le docteur ROBINET. 2e édit.

ENSEIGNEMENT. — ÉCONOMIE DOMESTIQUE.

* **De l'Éducation**, par Herbert Spencer.
La Statistique humaine de la France, par Jacques BERTILLON.
Le Journal, par HATIN.
De l'Enseignement professionnel, par CORBON, sénateur. 3e édit.
* **Les Délassements du travail**, par Maurice CRISTAL. 2e édit.
Le Budget du foyer, par H. LENEVEUX
* **Paris municipal**, par le même.
* **Histoire du travail manuel en France**, par le même.
L'Art et les artistes en France, par Laurent PICHAT, sénateur. 4e édit.
Premiers principes des beaux-arts, par J. COLLIER.
Économie politique, par STANLEY JEVONS. 3e édit.
* **Le Patriotisme à l'école**, par JOURDY, capitaine d'artillerie.
Histoire du libre échange en Angleterre, par MONGREDIEN.
Notions d'économie rurale, par PETIT.

DROIT.

* **La Loi civile en France**, par MORIN. 3e édit.
La Justice criminelle en France, par G. JOURDAN. 3e édit.

BIBLIOTHÈQUE UTILE

TIRAGE SPÉCIAL POUR RÉCOMPENSES

Beaux volumes in-12 de 190 à 200 pages.

Brochés. 1 franc. — Imitation toile, tranches blanches....... 1 fr. 10
Toile, tranches dorées ou rouges.......................... 1 fr. 50

Napoléon Ier, par J. BARNI, membre de l'Assemblée nationale. (V. P.)
Les Colonies anglaises, par BLERZY, anc. élève de l'École polytechnique. (V. P.)
* **Torrents, fleuves et canaux de la France**, par le même. (V. P.)
Europe contemporaine depuis 1792 jusqu'à nos jours, par BONDOIS, professeur au lycée de Versailles.
La Botanique en 10 leçons, par LE MONNIER, professeur à la Faculté des sciences de Nancy, avec 124 figures.
Morceaux choisis de littérature française, par Mme COLLIN, inspectrice des écoles de la Ville de Paris. (V. P.)
La Défense nationale en 1792, par P. GAFFAREL, professeur à la Faculté des lettres de Dijon. (V. P.)
La Géographie physique, par GEIKIE, professeur à l'Université d'Édimbourg, avec gravures. (V. P.)
* **Notions de Géologie**, avec figures dans le texte, par GEIKIE. (V. P.)
Premières Notions sur les sciences, par HUXLEY, de la Société royale de Londres. (V. P.)
Le Patriotisme à l'école, guide populaire d'éducation militaire, par JOURDY, chef d'escadrons d'artillerie, avec grav. (V. P.)
Les Migrations des animaux et le Pigeon voyageur, par ZABOROWSKI. (V. P.)
* **Histoire de Louis-Philippe**, par E. ZEVORT, recteur de l'Académie de Caen. (V. P.)
Les Phénomènes célestes, par ZURCHER et MARGOLLÉ, anciens officiers de marine. (V. P.)
* **Les Révolutions d'Angleterre**, par Eugène DESPOIS. (V. P.)
Léon Gambetta, par Joseph REINACH, avec gravures.
Les Peuples de l'Asie et de l'Europe, par GIRARD DE RIALLE. (V. P.)
Les Peuples de l'Afrique et de l'Amérique, par GIRARD DE RIALLE. (V. P.)
Continents et Océans, par GROVE, avec gravures. (V. P.)

10913. — BOURLOTON. — Imprimeries réunies, A, rue Mignon, 2, Paris.

BIBLIOTHÈQUE D'HISTOIRE CONTEMPORAINE

Volumes in-18 à 3 fr. 50. Cartonnés : 4 francs. — Volumes in-8 à 5 et à 7 fr. Cartonnés : 6 et 7 fr.

EUROPE

HISTOIRE DE L'EUROPE PENDANT LA RÉVOLUTION FRANÇAISE, par *H. de Sybel*. Traduit de l'allemand par Mlle Dosquet. 6 vol. in-8 . . . . 42 »
Chaque volume séparément. . . 7 »

HISTOIRE DIPLOMATIQUE DE L'EUROPE, depuis 1815 jusqu'à nos jours, par *Debidour*. 1 vol. in-8. (*Sous presse.*)

FRANCE

HISTOIRE DE LA RÉVOLUTION FRANÇAISE, par *Carlyle*, traduit de l'anglais. 3 vol. in-12; chaque volume. 3 50

LA RÉVOLUTION FRANÇAISE, résumé historique, par *H. Carnot*. 1 vol. in-12, nouvelle édition. . . . . 3 fr. 50

HISTOIRE DE LA RESTAURATION, par *de Rochau*. 1 vol. in-12, traduit de l'allemand. 3 50

HISTOIRE DE DIX ANS, par *Louis Blanc*. 5 vol. in-8. . . . . 25 »

HISTOIRE DE HUIT ANS (1840-1848), par *Élias Regnault*. 3 vol. in-8 . . . . . 15 »

HISTOIRE DU SECOND EMPIRE (1848-1870), par *Taxile Delord*. 6 vol. in-8. 42 »
Chaque volume séparément. . 7 »

LA GUERRE DE 1870-1871, par *Boert*, d'après le colonel fédéral suisse Rustow. 1 vol. in-12. . . . . 3 50

LA FRANCE POLITIQUE ET SOCIALE, par *Aug. Laugel*. 1 vol. in-8 . . . . . . 5 »

LES COLONIES FRANÇAISES, par *Paul Gaffarel*. 1 vol. in-8. 4e édition. . . . 5 »

L'ALGÉRIE, par *M. Wahl*. 2e édition. 1 vol. in-8. . . . . 5 »

L'EXPANSION COLONIALE DE LA FRANCE, par *J.-L. de Lanessan*. 1 vol. in-8 avec 19 cartes hors texte . . . . 12 »

LA TUNISIE, par *J.-L. de Lanessan*. 1 vol. in-8, avec une carte en couleurs hors texte. 5 fr.

L'INDO-CHINE FRANÇAISE, par *J.-L. de Lanessan*. 1 vol. in-8 avec 5 cartes en couleurs hors texte (*sous presse*). 10 fr.

ANGLETERRE

HISTOIRE GOUVERNEMENTALE DE L'ANGLETERRE, DEPUIS 1770 JUSQU'A 1830, par sir *G. Cornewal Lewis*. 1 vol. in-8, traduit de l'anglais. . . . . 7 »

HISTOIRE DE L'ANGLETERRE depuis la reine Anne jusqu'à nos jours, par *H. Reynald*, 1 vol. in-12. 2e édition. 3 50

LES QUATRE GEORGES, par *Thackeray*, trad. de l'anglais par Lefoyer. 1 v. in-12. 3 50

LOMBART-STREET, le marché financier en Angleterre, par *W. Bagehot*. 1 v. in-12. 3 50

LORD PALMERSTON ET LORD RUSSEL, par *Aug. Laugel*. 1 vol. in-12. . . . . . 3 50

QUESTIONS CONSTITUTIONNELLES, par *Gladstone*, traduit et précédé d'une introduction, par *A. Gigot*. 1 vol. in-8. . . 5 fr.

ALLEMAGNE

HISTOIRE DE LA PRUSSE, depuis la mort de Frédéric II jusqu'à la bataille de Sadowa, par *Eug. Véron*. 1 vol. in-12. 5e éd. 3 50

HISTOIRE DE L'ALLEMAGNE, depuis la bataille de Sadowa jusqu'à nos jours, par *Eug. Véron*. 1 vol. in-12. 3e édition . 3 50

L'ALLEMAGNE CONTEMPORAINE, par *Ed. Bourloton*. 1 vol. in-12. . . . . 3 50

AUTRICHE-HONGRIE

HISTOIRE DE L'AUTRICHE, depuis la mort de Marie-Thérèse jusqu'à nos jours, par *L. Asseline*. 1 vol. in-12. 3e édition . 3 50

HISTOIRE DES HONGROIS ET DE LEUR LITTÉRATURE POLITIQUE DE 1790 A 1815, par *Ed. Sayous*. 1 vol. in-12. . . 3 fr. 50

ESPAGNE

HISTOIRE DE L'ESPAGNE, depuis la mort de Charles III jusqu'à nos jours, par *H. Reynald*. 1 vol. in-12. . . . . 3 50

RUSSIE

LA RUSSIE CONTEMPORAINE, par *Herbert Barry*, trad. de l'anglais. 1 v. in-12. 3 50

HISTOIRE CONTEMPORAINE DE LA RUSSIE, par *G. Créhange*. 1 vol. in-12. 3 50

SUISSE

LA SUISSE CONTEMPORAINE, par *H. Dixon*. 1 vol. in-12, traduit de l'anglais. 3 50

HISTOIRE DU PEUPLE SUISSE, par *Daendliker*, avec préface de *Jules Favre*. 1 vol. in-8 . . . . 5 »

AMÉRIQUE

HISTOIRE DE L'AMÉRIQUE DU SUD, depuis sa conquête jusqu'à nos jours, par *Alfred Deberle*. 1 vol. in-12. 2e édition. 3 50

LES ETATS-UNIS PENDANT LA GUERRE 1861-1864. Souvenirs personnels, par *Aug. Laugel*. 1 vol. in-12 . . . . 3 50

ITALIE

HISTOIRE DE L'ITALIE, depuis 1815 jusqu'à la mort de Victor-Emmanuel, par *E. Sorin*. 1 vol. in-12. . . . . 3 50

Eug. Despois. LE VANDALISME RÉVOLUTIONNAIRE. Fondations littéraires, scientifiques et artistiques de la Convention. 1 vol. in-12. 3e édit. précédée d'une notice de *M. Ch. Bigot*, sur l'auteur. . . . 3 50

Jules Barni. HISTOIRE DES IDÉES MORALES ET POLITIQUES EN FRANCE AU XVIIIe SIÈCLE. 2 vol. in-12, chaque vol. . . 3 50

— NAPOLÉON Ier ET SON HISTORIEN M. THIERS. 1 vol. in-12. . . . . 3 50

— LES MORALISTES FRANÇAIS AU XVIIIe SIÈCLE. 1 vol. in-12 . . . . 3 50

Emile Beaussire. LA GUERRE ÉTRANGÈRE ET LA GUERRE CIVILE. 1 vol. in-12. 3 50

J. Clamageran. LA FRANCE RÉPUBLICAINE. 1 vol. in-12. . . . . 3 50

E. de Laveleye. LE SOCIALISME CONTEMPORAIN. 5e édit. augm. 1 vol. in-12. 3 50

Marcellin Pellet. VARIÉTÉS RÉVOLUTIONNAIRES. 1re série, 1 vol. in-12 avec préface de *A. Ranc*. 3 50
2e série, 1 vol. in-12. . . . . . 3 50

Spuller. FIGURES DISPARUES. 1 volume in-12. 2e édition. 3 50

BIBLIOTHÈQUE HISTORIQUE ET POLITIQUE

Albany de Fonblanque. L'ANGLETERRE, SON GOUVERNEMENT, SES INSTITUTIONS. Traduit de l'anglais sur la 14e édition par C. Dreyfus, avec introduction par H. Brisson. 1 v. in-8. . . . . 5 »

Benloew. LES LOIS DE L'HISTOIRE. 1 vol. in-18 . . . . 5 »

E. Deschanel. LE PEUPLE ET LA BOURGEOISIE. 1 vol. in-8. . . . . 5 fr.

Henrard. HENRI IV ET LA PRINCESSE DE CONDÉ. 1 vol. in-8. . . . . 6 fr.

Du Casse. LES ROIS FRÈRES DE NAPOLÉON Ier. 1 vol. in-8. . . . . 10 fr.

Minghetti. L'ETAT ET L'EGLISE. 1 v. in-8. 5 fr.

Louis Blanc. DISCOURS POLITIQUES (1848-1881). 1 vol. in-8. . . . . 7 50

Philippson. LA CONTRE-RÉVOLUTION RELIGIEUSE AU XVIe SIÈCLE. 1 vol. in-8. 10 fr.

Coulommiers. — Imp. P. BRODARD et GALLOIS.

www.ingramcontent.com/pod-product-compliance
Lightning Source LLC
LaVergne TN
LVHW010528100826
845148LV00001B/119

* 9 7 8 2 0 1 2 5 6 5 4 5 6 *